中国民俗文物概论

民间物质文化的研究

◎ 徐艺乙 著

An Introduction to Chinese Folk Customs and Cultural Relics

A Study of Folk Material Culture

江苏凤凰美术出版社

图书在版编目（CIP）数据

中国民俗文物概论：民间物质文化的研究 / 徐艺乙著. -- 南京：江苏凤凰美术出版社, 2021.10
ISBN 978-7-5580-9259-6

Ⅰ. ①中… Ⅱ. ①徐… Ⅲ. ①风俗习惯 - 研究 - 中国 ②文物 - 研究 - 中国 Ⅳ. ①K892②K87

中国版本图书馆CIP数据核字（2021）第171388号

责任编辑 许逸灵
助理编辑 孙剑博
责任校对 王左佐
责任监印 唐 虎

书　　名　中国民俗文物概论：民间物质文化的研究
著　　者　徐艺乙
出版发行　江苏凤凰美术出版社（南京市湖南路1号　邮编：210009）
制　　版　南京新华丰制版有限公司
印　　刷　徐州绪权印刷有限公司
开　　本　718mm × 1000mm　1/16
印　　张　25.5
版　　次　2021年10月第1版　2021年10月第1次印刷
标准书号　ISBN 978-7-5580-9259-6
定　　价　108.00元

营销部电话　025-68155675　营销部地址　南京市湖南路1号

目 录

下 篇

引 言

为民俗文物正名

何谓“民俗文物”，在大多数人的观念中，恐怕是似是而非的，即使专业人士也很难从学科的角度进行解释。一般情况下，在多数文物博物馆专业人士的印象中是有“民俗文物”之名的，但对与此“名”相对的“实”而言，却是难以指出其具体来的。因为长期以来在传统的物质文化研究中，关于民俗文物的研究的确有其名而无其实。

一般来说，如果仅从字面来理解，民俗文物与民俗学和文物学应该是有点关系的。

若是从学科的归属来看，民俗文物系文物的一类。在《中国大百科全书·文物博物馆卷》之“文物”条中，论述到近现代文物时，将民俗文物与革命文物、民族文物同列，认为“民俗文物是反映民间风俗、习惯等民俗现象的遗迹和遗物。其范围很广，包括衣食住行、生产、信仰、节日活动等各方面，涉及全部的社会生活和相应的社会关系，又反映上层建筑的各种制度和意识形态。民俗文物作为不同风俗的代表性实物，可使人们了解到一个民族或本民族某个地区风俗文化的发展和变化，了解到这些民俗现象怎样规范和促进人们的社会生活，并使之巩固、发展，或得到调整。”[1]但在此前后出版的、中国大陆仅有的两本关于文物学的专著中，对于民俗文物和民俗类的文物，只是在讨论文物分类法时指出大概[2]，并未列专门章节进行讨论。

若是追溯民俗文物研究的起源，应当承认：民俗文物研究是在20世纪初随着中国民俗学的兴起而发展起来的。在中国民俗学事业的初期，“征集关于风俗之器物，筹设一风俗博物馆”[3]，就被成立于1923年的北京大学风俗调查会列入该会的工作计划之内。随后，在“十三（1924）年一月中，曾征集各地

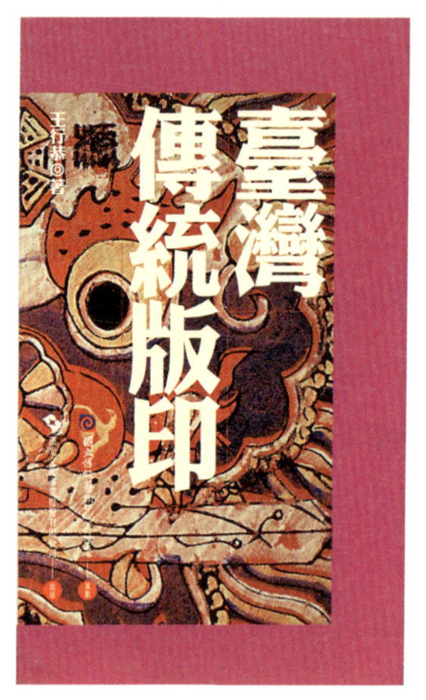

《台湾传统版印》（1998）

《身边的艺术》（2001）

的新年风俗物品（如神祇、年画之类）……共二八六件”[4]。因为“风俗调查的事业，除记述以外，要从物品的搜罗作起,然后才能得到好的材料来研究”[5]。而后，由于受到国外民俗学理论的影响和认识上的偏差，在半个多世纪的历史进程中，中国的民俗学虽然取得了长足的发展，但民俗文物的研究和学科建设却一直停滞不前，处于从属民俗学和文物学的微弱地位。近30年来，作为民俗文物重要组成部分的民间工艺和民间美术，在艺术理论工作者的努力下，取得了很大的成果，举办了多个展览，出版了画册和专著，在国家非物质文化遗产保护工作中分别列出“传统美术（民间美术）”和“传统技艺”的类别，对民间工艺和民间美术进行专门保护，为进一步地深入研究打下了良好的基础。但在民俗文物的理论研究领域却普遍存在“贴（民俗）标签”的倾向：个案研究多，概貌研究少；文献研究多，田野调查少。而且，多数文章没有从民俗文物自身的特质出发进行研究，言之无物，缺乏辩证性和系统性。在后来出版的一系列研究论著中，也未见再将民俗文物的问题单独提出来讨论。即便是新版的《民俗学概论》[6]，也只是将与之有关的内容分散到各相关章节中进行讨论。

与其他相关学科比较，民俗文物研究的学科建设近百年来并未获得相应的

包银烤珐琅镶玉和合二圣·蝶恋花佩饰
传世　云南省

牛角镂花帐钩　清代

20 世纪 50 年代海南岛黎族春米情形
引自《广东出土晋至唐文物》
香港中文大学文物馆　1985

补锅

发展，原因是多方面的。传统的民俗学认为，“引起民俗学家注意的，不是耕犁的形状，而是耕田者推犁入土时所举行的仪式；不是渔网和渔叉的构造，而是渔夫入海时所遵守的禁忌；不是桥梁或房屋的建筑术，而是施工时的祭祀以及建筑物使用者的社会生活”[7]。长期以来，这样的观点左右着中国民俗学的理论研究方向。但是从20世纪60年代开始，国外的学者将“过去曾被排斥在外

准备出售的金漆踏步床等物

的某些物质文化领域，现在也纳入了民俗学研究不可或缺的范围。家用器皿、工具、农具及其他民间生活的必需品，除了它们可能与信仰习俗有联系影响外，已失去了其早先的作用，毕竟到后来，人们意识到了对综合民众生活情况的了解，包括它的物质背景，对于阐明民俗学家真正关心的传统习俗有着重大的价值”[8]。遗憾的是，这样的学术动向并未对中国民俗学界产生影响。在文物博物馆的基础工作，尤其是文物学的研究方面，也存在着一些问题，就其倾向而言，大致有如下几个方面：重视了古代的，而忽视了近代、现代的；重视了中原地区的，而忽视了边远地区的；重视了汉民族的，而忽视了少数民族的；重视了经济价值高的，而忽视了经济价值低的；重视了王公贵族的，而忽视了民族民间的。虽然这些问题的成因较为复杂，但却反映了文物学科理论研究和实践发展之不平衡。

相对滞后的民间物质文化研究弱化了社会对民俗文物的保护意识，带来的损失是不可估量的。近代以来的工业化使人们的生活方式逐渐产生了变化，这样的变化经过近一个世纪的积累是巨大的。自改革开放以来，随着社会主义经济建设的深入发展，富裕起来的人们以毫不犹豫的心态接受着新生事物（包括用品、器具等），以求最大限度地适应飞速发展变化着的生活方式，这是社会发展之必然。同时，大量曾经为人们的社会生活做出巨大贡献的各式用品和器具等民俗文物，与旧有的生活方式一同被留在了历史中。国内外古董商贩带有掠夺性的、“铲地皮”[9]式的收购，在客观上加速了原先处于自然生态中的民俗文物的流失和消亡，严重地破坏了民族民间文化的生态体系。据报载，在“上个世纪（20世纪，笔者注）90年代，就有一个任教于香港某大学的法国人白乐诗，长年到黔东南收购民族工艺品及民族文物，最后发展到干脆在当地买了一套商品房，雇了一个苗族退休教师为其专门从事此项活动，每年均要清

状元帽　湖南省湘西地区

排湾族木梳　台湾省

点打包、往外发运一两次，因而曾被黔东南州下属一个县宣布为‘不受欢迎的人’。直到1999年，有关部门接到群众举报，竟在其所购商品房内找到了满满一屋的民族工艺品”[10]。这样的事例在各地还有许多。

面对当前民俗文物管理的无序状态，社会各方面迫切希望能够得到专业人员的业务指导，有关部门能够组织力量迅速地对流散的民俗文物进行调查、收集和抢救。从事民间文化和文物工作的专业人员也希望能够拓展知识面，并在理论上有所提高，以期在民俗文物与民间物质文化的业务工作中有所作为。因此，构建和完善独立的民俗文物学科，并通过实践总结出其发展的规律和行之有效的理论，便成为民间文化和文物工作者在近期内的重要任务。

构建具有独立体系的民俗文物理论，要充分注意其“物质”的特性，这样才能广泛汲取多个学科的研究成果。“无论是研究民族文物、民俗文物，还是研究民间美术和传统工艺，都是围绕着特定的对象——‘物’来进行的，只是因研究的角度不一，取舍的标准各异而已。”[11]之所以这样说，是因为“作为‘物’的民族文物、民俗文物、民间美术、传统手工艺等，虽然名称不同，但从其基本特征来看，至少有如下几点是相同的：1.是各民族群众为满足自己的需要而创造的；2.有着一定的历史并仍在民间广为流传着的；3.有着鲜明的民族或地域的特征的；4.有着文化的或科学的典型意义的”[12]。

随着现代化意义的不断更新和拓展，人们对传统文化的认识也在不断地升华，民间物质文化及其包含着的丰富的文化因素正在被愈来愈多的人们所注意，并且被众多的研究者视为传统文化的重要组成部分而加以研究。近年来，有着不同学术背景的学者们围绕着“物”进行的民族的、历史的、民俗的、艺术的研究已经取得了很大的成绩。这对于构建民俗文物的理论框架起到了推进作用。

应该认识到：在当代，对民俗文物的研究不仅仅是文化传统的积累，还应该与时俱进，为新时代的新创造提供智慧的经验，这也是时代的要求。事实证明，以民俗文物为代表的中国人的传统造物文化是科学的、艺术的，更是智慧的。由众多的民俗文物体现着的“格物致用”“因材施艺”“以质求量”“文质彬彬”等造物文化的经验，与现代世界的艺术设计原则在很大程度上不谋而合。许多有见识的学者和艺术家已经注意到了这一点。因此，我们在进行民俗文物与民间物质文化研究时，还应该注意到历史、考古、艺术、科学、技术、遗产保护等方面的学术动态和成果。这将有助于我们对问题的深入研究。

进入21世纪，随着人们对历史文化认识的深入，在众多民间团体和有识之士的积极促进下，中国各地的政府部门均在不同程度上加大了对民族民间文化的保护力度。有的地方出台了专门的法律法规，有的地方设立了专门机构并拨出专门款项进行此类文化遗产的保护工作。一大批地域性的、民营或国有性质的民俗博物馆的设立，在弘扬民族传统、保护民间文化的过程中发挥了巨大作用。随着中国政府倡导和推进的中国文化遗产保护工作的深入开展，民俗文物与民间物质文化研究也将在过去工作的基础上更加深入、规范，建立起独立的民俗文物学科。

注释

[1] 谢辰生《文物》，《中国大百科全书·文物博物馆卷》，北京·上海：中国大百科全书出版社，1993 年 1 月，第 585 页。

[2] 李晓东《中国文物学概论》，石家庄：河北人民出版社，1990 年 2 月，第 109 页："民俗文物，是反映民间不同风俗习惯等民俗现象的实物。它的范围很广，涉及全部社会生活和文化领域。它既反映社会经济活动和相应的社会关系，又反映社会上层建筑的各种制度和意识形态。一事一物，可表现生活习俗、文化风尚。因此，它对于了解各地人民习俗的发展、变化和社会生活及文化状况，都是十分重要的实物资料"；吴诗池《文物学概论》，上海：上海文艺出版社，2002 年 5 月，第 39~40 页之"民俗类　此类文物系指反映民间风俗习惯的实物。其范围较为广泛，它涉及社会生活和文化、娱乐的各个领域。如中国婚姻嫁娶用的轿、裹脚妇人穿的三寸金莲鞋、吸烟用的鼻烟壶、水烟斗、民族服饰、民间工艺品，等等"。

[3]《研究所国学门风俗调查会开会记事》，《歌谣周刊》第 58 期，1924 年 6 月 8 日，第 8 版。

[4] 容肇祖《北大歌谣研究会及风俗调查会的经过》，《民俗》第 17、18 期合刊，国立中山大学语言历史研究所编印，1928 年 7 月 25 日，第 25 页。

[5]《征集各地关于旧历新年风俗物品之说明》，北京大学研究所《国学门周刊》1925 年第 9 期。

[6] 钟敬文主编《民俗学概论》，上海：上海文艺出版社，1998 年 12 月修订本。

[7] [英] 查·索·博尔尼著，程德琪、贺哈定、邹明诚、乐英翻译《民俗学手册》，上海：上海文艺出版社，1995 年 4 月，第 1 页。

[8]《民俗学》，李扬译著《西方民俗学译论集》，青岛：中国海洋大学出版社，2003 年 11 月，第 9 页。

[9] 徐艺乙《从"铲地皮"说起》，《装饰》1999 年第 3 期第 3 页。

[10] 谢念《民族文物谁来保护》，《中国青年报》2001 年 11 月 23 日。

[11] 徐艺乙《为新的创造提供智慧》，《装饰》1998 年第 1 期第 9 页。

[12] 同 11。

中国民俗文物概论

上篇

第一章　关于民俗文物

过去，在中国人的日常生活中，众多造型不同、材质各异的器物默默地发挥着其应有的作用，给人们的生活和学习带来了极大的便利。这些平凡的器物与中国传统的造物文化一脉相承，其造型、装饰及技艺体现着中国人的智慧和营造生活的艺术，是中国民俗文化的重要组成部分。

随着器物品类的逐渐增加，器物之质与量不断进步，人们的生活方式得以优化，生活质量也得以提高，在造物、用物过程中传承的民间物质文化也从形式和结构上得以固化与发展。

如今，这些平凡的器物正在退出或已经退出人们的日常生活，逐渐地进入博物馆和研究者的视野，以不同于原先的名分和功能继续发挥着深层次的文化的作用。作为文物的一类，民俗文物的独立存在已是毋庸置疑的事实。

第一节
从民俗文物之名谈起

要全面地诠释民俗文物，就目前来说，在现有的书（包括教科书和各类辞书）中很难找到现成的、准确的、详尽的答案。仅在1993年出版的《中国大百科全书·文物博物馆卷》之“文物”[1]条中，才对“民俗文物”有所说明。另外，在中国大陆仅有的两本关于文物学的书中，只是有所提及而未能深入。

近年来，随着民俗学和文物博物馆学的学科地位日益显要，论及民俗文物与民间物质文化的文章也多了起来，但鲜有对民俗文物本体性质、内涵、范畴等理论层面的讨论。以至于在实际工作中，虽然都是以“民俗文物”或是“民间物质文化”为名的工作，但其实质性的内容却可能有着较大的差异，甚至大相径庭。这表明民俗学和文物、博物馆之学科发展的不平衡及相关理论研究的严重滞后，也给民俗文物与民间物质文化的实际工作带来诸多不便，甚至在一定程度上造成了损失。

关于民俗文物，若单从字面进行解析便能够看出，它作为复合名词是由“民俗”和“文物”二词构成的，是一个偏正词组。在中国传统人文社会科学专业领域中，对“民俗”和“文物”的内容通常都有着较为确切的认识，其内涵及外延是被人们普遍认可了的。所谓“民俗，即民间风俗，指一个国家或民族中广大民众所创造、享用和传承的生活文化”[2]，“文物，是人类创造的物质文化遗存和精神文化的物化遗存”[3]。当“民俗”和“文物”结合构成词组时，便有了新的意义。根据“民俗”与“文物”二词之本义进行符合逻辑的推导，便可以得到“民俗文物”一词初步的字面含义：是一个国家或民族中广大民众所创造、享用和传承的民间生活文化中的物质文化遗

斗牛宫月饼模　山西省侯马市

食盒篮　民国　福建省

存和精神文化的物化遗存。如此诠注，似乎是烦琐了一些，但其意思基本上是明确的，关键词是创造、民间生活、物质文化。

创造是为了满足人类自身的需要而进行的生产活动，也是人类区别于其他动物的能力标志。“诚然，动物也生产。它为自己营造巢穴或住所，如蜜蜂、海狸、蚂蚁等。但是，动物只生产它自己或它的幼仔所直接需要的东西；动物的生产是片面的，而人的生产是全面的；动物只是在直接的肉体需要的支配下生产，而人甚至不受肉体需要的影响也进行生产，并且只有不受这种需要的影响才进行真正的生产；动物只生产自身，而人在生产整个自然界；动物的产品直接属于它的肉体，而人则自由地面对自己的产品；动物只是按照它所属的那个种的尺度和需要来建造，而人懂得按照任何一个种的尺度来进行生产，并且懂得处处都把内在的尺度运用于对象。因此，人也按照美的规律来构造。”[4]从某种意义上说，人类的历史是从创造开始的，创造源于人类为生存而进行的造物活动。“人们为了能够‘创造历史’，必须能够生活。但是为了生活，首先就需要衣、食、住以及其他东西。因此第一个历史活动就是生产满足这些需要的资料，即生产物质生活本身。”[5]从为了

打草帘　江苏省苏州市

1950 年代海南岛黎族使用四系陶罐挑水情形

生存的生活化造物到为了生活的艺术化造物，其间经历了极为漫长的历史时期。人类的文明就是在这漫长的演化过程中逐渐形成并发展起来的，表现为各种形态的人类文化，在人类文明的进程中发挥了极为重要的作用。尤其是生活用品，从衣、食、住、行的各个方面满足了人们社会生活的多方面需求，给人们的生活带来了诸多便利。这些在民间广为流传并与劳动者朝夕相伴的极为平凡的生活用品，为人们的社会生活奠定了物质基础。

古人常说“格物致用”，是讲造物属于有目的的行为。的确，人类的造物，最初是为了生存，而后是为了更美好的生活，历史已经做出了最好的证明。器物的生产由少到多、由简到繁、由粗到精，与社会发展和生活方式的演化同步，并适应着风俗习惯的需要。从根本上说，器物的品类与品种主要是随着人们的需要而发展的。早期席地而坐的起居方式，虽然自在却不舒服，因身体接触地面，易受地气影响致病，“抬高地面”的需求便导致了床榻的发明；坐在床榻上使腿得到解放，但时间一长依然容易疲劳，“搁手靠背”的需求便导致了对床榻的改良，将床榻之面及其配件的尺度缩小而制作成椅子；尔后，方便移动的需求导致去掉椅子的靠背而改制成凳子，摆放物件的

原漆雕花门围子十柱架子床　明代
山西省榆木县　引自《典藏》2003 年第 9 期

明式铁力木官帽椅

需求又导致将凳面加大、凳腿加粗加长而发明了桌子；由之衍生出来的琴几、香案、书桌、圆桌、半桌等各种样式的“桌”的同类，都是适应着种种生理的、生活的、文化的、社会的、艺术的需求而制作出来的。可见，人们在原有的需求得到满足后，又会激发出新的需求，成为人们造物活动持续发展的动力。

最初创造的器具，在功能上多是兼用的，造型的结构与装饰也比较简单。随着生产力的发展和人们对自然界认识的深化，为了满足和适应不断增长的社会生活需求，人们创造的器物品类越来越多，功能越来越完善，造型和装饰也日益丰富起来。可以说，在人们社会生活的各个领域里，都有相应的系列器具各司其能。仅用于饮食的，就有各种尺寸的盆、碗、盘、碟、筷子、调羹以及存放筷子的筷笼等，还有喝酒用的杯、盅、壶、瓶等酒具和多种样式的酒令筹，制作点心的有各种材质的模具，盛放菜肴的有不同造型的食具，如此等等，不一而足。就连提鞋，也有利用多种材料制作的长短不一的鞋拔，给人以方便。更有甚者，还有一种用竹条编成圆笼状的，是南方人夏日睡眠时为防止汗津四肢用来搁手脚的，谓之“竹夫人”。

造物满足了人们社会生活的需要，用物亦便利了人们的生活。造物、用物的过程经过流传和规范，则成就了民俗。以月饼为例，宋人周密在《武林旧事·卷六》中所举的各种蒸食糕饼中，便有“月饼”在列；元人陶宗仪在《元氏掖庭记》里亦载有“酌元霜之酒，啖华月之糕”；在明人田汝成的《西湖游览志·卷二十》里，才明确说“八月十五谓之中秋，民间以月饼相遗，取团圆之意”。其时，馈赠、品尝月饼与拜月、烧斗香、走月亮、放天灯等活动方才构成完整的中秋节日习俗。在中秋之日，月饼作为应时点心，既是亲友之间馈赠的礼品，也是人们的品尝之物，故求质而不重量，其用料、制作都比较讲究，除了好吃外，还要求美观。明人词中对此已有描述：“月宫饼，制就银蟾紫府影。一双蟾兔满人间，悔煞嫦娥窃药年；奔入广寒归不得，空劳玉杵驻丹颜。”[6]清代以来，月饼的生产多采用专门的月饼模制作，以保证其造型的一贯性和外形的美观。民间流传的月饼模外形大多为圆形，意为团圆，其中的图案则取材于民间关于月宫的神话故事和吉祥图案等，图案的简繁由月饼模的大小来决定。月饼模的大小亦不以尺寸定，而以斤两论，一般以五斤（直径约为 40 厘米）、四斤、三斤、二斤、一斤、半斤为一套，特别大的需要专门定做，还有刻成瓜果形的。这样的月饼模做成的月饼多用

奶豆腐木模　内蒙古自治区

来馈赠亲朋好友，其大小依关系之亲疏来决定。月饼模用过后，须抹上食用油进行保养，挂在墙上则成了装饰品。雕刻图案中反映民间故事的画面和赋予寓意的纹样，往往是老人们讲故事时津津乐道的。在这里，可重复使用的月饼模具便成为传承民族民间文化的重要载体。

一般来说，人们对器物的基本要求是能够便利生活，在不同的历史时期，对美化和丰富生活也有着不同程度的需求。不同的需要导致了人们在造物活动中创造多元化。造物的过程也是创造者情感物化的过程，因为造物者总是带着情感工作的，从选料、取材、制作乃至售出价格之高低，均能够看到人们情感的痕迹。在这里，所有的情感均以物化的方式体现出来，器物造型的威严、庄重、清灵、秀美、精巧、艳丽、丰润、厚实、纯朴，以及与之相适应的纹样装饰，也是造物者个性与趣味的体现。尤其是近代以来，各种富有地方特色、制作精美的小器具在被人们使用的同时，其独特的功能、别致的

社火脸谱马勺　近代　陕西省咸阳市

油炸花　山西省运城地区

造型和丰富的装饰不仅影响着各地区民众的性格和审美趣味，也影响着民间风俗习惯的传承与演变。

当然，作为偏正词组的民俗文物，就其所表述对象之本性来说，依然是“物质”的，“民俗”只是对其属性和范围的限定。民俗文物既是民间生活文化的重要组成部分，也是反映着民间风俗、习惯等民俗现象的遗迹和遗物；既是人类文化遗产的重要组成部分，也是中国传统物质文化的基础。事实上，中国的民俗文物包含的对象范围是很广阔的，几乎涵盖历史上民间社会生活的衣食住行、生产、信仰、节日活动等各个方面，涉及全部的社会生活和相应的社会关系，还反映着上层建筑的各种制度和意识形态。中国“民俗文物的价值在于能充分体现文物中隐含的民俗概念和生活智慧，以及和先人血脉相连的感情。其价值是精神、心理和社群伦理紧密结合的，民俗文物的社会功能和文化象征意义重于艺术和历史价值”[7]。通过代表着不同民族、地域之风俗的物化的民俗文物，人们可以了解某个民族或本民族某个地区的民间物质文化及其相关民俗文化的发展和变化，了解到这些民间的物质文化是怎样地规范着人们的社会行为方式和促进着生活方式的进程，了解人们在用

萨满服
萨满（巫婆、神汉）跳神时穿的服装。萨满穿此服装，口念咒语，手舞足蹈，装出鬼神附体的样子，来“驱邪治病”。服装上挂满铜镜、刀钗之类的东西，重达数十千克。引自《内蒙古民族文物》　1985

物的过程中创立的民间审美观念和工艺规范发展、调整、巩固的轨迹。

因而，作为研究对象的民俗文物与民间物质文化，一方面是具体的、物质的、形象的，另一方面又体现着民俗文物与民间物质文化的存在方式和文化意义。民俗文物的存在方式，是由创造、使用民俗文物的时空条件及其相互关系所确立的，又与人们的生活方式紧密联系在一起。“十里不同风，百里不同俗。”由于气候、物产等的影响，不同地域、民族的人们都有着自己独特的生活方式；在不同的历史时期，各个地域的生活方式又有着不同的具体内容。民间流传的“南船北马”“南腔北调”“南拳北腿”等俗语，说明了某些行业在不同地域的形式特征，隐藏于其后的具有鲜明地域特征的民俗习惯和社会文化更是丰富多彩。

民俗文物与民间物质文化的存在形式对人们的生活方式所起的作用是巨大的。其自身既是生活方式的一部分，又是变更生活方式的主要动力。一方面，民俗文物新的创作是适应人们生活方式的进步和需要而产生的；另一方面，新的民俗文物又以自己的存在方式，去影响和改变着生活方式的内容与结构。宋代的深色釉茶盏与清代的青花盖碗茶盏虽然都是茶具，却代表着不同时代的生活方式和饮茶习俗。宋代饮茶多用“点茶”之法，是将优质茶叶研磨成末，加水调匀成膏状，再注入开水使茶汤表面出现汤花，色泽以白为上，故要用深色釉茶盏为衬，其厚重的造型完全能够承受操作时的力量。至清代，茶叶加工工艺的进步和人们饮茶趣味的演化使饮茶更加讲究色、香、味，故以白胎瓷碗为器，形体轻薄玲珑的青花盖碗茶盏顺应了人们品茶的需求。由此可见，其间的替代更

宋人碾茶

瓷笔插　高 15 cm　宽 14 cm

莲花草盖罐　清代

新与制瓷工艺的发展和进步有着很大的关系。深色釉茶盏的产生与点茶习俗的形成同步，白色瓷胎的青花盖碗茶盏则对绿茶饮用方式的形成起到助推的作用。

“物质生活的生产方式制约着整个社会生活、政治生活和精神生活的过程。”[8]并且，“物质文化是塑造或控制下一代人的生活习惯的历程中所不可能缺少的工具。人工的环境或文化的物质设备，是机体在幼年时代养成反射作用、冲动及情感倾向的试验室”[9]。因此，对任何个人来说，作为物质文化的民俗文物在其一生中所起的作用是极为重要的。一方面，表现在便利生活的实用价值上；另一方面，极为重要而又非常容易被人们所忽视的，是其对人的思维模式和行为方式产生的各种明显或潜在的影响。民俗文物与民间物质文化的主体，是在民间广为流传的，直接地满足人们衣、食、住、行需要的日用器物。这些器物上积淀着人类造物的观念、经验和多方面的知识，具体体现为人的技艺、人对材料的认识程度与驾驭能力以及人造物的尺度。看似平常的桌子、板凳、筷笼、茶叶罐、水桶、木盒、竹椅等，表现着劳动者制作时的匠心和质朴而巧妙的构思。这些审美与实用相结合、科学与

皮影戏《狄青·征东》一景

情感相统一的物品，有可能在反复接触的过程中潜移默化地改变着人们的世界观，提高人们的审美能力，最终作为一种精神的力量，又将作用于人们的社会生活。

从某种意义上说，每个人都是在一定的社会环境中接受着一定的社会文化的教化而成长起来的。人们的知识、技术、经验，宗教、信仰、风俗习惯、道德观念、行为准则、价值标准，衣、食、住、行、婚、丧、嫁、娶的生活模式和行为模式等，都是社会文化教化的结果。因此，一定的社会文化，不仅影响着人们的思想感情，也影响着人们日常的社会生活行为、生产和生活。民间的社会文化是在长期的社会实践中积累起来的，分散在民间社会生活的各个方面。作为一种没有教科书的非文本的文化，比较集中地在民俗文化的各个方面得到体现，又被积淀和固化在民俗文物中。在中国传统的民俗文化中，民间文学、民间戏曲、民间音乐、民间舞蹈、民间技艺、民间美术等艺术形式各以其独特方式展示和传承着民众的社会文化，通过年节的装饰、乡间的社戏、婚娶的鼓乐、田头的赛歌、老人的摆古等活动，寓教于乐，使人们日复一日、年复一年地接受着不同类型、直接或间接的民间社会文化的教化。

然而，最直接地对人们起着事实上的民间社会文化知识教科书作用的，还是民俗文物与民间物质文化。民俗文物与民间物质文化产生于人们为满足社会生活需要而进行的创造，是人们在约定俗成的功能和审美的要求约束下进行造物活动的产品。这种物质形态将“在劳动者方面曾以动的形式表现出的东西，现在在产品方面作为静的属性，以存在的形式表现出来”[10]。在民俗文物中，所谓“动的形式”，主要指人们在社会实践中改造自然的创造力量，以及各种在长期实践中积淀下来且已约定俗成而呈紊流状态的社会文化知识的因素。当这些观念、历史、风俗、道德、伦理、规范、行为、价值等方面的因素通过民俗文物有意味的造型、完善的功能以及丰富的内涵体现于“存在的形式”之中时，便能给人们以直接的启迪和联想，或是在潜移默化中持久地发挥着作用。

第二节 相关名词的讨论和说明

所谓概念，是人们对于客观世界主动认识的结果，是对事物本质属性的反映。在概念形成的过程中，人们以感觉、知觉和表象为基础，通过分析综合、抽象概括等思维活动，从个别到一般，从具体到抽象，方能逐步把握某一类事物的本质。在对民俗文物与民间物质文化的认识和研究过程中，人们通过感觉和知觉去感知某个具体的民俗文物，便能够得到这一事物的感性知识。经过对若干民俗文物的感知，在此基础上通过思维对这些感性知识进行综合和加工，就能够进一步把握民俗文物与民间物质文化共有的属性，即本质特征——民俗文物是广大民众所创造、享用和传承的民间生活文化中物质文化遗存与精神文化的物化遗存。这也是民俗文物的基本概念。

一般情况下，人们用“民俗文物”一词来表述民俗文物的概念。但是，作为民俗文物概念物质外壳的“民俗文物”一词，并不能够完全表达所要表示的概念，因为概念具有外延和内涵两个方面。概念的外延是指具有该概念所反映的本质属性的一切事物，概念的内涵则是指概念所反映的事物的本质属性的总和。两者既紧密联系，又互相制约。当概念的外延基本确定以后，内涵也会随之确定。民俗文物概念的外延是所有各种各样的民俗文物，其概念的内涵则包含民俗文物是物质的、造型的和审美的等内容。但由于民俗文物本身是一个不可分割的整体，基于不同的认识角度和思维层次，它的概念在表述时也有着程度的差别。

根据语言学的原理，“民俗文物”一词可以用来表达不同程度的概念，民俗文物的概念也可以由不同的字词来表示。民俗文物是一个历史的概念，随着人们对民俗文物认识的不断深入和深化，其概念也将随之不断地修正和完善，表述更为准确。但也要认识到，作为一个正在建设发展中的学科，民俗文物在概念内核形成的过程中有许多复杂的因素，将会对其产生各种正面的或是负面的影响。特别是观念的变化以及语言文字使用习惯的变迁，将会直接影响表述的方式和使用的字词。这在建立民俗文物学科的进程中是一种正常的现象。

民俗文物是中国传统物质文化的重要组成部分，其所指的对象与范围基本上已经确定，其含义也相对明晰。但由于历史的原因，在过去的民间物质文化的著作和文献资料中，同一或相近的对象往往采用不同的名词表述，这在客观上反映了人们对民间物质文化的认识进程以及认识的差异和不确定性。但是，汉语言文字的构词特性决定了汉语名词词义的确定性，不同的名词所表述的事物在客观上应当是有差异的，所以有必要对之加以讨论和说明。

民俗文物　在“民俗文物”一词产生之前，作为民俗文物的实体虽然已是客观存在的事物，却始终未能被看作民俗文物，因而未能成为文物大家族中的有机组成部分。

事实上，在早些时候的文物分类中，是没有民俗文物一类的。如此，与“文物”一词自身的内容和含义及其所指范围之演变有着很大的关系。“文物”一词最早见于春秋时成书的《左传》。书中“桓公二年”条曰：“夫德，俭而有度，登降有数，文物以纪之，声明以发之；以临百官，百官于是乎戒惧而不敢易纪律。”此处的“文物”，意指礼乐典章制度之器物。《后汉书·南匈奴传》中之“制衣裳，备文物”，亦取同一义。至唐代，诗人杜牧诗中有“六朝文物草连空，天澹云闲今古同”[11]句，所云“文物”之概念已较此前有所发展。宋代兴起的金石学，把青铜器和石刻等称为“古物”，又将古代器物称作“古董”“骨董”“古玩”“古器物”，并沿用至近代。一个多世纪以来，随着近代考古学、博物馆学的发展，“古物”一词的概念不断拓展，所指内容不断增加。至20世纪30年代，国民政府于1930年6月7日公布的第一个文物法规谓之《古物保存法》，虽然采用了“古物”一词，但其所指范围和种类已包括“与考古、历史、古生物等学科有关的一切古代遗物”。稍后，“文物”一词开始使用，所指内容扩大到古建筑、古器物、古物乃至整个历史文化遗存。[12]1948年，东北行政委员会根据《中国土地法大纲》，在哈尔滨成立了东北文物管理委员会，同时颁布了《东北解放区文物古迹保管办法》和《文物奖励规则》法令。此处所用“文物”之概念和含义与现代的已基本相同。

1949年10月底，中央人民政府决定在文化部下面设立文物事业管理局，领导和管理全国的文物、考古、博物馆和图书馆工作。其“文物”工作的对象，便是“革命文献及实物、古生物、史前遗物、建筑物、绘画、雕塑、铭刻、图书、货币、舆服、器具”[13]。经过近十年的实践，国家保护文物的范围有所拓展，并采用法律的形式确定下来。其具体内容为：“与重大历史事件、革命运动和重要人物有关的，具有纪念意义和史料价值的建筑物、遗址、纪念物等；具有历史、艺术、科学价值的古文化遗址、古墓葬、古建筑、石窟寺、石刻等；各时代有价值的艺术品、工艺美术品；革命文献资料以及具有历史、艺术和科学价值的古旧图书资料；反映各时代社会制度、社会生产、社会生活的代表性实物。”[14]后在20世纪80年代制定的《中华人民共和国文物保护法》[15]中做了规定。2002年进行重要修订之后颁布，进一步明确“在中华人民共和国境内，下列文物受国家保护：（一）具有历史、艺术、科学价值的古文化遗址、古墓葬、古建筑、石窟寺和石刻、壁画；（二）与重大历史事件、革命运动或者著名人物有关的以及具有重要纪念意义、教育意义或者史料价值的近代现代重要史迹、实物、代表性建筑；（三）历史上各时代珍贵的艺术品、工艺美术品；（四）历史上各时代重要的文献资料以及具有历史、艺术、科学价值的手稿和图书资料等；（五）反映历史上各时代、各民族社会制度、社会生产、社会生活的代表性实物”[16]。由此可以看出“文物”概念和内容的演变以及工作范围拓展的过程。需要说明的是，在以上各个时期的文物法规中，虽然没有出现“民俗文物”的字词，但与之相关的工作对象和内容基本上已在文物法规条例所涵盖的范围之内。实际上，国内的许多博物馆以及社会上的相关机构进行着的民俗文物的收藏、研究和展示工作已经持续了几十年。

文物“在时代上，一般区分为古代文物和近现代文物”[17]。古代文物是“指古代历史发展进程中遗留下来的遗迹和遗物，也称古代物质文化和精神文化遗存，范围十分广泛”[18]，近现代文物则“主要有革命文物、民族文物和民俗文物等”[19]。2003年国家文物局颁布的《近现代文物征集参考范围》[20]和《近现代一级文物藏品鉴定标准（试行）》条例，首次对近现代文物的保护范围和价值认定做出具体规范。《近现代文物征集参考范围》第四条所指为“反映中国近现代各民族的生产活动、生活习俗、文化艺术和宗教信仰等方面的文物”，具体内容包括“各民族有代表性的生产工具、生活用品和有关宗教信仰的典型物品”和“各民族有代表性的年画、剪纸、风筝、皮影、雕刻、漆器、壁画、蜡染、服饰、头饰、刺绣、地毯等民间艺术品、工艺品”。这样的内容范围在很大程度上与民俗文物的主要工作对象是重合的。

民俗文物是依其社会功能属性来确定的，在文物学领域中，从其所指对象“物质的”本质来看，与历史文物并无本质上的差别。因为从文物的本体

五毒刺绣　民国　陕西省

木雕漆红梅花寿桃形饭匙　台湾省台南市

意义上说，所有的文物都是历史性的。在实际工作中，与历史文物相比较，民俗文物则有着相当的现代性意义。通常，“近现代文物的年代起始，大都从1840年算起”[21]。在不到两百年的时间里，包括民俗文物在内的近现代文物，其多数仍在人们的社会生活中发挥着作用。“民俗文物与考古文物不同，它比较完整，还在应用，附有不少情节、故事，一旦与文献记载结合起来，或者通过调查就能解决它的名称、性质和功能。”[22]只是随着现代科学技术和经济建设的快速发展，这些在近现代历史上有着重要价值的实物资料才逐步退出历史舞台，成了“文物”。但即便如此，这样的物事与人们的情感并存，依然在民间深层的记忆里占有一席之地，特别是老一辈的人谈起来如数家珍，可以说出许多故事。

民族文物　“民族文物”与“民俗文物”仅一字之差，但其所表述的内容在概念上却有着很大的差异。

一般情况下，民族文物应当是“少数民族文物”，或者是“兄弟民族文物”。“我国是一个统一的多民族国家，各族人民在缔造祖国的历史进程中，共同造就了光辉灿烂的中华文化。各民族在各个历史时期所创造和留存下来的文物，是我国优秀历史文化遗产的重要组成部分”，“由于历史原因，我国各民族社会发展形态是不平衡的，代表不同社会发展阶段并反映各自独特的生产生活方式和风俗习惯的少数民族文物，是探索和研究人类社会发展史的重要资料”。[23]具体来说，民族文物“系指具有本民族特色的某一民族的文化遗存。它从不同侧面反映了该民族在具有多民族共性的大家庭中保存了本民族的生产、生活、文化、艺术、宗教、服饰、习俗等特色的实物资料，如民族建筑、民族服饰、民族文化用品、民族乐器等”[24]。

对于研究工作者来说，民族文物的重要性是不言而喻的。“由于各民族的来源、地理环境、经济类型、生产力水平和风俗习惯的不同，他们的历史文物也是千差万别，各具特色。”[25]作为各民族遗留下来的物质文化资料，在研究各少数民族历史尤其是那些没有文字的民族的过程中，民族文物是有着举足轻重意义、不可或缺的实物资料。在中国历史研究的多个领域里，民族文物可以弥补文献资料和考古材料之不足。通过考察和研究民族文物的产生、使用方式及其生态环境，可以解决考古学和历史学的某些关键问题，使之得到合理的解释。

相对于人类社会的历史，民族产生的时间并不是太长，民族文物的历史基本上与之同步，只有4000~5000年。因此，民族文物可以看作历史文物的一部分。但由于社会发展的不平衡，各民族的文明发展程度有着较大的差异，致使多数的民族文物仍然在各民族的社会生活中持续地发挥着作用，这也验证了民族文物的延续性特征。另外，少数民族

八宝纹腰刀　传世
内蒙古自治区

色拉希的马头琴　引自
《内蒙古民族文物》　1985

上层人士和官宦人家使用的民族文物与民间百姓使用的相比较，在多数情况下，只有材料质地和工艺制作程度上的区别，而在造型的趣味和审美的倾向等方面几乎完全是同一的，这是值得注意的。

杂项　就一般而言，民俗文物中的多数是曾经在历史上或是正在人们的日常生活中依然发挥着作用的物件，其中有许多品类没有太大的经济价值。至于那些已经退出社会生活，并且有着一定经济价值的民俗文物，因其材料上乘、工艺制作精美、造型别致，在多数场合也能被看作文物，但由于文物科学研究工作的严重滞后以及其他原因，在分类时被归入“杂项”之列。这样的情况至今仍然在延续着。

“杂项”一词已有一个多世纪的历史，是过去的古董商们为了交易的方便而叫出来的词汇，用以区别于大宗的文物，如书画、青铜器、陶瓷、玉器之类。此处的“杂”，是“集”之义。《尔雅》释其义：“集，会也。”“会”通“汇”。汇集了各种各样、名目繁多的文物谓之“杂项”，并非不可再做分类，而是古董商们的习惯使然。古董的经营自然是以盈利为目的，所谓“三年不发市，发市吃三年”，便将古董行业的经营特点一语道破，但这是从大的方面而言。虽然书画、青铜器、陶瓷、玉器之类的文物，其单件的利润可以维持一所古董店数年的开支，但通常支撑门市买卖且用来套取现金以维持店铺日常开销和经营人员日常生计的，还是以杂项之物的经营为主。

与书画、青铜器、陶瓷、玉器之类经济价值较高又有观赏性的文物相比，杂项类的文物虽然也有着一定的经济价值，但主要依其观赏性和趣味性的趋向来做取舍。这里的观赏性和趣味性往往被贵族阶层和文人士大夫所主导，多带有猎奇的心态，如刺绣、鼻烟壶、帐钩、牙骨雕制品、竹刻、果模、金银锡器等。虽然它们基本上是来自民间社会生活中的物事，却与民众已无太多关联。因此，将杂项类的文物完全等同于民俗文物亦非恰当之举。

民间美术与民间工艺美术　几十年来，关注民间美术和相关造型艺术的研究者与爱好者多了起来。通过他们的努力，民间美术和民间工艺美术的研

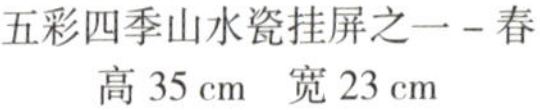

五彩四季山水瓷挂屏之一－春
高 35 cm　宽 23 cm

皮质黑底描金尖笠形官帽盒
清代

究有了长足的发展，并由此带动、促进了民俗艺术的研究工作。民间美术“是指劳动人民为满足自己多方面的需要而创造的造型艺术。这种文化形态，在历史上，相对于宫廷美术和文人士大夫美术而言；在现代，则是相对于专门家的美术而言。与民间艺术的其他门类一样，民间美术也是处于初级阶段的艺术，既是一切美术形式的来源，也是美术创作的基础。或者说，既是艺术之源，又是艺术之流。民间美术是原始造物艺术的延续。原始先民在造物活动中所取得的艺术成就，为后世的艺术发展奠定了基础”，“民间美术主要是劳动人民创造的生活文化，与人民的生活、生产、风俗习惯有着密切的联系。其多数直接用来美化自身、美化物品和美化生活环境，其简洁的造型、完美的功能，在精神上和物质上满足了劳动者的多层次、多方面的需要；其通俗的形式受到劳动者的欢迎，并为劳动者所掌握和运用”。[26]民间工艺美术“是中国工艺美术最深广的基础，是 56 个民族的劳动人民自己创造的与生活息息相关的美术品”，“民间工艺美术同原始社会的美术是一脉相承的”，其作品“是依照自己的生产、生活方式，按自己的审美观点，使用自己的经济条件、社会地位所能获得的材料与工具，所创造的有审美价值的生活用品和生产用品”，“民间工艺美术的艺术特征和生产特征具有极鲜明的承传性、原发性、地域性”。[27]“民间工艺品讨论和评价的基准在于工艺品本身的机能、美学、纹样和装饰、制作技术、文化意涵和供需交换的体系，以及是否具有传统造型的风格、特质；工艺品在制作时是以‘实用’的功能为目的，通常要求能被复制、量产的产业成品。当然也有专为礼仪馈赠、交际应酬、寺庙节庆等而制作的稀少或少量的工艺品则以‘创作性的想象’和做工精细熟练为贵，带有民俗的属性。”[28]

由于研究角度使然，民间美术和民间工艺美术的研究多将其着眼点放在研究对象的造型样式、审美原理、加工工艺及其材料质地等方面，却很少顾及研究对象的功能及其社会作用，尤其是很少注意到研究对象物的构成关系及其与使用者之间的关系。作为民俗文物工作者，应当承认民间美术品和民间工艺美术品是民俗文物的重要组成部分，而且在多数场合，其外在的形式感及精选的材质和精致的工艺代表着民俗文物审美倾向的主流，反映着社会大众和大部分民俗文物制作者的审美理想，必须予以重视。但也应当认识到，在民俗文物中大量存在着的，是那些造型简洁、结构合理、朴实无华、与人们朝夕相处的生活用品。

在有着较为准确定义的“民间美术”与“民间工艺美术”的词语推广使用之前，常用的词汇一般有“农民美术”“民间工艺”“民俗美术”“乡土美术”“民俗技艺”等，其表述内容与“民间美术”和“民间工艺美术”所指的对象范围颇为相近，是有着亲缘关系的词汇。“农民美术”是指出自农民之手的造型的艺术，是农民结合日常生活和民俗活动在农闲或其他业余时间里的创作，多用来美化自己、美化环境、美化生活。作品多为单件，造型简练传神，风格朴实大方。其多数可归入民间工艺美术范畴，并且是民间美术的主流。“民间工艺”在过去是一个常用名词，其义有二：一为民间流传的编织、印染、陶瓷、刺绣、剪纸、绘画、雕塑、玩具等工艺制作的总称，

银猴挂件　清代　云南省

琥珀香囊　清代

制作者多为专业的民间艺人，一般为就地取材、手工制作，其品类、形式、风格繁多；二为民间流传的传统手工技艺，其中有一些与造型艺术并无太大的关联，如榨油、纺棉、钣金、浇铸等。“民俗美术”是民俗学者经常使用的词语，通常是指在民间的社会生活中，为配合特定的民俗活动而创作、使用、交流的美术样式，其数量很多，所有在民俗生活中使用的美术品似乎均可包括在内：既有宫廷的也有民间的，既有古代的也有现代的。其中，数量最大的，依然是土生土长的民间美术品和民间工艺品。“乡土美术”虽然也是民间的美术，但其材料与造型等要素似乎带有更多的地域特征。“民俗技艺”是在台湾学者早期著作中常见的名词，通常是指民间的技术和艺能，即现在的手工艺术和表演艺术，“实质上是民俗文化具体的表征。由于它扎根于生活，属于全民所有，所以它也最能体现民族的意识、思想和情感，发挥民族的精神，流露民族的心声。又由于它与时推移，所以它既是一切艺术文化的根源，同时也是现代艺术文化的先机；它不只可以使一个民族世代相传、绵延不绝，同时也可以使当代国民的生活内容丰富、品质提高”[29]。

非物质文化遗产 近年来，随着联合国教科文组织（UNESCO）大会于1997年通过的《人类口头及无形文化遗产代表作条例》（*Proclamation of Masterpieces of the Oral and Intangible Heritage of Humanity*）及其相关项目计划的逐步实施，“非物质文化遗产”一词便以较高的频率出现在中国的各种媒体上。在一些政府部门的文件和专家的文章中，也开始使用这个新近引进的词汇来指代中国民间文化的各个部类，民俗文物似乎也被包括在内。

然而，中国的语言文字及其字词的构成都有一定的规范原则和相对准确的定义。从字面上看，“非物质文化遗产”一词是由“非＋物质”和“文化＋遗产”构成，“文化遗产”是其特质，“非物质”则是其属性。再者，被译成“非物质文化遗产”的英文原文为“intangible cultural heritage”，其来源是日本的“无形文化遗产”（无形文化财）。由此看来，“物质的”“有形的”民俗文物与非物质文化遗产在本质上有着很大的差异，因此不应该被囊括在非物质文化遗产的范围之内。但事情往往是复杂的，如剪纸，其创作过程中体现的作者的文化素养及其背景、对表现内容形式上的把握、对纸的材质的认识和娴熟的剪刻技艺等，应当属于非物质文化的范畴，其最终成品——剪纸，则是以物质的形态存在着的。所以，在大多数情况下，“物质文化”可以看作“非物质文化”的载体。

2003年10月17日，联合国教科文组织在第32届大会闭幕前通过了《保护非物质文化遗产国际公约》，组织各国专家和学者制定这项国际公约的宗旨是：1. 保护非物质文化遗产；2. 尊重有关群体、团体和个人的非物质文化遗产；3. 在地方、国家和国际一级提高对非物质文化遗产及其相互鉴赏重要性的意识；4. 开展国际合作及提供国际援助。作为对保护无形文化遗产与人类文化多样性所提供的法律性条款，《保护非物质文化遗产国际公约》对“非物质文化遗产”的定义做了具体的规定，它是“指被各群体、团体、有时为

悬丝木偶　台湾省

个人视为其文化遗产的各种实践、表演、表现形式、知识和技能及其有关的工具、实物、工艺品和文化场所。各个群体和团体随着其所处环境、与自然界的相互关系和历史条件的变化不断使这种代代相传的非物质文化遗产得到创新，同时使他们自己具有一种认同感和历史感，从而促进了文化多样性和人类的创造力”[30]。同时，还列出了非物质文化遗产的5个方面：1. 口头传说和表述，包括作为非物质文化遗产媒介的语言；2. 表演艺术；3. 社会风俗、礼仪、节庆；4. 有关自然界和宇宙的知识与实践；5. 传统的手工艺技能。[31]

之所以如此，是因为非物质文化遗产“既是文化多样性的熔炉，又是可持续发展的保证。考虑到非物质文化遗产与物质文化遗产和自然遗产之间的内在相互依存关系，承认全球化和社会变革进程在为各群体之间开展新的对话创造条件的同时，也与不容忍现象一样使非物质文化遗产面临损坏、消失和破坏的严重威胁，在缺乏保护资金的情况下，这种威胁尤其严重。意识到保护人类非物质文化遗产是普遍的意愿和共同关心的事项，承认各群体，尤其是土著群体，各团体，有时是个人在非物质文化遗产的创作、保护、保养和创新方面发挥着重要作用，从而为丰富文化多样性和人类的创造性作出贡献，注意到教科文组织在制定保护文化遗产的准则性文件，尤其是1972年的《保护世界文化和自然遗产公约》方面所做的具有深远意义的工作，还注意到迄今尚无有约束力的保护非物质文化遗产的多边文件，考虑到国际上现有的关于文化遗产与自然遗产的协定、建议书及决议需要有非物质文化遗产方面的新规定有效地予以充实和补充，考虑到必须提高人们，尤其是年青一代对非物质文化遗产及其保护的重要意义的认识，考虑到国际社会应当本着互助合作的精神与本公约缔约国一起为保护此类遗产作出贡献，以及教科文组织有关非物质文化遗产的各项计划，尤其是‘宣布人类口述遗产和非物质遗产代表作’计划，认为非物质文化遗产是密切人与人之间的关系以及他们之间进行交流和了解的要素，它的作用是不可估量的”[32]。

作为人类造物活动之成果的民俗文物，其制作和生产的过程则是人们根据某种需要对某种物质材料实施相应工艺技能的过程。这一过程中的工艺技能当属非物质文化遗产，必须受到保护。因为随着中国社会发展和生活方式变迁，许多旧式的用品已不再是人们社会生活所必需，其相应的工艺技能也将随着制作和生产规模的萎缩而濒临绝境。若是在法规、资金、人员、机构等方面没有相应的措施进行保护，不用太长时间，传统的工艺技能必将人亡艺绝，这应当引起足够重视。

第三节
作为博物馆藏品的民俗文物

目前，在中国的大多数博物馆中，民俗文物只是一个临时的、工作的概念。一般情况下，博物馆的藏品系列和藏品目录中，无论是正式的入藏品还是临时的参考品，都没有把民俗文物作为专门的品类来看待；在文物管理和保存的具体措施上，也未能将民俗文物单列出来，其原因是多方面的。

中国文物科学的理论研究严重滞后，自然有其历史的原因，但由此而导致的后果却在很大程度上制约了博物馆文物管理工作的实践。长期以来，人们对文物的认识经历了从“根据文物内容的性质可以分为历史文物和革命文物（含社建文物）两大类”到“根据文物产生的时代可以分为古代文物和近现代文物（含革命文物和民族、民俗文物）两大类”的过程。但在一般情况下，大多数的博物馆依然是将文物分为历史文物、革命文物和社建文物[33]三大类进行管理，连少数民族地区以当地的民族民俗文物为主要工作对象的博物馆也不例外。这样的管理模式持续了将近 70 年，基本上是在 20 世纪 50 年代中期学习苏联经验建设地志性博物馆的过程中形成的。

事实上，在除了革命纪念馆之外的大多数博物馆中，由于历史文物数量庞大，藏品的管理工作在多数情况下是以历史文物为中心来进行，革命文物和社建文物只占文物管理工作的一小部分。藏品中倘若有民族民俗文物，出土的和有着明确纪年的归入历史文物管理，近现代的都归入社建文物管理，这只是就过去建成的博物馆而言。近年来，新建的博物馆藏品目录中，多数已没有“革命文物”和“社建文物”的项目，但也没有“民族、民俗文物”的类目，相关的文物资料只能记在流水账或分类账中，并未归入博物馆的藏品总登账内。民俗类的民居建筑等地面文物，多数因年代较近等没有被纳入文物管理体系，有的即使被政府部门核定公布为重点文物保护单位，其保护的级别[34]也比较低。这样的问题值得重视。

过去，由于种种条件的限制，无论是博物馆还是私人收藏家，其拥有的各类文物只能按质地分类、分室、分柜存放，这样的文物保管作业方式可以说是由来已久。之所以如此，是因为过去的藏品保管多是在自然环境中进行，在多数情况下，人们只能顺应自然，按照各种质地藏品保管所需的温度、湿度以及气体、光线等要求，采取一些物理措施来延缓藏品蜕变的进程。所以，过去对藏品按质地分类并非学术的需要，而是藏品保管的要求，可以说是不得已而为之。

但是，博物馆并非单一功能的文物收藏单位，作为文化事业的基本设施和大众教育的社会机构，其多方面的功能是通过陈列展览和由此延伸的各项服务来实现的。就国内已有的民俗展览来说，无论是以民间物质文化的展示为目的[35]，还是通过场景复原来表现各类民俗事象[36]，都是由民俗文物构成的。民俗文物是按照其自身社会生活的功能属性来确定的，任何单个的民俗文物的物理性质不管有着多大的差异，其质地是有机材料、无机材料还是多种材料构成的，只要具有相近的社会生活的功能属性，均有可能被视为同属一类的民俗文物。但是，同一类型的民俗文物在库房里却不能存放在一起，依然是按其质地摆放，因而给博物馆的实际工作带来诸多不便。这样的状况也许会随着科技的进步和设备的更新有所变化。在台湾地区的一些博物馆中已经开始使用计算机管理民俗文物的品目，分类排列数据库，设计图文并茂的演示网页，使民俗文物的社会生活功能属性得以充分显现。如此，虽然民俗文物藏品在库房中的摆放位置并无太大的改变，但由于采用了科技含量较高的管理模式，民俗文物藏品的综合利用率提高了许多，对其的保护措施也更加细化，保护方法更为科学。

几十年来，被泛政治化的氛围笼罩着的民俗文物一直得不到应有的名分，多数情况下被看作落后的、封建的、黄色的、低俗的。除了极少数具有相当高历史、美术、工艺、科技价值的物品被认定为文物得以入藏之外，大部分成为博物馆的文物参考品，通常在一些近代史的展览中被用来反映和说明社会的阴暗面。这样的观念和认识延续了几十年。

近些年来，随着文物市场的逐步开放，文物专场的拍卖会越来越多，加之某些专业单位和媒体带有猎奇、炫耀性质的炒作，人们将目光集中到那些存世数量较少、经济价值较高的文物上面，而对经济价值不高、与过去社会生活有着密切联系的民俗文物却不屑一顾。这样的社会风气对博物馆的民俗文物工作也产生了巨大的影响。要改变博物馆中民俗文物在收藏、管理和利用等方面的落后状况，需要通过开展深入细致的科学研究来转变观念，同时建立独立的、科学的、健全的民俗文物学科，以彻底扭转对民俗文物的偏见。

建设具有中国特色的民俗文物学科，迫在眉睫。

注释

[1] 谢辰生《文物》，《中国大百科全书·文物博物馆卷》，北京·上海：中国大百科全书出版社，1993年1月，第585页。

[2] 钟敬文主编《民俗学概论》，上海：上海文艺出版社，1998年12月，第1页。

[3] 吴诗词编著《文物学概论》，上海：上海文艺出版社，2002年5月，第1页。

[4] [德]马克思《1844年经济学哲学手稿》，中共中央马克思、恩格斯、列宁、斯大林著作编译局编《马克思恩格斯选集》第1卷，北京：人民出版社，1995年6月，第46~47页。

[5] [德]马克思《德意志意识形态》，中共中央马克思、恩格斯、列宁、斯大林著作编译局编《马克思恩格斯选集》第1卷，北京：人民出版社，1995年6月，第79页。

[6] [清]彭蕴章《幽州土风吟》。

[7] 江韶莹《台湾民俗文物分类架构与登录作业系统研究》，中华民俗艺术基金会编《两岸民俗文化学术研讨会论文集》，台北：台湾省政府文化处，1999年6月，第121页。

[8] [德]马克思《〈政治经济学批判〉序言》，中共中央马克思、恩格斯、列宁、斯大林著作编译局编《马克思恩格斯选集》第2卷，北京：人民出版社，1995年6月，第32页。

[9] [英]马林诺夫斯基著，费孝通等翻译《文化论》，北京：中国民间文艺出版社，1987年2月，第5页。

[10] [德]马克思著《资本论》第1卷，中共中央马克思、恩格斯、列宁、斯大林著作编译局编《马克思恩格斯全集》第23卷，北京：人民出版社，1972年9月，第205页。

[11] [唐]杜牧《题宣州开元寺水阁》，《全唐诗》卷522。

[12] 汤用彬、陈声聪、彭一卣编著《旧都文物略》，北平市政府秘书处编辑，1935年。北京：华文出版社，2004年1月再版。该书将“城垣”“宫殿”“坛庙”“园囿”“坊巷”“陵墓”“名迹”“河渠关隘”“金石”“技艺”“杂事”等项均纳入文物范畴描述。

[13] 1950年5月24日中华人民共和国中央人民政府政务院颁发的《禁止珍贵文物图书出口暂行办法》。

[14] 1960年11月17日经国务院全体会议第一百零五次会议通过，1961年3月4日由国务院公布施行的《文物保护管理暂行条例》。

[15] 1982年11月19日第五届全国人民代表大会常务委员会第二十五次会议通过。

[16] 2002年10月20日第九届全国人民代表大会常务委员会第三十次会议通过的《中华人民共和国文物保护法》第二条。

[17] 同1。

[18] 同1。

[19] 同1。

[20] 国家文物局2003年5月13日颁布实施。

[21] 同1。

[22] 宋兆麟《积极开展民俗文物研究》，钟敬文主编《民间文化讲演集》，南宁：广西民族出版社，1998年12月，第118页。

[23] 国家文物局《关于加强少数民族文物工作的意见》（文物博发[1998]54号）。

[24] 吴诗词编著《文物学概论》，上海：上海文艺出版社，2002年5月，第39页。

[25] 宋兆麟《民族文物通论》，北京：紫禁城出版社，1999年11月，第2页。

[26] 徐艺乙《论民间美术的基本特征》，《中国民间工艺》1988年第6期，第30页。

[27] 季龙主编《当代中国的工艺美术》，北京：

中国社会科学出版社，1984 年 12 月，第 272、275 页。

[28] 同 7。

[29] 曾永义等《台湾的民俗技艺》，台北：台湾学生书局，1989 年 7 月，16 开本，第 2 页。

[30]《保护非物质文化遗产公约》，2003 年 10 月 17 日联合国教育、科学及文化组织在巴黎举行的第 32 届会议通过。引自中国人大网：http://www.npc.gov.cn/wxzl/wxzl/2006-05/17/content_350157.htm。

[31] 同 30。

[32] 同 30。

[33] 指 1949 年中华人民共和国成立以来，在社会主义革命建设的历史进程中能够反映国家或一个地区的政治、经济、军事、文化等具有典型意义的实物和典型事件、典型单位、典型人物的照片与文字资料。

[34] 参见 2002 年 10 月 28 日第九届全国人民代表大会常务委员会第三十次会议通过的《中华人民共和国文物保护法》第二章第十三、十四条。通常，民俗类的民居建筑等地面文物有 80% 以上被定为市级以下文物保护单位。

[35] 参见南京博物院“物华天宝·民俗美术陈列（1998）”。该展览将民俗文物分为“服饰”“生活器用”“手工工具”“娱乐道具”“祭祀用器”“年节饰物”“童玩”“建筑装饰”八类陈列，由南京博物院民族民俗研究所总体规划、设计、陈列。

[36] 参见苏州民俗博物馆。该馆主要陈列有“婚俗”“节俗”“食俗”三个部分。“婚俗”展览复原陈列一百年前清代末年南方汉民族的婚礼模式，“节俗”厅把旧时虎丘山塘街出会全部仪仗再现于观众面前，“食俗”厅正中复原陈列了一座比较典型的苏州家居厨房模型。

第二章　民俗文物的基本特征

所谓特征，是指某一事物自身所具备的特殊性质，是区别于其他事物的基本征象和标志。任何客观存在着的事物都有其自身所具有的特征，这些特征正是人们借以认识和辨别某项事物的主要依据。民俗文物所指的对象虽然在很大程度上是根据其功能的属性来划分的，但作为有着一定对象范畴的具体存在着的事物，与其他类型的文物一样，也有着作为客观存在着的事物的种种特征。

“每个民族都有上、中、下三层文化，民俗是中下层民间文化的一部分。”[1]民俗文物是广大民众所创造、享用和传承的民间生活文化中的物质文化遗存和精神文化的物化遗存。作为一种曾经与民众朝夕相伴的物质文化形态的事物，其造型的趣味、选用的材料、运用的工艺、装饰的纹样，与宫廷性质和具有贵族倾向的文人士大夫的物质文化有着根本性的区别。作为劳动者创造的物质形态的生活文化，与人们的生产、生活、风俗习惯有着密切的联系。其简洁的造型、完美的功能，在精神和物质上满足了劳动者多层次、多方面的需要；其朴实、大方、美观、喜庆的样式受到社会的普遍欢迎。民俗文物虽然是原始造物文化的延续，但其近代和现代的特性则是其他类型文物所不具备的。所谓的历史文物，既有出土的，也有传世的，但其作为一种客观存在及存在的方式，已经完全脱离了现实的生活。民俗文物是劳动者为满足自己在社会生活中的多方面需要而创造的物质文化，其多数为刚刚离开生活或是正在离开生活的事物，也有的尚在现实生活中，但却是有着典型意义的用品、器具或其他事物。

作为一种在华夏先民造物活动所取得成就的基础上发展、延续着的物质形态的文化，民俗文物蕴含着的丰富的造物经验是中华民族传统文化的重要组成部分，虽然在流传、延续的过程中由于多种原因融入了多种观念的因素，但其主流依然是健康的、纯朴的。其所表露的审美倾向、审美趣味和审美观点，是后来包括传统手工艺和现代工业设计等造物艺术发展的美学基础。劳动者在自己创造的和谐的环境中生活，并直接或间接地接受着积极的、健康的社会文化的教育。作为一种文化形态，民俗文物在其形成、发展、流传的过程中，显现出许多与其他类型的文化所不同的特殊性质，其创造者、传播者、使用者、创造过程、传播途径、延续方式、文化传统以及功能和装饰、形式等，则与一般的历史文物有着不同性质和不同程度的差异。这些特点或差异，通常被称为民俗文物的特征。这些特征，一方面是区别民间的物质文化与其他类型的物质文化的主要依据，另一方面也是正确认识和学习民俗文物的基础所在。

民俗文物与民间物质文化显现出来的特征有很多，其集体性、娱教性、区域性、延续性等民间物质文化自身所固有的特性显得尤为突出。作为民俗文物区别于其他的主要的基本特征，它们是从民间物质文化自身的性质、发展轨迹方面来总结的。这四个特征是重要的，但并不是民间物质文化的全部特征。在四个特征中，集体性、娱教性是民间物质文化本身内在属性所显示的特征，在民间物质文化的创造与流传过程中起着主导作用；区域性和延续性是民间物质文化发展在空间和时间上所显示着的特征，与民间物质文化创造的内部联系并不太多。四个特征之间既有密切的联系，又有着主要和次要、内部和外表等相对的区别。但任何一个特征都不能够单一独立存在，这尤其值得注意。

第一节
集体性特征

多个个体的聚合形成了集体，集体性则为多个个性的求同存异。因此，集体和个人是不能绝然分开的。使用“集体性”一词来表述用品和器具等民俗文物的某个特征，并不是要排斥劳动者个体的创造。集体性只是一个抽象的概念，就民间物质文化而言，其实质是成千上万劳动者个体长年累月创造的质和量的总和。从最初的意义上说，承自原始造物文化的民俗文物，大部分是流散在人们社会生活中的用品和器具。这些长期伴随人们生活的用品和器具，多数是劳动者为满足自己多方面、多层次的需要而进行创造的结果，是集功能、情感、形式、技艺等多种因素于一体的事物。这样的创造是在劳动者共同生活的基础上进行的，集中了劳动者的智慧，融汇了劳动者的才能，反映了劳动者的理想和情趣，经过数千年的流传发展，以其强大的生命力扎根于民间。在这里，劳动者既是创造者，也是使用者、改良者、传播者、鉴赏者。因此，以民俗文物为主要内容的民间物质文化应当是所有劳动者集体的智慧和财富，具有集体性创造的特征。

集体性特征是所有民俗文物的重要特征。各种样式、各个品类的民间物质文化在成为文物之前，是与劳动者朝夕相伴的用品和器具等事物，是为了满足劳动者自身的需要而创造的。任何可以被看作民俗文物的用品、器具或其他事物，从创造到流传，都始终与各个时期的民间社会生活有着密切的联系。劳动者集体社会生活的需要是民间物质文化产生的基础，在此基础上进行的创造，虽然出自个人之手，却体现着劳动者集体的聪明才智和创造才能。

另外，即使是劳动者中有名的艺人、工匠的创造，也从未离开过这种集体生活的基础。在民间物质文化创造以及使用的过程中，个体与集体始终有

画珐琅缠枝花卉五蝠捧寿罩炭盆
清·乾隆 引自《清代广东贡品》
香港中文大学文物馆 1987

画珐琅“大吉”葫芦瓶
清·乾隆 引自《清代广东贡品》
香港中文大学文物馆 1987

机地融合在一起。以古代艺术品为主体的历史文物则与民俗文物有着本质的不同，无论是历史上服务于宫廷的青铜礼器、官窑瓷器以及漆器和玉器，还是用于宣传宗教的佛像、佛龛、寺庙装饰，或是抒发胸中逸气、表现自我的书画作品，以及远古时期的各种器具，都与后来各个时期的民间社会生活存在较大的距离。虽然多种多样的创造目的和制作要求可以为不同的对象服务，形形色色的风格流派能够满足来自不同方面的需要，但古代的历史文物在任何时间段内都无法满足大众的直接的社会生活之需要。

绝大多数已成为历史文物的器物在其最初产生时，基本上应当是民间个体工匠的制作，但又不能简单地将其看作纯属个人的创作。应当认识到，在历史的封建体制内，来自民间的个体工匠为上层社会进行的生产有着许多的限制。“一个阶级是社会上占统治地位的物质力量，同时也是社会上占统治地位的精神力量。支配着物质生产资料的阶级，同时也支配着精神生产的资料，因此，那些没有精神生产资料的人的思想，一般是受统治阶级支配的。”[2]与艺术作品一样，社会生活中的用品或器具等必然与一定阶级的社会集团的生活相适应，反映着一定阶级的思想感情，代表着一定阶级相当一部分人的艺术趣味。过去，工匠只是以出售自己技艺的方式换取自己及家人在社会中生存的生活资料，即便是来自民间底层社会的匠人，他们所掌握的技艺或许是属于民间的工艺技术，但在接受委托为某些社会集团加工某些器物时，其选材、造型、工艺、装饰乃至趣味都必须服从于委托方各个方面的要求。在这种场合，匠人是没有选择权和决定权的。尤其是为皇家制作，只能在具体要求的限制内施展技艺，难度极大。据清代乾隆十一年（1746 年）清宫造办处活计清档记载，“于十一月初七日，七品首领萨木哈将做得木胎画蓝色如意云、口足中身写字钟样一件持进，交太监胡世杰呈览。奉旨：照样准烧造，将钟上字着唐英分均挪直，再按此钟的花样、诗字，照甘露瓶抹红颜色亦烧造些，其蓝花钟上花样、字、图书俱要一色；蓝红花钟上花样、字、图书俱要一色；红钟底俱烧‘大清乾隆年制’篆字方款，其款亦要随钟的颜色。钦此”[3]。如此具体的要求，又以圣旨的名义下达，匠人所能做的，就是以极高的智慧和技艺去努力完成。但照此要求完成的器物，其欣赏的价值大于实用的价值，与民间的社会生活基本上是不相干的。

相比较而言，某些有着较强审美倾向的器物以及书画类的文物，往往是出自专门家之手的艺术创作，虽然在多数情况下也延续着前人的艺术传统，有的甚至是直接从某一形式发展而来，但若是换一个角度认真地考察其创作实践，就会看到这些书画类文物最初的创作过程基本上是由个人完成的，构思、构图、内容、造型语言及工艺的选择都由专门家自主安排，创作出来的作品显现着较强的个性风格。在这里，专门家个体的创作劳动显然起着决定性的作用。

1. 约定俗成的功能和审美标准

过去，每到集日，江南乡镇的集市上都有几个卖竹制品的艺人在出售自己的产品，选购淘箩和提篮的姑娘、大嫂在几个摊位之间经过一番挑选、比较之后，终于挑选到自己称心如意的淘箩和提篮，心满意足地回家了。她们的挑选和比较是根据什么标准来进行的呢？

陕西凤翔的农村中流传着一种香包。这种小巧玲珑的香包既是佩戴的饰物，也是馈赠的礼品；既是实用品，也是装饰品。在当地农村，多数妇女会绣制香包，然而，大家一致公认的香包绣制能手是80多岁的王银凤老人。[4]她绣制的香包造型古色古香，图案富有生活气息，因而受到广大群众的欢迎。这位绣制荷包的能手，又是根据什么标准来评定的呢？

在山东聊城冠县的郎庄，家家户户、男女老少都会制作面塑[5]，每逢年节和民俗活动用来装点环境，以烘托节日的气氛。除此之外，还制作成面塑小件批发给商贩，销往德州、天津以及江浙等地。人们制作面塑时，说说笑笑，捏制时也很随意，在和好的团面上捏几道、塑几个圆，再剪上几刀，随意抹上几笔食品染料调制成的水色，便算完成。然而，蒸熟后的面塑却显得造型丰满、色彩艳丽，有人物，也有动物、花卉，寄托着人们对美好生活的向往，给人以美的享受。这些看似随意的制作，又是在何种标

青缎地平针绣双喜香荷包　清代

面塑《打金枝》　山东省

准的约束下进行的呢？

在中国民间的传统物质文化中，类似这样的事例还有许多。在这里可以发现：无论是挑选、比较，还是一致公认，或者是看似随意的制作，其背后似乎都存在某种规定性的要求。这样的规定性要求既是“挑选、比较”“一致公认”的标准，又是约束“看似随意的制作”的法则，是客观存在着的，与劳动者的社会生活实践有着密切的关系。就其主流而言，民间物质文化都曾经是生活中的器物，在功能上首先应当是实用的，其形式则要能够给人带来精神上的享受。那么，人们在经营、创造或使用、欣赏时，所依据的标准必须具备这两个基本内容：一是功能的，二是审美的。当这两个基本内容以某种工艺通过某种材料进行造型而物化时，必须有机地统一在一起。

民间的物质文化是劳动者为满足自己的需要而创造的，这样的创造活动也是社会性的实践活动，由创造者创造和使用者享受、欣赏两个过程构成。通过这样一个完整的生产实践活动过程，民间物质文化功能的、审美的以及其他方面的作用才能得到充分的发挥。在这里，创造者和使用者都是劳动者全体。从作为创造者的劳动者到作为物的民间物质文化，再到作为使用者的劳动者，实际上，就是劳动者⟺民间物质文化，两者双向交互发挥作用。其最基本的关系就是人与物再与人的关系。

民间物质文化的创造劳动也是一种带有异化性质的劳动。“通过异化劳动，人不仅生产出他对作为异己的、敌对的力量的生产对象和生产行为的关系，而且生产出其他人对他的生产和他的产品的关系，以及他对这些他人的关系。”[6]创造者通过民间物质文化多方面功能的作用对使用者发生影响，使用者在享受、欣赏的过程中又将自己的意志能动地作用于民间物质文化，因而在新的创造过程中根据自己的感受和经验，修改和调整具体的民间物质文化结构，使其在各个方面都完善起来。在这一长期的创造过程中，作为主体的劳动者通过不断深入地认识和总结经验，逐步取得了驾驭自然的自由；作为主体对象物的民间物质文化，也在形式和功能上不断地完善。

既是创造者又是使用者的劳动者在其日常的生产、生活中，广泛地接触到民间物质文化的各个方面。在长期创造、使用的同时，通过不断地总结经验，改善民间物质文化，以更完美的形式和更完善的功能去适应更高层次的需要。并且，实践着的劳动者对民间物质文化的形式法则、构成原理，材料、技艺等功能和审美的因素以及其间的关系，进行着由浅入深、由低级到高级的体验和认识，从而在根本上把握住民间物质文化创造的规律。区别于非劳动者的劳动者，他们有着共同的经济地位、阶级利益、生活方式和思想感情，并且有着自觉的、共同的集体意识。这种集体意识是无形的，隐藏在集体每个成员的内心世界，有着巨大的凝聚力和约束力，有意无意地影响着人们的行为。这种有着凝聚力、约束力的心理定式，通俗地说，就是约定俗成。在劳动者社会生活的各个方面，都有着约定俗成的具体体现。

卷焰燧　江苏省吴县市

源于劳动者社会性实践活动的民间物质文化的基本创造规律也是一种约定俗成，是劳动者在集体创造过程中的耳濡目染，从劳动者集体创造的成果——民间物质文化以及由之构成的环境中的整体体验，再加上自己多方面的实践得到的体验和经验，在头脑中得到反映，经综合后形成的观念意识。这样的观念意识为广大劳动者所遵循，既是制作者创造的规矩，又是使用者衡量比较的尺度，似乎是具体的，有着一定的要求，却又是无形的，只可意会而不能言传，多数情况下表现为下意识的作用。

这种“只可意会而不能言传”的约定俗成的标准，因其内涵的丰富性和思维的模糊性而无法用文字做精确的表述。然而，在民间物质文化的创造过程中，这样约定俗成的标准却不时地有所显现。在许多民间剪纸和农民画中，凡是画碗、盘、罐、杯、坛等圆形器物时，器物的口部总是画成（或剪成）圆形的，器物的底部则画成（或剪成）平的。如果你问这些作品的作者“这是为什么”，他们会回答：“碗（盘、罐、杯、坛）就是在桌子上平放着的嘛！”当画眼睛时，他们总是把眼珠点在眼白的中间，周围不加遮挡。问他们为什么这么画，他们回答说：“这样看着精神。”在一个农民画创作学习班上，一位老大娘用整张纸画了一只大公鸡，问她“为什么一张纸就画一只大公鸡？”“画大了可威风，实在威风。”“为什么画这么大的尾巴？”“大公鸡就是大尾巴！”“为什么画这么大的毛腿？”“是毛腿子公鸡。”“为什么用这么大的锯齿纹装饰？”“因为要威风！”[7]从作品和作者的回答中，可以部分地体会到劳动者的情感、气质和审美观念，感受到约定俗成的功能和审美标准的约束作用。

社会上流传着一些关于民间物质文化的口诀，如年画行业中的“画将无脖项，画少女应削肩，佛容要秀丽，神像须伟壮，仙贤意思淡，美人要修长，文人如颗钉，武夫势如弓”[8]和用色方面的“软靠硬，色不楞；黑靠紫，臭狗屎；红靠黄，亮昂昂；粉青绿，人品细；要想俏，带点孝；要想精，加点青；文相软，武相硬；断国孝，三蓝墨；女红、妇黄、寡青、老褐”[9]等；苏作家具图案的“雕刻要气韵，层次要分明，光滑要和顺，棱角要出清”[10]的“四要”口诀；青田石雕刻工艺中的梅花口诀“无‘女’不成梅，新枝似箭开；三五成

《十竹斋笺谱》　明崇祯十七年（1644 年）

花瓣，枝上苞蕾满”、雕刻竹子的口诀“无‘个’不成竹，刀叶聚三五；弯节不弯干，枝梢顺风舞”和雕刻松树的口诀“无‘工’不成松，干枝曲如龙；树皮龟纹裂，金钱扇形叶”[11]等。检验成品也有口诀，对翡翠制作的饰品必须“先查裂纹防致命，瑕疵要少工要精，大小不符难成交，‘有种有色’方精品”[12]。这些口诀是历史上无数能工巧匠从长期的创造实践中总结出来的，经过广大劳动者在欣赏、使用过程中的验证而得以广泛流传，有着深厚的社会基础，可以说是约定俗成的功能和审美标准的简约的具体化。但是，以口诀形式出现的具体化仅仅停留在表面的形式法则上，远远不能概括民间物质文化约定俗成的功能和审美标准的丰富内容。

民间物质文化约定俗成的功能和审美标准是劳动者在社会实践中形成的，包含着历史的社会文化传统和民俗、生产、感情、气质、审美、技艺等方面的因素。因此，要全面了解和深入研究这种约定俗成的功能和审美标准，除了直接研究物质形态的单件器物和劳动者的创造过程外，还必须研究劳动者所处社会文化的发展、传统的民俗、生产、生活等方面的背景材料，研究民间物质文化与这些背景因素之间的关系。

2. 集体性特征的发展及其表现

民间物质文化的集体性特征是建立在历史上千万个劳动者创造成果的积淀基础之上的。尤其是那些在各民族民间生活中广泛流传的优秀的民间物质文化，更是由许多不知名的创造者，用自己的智慧、才能和技巧凝结着集体的力量创造成功的，体现着民间集体创作的特征。

作为原始造物艺术的直系延续，民间物质文化在创造过程中体现的集体性特征直接继承了原始造物艺术原发的集体性创造的传统，原始造物艺术是伴随工具的创造而产生的。原始文化研究表明，处于原始时期的造物活动几乎都是以氏族、部落为单位进行的。在人类社会经济和文化都处于最低阶段时，为了生存，任何个人都必须将自己与氏族或部落的集体紧密结合在一起。

人与人之间必须互相协作，一切都要依靠集体的力量，集体性活动是这一时期所有活动的唯一方式。这种社会的集体性在当时是人类力量的唯一源泉，人们的一切创造活动都是社会或集体成员共同劳动的成果。所创造的物品往往是氏族、部落直接需要的，反映的观念也必然是氏族或部落的集体意识和共同情感的概括。

人类进入阶级社会，社会生产与阶级关系等的变化使社会分化为统治阶级与被统治阶级两大集团。越来越细致的社会分工和规模越来越大的产品交换，使许多劳动者个人不再是所有社会生活资料的直接创造者。他们在生活中所需要的物质资料可以通过交换的方式来得到。然而，作为与统治阶级相对立的一个整体，劳动者在功能和审美及其他方面的消费意识上有着许多共同的要求。劳动者的创造多为满足这种要求，他们在实践过程中不断地总结经验。一方面，按照美的规律来创造；另一方面，在实现尽可能多功能的前提下又不断地捕捉新的美的因素，使民间物质文化能够满足劳动者不断增长的功能和审美等要求。综观从古至今的民间物质文化，不论是陶瓷、家具、建筑装饰，还是年画、剪纸、染织、刺绣，其发展历程无不体现着这种共同的约定俗成的功能和审美的要求。

民间物质文化约定俗成的功能和审美标准体现在不同的创造过程中。在任何时期劳动者的社会生活中，民间物质文化的创造都是一种普遍的现象，既是一部分劳动者职业的生产劳动，也是一部分劳动者职业之余结合日常生活和民俗活动的另一种类型的劳动，两种劳动并无实质性的差异。这样的劳动有以下几种表现形式。

一是劳动者个体的创造活动。所创造的对象在满足功能的前提下，多为表现劳动者的某种情感和美化自己、美化环境的创造，在体量、形式上多属小件创作，所以劳动者个体便可以独立完成，数量多为单件。但是由于从事这一类创造的人数很多，所以创造的品类也是五花八门，在劳动者的社会生活中到处都能见到。如妇女们为家人或情人缝制的鞋垫、荷包，为孩

小花囡　江苏省无锡市

麒麟童子　河北省新城县

子制作的虎头鞋、绣花帽，为老人制作的寿衣；男人们为孩子制作的玩具，为日常生活编制的器具，等等。在制作过程中，劳动者可以随心所欲地表达自己的感情和趣味，作品朴素而自然。这种创造虽然出自劳动者个体之手，但也体现着劳动者集体的约定俗成的功能和审美的要求。因为这个劳动者个体是劳动者集体的一员，长期生活在劳动者集体中，在劳动者社会文化的直接教育和民间物质文化潜移默化的影响下，劳动者个体的思想意识、行为方式已经与劳动者集体基本统一起来。因而，他的创造必然要自觉或不自觉地被劳动者集体的约定俗成的功能和审美标准左右。

二是为劳动者个体以分工合作的形式进行的创造活动。这种创造的对象多为大件，个人无法完成，却因劳动者的社会生活需求量较大而需要成批复制。民间居室的建造须由瓦工、木工、泥水工等数人通力合作才能完成，烧造陶器也须由制坯、挂釉、绘花、烧制等工序的劳动者密切合作才能完成。在合作创造的过程中，每道工序的劳动者由于分工使自己在某道工序或某个方面比他人得到更专业的发展，成为某方面的行家里手。每道工序的劳动者在创造的过程中又要注意相互之间的协调和衔接，既要充分发挥所长，又不能影响别人的创造，还要使自己的创造统一在某个相对具体的约定俗成的功能与审美的要求和标准之下。多个各有专长的劳动者的成功合作，会使其产品比个体的创造更为精到、成熟，具有更强的功能性和艺术性，在质与量上都能满足劳动者一定程度的需求。

三是民间专业艺人和游方艺人的创造也应当被视为在劳动者集体约定俗成的功能和审美标准约束下进行的创造。生活在民间的专业艺人以其所处的地位、从事专业制作的经历和经验，完全能够理解劳动者约定俗成的功能和审美的要求。因此，专业艺人的创造在很大程度上体现了劳动者集体创作的基本要素。在各个历史时期的民间社会生活中，从事专业制作的工匠很多，其中富有才干者往往以高超的技艺和出色的产品博得人民群众的推崇，成为同行中的佼佼者，在民间享有很高的声望。明代苏州的“陆子冈之治玉，鲍天成之治犀，周柱之治嵌镶，赵良璧之治梳，朱碧山之治金银，马勋、荷叶李之治扇，张寄修之治琴，范昆白之治三弦子，俱可上下百年保无敌手”[13]。其“专业”水准的手艺可望而不可即，为人们所崇尚。这些艺人本身是劳动者集体的成员，他们的思想感情、生活方式、审美观念多与劳动者保持一致。更重要的是，他们的创作从来没有脱离过劳动者集体需要的基础。从这个意义上说，他们的创作是劳动者集体性创作的一种表现方式。

拉坯　江西省景德镇市

第二节
娱教性特征

人们的社会生活一天也离不开物质财富的创造。一般情况下，劳动者通过创造和使用生活资料，基本上可以满足物质和精神方面的需要。

以物质形态体现劳动者约定俗成的功能和审美标准的民间物质文化，与劳动者的生活、生产习俗有着密切的联系，其多数直接用来美化生活、美化环境。作为创造者和使用者的劳动者，在自己创造的和谐的社会环境中生活，一方面享受着不平凡的创造者的快乐，另一方面则接受着直接和间接的社会文化传统的教化。这两方面都是通过物质形态的民间物质文化来实现的，构成民间物质文化的主要功能要素。民间物质文化这种在功能上显现出来的特征，可以称之为娱教性特征。

完整的民间物质文化的创造过程，通常由两个阶段构成：一是作为创造者的劳动者创造民间物质文化，二是作为使用者的劳动者使用、欣赏民间物质文化。在多数情况下，这两个阶段有机地结合在一起，反复交替地发挥着作用，两者缺一不可。

1. 劳动者创造的快乐

自从人类社会出现社会分工和产品交换以来，多数的民间物质文化创造活动已成为劳动者在生产之余进行的另一种劳动形式。这种劳动不仅在物质和精神上满足了劳动者社会生活多方面的需要，更重要的是给劳动者的业余生活增添了极大的乐趣。这些乐趣是伴随劳动者的创造实践而产生的。

春节作为所有民俗节日中最重要的节日，也是中国民间最欢乐又最忙碌的节日。在江苏省南通地区的农村，除了写春联、挂喜笺、贴年画、迎神祭祖、

七星连哨口风筝　江苏省南通市

羊灯群　陕西省咸阳市

张灯结彩等常规活动外，放风筝的活动也为欢乐的节日带来了很大的乐趣。在过去，放风筝是当地的一项传统活动，南通地区传统风筝[14]的形制有大小两种，大型风筝最常见的有“六角”“八角”“大蝴蝶”“大金鱼”“蜈蚣”等，高度一般有 3~6 米，无论扎制还是放飞都需要多人合作。每逢放风筝，参加的农民都要凑份子摆酒。风筝放飞要在有经验的老者指挥下进行，十几名年轻力壮、腿脚灵巧的小伙子逆着风向，间隔 10~15 米远排一个人。拉第 1 把的人使劲奔跑，把风筝拉到杨树顶高时，力气已经几乎用尽，应赶快脱手；拉第 2 把的人必须接着奋力奔跑，才能把风筝拉到三四层楼高；然后是第 3 把、第 4 把……直到把几百米胳膊粗的麻绳放完。这时，风筝在强大、均匀的高空风的吹动下，两条草绳编成的尾巴像剪刀一样伸得笔直，上千只葫芦、竹哨迎风发出雄浑、和谐的声音。大家便开始入席，在欢乐中品尝酒肴，说“利市话”[15]，赏听空中传来的风筝哨子发出的悦耳声，享受着亲手创造的欢愉。

农历七月初七日是中国古代神话传说中牛郎织女在天河相会的日子。在这一天的晚上，妇女尤其是姑娘们要举行向织女“乞巧”的仪式，相沿成为民俗节日。在广州市番禺区的农村，至今还保留着这种风俗。到了农历七月初六日晚上，妇女们早早吃过晚饭，换上衣服，成群结队地去参加“摆七夕”

的活动。摆七夕又叫“乞巧会”，是一种陈列女红的民俗活动。农历初五夜里，妇女们将日常制作的花鞋、荷包、针插、绣衣及纸通公仔[16]、蜡果、灯彩等陈列在宗祠里，初六晚上供全村的男女老少观赏、评判。这些出自妇女之手的工艺品，平日里深藏闺阁，只有在乞巧节的晚上“摆七夕”时才与众人见面，可谓“小品华蕤制最精，胡麻胶液巧经营。不知翠袖红窗下，几许功夫作得成”[17]。这一晚上是全村人最快乐的时刻，也是妇女们最快乐的时刻。妇女们以自己的创造给别人带来了欢乐，也给自己带来了愉悦。

无论是风筝的放飞，还是女红的展示，都能够给劳动者带来欢乐。然而，对于创造者和使用者，这样的欢乐在程度上是不同的。前者的欢乐是伴随某种目的的实现，自己的创造能力得到确证而发自内心的愉悦；后者是某种需求得到感官的满足和心灵的共鸣后而产生的欢乐。前者的欢乐是主动的，通过创造直接得到；后者的欢乐是被动的，是根据自己的经验结合着使用感受得到的。

创造者的欢乐产生于民间物质文化的创造过程和创造成果发挥作用的过程中，是对劳动者内在能力的自我肯定。因为在创造性的劳动中，不仅要运用肉体力量，还要发挥精神的力量，有时要借助物质形态表现出某种感悟力和创造力。在创造和发挥效用的过程中，作为主体的劳动者的创造力、想象力、征服力得到物化，创造目的实现了真正意义上的自由。

劳动者在实践中的自由创造，是民间物质文化引起人们喜悦的原因之一。这里所说的自由创造，是生产实践中的劳动创造，是劳动者在创造实践中通过逐渐地把握事物的必然性、规律性来实现的。“自由不在于幻想中摆脱自然规律而独立，而在于认识这些规律，从而能够有计划地使自然规律为一定的目的服务。这无论对外部自然界的规律，或对支配人本身的肉体存在和精神存在的规律来说，都是一样的。”[18]因此，自由创造是合乎目的性和规律性的完全统一。从以制造石器工具为开端的原始造物艺术，到现代仍在民间广为流传的、结合着劳动者社会生活的品类繁多的民间物质文化，都是劳动者在认识客观必然性和规律性的基础上进行的创造。所以，劳动者为满足自己的需要而进行的创造也是自由的创造，是美的创造。这样的创造会给劳动者带来美的喜悦，美的喜悦正是人们体验到的自由创造的欢乐。当人们对客观事物的认识越深刻，人的需要和目的越明确，人的自由创造的力量就越大，智慧才能就越高，也就越能引发人们的喜悦。

民间物质文化的创造成果要在社会生活中发挥作用，多数是通过功能来实现的。在这一过程中，劳动者也能享受到由创作带来的欢乐。在陕西农村，娃娃的耳枕是母亲们特制的，通常采用彩色布包上棉花绣制而成，耳枕的外形多表现为青蛙、鲤鱼等动物形象。在耳枕的中间，往往开着一个小洞，这样当娃娃侧着睡时便不会压着耳朵。在娃娃醒着的时候，这件耳枕又是一件极有意趣的玩具。在这里，儿童们可以得到最初的社会文化教益，还可以从其造型、色彩上接受劳动者审美观念的熏陶。年轻的妈妈将感情、审美、功能、知识等因素融于耳枕之上，可谓用心良苦。然而，当她们看到娃娃玩弄使用耳枕时，联想起耳枕在儿童生活中所起的种种作用，其欢乐是无法用语言来表达的。

意识来源于社会实践。人类社会的生产实践活动是在漫长的历史中一步步由低级向高级发展着的。因此，人们对必然性和规律性的认识，也都是一步步由低级到高级、由浅入深、由片面到多方面而发展着的。随着社会生活实践的发展，劳动者对客观世界必然性、规律性的认识和掌握，无论在深度还是广度上都得到很大拓展。因而，劳动者在创造中也取得了愈来愈多的自由。其结果，使劳动者为满足自己的需要而创造的民间物质文化不但在形式上更为完美，功能上极大改善，也扩大了民间物质文

蛙耳枕　甘肃省庆阳市

化的内涵，使民间物质文化能够满足劳动者不断增长的多方面、多层次的需要。民间物质文化在劳动者社会生活中发挥的作用越大，给劳动者带来的创造的欢乐也就越大。

作为劳动者创造的物的民间物质文化，其存在形式是静态的，形式特征是感性的。在这里，可以看到劳动者的创造劳动，看到作为自由创造的人的力量、智慧与才能的实现。劳动者在民间物质文化的创造过程中享受到创造的喜悦，自己的情感和智慧也得到升华。

2. 美化的“物”及其教化作用

每个人都在一定的人文环境中接受一定的社会文化的教化。“人创造环境，同样，环境也创造人。”[19]人的文明程度由知识水平、文化程度、受教育时间的综合素质所决定着。民谚有“可以不识字，不能不识事”的说法，可见民间社会对人的文明程度是以识事为标准来评价的，完全不同于上层社会识字的标准。识事的能力来自劳动者的社会文化，这样的社会文化是劳动者在长期的社会实践中积累起来的，分散在民间社会生活的各个方面。传统的民间文化作为一种没有教科书的文化，在民间社会生活的各个方面得到完全的体现。

在民间文化中，民间文学、民间戏曲、民间音乐、民间舞蹈、民间美术、民间物质文化等形式，各以其独特方式显示着劳动者的社会文化。民间文化的主要功能是丰富劳动者的社会生活，给劳动者带来欢乐。同时，又以各自

猴摘桃　泥　高 8 cm
传世　河北省保定市

《南极星辉图》
明隆庆六年（1572 年）
杨柳青

的方式寓教于乐，使劳动者得到直接和间接的社会文化的教化。在日常的生活、年节的装饰、乡间的社戏、婚娶的鼓乐、田头的赛歌、老人的摆古等民间文化活动中，劳动者日复一日、年复一年地接受着不同类型的民间文化教育。在这些民间文化艺术中，以民间物质文化对人的作用最为直接。这是由民间物质文化自身的形态所决定的。

民间物质文化产生于劳动者为满足需要的创造，是劳动者在约定俗成的功能和审美的要求约束下造物活动的产物，其多数品类能给人以直接的启迪和联想。泥模是北方农村中常见的儿童玩具，可以翻制出不同的形象，有人物、动物、花卉、鱼虫以及各种吉祥纹样。儿童边玩边进行辨认。他们对许多事物的认识可以说是从这里开始的。民间流传的纸马是一种木版印刷的神像。这些神像的来源在民间都有一种或几种传说，从多个方面说明某个神像的产生、历史及其职能。神像的形象则是人们参照社会中的人来创造的，或严肃、庄重，或阴险、凶残，反映着劳动者的爱憎情感。放风筝是普遍受到欢迎的活动，然而扎放风筝则要求参与者具备多方面的知识和经验。从骨架、蒙布、装饰、引线的安装到放飞、观天地风，处处体现着科学和艺术的统一。一些用来装饰环境、审美倾向比较强烈的民间美术作品，如剪纸、年画等，更是直接地以其完美的形式及所反映的内容，对人们进行着道德的、历史的、风俗的社会文化知识教育，发挥着民间社会文化知识教科书的作用。

《八仙图》　江苏省苏州市桃花坞

还有一些民间物质文化品类，在生活中多与各种民间文艺形式相结合，从而使民间物质文化的教科书作用得以深化。如苏州桃花坞年画的推销者在销售年画时多要唱上几段，一是吸引顾客，二是介绍年画的内容。这些唱词也是优美的民间文学，如介绍《八仙》年画的唱词是："铁拐李，左脚跷；吕纯阳，顶风流；蓝采和，拿着篮子最细巧；曹国舅，插板敲；张果老，拿仔竹筒搓啊摇；汉钟离，拿把扇子顺风飘；荷仙姑，打后跑；韩湘子，吹起笛来眯眯笑。"介绍《杨家将》的唱词是："兵对兵，将对将，盾牌兵对拿枪将，杨老令公到操场，人马弄得无道阵。杨大郎登勒当中眯眯笑，杨二郎登勒马身上，杨三郎登勒桥面上，杨四郎勿想回家转，杨五郎出家做和尚，杨六郎的眼泪汪汪，杨七郎缚勒旗杆上，乱箭射死杨七郎，杨老令公撞死李陵碑上。"[20]在《八仙》唱词中，生动地将八仙的形态特征做了描述；在《杨家将》唱词中，则介绍了杨家将满门忠烈的故事，使人们在观赏年画时产生更加深刻的印象。

在历史的发展进程中，人类通过劳作不断地改造自然，物在变，人也在变。人与物相互影响、相互作用。劳动者在创造民间物质文化的过程中根据自己在功能和审美等方面的要求，不断地完善民间物质文化的功能和形式，在某种要求被满足的同时，又会产生更高级的要求。劳动者通过不断地创造更新、更美的事物，给历史留下了丰富的文化积淀和艺术传统，也使劳动者自身得以完善。

第三节
区域性特征

在一定地理区域内生活的劳动者，其社会实践往往是在一定的地理范围内进行的，所谓"一方水土养育一方人"说的就是这样的道理。由于地理、气候、物产等自然因素的差异和劳动者在需求上的趣味倾向，以及在长期改造自然的过程中形成的不同于他处的观念、方式、技艺等主观因素，因此，在一定的地理范围内创造出来的社会文化传统有着明显的区域性特征。

民间流传的许多俗语与区域性文化有关。“南船北马”说的是古代交通的特点，南方沟河多，出外常赖舟楫；北方旱地多，交通多靠车马。“南拳北腿”则概括了武术在历史发展中形成的南北特点，南方的武术常以拳见长，北方的武术则多在腿上见功夫。“南人食米，北人食麦”，是指南北的人民具有不同的主食结构：南方降水量大，田中多种水稻，主食为稻米；北方纬度高，气候寒冷，适宜种麦子，主食为面制品。“南甜、北咸、东辣、西酸”，是对各地区人民饮食口味的粗略概括。这些俗语虽然只是从宏观上概括了某类文化形态在空间上的特点，不一定十分精确，但却说明了社会文化区域性特征的客观存在。另外，方言、地方戏曲、民歌民谣等文化形态也以各自的方式显示着区域性特征的客观存在。

其实，任何一种文化形态的发展，都与地理性的社会文化环境和自然环境有着密切的联系，从而形成各自的区域性特征。区域性特征是人类文化共有的主要特征之一。区域性的社会文化传统塑造着区域内居民的文化性格，规定着区域文化历史的演进特点，约束着区域内人民的生活习尚，构成人类文化的丰富多彩。民间物质文化作为造物的艺术，其区域性的特征尤为明显。带有区域性特征的民间物质文化显现出的功能和审美标准，建立在某个区域的社会文化基础之上，并综合了劳动者社会生活的需求、风俗习惯和物产等因素而形成的，是约定俗成的功能和审美标准在某一区域的具体化。

1. 区域性特征的形成

民间物质文化随着劳动者社会生活的发展而发展。不同风貌的民间物质文化主要是在区域性的约定俗成的功能和审美标准的左右下产生的。然而，其在形成过程中又受到区域地理环境、气候、风俗习惯、物产资源以及社会文化传统和审美趣味等因素的影响。

风俗习惯的形成在很大程度上与地理环境、气候条件有着密切的联系，因而呈现出不同的形态，与之相适应的民间物质文化也呈现出不同的风格，带有鲜明的区域性特征。中国疆域辽阔，最西端是帕米尔高原，最东端是黑龙江和乌苏里江主航道的汇合处，东西相距约 5000 千米，跨经度 65 度，时差约为 4 个小时。在纬度上，中国的绝大部分区域地处温带，一小部分区域在热带，南北气候有着很大的差异。当西北还是冰封雪飘的寒冬时节，南方早已开始了耕耘种植。生活在这块富饶土地上不同区域的劳动者，在一定范围内的社会生活中形成了各不相同的风俗习惯。

风俗习惯是人们在长期的社会生活中形成的风尚、礼仪、习惯等的总和。《汉书·地理志》云："凡民函五常之性，而其刚柔缓急，音声不同，系水土之风气，故谓之风；好恶取舍，动静亡常，随君上之情欲，故谓之俗。"[21] 意思是说，由于自然条件不同形成的习尚叫"风"，由于社会环境不同形成的习尚叫"俗"。所谓"十里不同风，百里不同俗"，说明在不同的社会环境中形成的风俗习惯有着一定的差异。一定范围内流传的风俗习惯必然要求与之相适应的民间物质文化。在很多情况下，民间物质文化甚至已成为某种风俗习惯的重要组成部分。

广西的绣球是壮族姑娘将豆粟、粮籽用花布或绸缎包裹，外套粉红色丝线的网织工艺品，有圆形、方形、多角形，大的如拳，小的如蛋，上有绸带，下系丝坠。在赶歌圩的时候，姑娘们手提五彩缤纷的花绣球，排着队唱山歌。如见到有中意的小伙子，便把绣球抛过去给他；小伙子若是对姑娘表示满意，则将小件礼物缠在绣球上抛回女方，恋爱之情由此而生。在湘西的一个苗族村子里，几乎家家户户都养鸟，男女老少都喜欢玩鸟，每年还要举办赛鸟、斗鸟的活动。这里的农民每人都有一套养鸟的方法，还有一手制作鸟笼的手艺。对于苗族姑娘来说，绣制鸟笼罩是最好的定情物。在这些风俗中，绣球、鸟笼、绣花鸟笼罩等民间物质文化的品物都已成为整个风俗活动的一部分，其制作多体现着区域约定俗成的功能和审美的需要；作为某种稀有的风俗催

蓑衣　湖南省大庸县

生的民间物质文化的品物，其区域性特征更为鲜明。

民间物质文化的区域性特征在形成过程中的一个重要原因便是就地取材。中国地大物博，各地物产资源各不相同，一定区域里的物产资源是区域性特征形成的物质基础，对民间物质文化区域性特征的产生有着重要作用。广东南雄盛产各种竹类，当地的竹制器物造型精美，经久耐用，竹制玩具也非常有名，除小竹篮、小猪笼等器物玩具外，较多的是竹编小鸟、竹响蝉等。当地的竹子有着充足的来源，采伐砍运都比较方便。由于取材耗时较短、用料新鲜，产品多能保持着新竹的清新感。这是其他地方的竹玩具不具备的特点。在山东的中部，农民们利用当地出产的麦秸、玉米皮、高粱秆、芦苇、蒲草、黄草、柳条等原料，以传统的编织技艺编制蓑衣、苇笠、簸箕、笊篱、筷笼、茅囤、蒲鞋、筐篓等生活和生产用品。这些产品除满足自己的需要之外，还销往周边省份，因其环保、牢固、轻便而受到欢迎。在这些民间物质文化的品物中，劳动者利用当地的材料，并施以相应的技艺，从而使创造有着鲜明的区域性特征。

民间物质文化是劳动者在约定俗成的功能和审美的总目标前提下创造的。作为物化的形态，人们约定俗成的功能和审美的要求都以感性的方式体现在民间物质文化的外部形式结构上。因此，民间物质文化的区域性特征多在其造型形式上呈现出来。过去，全国各地几乎都有木版年画的专门作坊和艺人生产，比较著名的产地有山东杨家埠、苏州桃花坞、天津杨柳青、河南朱仙镇、山西临汾、河北武强、陕西凤翔、四川绵竹、安徽阜阳、福建泉州、广东佛山等处。各地年画的内容可以说是大同小异，以富裕、多子、长寿、幸福、吉祥为主。在形式上却有着较大的差异，如在色彩配置上天津杨柳青年画多用粉紫、橙、绿，画面谐和柔美；四川绵竹年画多用洋红、黄丹、品绿、桃红、佛青，画面显得清亮；陕西凤翔年画强调浓墨、浓紫、大红、翠绿、老黄，甚至叠色而用，色调浓烈热情；佛山多出产银红和金、银、铜、锡箔等材料，因而在画面上多用红丹做底，辅以黄、绿、金、银等色，显得绚丽多彩；福建漳州年画习惯以大红为基调，看上去与佛山年画相似，却又显得雅致；苏州桃花坞年画虽离不开红、绿等色，但色度多浅淡而素雅。这些通过色彩表现出的区域性差异，反映着某一区域内的劳动者对色彩的认识和理解。类似的情况，在民间物质文化的其他品类中也有所反映。

《花神彩选格》　江苏省苏州市桃花坞

狮子　戴宝康作　江苏省如皋市

泥玩具是中国最普遍的童玩，几乎各地都有。然而，从其彩绘方式来看，大体上有三种类型：第一种是在白底色上彩绘，显得秀润；第二种是在黑底色上彩绘，显得厚重；第三种是在红底色上彩绘，显得热烈。这些彩绘类型分别反映着不同区域的社会文化传统和劳动者的审美习惯。同是河南省出产的民间玩具，淮阳和浚县的出品多为黑底彩绘，洛阳、登封、巩县、尉氏等地的出品均为白底彩绘。在黑底彩绘的玩具中，又以刀马人、小鸟、猴子、马、狗为多。相传历史上农民起义军多次在这一带进行过战斗，军中的一些会做泥塑的艺人常捏一些打仗的兵将，以怀念故人。后来泥塑发展，品种逐渐增多。由于泥巴易坏，完成后要放入灶里焙烧，烧结后即呈黑色而显得庄重威武，久而久之流传下来，便形成黑底彩绘的传统。白底彩绘的玩具，多塑成端正白腻的儿童，形象逗人喜欢。主要是结合“拴娃求子”[22]的风俗而制作，在感情上满足没有生育的妇女希望得到白胖俊秀的后代的愿望，时间一长便形成地方的习俗。

在创造过程中，不同区域的劳动者由于各种主客观因素的差异，创造出来的民间物质文化有着相当大的差异，从而形成各不相同的区域性特征。随着社会的发展，人们对自然的认识日益深化，劳动者在创造时有了更大的自由。作为人造物的民间物质文化，功能和审美等方面也得到了不断的改善和调整，从而使区域性特征更为鲜明。

2. 闭锁型交流的固化作用

在不同区域劳动者的社会文化传统的作用下，各地的民间物质文化呈现出丰富的面貌。作为一种将动态化活动转化为静止形态的创作，民间物质文化以其特殊的功能对一定区域的社会文化传统起着固化的作用。这种固化作用是通过民间物质文化本身体现出来的区域的功能与审美标准在人们头脑中的反映和积累，以及在这样的观念左右下进行的创造和消费活动来实现的。

一定的自然物质资源和社会文化环境是民间物质文化区域性特征形成的主要因素，但不能忽视劳动者在创造过程中的相互交流对区域性特征的固化作用。“思想、观念、意识的生产最初是直接与人们的物质活动、与人们的物质交往、与现实生活的语言交织在一起的。观念、思维、人们的精神交往在这里还是人们物质关系的直接产物。”[23]民间物质文化产生于一定的社会文化环境和自然环境之中，是就地取材、自给自足造物模式的产物。在劳动者为了满足自己不断增长的需要而创造的过程中，区域的约定俗成的功能和审美的标准得以体现和深化，从而使产品在形式上更为美观，在结构上更加合理。这样的创造从一开始就因各地社会文化传统的不同，存在目的、要求、情感、材料、技艺等方面的差异。在长期的创造过程中，这些方面的差异不是被缩小，而是被逐渐扩大了。因此，当目的、要求、情感、材料、技艺等因素结合在一起时，民间物质文化的区域性特征便显得更加鲜明。江苏省南通县[24]五总乡的戏台墩村过去因出产美观、结实的茅靴[25]而闻名，茅靴是当地的主要副业。这个地方民风淳厚，邻里关系非常密切，互通有无是很平常的。他们在制作中经常交流，当某个部位的结构稍有改变，便很快在全村传开。他们中手艺较好、威信较高的人制作的茅靴，往往成为全村茅靴的样板。不断提高的技术，使茅靴的形式更为合理，造型更为美观。其他人的改革一旦得到承认，也能成为所有人共有的成果。他们的产品除了在技术程度上有高低外，在外形上几乎没有区别。在这里，茅靴上体现着的区域性特征在劳动中得到发展和固化。

在民间社会生活中，包含创造与消费等行为的劳动者之间的主要交流活动分为三种类型：一是走亲戚、串门子，二是参加居住地的各项民俗活动，三是参加赶集的活动。在这些交流活动中，劳动者接受着直接、间接的区

浙江浦江县前陈乡的村民们舞动着数条自制的板凳龙，喜迎元宵佳节。该村舞龙历史悠久，每年的舞龙活动一般从正月十二开始，到元宵结束。
新华社　步恩撒　摄

《一张纸的大公鸡》 陕西省安塞县 曹殿祥作
引自《美术研究》 1985 年第 3 期

竹龙 江苏省如皋市

域性民间社会文化传统的教育和熏陶，创造时又将在这些活动中得到的知识和经验在产品上反映出来，从而对民间物质文化区域性特征起着积极的固化作用。

走亲戚、串门子是民间社会生活中最普通的交流活动。走亲戚是为了维系亲戚间的感情，串门子是指邻里间的日常交往。前者因居住的距离有远有近，故在交往时的次数也就有多有少；后者在居住距离上近一些，交往次数也就频繁些，所以“远亲不如近邻”。邻里之间的频繁交往和相互支援使得人们在感情上亲近起来，进而观念和行为也趋于同一。民间物质文化的传统就在这样的交往过程中得到发展和固化。在某个村庄，张家的媳妇跟着李家的大娘学剪纸，李家的闺女跟着王家的大婶学习刺绣；李家的大叔给张家的孙子做了个竹马，张家的爷爷又给王家的孙女扎了一个花灯。这样的情景在中国民间再平常不过，人们的社会交往与亲情、友情融为一体。这一类型的交流规模虽小，但劳动者通过这种交往和学习所接受的教化作用却往往是最直接、最具区域性的传统特征的。由此可见，小范围的闭锁交流能够使一定范围内流传的社会文化传统得以固化。

过去，民间的许多民俗活动多以人们居住的村镇或街道为单位进行，参加者多是本地或附近的劳动者。在这类活动中，劳动者之间的交流规模比前一种稍大，活动范围也有所扩展。起源于明代的“佛山秋色”是旧时广东佛山镇在秋天举行的会景游行活动。每年秋天丰收之后，人们为了酬谢神明，报答大自然带来的好年景，便自发地以店铺或村庄为单位进行艺术创作。一些农民和小商贩根据自身从事行业的特点，利用各种材料制作成五花八门的手工艺品参加游行，游行结束后还要公开展览和评比，有效地促进参加秋色赛会手工艺品的发展和提高，逐渐形成闻名遐迩的佛山秋色赛会。另外，在四时八节、婚丧嫁娶的民俗活动中，百姓多采用丰富多彩的民间美术品来装点，使之构成具有区域性特点的文化环境。在这样的环境中，劳动者接受的民间社会文化传统的教化是间接的、潜移默化的。并且，由于此类活动的频繁举行，这样的教化作用逐渐得到深化。

旧时民间的赶集活动是一项大型的交流活动。集市是过去民间物资交流和民间文艺表演的场所，在交通不发达的地方，其地位和作用尤为重要。区域的集市多设在当地人公认的政治、经济、文化的中心地带，赶集的都是集市周围村镇的劳动者。集日往往选择某个纪念日，或是依农历的初一、十五举行。通过集市，劳动者们出售多余的产品，再换回一些自己生活所需要的物品。在劳动者购置物品的过程中，民间约定俗成的功能和审美的标准便是人们挑选、比较的准则。劳动者也在实践中不断地对民间约定俗成的功能和审美的标准进行修正与改良，使之更加符合生活现实。这一互动可能是在一个比较长的时间内进行，并且由于是渐进的、融入的，看上去不动声色，却对提高劳动者的社会生活质量起着相当大的作用。在同一类型的物品中，符合人们心目中约定俗成的功能和审美标准的物品卖得很快，不符合这个标准的则无人问津，最终被淘汰。这种在区域约定俗成的功能和审美标准作用下对器物进行的自然选择、淘汰，对固化民间物质文化的区域性特征也起到了积极的作用。

民间的专业艺人、游方艺人为满足劳动者之需进行的创造活动，也能够对民间物质文化的区域性特征起到积极的固化作用。在一定的区域内，各

蓝印花布大襟衫　清代
引自《浙江七千年》浙江人民美术出版社　1994

行各业都有着自己的佼佼者，他们有的名噪一时，有的称秀一方，扎根在劳动者的集体中，对劳动者的需求与约定俗成的功能和审美的标准有着深刻的了解，其创造也为地方的社会文化传统做出了一定的贡献。一个有威信的艺人，其生产和生活有着一定的范围，往往是相对固定的。他长年累月在某个范围内进行创造活动，其产品显现出来的功能和审美的标准被一方劳动者所接受，成为创造和检验成果时的标准。这样的标准也会对艺人的创造产生约束作用。江苏省如皋县[26]石北大王庄的夏德胜老人是一位在方圆数十里内有名望的蓝印花布坯布印花艺人[27]，他的花版品种齐全、花纹清晰、结构合理、美观大方。而且，由于他的刮浆手艺高明，坯布在染色后仍有清晰的花纹，因而周围方圆几十里内居住的人家几乎都是他的主顾。他以出色的劳动为自己赢得了荣誉，又以自己的作品体现着区域性的约定俗成的功能和审美的要求，使劳动者在使用时得到直接和间接的社会文化传统的熏陶。

民间交流多受交通条件的限制，几乎都是在一定的范围内进行的，因而是闭锁型的。劳动者在一定区域的社会文化传统的熏陶下，在具体的功能和审美的标准约束下造物，使民间物质文化在一定范围的社会生活中，通过劳动者的日常使用而不断地发挥着直接和间接的教化作用。在民间物质文化类型和形式上体现着的约定俗成的功能和审美的标准，作为现实的客观存在被反映到劳动者的头脑中，形成了一定的观念。随着劳动者创造实践的深入，这样的观念也得以深化，并且在新的创造中以更高的技巧被表现出来。民间物质文化的区域性特征，也在这一过程中得到进一步的固化。

第四节
延续性特征

民间物质文化在中国民间经过长期的发展，经过历代劳动者的不断改进，逐渐形成能够满足劳动者在日常生活中多方面需要的繁多品类和多种样式，形成庞大的劳动者生活文化的传统体系，千百年来连绵不断。民间物质文化这种在时间上显示出来的具有运动规律的特征叫作“延续性特征”。民间物质文化的延续性特征主要表现在不间断地创造和相对恒定的样式上。

民间物质文化是劳动者为了满足自己生活的需要而创造的，只有不间断地创造，才能满足不断增长着的多方面的消费需要。在持续创造的过程中，劳动者的技艺、手法及约定俗成的功能和审美的标准得以延续，并且在新的创造中得以体现。民间物质文化是以物质形态存在着的，因而在形式上也体现着这种延续性。在长期的劳动中，劳动者根据目的、材料、功能等因素，创造了各种各样的形式和技艺及其规范。这些形式和技艺通过劳动者的持续使用、研究、调整，代代相传，世世袭用，形成相对稳定的样式，体现了历史文化传统的延续性。

劳动者不断增长的消费需要是民间物质文化发展的根本原因，一定的延续方式是民间物质文化创造得以延续的基本保证。

1. 社会生活的需要

“没有需要，就没有生产。而消费则把需要再生产出来。”[28]任何人为事物的创造，都来自直接或间接的、多方面的需要。需要是人们的创造行为的根本动因。“消费创造出生产的动力。”[29]随着社会的进步，人们的需要也由单一的生存需要发展成为多方面、多层次的消费需要，在需要的层次上也由低级发展到高级。民间物质文化作为造物的艺术，首先以其完善的功能满足着劳动者的生活之需，也以其有意味的形式及丰富的内涵满足了劳动者多方面的需要。其次，民间物质文化本身也因为这种多方面、多层次的需要而得以延续。

民俗文物中有许多是因为风俗习惯的需要制作的，在民间流传并得到了很好的保护。风俗习惯是一种源远流长的文化现象，在其长期的发展过程中有着相对的稳定性。劳动者把审美融入各种风俗习惯，发展出与风俗习惯相适应的民间美术形式，如节庆活动中用来装饰环境的年画、窗花、灯笼，用于婚嫁喜庆的喜花、喜饼、喜帐，陪嫁的绣衣、被面、包袱等。由于风俗习惯的需要，这一类型的民间物质文化连绵不断，发展延续至今。某些民间美术品在最初创造时可能有另外的目的，然而在流传过程中逐渐地演变为风俗习惯的组成部分，从而得以延续。

经常举行的文体娱乐活动由于民间物质文化的融入而显得更为丰富多彩。有些民俗文物甚至就是文体娱乐活动的主要道具，如皮影、木偶、面具、风筝、陀螺、空竹、笛子、二胡、琵琶等。民间的文体娱乐活动在人民群众中有着深厚的基础，人民群众的广泛需要是这些民俗文物得以发展、延续的动力。

为了儿童的身心健康，劳动妇女几乎要付出全部的精力，这也是许多民

皮影《猴王出巡》　北京市

陶叫叫　江苏省宜兴市

间游艺用品，如各种各样的布制玩具、泥人、车木玩具、泥哨子、各种小工具等得以延续的原因。通过这些民间游艺用品，人们可以看出劳动者对下一代的感情和希望。这些游艺用品也是最好的民间社会文化的启蒙事物。儿童们从这里接受劳动者最基本的社会文化教育，培养与劳动者一致的情感和趣味，在日常生活的潜移默化中接受约定俗成的功能和审美的标准以及其他知识。这种传统从小就给孩子留下深刻印记，对他们的一生起着相当大的作用。

在民间广泛流传的日用品，如土陶器、鱼盘、砂器、竹木家具以及各种采用竹、藤、草材料编结的篮、篓、笠、筐等，都是劳动者在日常生活中不可缺少的。这些日用品多采用非耐久的有机材料制作而成，必须经常修缮和补充才能保证日常生活之需，因而需要多次制作。在频繁的重复制作过程中，劳动者的造物技艺得以继承，并逐渐提高和完善。而且，随着对材料认识的深化，这些日用器皿的造型、结构及其装饰也能得到改善和调整，趋向更为合理和美观。

“需要是同满足需要的手段一同发展的，并且是依靠这些手段发展的。”[30]旧的需要被满足，又会产生新的需要。不断地创造，不断地满足新的需要，如此循环往复，满足着劳动者日常生活的需要，创造的手段也得到发展并延

竹枕　清代　浙江省

山西芮城县已故陶塑艺人曹万英
引自《中国民间工艺》杂志 1985 年
4 月第 2 期

吹锄头箫　江苏省南通市

续下来。这种民间物质文化创造手段的延续建立在前人成就的基础之上，并通过劳动者集体的造物实践得到广泛的流传。例如，用来进行镂花的剪刻技术曾在历史上被广泛应用，先是镂刻金属薄片，后来又剪刻丝质缣帛；纸普及后，便以纸为主要加工对象而创造了剪纸艺术。由此可见，在历史的进程中，虽然加工的材料有所不同，但加工的工艺却因其简单、方便而受到人们的欢迎，从而得以延续下来。

由于实践的经历、经验、才能、智慧等方面的因素，一种技艺经某个劳动者全面继承，可以发展、提高到一定的水平。山西芮城县已故陶塑艺人曹万英[31]，祖辈以烧陶为业，自幼受到父辈的熏陶，又聪明好学，少年时就掌握了选土、配料、造型、脱模、粘接、焙烧等一整套的制陶技术。为了在艺术上另辟蹊径，他利用赶集出售瓦器的机会，到庙里揣摩塑像、建筑及其陈设，还曾经拜当地的一位塑神像的艺人为师学习雕塑。这些学习为曹万英的创造打下了坚实的基础。经过努力学习、长期实践、不断创造，他将制陶的技术和艺术都提高到一个相当的水平。曹万英在继承传统的过程中，充分发挥着自己的聪明才智，以自己出色的创造使当地的陶塑传统得到发展和提高。

人们的生产劳动是通过工具来实施的。随着社会的发展，劳动者的分工更为细致，各种类型的劳动生产和日常生活需要不同的工具。工具与劳动者的关系最为密切，特别在已往的手工业时代，许多劳动者视工具为第二生命，制作时精益求精，使用时备加爱护。许多劳动工具经过几代人的改进，不但结构合理、外形美观，而且在延续过程中还拓展了其他功能。江苏南通地区流传的“锄头箫”[32]，既是农具，又是乐器；既可以用来种田，又可以吹奏娱乐。安徽凤阳木匠用的墨斗[33]，将外形做成鱼形，这样在使用时更为顺手，还美化了外形，又图了口彩“连绵有余（鱼）”。锄头箫和鱼形墨斗首先是适应了劳动的需要，同时还满足了劳动者在审美和心理上的需求。多功能的工具比单一功能的工具在劳动中更受欢迎，从而得以流传。

这些事实说明，劳动者的需要是民间物质文化发展、延续的根本原因。人们为了满足自己的需要而创造，其既是造物的过程，也是创造文化的过程。

在民间物质文化中还有这样的情况，即某一类型的民间用品，其现代的功能与最初始的动机有着相当大的距离，有的甚至没有必然的联系。如风筝，其最初的功能据说是传递军事情报，后来才成为娱乐用品，现代又成为体育竞赛用品。虽然用途不同，但这种形式却得以延续。这是由民间物质文化本身的“物质”的性质决定的，民间物质文化本身的所有功能都要通过外在样式来体现。随着历史的发展，人们需要的改变引起了功能的演变，而原来的样式依然能够合理地体现出新的功能，因此便得以延续，在现代的社会生活中继续发挥着作用。

2. 民间物质文化的延续

从民间物质文化的延续过程可以观察到有规律的稳定性。当某一独特的样式被确定以后，就会对新的创造活动产生强烈的影响。当这种影响持续一定时期以后，造型的样式就会形成某种固定的模式。这种有规律的稳定性表现在民间物质文化中，就是造物样式和技艺的延续方式。

民间的社会生活是丰富多彩的。劳动者的共同生活为民间物质文化的创造和延续提供了良好的机会。劳动者依靠自己的创造维持着自给自足的生活。然而，从原材料的采集到制造各种生产用具有着复杂的生产过程，还需要种种相应的工艺和技术。在民间并没有这一类有着详细说明的、任何人看了以后都能够操作的说明书和教科书。因此，青年人的继承，只有在劳动者集体的共同劳动中，通过老年人的言传身教、邻里亲友的亲手传授、身临其境的耳濡目染，并经过反复实践才能够实现。通过共同的劳动生活使工艺传统发展、流传，是民间物质文化最基本的延续方式。民间社会生活中常见的日用器具以及服装鞋帽等制作方式，都是依托这种延续方式广为流传的。

人类比其他任何动物都更多地依赖学习，也更善于学习。没有社会的交流，人就无法正常发展。家庭是社会的最小组成单位，是人最初的学习场所。劳动者的家庭教育是综合性的，主要通过劳动者的行为和家庭环境来实施。家庭的环境气氛与劳动者社会文化总的格调相一致，每个劳动者从孩提时起就在家庭中接受着最基本的社会文化的教化。长年累月的环境熏陶，在他们的头脑中留下了深刻却又不太清晰的印象。当他们成年之后，在父母亲、哥哥姐姐及其亲戚、邻居的直接传授下参加民间物质文化的创造时，童年时获得的印象和经验对他们认识民间物质文化的本质、理解民间物质文化的丰富内涵、掌握民间物质文化的创造技巧有着很大的帮助。在各种创造活动中，他们由参观者到参加者再到传授者，本身的成长和成熟使其对包括民间物质文化的约定俗成的功能及审美的标准在内的社会文化传统的认识与理解逐步深化。当他们进行民间物质文化的创造时，又有意无意地将这种社会文化传统体现在一定的样式中，使之得以延续。

在民间，还有职业化的优秀艺人，他们从事的创造活动在技术上要复杂得多。他们的经验是在不断的实践中积累起来的，并且掌握着某些技术的诀窍。要充分掌握这些技巧并非易事，除了长期实践取得初步的体验外，还必须得到长者直接的、手把手的传授。过去由于落后的封建意识的影响，专业艺人为了保住自己的地位和饭碗，多不愿意将诀窍传于外人；即使传授，也是通过“父传子”“婆传媳”“传媳不传女”的方式进行。这样的延续方式，可以确保高超的技术性和产品的高质量，但也有其消极的方面，在许多偶然的情况下，不少可贵的技艺佚失无后。还有一些民间艺人通过师徒制来延续技艺。师傅有意识地指点和徒弟有目的地学习，使得某一种技艺得到很好的延续和发展，也使造物的质量得到很好的保证。

中国的广大农村有着各种各样的能人，他们以自己的行为、知识、经历赢得了人们的敬重，言行对周围的人有着很大的影响，进行的民间物质文化创造往往成为周围人们的样板并得到广泛流传。在陕西省周至县东部和户县西部的广大地区流传的窗花[34]，其风格特征大致相近。据调查，这一带的窗花制作多源于清末时期当地姓路的人家。路氏的妇女识字懂文化，创作时还请画工帮助起稿，因而创作出大批精美的戏曲剪纸。后来，随着路氏家族与亲友的交往，路家的窗花开始外传，受到人们的欢迎，成为一定区域内劳动者的共同财富，并在流传中得到延续和发展。

体现着劳动者约定俗成的功能和审美的标准的民间物质文化，其本身作为一种媒介，在整个民间物质文化延续、发展的过程中起着很大的作用。民间物质文化是美化了的“物”，其样式蕴含着劳动者的智慧、经验和知识，体现着劳动者社会文化的传统。“人去物留”，当一些优秀的民俗文物仍在民间流传时，其创造者也许早已离开人世，不能再进行新的创造。后来的人们可以根据自己的实践经验，对前人留下的民俗文物在创造样式上体现出来的审美、功能、形式法则、加工手段诸因素加以理解，从中得到直接的启迪，并在此基础上创造出更为出色且能适应劳动者多层次、多方面需要的民间物质文化，丰富和发展劳动者的社会文化传统。民间物质文化中的许多品类便是这样延续与发展的。

注释

[1] 钟敬文主编《民俗学概论》，上海：上海文艺出版社，1998年12月，第4页。

[2] [德]马克思《德意志意识形态》，中共中央马克思、恩格斯、列宁、斯大林著作编译局编《马克思恩格斯选集》第1卷，北京：人民出版社，1995年6月，第98页。

[3] 冯先铭编著《中国古陶瓷文献集释》，台北：艺术家出版社，2000年1月，第241页。

[4] 王瑶安《端午节与香包》，陕西省宝鸡市文化广播电视局编印《宝鸡民间美术研究》，1989年4月，第67页。

[5] 鲍家虎《丰富多彩的山东面塑艺术》，《美术》1986年第5期，第28~29页。

[6] [德]马克思《1844年经济学哲学手稿》，中共中央马克思、恩格斯、列宁、斯大林著作编译局编《马克思恩格斯选集》第1卷，北京：人民出版社，1995年6月，第49页。

[7] 靳之林《我国民间艺术的造型体系》，《美术研究》1985年第3期，第21~28页。

[8] 王树村编著《中国民间画诀》，北京：北京工艺美术出版社，2003年1月，第16页。

[9] 王树村编著《中国民间画诀》，北京：北京工艺美术出版社，2003年1月，第124~126页。

[10] 引自“中国艺术品”网站：http://www.cnarts.net/cweb/artK/wood/furniture/mingqingjiaju/ qing/suzuojiaju/gongyi.htm。

[11] 《青田石雕砍坯浅析》，引自“麦创礼品”网站：http://www.muchcn.com.cn/n034.asp。

[12] 《怎样选购翡翠玉镯》，引自“中国饰品网”：http://www.jewelchina.com/news/info.asp?wh=1&id=174。

[13] [明]张岱《陶庵梦忆》卷一《吴中绝技》，北京：中华书局，1985年，第8页。

[14] 徐艺乙《风鸢漫天悠》，《光明日报》1997年4月13日，第11版。

[15] 流传于江苏省南通地区的一种由吉祥语组成的押韵歌谣。

[16] 广东省番禺县民间流传的一种用纸和香蕉制成的偶人。

[17] [清]汪鮀《羊城七夕竹枝词》，转引自刘志文主编《广东民俗大观·上卷》，广州市：广东旅游出版社，1993年12月，第607页。

[18] [德]恩格斯《反杜林论》，中共中央马克思、恩格斯、列宁、斯大林著作编译局编《马克思恩格斯选集》第3卷，北京：人民出版社，1995年6月，第455页。

[19] [德]马克思《德意志意识形态》，中共中央马克思、恩格斯、列宁、斯大林著作编译局编《马克思恩格斯选集》第1卷，北京：人民出版社，1995年6月，第92页。

[20] 凌虚《唱年画——买画老艺人钱杏生访问记》，苏州工艺美术研究所编印《苏州工艺美术》，1963年12月，第174~175页。

[21] [汉]班固撰《汉书》卷二八下《地理志》“第八”下，北京：中华书局，1999年2月，第1310页。

[22] 旧时民间的祈子习俗，主要流传于中国北方地区。过去，北方的一些道观小庙多供奉送子娘娘等神祇，在其座位和身上放着很多泥塑娃娃。婚后不育的年轻妇女由长辈陪同，到送子娘娘面前磕头烧香，以祈求来年得子。在祈祷的过程中，乘人不备，偷偷拿一个泥娃娃揣在怀里，然后口中念着“跟妈妈回家”，头也不回地快步回到家中，途中不能与他人搭话，到家后藏在床头。来年若是得子，还愿时需要买几个泥娃娃带到庙中，放在送子娘娘面前，再供后来的求子者拴娃之用。

[23] [德]马克思《德意志意识形态》，中共中央马克思、恩格斯、列宁、斯大林著作编译局编

译局编《马克思恩格斯选集》第 1 卷，北京：人民出版社，1995 年 6 月，第 72 页。

[24] 今江苏省通州市。

[25] 徐艺乙《南通民艺札记》,《中国民间工艺》1987 年第 3 期，第 75 页。

[26] 今江苏省如皋市。

[27] 徐艺乙《木棉花布甲天下》,《民俗研究》1988 年第 1 期，第 95 页。

[28] [德] 马克思《〈政治经济学批判〉导言》，中共中央马克思、恩格斯、列宁、斯大林著作编译局编《马克思恩格斯选集》第 2 卷，北京：人民出版社，1995 年 6 月，第 9 页。

[29] 同 28。

[30] [德] 马克思《资本论》第 1 卷，中共中央马克思、恩格斯、列宁、斯大林著作编译局编《马克思恩格斯全集》第 23 卷，北京：人民出版社，1972 年 9 月，第 559 页。

[31] 周回锁《山沟里的艺术家——记陶塑艺人曹万英》,《中国民间工艺》1985 年第 2 期，第 93~94 页。

[32] 沈志冲、吴周翔《锄头箫》,《中国民间工艺》1987 年第 3 期，第 78~79 页。

[33]《安徽木工墨斗》，《中国民间工艺》1988 年第 5 期，封 2。

[34] 程征《枨间胜境——关中窗花踏勘札记》，陕西省群众艺术馆主编《陕西民间美术研究》第 1 卷，西安：陕西人民美术出版社，1988 年 4 月，第 166 页。

第三章　民俗文物发展之源流

民俗文物是广大民众所创造、享用和传承的民间生活文化中的物质文化遗存和精神文化的物化遗存，也是历史悠久的中国传统造物文化在中国民间社会生活中的发展和延续。民俗文物的种类、样式、材质以及工艺与装饰和功能用途，能够直接、直观地反映出历史的传承，并且在此基础上不断发展。任何种类的民间器具，无论是造型、结构，还是功能、用途，都能够在中国古代造物文化的源流中找到其最初始的雏形。

与世界上其他文明古国一样，中国传统的造物文化是为了满足人的需要而产生的。早在数十万年前，当华夏民族的祖先从中华大地上站立起来，成为自然界的主人以后，面临的首要问题必然是生存问题。面对着熟悉而又变幻莫测的自然界，人们为了生存，为了繁衍，对自己生存的自然界进行着艰苦的再创造。自然界是人类生存、生活并进行创造的物质基础。在改造自然界的劳动实践中，人们从自然界获取了大量的物质资料以应生活之需，还利用近乎天然的简单工具对自然物进行着初级的加工改造。在这一过程中，人类自身的肌体和大脑的结构得以改进，身体各部位器官的功能得到调整，逐步与自然界相适应。

站立着的人视野开阔，在为了自身的生存和繁衍进行的采摘、打猎、种植、收获等劳动实践过程中，通过观察惊心动魄而又有趣的自然现象，用他们逐渐发达起来的大脑不断地思考并得到启发，逐渐开始选择、利用各种形态天成的自然物来充作自己在劳动过程中的工具和日常生活用品。随着社会的发展和生活方式的演进，人们在生活中使用的器具品类陆续增加，质量也逐步提高。

由最早的对竹、木、土、石等自然物的简单加工，到制陶、铸铜、髹漆、烧瓷、琢玉、染织等工艺的发明，这中间经过了极其漫长的岁月。每一项发明，都是人类文明史上的重大进步。

有目的地造物是为了满足人们生存和生活的需要。在社会生活中，人的需要是多方面的。就一般而言，人们对器物最基本的要求是能够便利生活，同时也要求能够美化和丰富生活。不同的需要导致了人们在造物活动中创造的多元化。人的需要不断地发展和变化，当原有的需求得到满足后，又会激发出新的需求。需求的不断产生，是人们造物活动不断发展的动力。在器物的发展史上，早期创造的器物造型和装饰比较简单，其功能多是兼用的。随着生产力的发展、生活领域的开拓和人们对自然界认识的深化，创造出的器物品类越来越多，功能则进一步完善，造型和装饰也随着人们审美情趣的发展而日益丰富。在人们生活的各个领域，都有相应的系列器物各尽其能。

早期从事采集活动的经验使中国人形成以“质”求“量”的行为习惯，对后来的生活和造物实践活动产生了深远的影响。“经久耐用”，既是造物的一般要求，也是造物的最高要求，通过选材、制作、髹饰、使用的过程来实施。在普通的民家，数代相传的用具俯拾皆是，其浓厚的人情味透过日常生活散发在人们的生活空间里。正是这些器具构筑了中华民族物质文化的庞大体系。

中国人很早就对自然界的物产及材质有所认识。“橘逾淮北而枳，鸲鹆不逾济，貉逾汶则死”，故“郑之刀、宋之斤、鲁之削、吴粤之剑，迁乎其地而弗能良”。[1] 随着人们造物活动范围的扩大和对自然界认识的深入，大自然中的竹、木、柳、藤、草、棉、革、漆、土、玉、石、陶、瓷、金、银、铜、铁、锡等先后成为生产、生活的原料。人们也创造了与这些材质相适应的雕、镂、刻、削、染、编、结、绞、缝、绘、髹、铸、琢、磨等丰富的、系统规范的工艺，为后来大规模的造物活动打下坚实的基础。而后，掌握了工艺的人们能够更加有效率地对自然进行再创造，通过有目的和有选择的造物来改善与提高自己的生活质量。

第一节
造物初始

远古的时候，人们对自然界的兴趣比现代人要大得多，自然界的任何现象都能够引起人们的好奇心和关注。为了生存，人们在观察自然界的各种现象和动植物时，不仅为了寻找食物，还在寻求适当的生活、生产方式。最初，人们利用石块、树枝等简单工具进行渔猎生产活动，往往是从自然现象受到启发做出的偶然举动。在长期的生活实践中，人们才逐渐地对自然物的质地有了一定的认识。同时，在劳动过程中，人类对自身的能力也有了初步的评估。人们发现：当某件事情无法依靠人类自身的四肢和体力去做时，可以借助工具来完成。所以，人类的造物活动是从制造工具和使用工具开始的。事实上，人类不但创造了工具，也创造了人类自身，创造了文化，创造了历史。

人类早期的造物虽然只是简单地改变了自然物的物理形态，然而在对自然物的加工过程中，开始对自然物的质地和“形”有了初步的认识，造型的能力也得到提高。虽然这更多的是从功能的方面去考虑，但也包含着原始的审美因素。

在中国的“上古之世，人民少而禽兽众，人民不胜禽兽虫蛇”[2]。为了防御野兽和获取食物，人们“剥林木以战”[3]，利用的器具是天然的木棒、树枝和石块。在当时的情况下，工具的使用带有很大的偶然性。在以生存为目的的长期实践中，人们偶尔发现利用破碎的砾石边缘切割东西比较省力，于是便击打石头使之破碎，然后从中选择形制合适的石块作为谋取生活资料的工具来使用。最早的石制工具打制方法简单，没有过多的加工，仅以适合手持握为度。后来，在劳动实践中，人们逐渐掌握了打制加工的方法，制造出可用来刮削、锤击、砍劈、锥刺等不同形态的石制工具。同时，利用这种

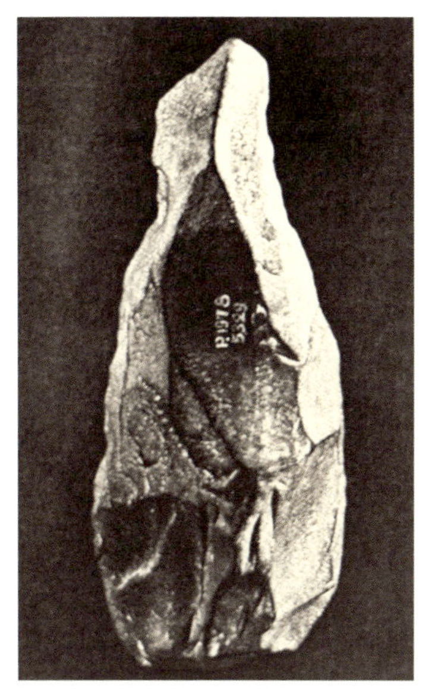

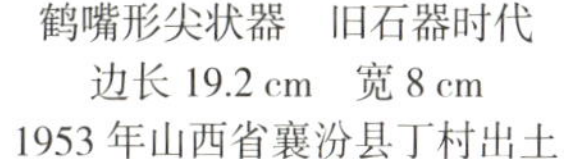

鹤嘴形尖状器　旧石器时代
边长 19.2 cm　宽 8 cm
1953 年山西省襄汾县丁村出土

石球　旧石器时代中期　直径 10 cm　8.5 cm
1954 年山西省襄汾县丁村出土
中国科学院古脊柱动物与古人类研究所藏
引自《国之瑰宝》朝华出版社　1999

原始的工具对骨头、木料进行刮削、打磨，从而创造出具有不同功能的骨制、木制工具。这些举动是有目的、有预想地进行的，是具有真正意义的劳动。在旧石器时代和新石器时代，人们使用的各种工具和各类器具，便是利用石头通过打、砸、敲、磨、钻等手段制作出来的。“他山之石，可以攻玉”的名言，也许就是在这一时期实践和认识的基础上总结出来的。

根据考古资料，生活在距今 170 万年以前的云南元谋人是华夏民族祖先中最早使用工具的。在云南省元谋县那蚌村的历史遗存中发现有 4 件刮削器和 10 件三角形尖状器，这些用石英石打制的工具是中国最早的工具实物资料。[4]元谋人使用的石制工具打制粗糙，造型虽然简单，却能一器多用，其中以刮削器和砍砸器最为典型。生活在距今 80 万年前的陕西蓝田人和距今 40 万 ~50 万年前的北京人都已经学会选择质地坚硬的石料来制造工具。他们虽然生活在不同的历史时期，但在制造石器工具时选料和打制的方法很相似。这一时期的石器工具多数用石片加工而成，以单面加工为主。有用于砍斫树木、制作木棒的砍砸器，有用于加工猎物和挖掘食物的刮削器、尖状器，还有用于狩猎的石球、石矛和石簇等。

人们在打制石器的实践中逐步掌握了磨制工艺，于是便出现了半打制、半磨光的石制工具。虽然只是在工具的使用部位加以磨光，但在当时的生产力条件下能做到这样已经很不简单了。磨制工艺还被用于早期装饰品的制作，在北京周口店龙骨山新洞发现的距今约 10 万年前的两枚磨制骨质装饰品便是证明。[5] 到了旧石器时代晚期，人们制造石器工具的工艺除了采用直接打制法外，也开始部分地使用间接打制法。随着制作方法的成熟，先民还制造出精加工磨制石器工具，即典型细石器，出现了较多的经刮制、磨光的骨质工具，如磨制精致的骨针和磨光的鹿角。在距今约 28000 年前的峙峪人文化遗址中还出现了石镞，说明这时已经发明了弓箭。[6] 弓箭是人类发明的第一件机械器具，是运用力学原理的复合型工具，对人类的社会生活有着重大的意义。

“旧石器”和“新石器”的定名，其主要依据是石器工具的制作工艺：一是打制，二是磨制。大约在 1 万年前，先民们开始进入全新的历史时期——新石器时代。这一时期是石质器具制造工艺的成熟期。制造石器工具时，人们对石料的选择、切割、磨制、钻孔、雕刻等工艺程序已经有了一定的要求。硬度较高的岩石多用来制作大型的、坚固耐用的工具，制作小件的辅助性工具则选用石质较软的石材。材料选定之后，通过打制、裁截定型，然后在沙质砺石上蘸水添沙研磨，使之周边整齐、表面光滑、锋刃锐利。最后，还要将成型的石器放在兽皮上反复磨擦，使其表面光滑。磨制石器工具的各部位比例更为合理，器形对称、挺拔，用途也趋向专一。由于石器刃部锋利光滑，减少了使用时的阻力，所以工具能够最大限度地发挥其作用。在南方地区，石器的加工还采用了竹管钻孔、石钻钻孔和琢磨钻孔的技术，被穿孔的石器工具可以安装木柄，这样在使用和携带时更为便利，劳动效率有所提高，外形也更加美观。

石磨盘（附磨棒 1 套 2 件） 新石器时代
磨盘长 40 cm 宽 25.3 cm 高 13 cm
磨棒长 31.8 cm 直径 6.4 cm
赤峰市红山出土 引自《内蒙古历史文物》1987

陶纺轮 新石器时代
直径 6.5 cm 厚 1 cm
1977 年余姚市河姆渡遗址出土
河姆渡遗址博物馆藏

新石器时代的石器工具种类比旧石器时代大为增多，并且类型分明，用途专门。在这一时期文化遗址中出现的农具、手工业加工工具和渔猎工具，数量较多的石器有斧、锛、锄、钁、镐、镞、矛、纺轮、网坠、磨棒、磨盘及犁、刀、耘田器具、镰和凿等。石斧是石器时代重要的生产工具，有着多方面的功能和用途。早期石斧是握在手里使用的，后来发展成为装柄使用，提高了工效。石斧可以用来打击野兽、砍伐植物、制作木器和骨器，在原始农业生产中还被用来开辟耕地。石锛主要用来砍斫木材，有时还被用来掘土挖坑，也是整地农具之一。石锄、石钁、石镐都是挖土工具，除了用于农业生产外，还被用来建筑房屋。主要用来开沟破土的农具石犁，有着多种造型和样式，能够适应不同的功能需要。石刀是最古老的农具，在人类早期的采集生活中，人们就已用其来收割野生谷物，后来逐步演变成为各种形式的石刀，有的还钻孔穿绳，便于套在手上割取中穗。将石刀的刃口加工成锯齿形便成为石镰，其收割工效比石刀要高得多。石制磨盘和磨棒是谷物的加工工具；石制杵臼是谷物的再加工工具，其影响深远，至今在一些山村仍在使用。石制纺纶用来加工动植物纤维，是纺织工具的始祖。石网坠用于固定捕鸟捉鱼的绳网，至今在某些地区还能见到。

骨耜　河姆渡文化
引自《浙江七千年》
浙江人民美术出版社　1994

由于当时环境和物质条件的限制，人们能够支配的资源非常有限。早期的工具除了石器以外，还有木制、骨制、角制及用贝壳制作和陶制的器具。这些形制简单的原始工具被广泛应用在生产和生活的各个方面，提高了当时的社会生产力，拓宽了劳动生产和社会生活的领域，同时为以后的器具发展奠定了基础。事实证明：后来人们使用的全部农具、手工业加工工具和辅助工具，其基本形态和结构多源于原始工具，功能也是在原始工具的基础上扩展延伸开来的。

火的利用使人类的生活有了很大的变化，对人类造物活动的发展也起到巨大的促进作用。其实，人类利用火已经有了很长的历史，旧石器时代的元谋人和蓝田人生活的文化层中都留下了使用火的遗迹，在北京人居住过的洞穴中有几层很厚的灰烬，说明北京人不但会使用火，还能够保存火种。当人们掌握了“钻燧取火”[7]的技术以后，社会生活质量有了很大提高。首先是人类的饮食结构有了质的变化，饮食习惯从“饮其血，茹其毛”[8]进化为“伙食”，还扩大了食物的取用范围，促进了人类大脑和体质的发展。火可以驱逐猛兽，保护人类，“舜使益掌火，益烈山泽而焚之，禽兽逃匿”[9]；还可以给人以光明和温暖，使人们能够在寒冷的冬季和夜晚活动，给人们的生产和生活带来了极大便利。人们还能够利用火加工制作陶器，使食物可以长期保存。更为重要的是，人们可以利用火来冶炼金属，有目的地加工各类生产工具。

随着人类社会从旧石器时代向新石器时代迈进，人类的生产方式也由原始采集和狩猎经济向原始农业经济过渡。生产方式的进步使人类的生活方式发生了很大的变化，相对稳定的农耕生活使得人们对容器等生活用品的要求迫切起来。正是在这个时候，神农“作陶冶斤斧”[10]，产生了制陶工艺。各种形制不同、大小不一的陶器，使人类的生活面貌发生了根本的变化。陶器可以用来装运饮水，储存粮食，蒸煮食物；陶制纺轮、陶刀等工具也在生产中发挥了重大作用。制陶工艺的发明，使原始手工业产生了质的飞跃。更重要的是，陶器作为新石器时代物质文化的重要特征之一，标志着人的创造性在造物活动中可以得到更为完全的发挥——人类不仅能够改造自然物的形态，而且能够改变某些自然物的性质，从而创造出新的材质。

进入新石器时代，人类的生产生活更加丰富。原始陶器在几千年的发展过程中，造型由圆底半球形的单一结构发展演变为有流、口、肩、腹、鋬、足、盖、座等多种构件的组合结构，功能上也逐渐趋于合理，并由单一向多方面扩展。如陶鬶，其器形由早期的无足增加到三足，从实足演变为空足、袋足，腹部变扁，颈部前移，流口由鸟啄形演变成为宽带式或纽绳式鋬跨在颈腹上，上翘的鸟啄形流口与鋬连在一起，使由原来的只有单一功能的运水器具演变成为兼有炊饮等功能的器物。同时，陶器的类型也因为要适应生活之需而演化出各种专门器具，有做汲水、盛水、运水用的尖底瓶、葫芦形瓶、壶、罐等，有做食具的钵、碗、杯、盂、簋、豆、盘等，有用来蒸煮食物的鼎、灶、甑、釜等，有用作盛储食物的瓮、盆、罐、缸等，还有用于生产、狩猎及装饰的陶纺轮、陶弹丸、陶环等。

在早期使用火制作陶器、烧土炼石的过程中，人们发现在残余的灰烬之中有一些坚硬且有韧性的物质。而且，与石头相比，这些物质还具有很大的可塑性。这些物质便是金属，多为红铜，杂质较多。1955 年在河北省唐山市大城遗址发掘出两块铜块，“铜质呈红黄色，似未掺锡……形状为梯形，表面凹凸不平”[11]，似乎是锻打出来的。这也是红铜器的特点，因为其原料来源是自然界的天然铜。史载“蚩尤受而制之，以为剑、铠、矛、戟”[12]，是由于技术条件的限制，所制作的红铜器具多为小件，主要是兵器。1957 年和1959年考古工作者先后两次在甘肃武威娘娘台遗址发掘出近20件铜器，计有铜刀4件，铜锥12件，铜凿1件，铜环1件，条形铜器1件。经光谱分析，其含铜量达99.6%以上。这些红铜器具的形体不大，系直接锻打或在单模上锤打而成。[13]通过冶炼来获得金属原料，并采用冶铸技术制造铜质工具，标志着社会生产力已经发展到了一个新的阶段。

社会生产力的进步是造物质量提高的先决条件。新石器时代早期的陶器制作比较粗糙，陶坯系手捏或泥条盘筑，然后放在柴火中焙烧而成。由于焙烧火力不集中，温度较低，一般在800℃以下，制作成的陶器多呈红色，质地较松。新石器时代中期，制作者开始将陶土淘洗后制作，出现了“泥质陶”“细泥陶”和“白陶”等质地的陶器，烧制开始采用火力比较集中的陶窑，温度达1000℃以上，烧出的陶器已相当坚硬。到了新石器时代晚期，由于社会生活的丰富和工艺水平的提高，出现了兼实用与审美于一体的彩陶，即在质地细腻的红陶坯上绘上黑、紫、红、白、灰等颜色图案，器形也更加合理、美观。彩陶的图案有人面纹、鱼纹、鹿纹、鸟纹以及由带纹、竖线、斜线、圆点、勾叶、弧线、三角和曲线等构成的几何纹。当快轮制陶的工艺发明后，陶器的生产水平又有了进一步的提高，陶器的器形更为规整美观，器壁厚薄均匀，龙山文化的蛋壳黑陶即是这一时期的典型代表。黑陶色黑而有光泽，器壁极

彩陶盆　新石器时期
江苏省邳州市大墩子遗址出土

夹炭黑陶猪纹钵　新石器时期
浙江省余姚县河姆渡遗址出土

薄，装饰简朴，造型规整、单纯。同时，还出现了结构更为复杂、综合实用功能更强的器物，有鬲、甗、斝、鬶等。

在新石器时代，还出现了多种其他材料的生活器物，有竹编的席、篓、篮、谷箩、箪、刀笳、簸箕等，还有象牙雕筒、骨雕筒及玉石制作的梳具等。这些器物在当时人们的日常生活中发挥了很大的作用，也为中华民族的造物文化传统奠定了坚实的基础。

第二节
发展源流（上）

造物是为了维持生产和生活之必需而进行的活动。随着原始社会生产力的提高和手工业生产的发展，造物的数量已超出维持生产和生活之必需的范围，剩余生产品的出现为私有制的产生创造了物质条件。至新石器时代晚期，随着私有制的出现和原始公社的解体，中国进入了奴隶制社会。

在奴隶制社会，奴隶主占有奴隶、奴隶的劳动、生产资料及一切社会财富。这一时期的社会生产力有了很大发展。随着农具的改良和青铜农具的推广使用，生产技术有了进一步提高，农业生产以较大的规模和较高的速度发展，成为社会生产的重要部类。农业生产的进步和金属工具的利用，又促进了手工业生产和技术的提高，带动了当时科学、文化的发展。人口众多、规模较大的城市的出现，使日常的生活方式发生了变化，社会对物质财富需求量的增加给手工业的发展创造了机会，对器物的功能、造型、工艺、质地等方面也有了更高的要求。

大规模的奴隶劳动和劳动的专业化分工使得手工业生产的规模日益扩

大，工艺水平日益提高。随着生产技术的提高和金属工具的应用，传统的产品在制作上更为精细。陶器制作出现了施釉工艺，因而产生了釉陶，进而又发展创造出原始青瓷；牙骨雕刻的器物品类增多；玉石器物的用途扩大，某些玉器被赋予文化的象征意义；漆器及漆工艺有了新的发展；最为辉煌的，是以青铜器和青铜工艺为代表的金属冶炼技术取得了令世人瞩目的巨大成就。

金属的冶炼技术是从石器加工技术和制陶技术中派生发展起来的。在选择加工石料的过程中，人们逐步积累了识别天然铜和铜矿石的经验；烧制陶器的造型技术、焙烧技术则为金属冶铸提供了必要的技术准备。事实上，制陶与金属冶铸的关系相当密切，“昔者夏后开使蜚廉折金于山川，而陶铸之于昆吾”[14]，说的便是当时活动在河南濮阳一带的昆吾部落既制造陶器又冶铸铜器的事情。

青铜是中国人最早利用冶炼技术得到的金属材料。所谓青铜，是指铜与铅、锡等元素的合金，其熔点比纯铜低，硬度却比纯铜高，铸造性能和机械性能都比较好。用青铜材料制造的器具比石器耐用，造型也比较挺括，若有折损可以回炉改铸，还可以铸出极为精细的花纹。由于早期的青铜工具多被用来改良其他质地的工具和加工材质较硬的器物，磨损较大，所以可回收再铸的青铜工具受到人们的普遍欢迎，推广很快。事实上，青铜的利用是从制造实用工具开始的。夏代出现的少量青铜器具中，主要是生产工具。1978 年在河南偃师二里头文化遗址中，发现了铸铜作坊遗址及其产品，有戈、戚、镞、刀、钻、锛、凿、锥、爵、铃、鱼钩等。[15]郑州商代

铜斧　商代晚期　高 18.2 cm　上海博物馆藏
引自《中国古文物》人民美术出版社　1962

中期的铸铜遗址出土了大量镢范，大多数没有花纹装饰，可见它是用来铸造实用的农具的。另外，在殷墟等文化遗址中还发现了有使用痕迹的铜铲及其他青铜工具和器具。

妇好鸮尊　商代后期
中国历史博物馆藏

商周时期的金属制造由于采用了先进的分铸法等工艺，制造出大量精美的青铜器具，有礼器、生活用具、兵器、车马器，造型古朴凝重，工艺精细，装饰花纹的层次较多，以饕餮、夔龙、夔凤等图案为主体纹样，多衬以回纹。西周中期以后，工匠们已掌握了制模、浇铸等较为复杂的技术，并能根据不同用途器物的需要，采用不同的合金配方，《周礼·考工记》中有详细的记载。青铜器物的造型风格趋于简洁朴实，器壁减薄，花纹浅而简单，多为重环纹、云纹、曲纹、鳞纹等。青铜器的用途相当广泛，烹饪器有鼎、鬲、甗等，食器有豆、簋、盨等，酒器有爵、斝、角、盉、觚、觯、尊、壶、彝、卣、盘、匜、鉴等，乐器有铙、钟、铃、镈等，工具有铲、锛、斧、刀、削等，兵器有矛、戈、钺、镞、剑等，车马饰件有軎、辖、衔、镳等。青铜器的基本器形为圆形和方形，还有多种动物形的器皿。这些青铜器在造型上呈现出空前的多样性，对以后各个时代的器物造型产生了极为深远的影响。

从出土的大量实物来看，虽然木、石、骨、贝壳等质地的农具仍旧在商周时期的农业生产中被大量使用，但青铜制造的农具也开始得以推广使用。《诗经》中有“命我众人，庤乃钱镈，奄观铚艾”[16]的诗句，可见金属农具已进入当时的农业生产领域，数量不多却意义重大，为后来使用铁质农具

玉凤　商代　中国历史博物馆藏

玉龙凤冠人形佩饰　商代

累积了经验，奠定了基础。商周时期的农具主要有用于整地的耒、耜、畚、锸、铲、锄、钁、犁等，有作为中耕农具的钱、镈等，有用于收获的钁、镰等，还有用来加工粮食的磨盘、杵臼等。用木、竹、麻、藤、贝壳等材料制作的农具，除了在制造上更加精巧、功能上更为适用外，并无太多的创新和改进。

由于农业的发展，渔、猎不再是社会生产的主流，成为社会生产的辅助门类。手工业不仅从农业生产中分化出来成为独立的生产部门，并且随着生产规模的扩大和技术水平的提高，手工业内部也有了专业细化的分工，有“百工”之说。冶铸、木作、石作、纺织、制陶、皮革、舟车、玉石、骨器、酿酒等均有专门作坊，各行各业的生产工具也都有了很大的发展。具有同一功能的青铜工具在不同的行业中，其形体尺寸则各不相同，适应着专业工艺技术的要求。同时，使用青铜工具改良、制造的各类木、石、骨等质地的工具及各类复合工具，结构更为精巧，外形更加美观，使用也更为方便，从而使从事玉器、石器、陶器、骨器、青铜器和舟车、丝织物制作的行业能够生产出工艺精细的器物和质地精良的产品。

在当时，青铜质地的斧、斤、削、凿、锯、锥、刀等大小规格齐全的工具在木作、建筑等行业中得到更为广泛的使用，促进了木作、建筑等行业的发展。在纺织业中，除了石纺轮、陶纺轮、锤子、铜针、铜钻、骨针等单一工具外，还出现了大量用竹、木、骨、金属等材料制作的高质量复合工具，如缫车、杼柚[17]、腰机等。人们利用这些机具，织出了葛[18]、绮、锦[19]、褐[20]等麻、丝、毛织物。牙骨器的制作除了研磨依然使用砺石外，刀、锯、钻等工具均为长 5~10 厘米、宽不足 1 厘米的薄铜片制作，从而能够在牙骨器上雕刻出线条匀细、纹饰繁缛的图案来，相当美观。青铜的广泛使用使医疗工具有了很大改进和提高，金属制作的刀、针逐渐取代砭石医具，标志着古代针灸术的进步。《内经》中记载的“九针”[21]，大约在此时亦已定型。

除青铜器外，商周时期的制陶技术也有了很大的进步。制陶已有专门作坊，工匠有了固定的分工。所生产的陶器多模仿青铜器的器形，有灰陶、红陶、黑陶、白陶等，体现了较高的工艺制作水平，并在此基础上孕育出原始青瓷。漆器的制造已达到相当高的水平，品种有豆、敦、簋、鼓、盾、盘、盒等，多以黑漆涂底，漆层较厚，上有夔纹、兽面纹、云雷纹、蕉叶纹等图案，均用朱红漆描绘，有的上面还贴有金箔或镶有绿松石。以石、玉、骨、竹、木等材料制作的器物及出自皮革、酿酒、土木营造、缫丝、制裘、织布、缝纫等百工之手的用品，也在生活中广为流传。随着木作工具的改良和生产技术的提高，需要复杂手工技术的车船制造业有了很大的进步，任姓奚仲“居薛以为夏车正”[22]，造的车舆很有名。商周时期的车辆应用已非常普遍，多用作战车。随着商业贸易的发展、商品的流通，舟船车舆成为常用的交通运输工具。

春秋战国时期是中国历史上奴隶制逐步衰落、瓦解，封建制逐步建立、发展的新旧交替的社会大变革时期，也是中国古代科学技术的奠基时期。新兴的地主阶级顺应历史发展潮流，利用人民的力量建立了多民族的封建集权国家，先后实行了一系列发展经济、文化的措施。社会制度的转化，促进了

铁铲范　战国　通长 18 cm　中宽 13.5 cm
河北省磁县白阳城 1960 年发现

生产力的发展，各国农、工、商、贸发展迅速，各民族、各地区间的社会经济和文化交流日益频繁。人们的思想空前活跃，出现了百家争鸣的局面，科学技术和手工业生产得到了迅速发展，大型水利工程的修筑促进了农业和交通运输业的发达。冶铁技术以及生铁铸造和柔化技术、块炼铁渗碳钢技术的发明，开始并加快了生产工具铁器化的进程，给农业和手工业提供了前所未有的高效率工具，对社会生产力的发展产生了深远的影响。随着冶铁技术的发展、推广和冶铁产量的提高，铁制器皿被广泛地用于社会生活的各个方面，尤其是在农业和手工业生产中，铁制工具已成为各行各业的主要生产工具。“一农之事，必有一耜、一铫、一镰、一鎒、一椎、一铚，然后成为农；一车必有一斤、一锯、一釭、一钻、一凿、一銶、一轲，然后成为车；一女必有一刀、一锥、一箴、一鉥，然后成为女。”[23]木作、建筑工具有了很大改进，基本上已根据工具的用途配备齐全，人们“恶金以铸斤、斧、鉏、夷、锯、欘，试诸土木”[24]；规、矩成为手工业必不可少的计量工具；赭绳[25]、错[26]、钻、刨[27]等工具也应有尽有。同时，在农业、纺织业及其他手工业方面，出现了简单的劳动机械。桔槔是最早的提水机械工具，“有械于此，一日浸百畦，凿木为机，后重前轻，挈水若抽，数若沃汤，其名桔槔”[28]。“桔，结也，所以固属”[29]，“槔，皋也，所以利转”[30]。人们熟知的“孟母断机杼”[31]和“纪昌学射”[32]的故事说明当时的织机已经具备了完善的结构和功能。染色工艺已开始使用浆料，1979 年在江西贵溪仙岩战国岩墓中出土的双面印花苎麻织物是现存最早的印花织物。与此同时，还出土了两块浆板，板薄，外形长方，短把，这是现存最早的印染工具。[33]舟、船和车、舆的制造也有了比较严格的规范。

随着封建制度的建立，大批手工业工人脱离了奴隶制的桎梏，有了一定的人身自由，有了自己的土地和生产工具，生产积极性有了很大提高。他们将原先为皇室和贵族服务的工艺设计规范及其经验用来为社会和民众服务，促进了生活方式的改进以及生活质量的提高。这一时期的官营手工业一方面为了准备战争而忙于制造兵器和军用品，另一方面又要制作精巧的服饰及生活用具来满足统治阶级奢侈的排场，在人力、物力上已是自顾不暇。民间生活日用品的生产，主要是由私营手工业作坊和独立的手工艺人来完成的。有着丰厚传统的青铜器具仍然在人们的社会生活中发挥作用，高超的铸造技术和丰富的装饰手法使春秋战国时期的青铜器物更为轻便实用，器形也更加精巧。过去的觚、爵、斝、卣等品类被逐渐淘汰；在生活中常用的铜镜、带钩、鐎斗、香熏、敦、炉、灯、奁等生活用品被大量制造；一些沿用的器皿如鼎、壶、盉、盘、豆等，其形制多轻薄灵巧，花纹细致繁复，一改过去凝重、威严的风格而向生活实用靠拢。与人民生活关系密切的木作、金工、纺织、制陶、髹漆、皮革、琢玉、琉璃、印染等手工业有了进一步的发展。随着内部分工的细密化，手工业的生产工艺开始规范化、科学化。春秋末年齐国人撰写的《考工记》系统地总结了前一阶段的手工业生产技术，记述了 30 余项手工业生产的制造和工艺问题，是对当时流传的各种手工艺的经验总结，也

错金银铜壶　战国　南京博物院藏

铜餐具　套锅　战国时期
1995 年临淄辛店勇士区出土　山东省考古研究所收藏
引自《临淄文物集粹》齐鲁书社　2002

是手工业生产技术规范化的标志。春秋战国时期，在作坊工作的手工艺人技术精良，专业分工较细，所出产品门类众多，质量上乘，能够基本满足社会日常生活的需要。另外，自给自足的小农经济式的家庭手工业也对社会生产之不足起了一定的补充作用。

秦始皇统一全国之后，实行统一文字、货币、度量衡和车轨的制度，并且向西北与五岭等边远地区大规模移民，整治长城，兴修驰道，疏浚河道等，为社会生产力和科学技术的发展提供了有利的环境条件。汉承秦制，中央政府采取了一系列的有效措施，社会经济发展很快，社会秩序相对安定。随着封建制的巩固，中国古代各学科体系已逐渐形成，许多生产技术趋于成熟。由于农业生产的需要，天文、历法、数学等学科都有重大进展。这一时期科学技术发展奠定的基础为后世的发展确定了方向，在相当长的一段时间发挥着积极的影响。

秦汉时期的统治者非常重视农业生产，认为“农，天下之本也”[34]。随着耕作、栽培技术的改进和提高，农具的完全铁器化和新型农具的发明大大提高了农业生产力。这一时期用石、木、铁等材质制作的农具器械种类日趋完备，结构更为轻巧耐用，有效地提高了劳动效率。常用的农具，从整地、播种、中耕除草、灌溉、收获脱粒到粮食加工，有 30 多种，不少是新出现的。耧车，“其法三犁共一牛，一人将之下种挽耧，皆取备焉”[35]。“所省佣力过半，得谷加五”[36]；“镰之制不一，有佩镰、有两刃镰、有袴镰、有钩镰、有镰椢（镰柄楔其刀也）之镰”[37]；新发明的风车是在收获时用来清理籽粒、分出糠皮和尘土的高效机械；水碓是在杵臼、碓的基础上发明的机械碓具，采用水力为动力，“因延力借身重以践碓，

陶碓风车　东汉　1984 年临淄金岭镇一号墓出土
山东省考古研究所收藏
引自《临淄文物集粹》齐鲁书社　2002

而利十倍。杵舂又复设机关，用驴嬴（骡）牛马及役水而舂，其利乃且百倍”[38]。另外，方銎宽刃钁、双齿钁、三齿耙、钩镰及曲柄锄、钹镰等较为先进的工具也陆续出现。

封建社会前期的器物制作是在以轻便、适用为主导的工艺思想指导下进行的。随着手工业的发展和进步，秦汉时期手工行业的分工更加专门化，有竹器业、铜器业、素木器业、漆木器业、毡席业、造船业、制车业、制漆业、丹砂业、草药加工业、丧葬品加工业、珠宝业、金器业、玉器业等，“皆中国人民所喜好，谣俗、被服、饮食、奉生、送死之具也”[39]。由于农业生产的需要，天文、历法、数学等门类都有重大进展。数学测量的发展使生产工具的设计制作更为规范化、精密化，外形也更加美观。马排、牛排和水排等动力鼓风机的炼铁辅助工具的发明，“用力少，见功多，百姓便之”[40]，铁的产量因此有了很大提高。随着炒钢工艺的发明，锻铁工具增加了许多，手工业工具已基本上用铁来制作。纺织技术达到了很高的水平，缫车、纬车、纺车、络纱、整经及多综多蹑织机、束综提花机等纺织机械工具的结构性能已相当完善。在建筑上，已开始采用斗拱构件，说明木作工具已相当完备，木作工艺亦达到相当高的水准。生产井盐的凿井取卤工具形制繁杂，自成体系。在交通工具方面，官民日常用来代步的车辆大量出现，有因用途不同结

陶牛车　东汉后期　车高 22.5 cm
长 16.7 cm　通宽 17.2 cm　牛长 23.5 cm
1955 年广州先烈路出土　引自《穗港汉墓出土文物》香港中文大学文物馆　1983

陶船　东汉　高 43 cm
1954 年广东省广州市出土　广州市博物馆藏
引自《中国古文物》人民美术出版社　1962

鎏金熏炉　西汉　南京博物院藏

鎏金镶嵌神兽铜砚盒　东汉　南京博物院藏

构、外形各异的两轮车，有形体结实、适合载重的四轮车。在一些易磨损的部位还使用了车錧、车锏[41]等铁制构件。漕船、楼船的建造和橹、舵、帆等的发明与应用，是船舶技术臻于成熟的标志，在某些地方还出现了皮革制造的漂浮工具。

所有器物在功能上日趋实用，造型更为精巧，装饰手法也较过去有所增加。以青铜器具为例，秦汉时期的品类较过去分得更细更专，器形也由厚重变为轻巧。其主要品种有蒜头瓶、鍪、铜镜、尺、带钩、铜洗、壶、灯具、唾盂、熨斗、熏炉以及多种饰片等，在器物上还采用了铸刻、镂錾、镶绿松石、金银错等装饰方法，使之更为美观。

起源很早的漆工艺在战国时期已相当成熟，在制胎、造型、髹饰等方面均有所创新，工匠的分工有胎工、刮磨工、画工、雕刻工等。由于采用了卷木、夹纻等成型技术，可以制造外形较为复杂的漆器用具。相比青铜器、陶器，其更具备轻便、耐用、防腐蚀和便于携带等优点，因而很快融入生活。当时常见的生活用品有耳杯、盘、豆、卮、盒、俎、奁、勺、鉴等，形体较大的有几、床、案、屏、鼓、瑟、钟架及各种兵器、丧葬用具等。彩绘、描金、针刻、金银扣、镶嵌、金箔贴花等髹饰技法的运用，使漆器的装饰更为精美。到汉代时，漆器的髹饰工艺更为精巧，品种有了进一步的增加。统治者除了在宫廷中设工场外，还在蜀郡、广汉郡[42]设工官监造漆器，供宫廷消费。民间漆器的产品多为生活用品，夹纻胎工艺的运用范围比过去更广，除了彩绘、贴金银箔、镶嵌玻璃玉石、加金银扣箍等传统髹饰工艺外，还新创了堆漆、锥画、戗金等装饰方法。

彩漆兽首鸭形食盘　秦　高 13.3 cm

早在新石器时代晚期，江南的一些地区已经有了丝织物，但丝织工艺的成熟是在进入封建社会之后，还带动了刺绣、印染工艺的发展。从战国时期到汉代，用丝织物制成的用具，如绣枕、包袱、香囊、镜套、坐垫等在生活中得到普遍使用。另外，用竹、藤、草、柳等材料编织的笥、篓、笾、薮、篚、筐、扇、熏罩、席、衣等仍在日常生活中广为流行，只是选材更加讲究，工艺更为精巧。

织锦刺绣针黹箧　东汉
箧底长 34 cm　宽 18 cm　高 16.5 cm

战国时期的玻璃工艺造型多仿造玉器，主要品种有珠、管、璧、瑗、环、璜、剑饰、印章等。到了汉代，玻璃制品的生产有了较大发展，除了小件装饰品外，出现了耳杯、碗、盘、钵、瓶等生活用品，还采用吹制成形工艺，在质料和造型上已与近代相似。东汉晚期，在原始瓷器的基础上发明了真正意义上的瓷器。瓷器的器形继承了陶器和青铜器的造型传统，品类有碗、盘、盂、尊、壶、钵、盆、盏、罐、炉、洗、灯、联罐、唾壶、鸡首壶、香熏、虎子等，生活用品应有尽有。瓷器的釉色多为程度不同的青色，有淡青、深绀或青中带黄等。

第三节
发展源流（下）

东汉以后，由三国、两晋、南北朝至隋、唐，经历了近四百年的大动乱而进入中国封建社会中期。在这三百多年中，战争频繁，政权更迭，人民为避战乱奔走四方。隋的统一结束了南北分裂的局面，贯穿南北的大运河促进了各民族人民之间的经济文化交流。到了唐代，由于统治者采取了一系列行之有效的措施，政治、经济、文化有了很大的发展，国际间的频繁交流和各地区风俗的交融使民间的生活方式有了很大的改变。这一时期的器具生产适应了当时的生活方式，取得了巨大的成就。

魏晋南北朝时期，战争时有发生，中国长期处于南北分裂的状态，社会经济和科学技术发展缓慢。然而，各个分立与对峙的政权为了自身的生存和发展，大都采取了一系列政治和经济的改革措施，农业和手工业生产得到一定程度的发展，思想和文化也相对活跃和繁荣。不少兄弟民族进入中原地区，中原地区的百姓也大量南移或迁徙到边疆地区，使各地区的生产技术和科学知识得到广泛交流，对活跃思想、开拓思路和发展经济亦有促进作用。

陶犁田耙田模型　西晋　高 9 cm　长 19.5 cm　宽 15 cm　1982 年广东省韶关市西河墓葬出土，同墓出土“太康七年（286 年）”纪年砖铭　引自《广东出土晋至唐文物》香港中文大学文物馆　1985

随着农田耕作技术的提高，魏晋南北朝时期的农具有了进一步的发展，铁农具进一步普及，种类也增加不少。《齐民要术》中提到的铁农具就有 20 多种。1974 年在河南渑池县出土了 4000

多件魏晋至北朝时期的铁器，其中大量是铸造农具的铁范及农具残品，仅犁铧就有1100余件。[43]翻车、水碓等农业机械的发明，提高了农业的灌溉和加工效率。由于畜牧技术的发展，阉割刀具和兽医工具业已定型。手工业方面机械工具的发明，使冶炼、纺织、制瓷等技术有了很大突破，提高了传统的工艺技术水平。帘床、纸模等主要造纸工具的发明，使纸的制造质量有了保证。当时的发明家马钧[44]对传统的绫机进行了改造，使这种用于丝织的机器操作更为简便。他还在汉代毕岚[45]发明的翻车基础上制造出新型结构的龙骨牵车，运转轻快省力，老幼均可使用。这种结构的翻车受到农民的欢迎，并且一直沿用到近代。他制作的机械还有指南车、连弩和发石车等。另一个发明家蒲元[46]发明了“木牛”，“廉仰双辕，人行六尺，牛行四步，人载一岁之粮也”[47]。利用轮桨可日行百余里的车船也在这一时期被制造出来。各式计量工具日臻完善。

隋唐时期是中国封建社会的鼎盛时期。社会秩序稳定，发达的农业和手工业生产促进了商业贸易，封建社会经济空前繁荣。唐代海陆交通发达，与世界各国的交流空前频繁；国内大运河的开凿，促进了南北经济文化的交流。天文、历法、地理、医药等学科及农业、纺织、陶瓷、建筑、航海等技术有了长足的进步，火药和印刷术的发明对世界文明的进步做出重大贡献。中国传统的科学技术体系已经相当成熟。

为了巩固新兴的政权，统治者在唐代初年采取了一系列恢复生产、发展农业的措施，促进了农业生产技术的发展。各地大兴农田水利事业，灌溉工具的发明和推广、耕犁形制

［宋］张择端《清明上河图》（局部）中推独轮车者
故宫博物院藏

的完善以及畜牧业的发展，使农业生产成为唐代经济繁荣的坚实基础。由于政府的倡导，唐代在继续使用翻车水车的同时，又制造出脚踏水车、牛转水车及井车[48]、汲机等数种；还发明了“水轮”，这是一种利用水流的冲击力量来提水的灌溉工具，“升降满农夫之用，低徊随匠氏之程……观乎斫木为之，凭河而引”[49]。这些灌溉工具在民间广为流传，还传播到日本等地。能够适应各种土壤和不同类型田块的由 11 个部件构成的曲辕犁的产生，是唐代农具改进的标志。这时出现的人力耕地机械“张机键，力省而见功多，百姓顺赖”[50]。当时盛行的粮食加工工具有土碓、磨、碾等，多以畜力或水力来带动。采茶、制茶的工具也形成了体系。[51]

社会的空前繁荣，使得唐代手工业的发展更为全面。大型手工作坊的出现，要求生产工具规范化，部件能够通用化。简易金属切削车床和其他加工工具的发明，能够使各种实用的器物、手工工具、机械工具及其部件在加工工艺上更为规范，外形也更为美观。在冶铸方面，炼炉和鼓风技术均有所改良，灌钢法得到普及推广。细木作工艺的流行，各种雕刻技术的成熟，纸、墨等材料的大量生产，促成了雕版印刷术的发明，雕版印刷业也成为社会的重要手工业部门。唐代中期，绞缬、夹缬颇为风行，镂空花版印染技术系在此时

银制茶具　唐代　陕西省扶风县法门寺博物馆藏

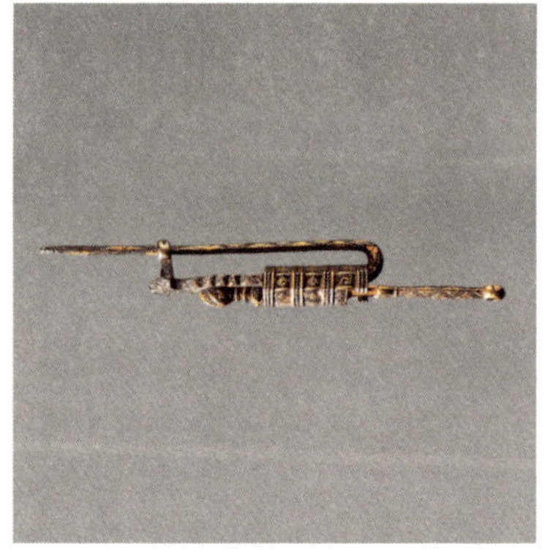

鎏金刻花银锁　唐代　通长 12.2 cm
1970 年陕西省西安市何家村出土
陕西历史博物馆藏
引自《国之瑰宝》朝华出版社　1999

传入日本。贸易运输的需要使木船的营造规模越来越大，在江南及水乡地区，舟船已成为主要的交通工具。中原地区常见的独轮车，在形制上也适应着不同的用途，具有多种样式。

各类器物中，以金、银器为主的金属加工制作最为出色，常用的工艺手法有钣金、浇铸、焊接、切削、抛光、鎏金、铆接、锤打、錾刻、镶嵌等。成熟又先进的工艺，使器物的造型优美，规整而有变化，主要品类有盏、杯、盘、碗、勺、壶、灯、筷子、调羹、碟等。造型与风格多有变化，上面多饰有錾刻的卷草、龙凤、狮子、团花等花纹。镂空的银熏炉、熏球也是唐代金银器的代表之作。唐代的铜镜材料合金比例恰当，镜面质地光亮，接近水银镜的色泽。铜镜器形厚重，造型也不再是单一的圆形，又创造出菱花镜、葵花镜、委角亚字镜、带柄镜等多种新样式。镜背的浮雕饰纹为花鸟、瑞兽、蝴蝶、葡萄、人物故事等，在装饰上采用鎏金、嵌石、贴金银、镶螺钿、金银平脱等工艺技术，图案显得疏朗流畅而富有生气。

陶瓷器物的造型由南北朝的端庄挺秀演化为唐代的丰满秀润，胎质细洁，釉色白润，品类众多。其使用范围十分广泛，有餐具、茶具、酒具、盛贮器、文具、乐具、玩具及日用杂器。以南方越窑出品的青瓷和北方邢窑出品的白瓷最为有名，其装饰方法有印花、画花、刻花、堆贴、捏塑、釉下彩绘等。在民间，出品最多、流传最广的是长沙铜官窑的产品，主要装饰方法是釉下彩绘，纹样、线条的程式感极强。另外，在各地民窑中还有花釉、黄釉、褐釉和酱釉的陶瓷器，造型风格独特，依各地风俗习惯而选用，这就是被后世赞誉并仿制不绝的“唐三彩”。以刺绣工艺加工的各种实物也遍及生活的许多

越窑褐彩如意云纹罂　唐代
浙江省临安县唐水邱墓出土

方面。

唐代末年的连年战乱严重破坏了黄河流域的社会经济，北方的农业和手工业生产几乎处于停滞状态。中原地区的老百姓和手工匠人纷纷向江南及边疆地区流散，也带去了先进的生产技术。长江中下游地区自魏晋以来，社会经济发展迅速，商业贸易繁荣，人民生活稳定，经济文化中心逐渐南移至此。“国家根本，仰给东南。”[52]相对舒适稳定的生活使人们对器物生产的“质”与“量”有了新的需求，分工细致的手工业生产技术更为专门化。各类手工工具也适应着这样的要求，在生产物品的同时，也对工具自身的结构、功能及质料进行改良，使之更为合理、精巧和耐用。大多数的农具和手工业生产工具及生活中的辅助工具也在这时定型，一直延续到近代。

宋元时期是中国古代科学技术高度发展阶段，相对稳定的社会环境与城镇社会生活的需要使农业和手工业生产得到很大发展，在生产规模、从业人数、技术水平提高和产品数量上都比前一时代有了长足的进步。商品交换的需要，使商业空前繁荣；商业的发达，反过来又促进了农业和手工业的发展进程。工匠得到了较为优厚的待遇，政府对创造发明实行了奖励政策，于是，“吏民献器械法式者甚众”[53]。雕刻印刷是这一时期最为发达的行业。随着雕刻技艺的提高和雕刻工具的完善，各类书版的刻工精细、印刷精美。在

三仕女雕版　北宋　河北省巨鹿城遗址出土

此基础上，发明了活字印刷术，促进了文化的发展，对世界文明的发展做出了贡献。数学的进步，使工具制作的标准化、规范化成为可能。随着自耕农民和工匠的增加，生产规模和产量品种的拓展，在唐代生产工具的基础上，又创造了不少结构合理、质地坚固、造型美观、耕作方便、使用顺手的新型生产工具，还出现了专门记述木作及其工具的著作《梓人遗制》[54]。

依托唐代农具改良和水利事业发展的基础，宋元时期的农业生产取得了很大的成就，这与耕作技术的提高和农具的改良创新是分不开的。元人王祯撰著的《农书》对精耕细作的技术进行了系统的叙述，记录的这一时期常用农具有105种之多，分属耒耜、钁锸、钱镈、杷扒、篠蒉、杵臼、灌溉等门类。在南方地区，新创造的农具有铲、钁、犁、铁搭、秧马、薅马、耘爪及推镰、钐镰等；在北方农村，经过改良的新型农具有踏犁、耧锄、镫锄、麦绰、捃刀、鉴刀、谷杷、竹杷、拖车等。在灌溉工具方面，常用的有龙骨车、水转翻车、高转筒车、水转高车、刮车等利用人力、畜力和水力的机械提水工具，戽斗、桔槔、辘轳等人力提水工具也在继续使用。利用水流作为动力的加工工具还有水碓、槽碓、水磨、水砻、连二水磨、水转连磨、水击面罗、水转三事[55]等。各种采桑养蚕的工具也在这一时期得以完善。

发达的城镇经济使宋元时期的手工业得到进一步发展，生产的门类和产品涉及社会生活的各个方面。大批拥有一技之长的民间艺人进入城市谋生、定居，使市民阶层得以补充。商业经济的发展促进了民间手工业生产组织的专业化，在当时的首都汴京，就有碾玉作、钻卷作、篦九作、腰带作、金银打钑作、裹贴作、铺翠作、裱背作、装銮作、油作、木作、砖瓦作、泥水作、石作、竹作、漆作、钉铰作、箍桶作、裁缝作、修香浇烛作、打纸作、冥器作以及其他专门作坊和“团行”店铺，其种类齐全的产品给人们的日常生活带来了方便。随着生产规模的扩大，各行业之间的分工愈加细致，各类工具也向着规范、配套的方向发展。有着多种功用的机械工具在各行业中得到推广使用。一般的手工工具也经过改良，结构和功能趋于合理。当时的冶炼业已能够生产铜、锡、金、银、铅、镍等多种有色金属，由于采用了不同类型的木风扇作为鼓风设备，提高了炼铁炉的温度，从而使钢铁的产量和质量得以提高。随着棉花在中原地区的推广种植，纺织工匠在边疆民族原始棉纺织工具的基础上结合丝、麻织机械的制造经验和技术，创造了一整套新型的棉纺织工具，有木棉搅车、弹弓、木棉纺车、木棉线架等。在纺织业的生产中，出现了32锭水转大纺车、3锭脚踏纺车、5锭脚踏纺车等先进机械，缫车、纬车、絮车、经架、大纺车等一般纺织工具经过改良，也在生产中发挥作用。

[元]王振鹏《货篮图》

脱胎剔犀柄团扇　南宋
江苏省常州博物馆

磁州窑牡丹纹枕　北宋

越窑三足蟾蜍水盂　北宋　通高7.5 cm
蟾蜍长10.4 cm　盘口径10.8 cm
1983年慈溪市彭东寺龙口出土　慈溪市文物管理委员会藏　引自《宁波文物集粹》

制瓷业对生产器具和制瓷技术进行了改良，瓷器生产达到相当高的水平。木工作坊也在这一时期分为大木作、小木作、细木作、圆木作等术业，不同的制作工艺和工具能够适应不同方面的需要。载人运物的车舆以结构轻巧而又坚实者为上。这一时期的造船业，由于工匠们在船舶结构、动力、性能及安全稳定方面采用了一系列新技术，无论是数量还是质量均体现出较高的水平。除了各种类型的官船外，民间的船只名目更多，或按船形取名，或以设备取名，车船也在这一时期得到推广应用。另外，制盐业取卤的唧筒，打油用的油榨，制糖用的糖车，结绳用的绳车、紑车、纫车以及热力机等机械工具，也开始在生产中得到应用。

由于文人士大夫的倡导和介入，宋代的器物多呈现出清秀淡雅的风格。陶瓷器的生产空前普及，由于生产技艺的提高，出现了官窑、汝窑、钧窑、哥窑、定窑及磁州窑、吉州窑、建窑、耀州窑等许多自成体系的名窑，其出品各以造型、釉色、质地取胜。同样是瓶，因造型、装饰的差异，便有玉壶春瓶、梅瓶、扁腹瓶、直颈瓶、瓜棱瓶、多管瓶、橄榄瓶、胆式瓶、葫芦瓶、龙虎瓶、净瓶之分。金银器等金属器皿的制作比唐代的更为精巧实用，在民间的日常生活中，食具以银质用品为多，而在厨炊和生活起居方面，铁制器具被广泛使用。漆器的生产以实用为主要目的，造型灵巧，质地紧密，除生产大量的普通漆器外，还出现了专门生产高档漆器“犀皮”[56]的工艺作坊。木作器具依然是民间生活的主要用品。此外，在民间流传的各种材质不同、用途专门的生活日用杂物多属“小经纪”“小百货”之类，“名件甚多，尤不可悉数”[57]。

宋代以后，经元至明清，是中国封建社会的后期。元代的手工业以规模巨大的官营手工业为主，名目繁多的手工业管理机关管辖着毛织业、制皮业、丝织业、染色业、成衣业、冶金业、玉石业、珠宝业、木器业、竹器业、油漆业、泥瓦业、陶瓷业、制纸业、印刷业、采矿业、制酒业、制糖业、兵器业等，其出品虽然“制作精细，咸胜往划”，但产量较低，在整个社会经济

银镜架　元代　高 30.4cm
江苏省苏州市出土　引自《中华人民共和国出土文物展览展品选集》文物出版社　1973

铁锈花加彩立鹤罐　元代

中所起的作用并不重要，与人民生活的关系也不十分密切。而在民间，以制瓷、棉纺和丝织等行业为代表的手工业发展规模很大，景德镇及临川、建阳、南丰等地出品的瓷器无论是质量还是数量都有所提高，“埏埴之器，洁白不疵，故鬻于他所，皆有‘饶玉’之称”[58]。青花工艺的使用也使景德镇瓷器的装饰风格出现新面貌。以磁州窑为代表的北方瓷器，其装饰仍以白釉黑花为主，并在画面中加入诗句文字，增加了器物的观赏性。漆器的制造工艺也相当讲究，制作比较精致，出口海外受到欢迎。北方少数民族的南下，使带有少数民族特点的皮革、兽骨、树皮、毛纺织物制品开始进入中原民间的日常生活之中。

明代统一中国之后，统治者采取了一系列的政策和措施，使社会经济的各个方面快速发展起来。在农业方面，通过兴修水利设施、提倡精耕细作技术、引进优良品种等措施，提高了土地利用率，使农产品的种类和产量也增加了许多。这一时期推广使用的改良农具有深耕犁、代耕架、漏锄及各种样式的耨、耙、镰刀等；常用的灌溉工具有筒车、牛车、踏车、板车、桔槔等，还出现了拔车和风力水车。拔车是龙骨车的一种，其结构精巧、轻便，一人便可扛走，因是双手推拉引水，又叫“牵车”；风力水车，“俟风转车，风息则止”[59]。这些农具至今仍有部分地区还在使用。

缂丝椅垫　明代
中国历史博物馆收藏

先进的农业技术和农具的使用，使农产品的品种和产量大为增加，农民能够有更多的时间来经营副业。农业生产的发展，又为城市手工业的发展提供了原料。随着社会生产的分工和城市的发展，原有的手工业技术得到传播推广，新的手工行业不断出现，原有的手工业部门逐渐细分为更加专业化的行业。一些地理环境和自然条件比较好的地方逐渐发展成为手工业专业化城市和手工业生产的中心地区，在一些地区和行业中出现了资本主义的萌芽，制造产品不再是由一个工匠单个完成，而是由数个不同工序上的专业工匠协作完成。工匠由原来的参与产品制造的全部过程逐渐转变为只从事某一项工艺程序，使手工匠人在操作上更为专门化，技术更加熟练，使用的生产工具规格更为齐全，功能也更为完善，从而有效地提高了各类产品的内在质量。劳动者地位的改变和劳动技能的提高，促进了手工业生产的繁荣发展。江南手工艺人的技艺高明亦胜于他处，当时，“天下财货聚于京师，而半产于东南，故百工技艺之人亦多出于东南”[60]。

为了满足城镇生活的需要，手工业的生产技术不断更新，以生产出数量更多、质量更好的物品。生产工具也顺应形势在原有基础上进行了改良和创新，取得了很大的成就。明清时期的金属冶铸业采用可连续提供较大风压和风量的活塞式木风箱，提高了炼炉的热效率，已能够生产铜、锡、铅、银、金、锌、汞等有色金属，运送炉料也开始使用机车。金属的冶炼、铸造、打制已是不同的专业。井盐的开凿和提卤工具已配套完善，“其器冶铁锥，如碓嘴形，其尖使极刚利，向山石舂凿成孔。其身破竹缠绳，夹悬此锥。每舂深入数尺，则又以竹接其身，使引而长，初入丈许，或以足踏碓梢，如舂米形，太深则用手捧持顿下，所舂石成碎粉，随以长竹接引，悬铁盏挖之而上。大抵深者半载，浅者月余，乃得一井成就。盖井中空阔，则卤气游散，不克结盐，故也。井即泉后，择美竹长大者，凿净其中节，留底不去，其喉下安消息，吸水入筒，用长絙系竹沉下，其中水满。井上悬桔槔、辘轳诸具，制盘驾牛，牛拽盘转，辘轳绞絙汲水而上，入其釜中煎炼”[61]。榨油业成为村镇常见的加工行业，油榨及专用运油工具均已具备。制糖业使用糖车[62]取汁，使蔗糖的质量有所提高。纺织产品的产量和名色增多，纺织生产工具及织造技术不断创新和提高。缫丝机出现了“一人执爨（煮茧），二人专打丝头，二人主缫”[63]的5人共作大缫车。花机在苏杭一带的丝织业中已广泛使用。另有一种腰机，又称“小机”，多用来织造小件轻便的产品。福建的一种改机是改良了的缎机，可以使产品更为轻薄。棉织机械得到推广，用来织布的“织机十室必有”，新型的木棉赶车可使“其花粘子于腹，登赶车而分之，去子取花”[64]。同时，

金漱盂　明代
通高 5.9 cm　口径 14.3 cm　底径 11.7 cm
重 370.5g　北京市昌平区十三陵定陵出土
引自《定陵掇英》文物出版社　1989

莲花双鱼形金扣　明代　长 2.7 cm
南京江宁殷巷出土

朱樱竹刻人物香笼
清代　高 16.5 cm
口径 3.6 cm

万年长青纱灯　清代

还发明了四足木棉搅车、太仓式三足搅车、单人操作无足纺车、一縰主车、三縰纺车、四五縰纺车，一直流传至今。蓝印花布印染作坊遍布城乡，出现了专门生产印花版的作坊。另外，起重机、吸水机及转动机也在生产和生活中普遍使用，流传至今。

这一时期也是器物生产历史上最为繁荣的时期。陶瓷器在日常生活中仍占有主要地位，从瓷器的造型可以看出历代器物造型的影响，工艺创新达到了相应高度。在装饰上，青花纹样大笔点染，五彩描绘清秀雅致。民间瓷器依然保持着粗犷质朴的特点。明代陶器以紫砂陶壶为代表，“壶以砂者为上，盖既不夺香，又无熟汤气”[65]，多以造型古朴典雅、制作工细闻名于世。以金银器皿、铜器、景泰蓝为主流的金属工艺取得了极高的艺术成就。金银器的造型和装饰更为精致，花丝工艺达到相当高的水平。宣德年间铜宣德炉的造型和制造工艺成为后世铜器制作的典范。采用铜胎掐丝珐琅工艺制作的景泰蓝器物精美富丽，除满足宫廷的需要外，也开始进入民间社会。漆器的技艺在明代达到前所未有的高度，作为实用品和陈设用品进入了平民百姓家。

入主中原之前，清代统治者曾对汉族地区的工商业大肆破坏，取得政权之后又对工商业实行歧视、压迫的政策，致使手工业发展非常缓慢。后来，清代统治者汲取过去统治者的经验和教训，采取一些安定社会、恢复生产的措施，手工业和商业才逐渐发展起来。在清代的手工行业中，恢复得较快并取得发展的是陶瓷业，尤其是制瓷的技术比明代有了长足的进步。瓷器的造型多小巧玲珑，制作工细。承自明代的“吹釉”之法在清代得到很大发展，可使瓷器的釉面匀净；清代新创的珐琅彩，始自康熙，盛于乾隆，用此法装饰的瓷器精美异常。清代其他各类器物的制作生产所取材料的范围有所扩大，在工艺上直接继承了明代的传统，而在造型的装饰上，则将烦琐纤巧推向极致。在民间，用木、竹制成的盆、桶、勺、篮、盒、箱、筐、篋、罩、盖、砧板、饼模、搓板、捶棒等器具继续在日常生活中发挥着巨大的作用。生活中的其他各类日用器物，造型质朴，材质讲究，工艺精湛，功能完备。

1840 年以来，西方的先进机械设备被先后引入中国，机械器具的使用在一定程度上促进了工农业生产的发展。中国的民族工业取得了发展，主要的社会生产已完全机械化，大量的手工制作的传统生活用品被工业制品所取代，科学技术得到一定程度的发展，某些行业一度处于世界领先地位。然而，由于种种原因，机械化生产并没有完全取代传统手工业。传统的器物生产虽然有所萎缩，但囿于风俗和习惯，在很长的一段时间里，手工工具和农具依然在中国民间广为流传，并能够适应新的生活环境下的新需求，其作用仍然不可替代，很多手工产品和传统器物仍在日常生活中受到欢迎。一些茶具、烟具、酒具和日用杂器的制作逐步用铜、铁、锡等取代竹、木、漆等材料，其造型亦多有变化，实用、精巧、朴实是其基本风格。

注释

[1] 李学勤主编《十三经注疏》之《周礼注疏》卷三九《冬官考工记·第六》，北京：北京大学出版社，1999年12月，第1060页。

[2] [战国]韩非子著，张觉译《韩非子》卷一九《五蠹第四十九》，贵阳：贵州人民出版社，1992年11月，第1025页。

[3] [战国]吕不韦门客编撰，关贤柱、廖进碧、钟雪丽译注《吕氏春秋》之《孟秋纪第七·荡兵》，贵阳：贵州人民出版社，1997年8月，第209页。

[4] 中国社会科学院考古研究所编《新中国的考古发现和研究》，北京：文物出版社，1984年5月，第3页。

[5] 中国社会科学院考古研究所编《新中国的考古发现和研究》，北京：文物出版社，1984年5月，第17页。

[6] 中国社会科学院考古研究所编《新中国的考古发现和研究》，北京：文物出版社，1984年5月，第20页。

[7] 同2。

[8] 李学勤主编《十三经注疏》之《礼记正义·礼运第九》，北京：北京大学出版社，1999年12月，第668页。

[9] 李学勤主编《十三经注疏》之《孟子注疏》卷第五下《滕文公上》，北京：北京大学出版社，1999年12月，第145页。

[10] [宋]李昉辑，夏剑钦、王巽斋校点《太平御览》卷七八引《周书》，石家庄：河北教育出版社，1994年7月，第674页。

[11] 河北省文物管理委员会《河北唐山市大城山遗址发掘报告》，《考古学报》1959年第3期，第33页。

[12] 谢范浩、朱迎平译注《管子全译》之《管子轻重·地数第九十七》，贵阳：贵州人民出版社，1996年6月，第916页。

[13] 甘肃省博物馆《甘肃武威娘娘台遗址发掘报告》，《考古学报》1960年第2期，第53页。

[14] 周才珠、齐瑞瑞译注《墨子全译》卷一一《耕柱第四十六》，贵阳：贵州人民出版社，1995年8月，第535页。

[15] 中国科学院考古研究所二里头遗址工作队《偃师二里头遗址新发现的铜器和玉器》，《考古》1976年第4期，第219页。

[16] 袁愈荌、唐莫尧译注《诗经全译》之《颂·臣工》，贵阳：贵州人民出版社，1981年6月，第454页。

[17] 袁愈荌、唐莫尧译注《诗经全译》之《小雅·大东》，贵阳：贵州人民出版社，1981年6月，第292页。[宋]朱熹《诗集传》释："杼，持纬者也；柚，受经者也。"

[18] 袁愈荌、唐莫尧译注《诗经全译》之《周南·葛覃》，贵阳：贵州人民出版社，1981年6月，第2~3页。

[19] 袁愈荌、唐莫尧译注《诗经全译》之《唐风·葛生》，第152页；《秦风·终南》，第160~161页，贵阳：贵州人民出版社，1981年6月。

[20] 袁愈荌、唐莫尧译注《诗经全译》之《豳风·七月》，贵阳：贵州人民出版社，1981年6月，第186页。

[21] 杨永杰、龚树全主编《黄帝内经》之《灵枢》卷一《九针十二原第一》，北京：线装书局，2009年3月，第226页。

[22] 居薛，指今山东藤县南。见王守谦、金秀珍、王凤春译注《左传全译》之《定公元年》，贵阳：贵州人民出版社，1990年11月，第1411页。

[23] 谢范浩、朱迎平译注《管子全译》之《管子轻重·轻重乙第八十一》，贵阳：贵州

人民出版社，1996年6月，第983页。

[24] 谢范浩、朱迎平译注《管子全译》之《内言·小匡第二十》，贵阳：贵州人民出版社，1996年6月，第323页。

[25] 指墨斗。[明]杨慎《艺林伐山》卷一一《楮绳》："《商君书》'楮绳束枉木'。古之匠人用楮绳，即今之墨斗也。"《丛书集成新编》册13，台北：台湾新文丰出版公司，1985年，第69页。

[26] "错，磨也。"[魏]张揖撰《广雅》卷四，北京：中华书局，1985年，第43页。

[27] [清]陈元龙撰《格镜致原》卷四八《耕织器物类》，"《事物绀珠》：推铇，平木器，鲁般作"。文渊阁钦定《四库全书》1032册，台北：台湾商务印书馆，1986年5月，0018a页。

[28] [战国]庄周著，张耿光译注《庄子全译》之《外篇·天地第十二》，贵阳：贵州人民出版社，1991年7月，第205页。

[29] [元]王祯撰《王祯农书》之《农器图谱集之十三》引"《说文》曰，桔，结也，所以固属"，《丛书集成新编》册47，台北：台湾新文丰出版公司，1985年，第432页。

[30] 同29。

[31] [汉]刘向《古列女传》卷一之一一《邹孟轲母》，"孟子之少也，既学而归，孟母方织，问曰：'学所至矣？'孟子曰：'自若也。'孟母以刀断其织，孟子惧而问其故，孟母曰：'子之废学，若吾断斯织也。'"《丛书集成新编》册101，台北：台湾新文丰出版公司，1985年，第677页。

[32] 王强模译注《列子全译》之《汤问第五》："纪昌者，又学射于飞卫。飞卫曰：'尔先学不瞬，而后可言射矣。'纪昌归，偃卧其妻之机下，以目承牵挺。二年后，虽锥末倒眦，而不瞬也。以告飞卫。飞卫曰。'未也，必学视而后可。视小如大，视微如著，而后告我。'昌以牦悬虱于牖，南面而望之。旬日之间，浸大也；三年之后，如车轮焉。以睹余物，皆丘山也。乃以燕角之弧，朔蓬之竿射之，贯虱之心，而悬不绝。以告飞卫。飞卫高蹈拊膺曰：'汝得之矣！'"贵阳：贵州人民出版社，1993年10月，第154页。

[33] 刘诗中、许智范、程应林著《贵溪崖墓所反映的武夷山地区古越族的族俗及文化特征》，《文物》1980年第11期，第29页。

[34] [汉]班固撰，[唐]颜师古注《汉书》卷二九《沟洫志第九》，北京：中华书局，1999年2月，第1340页。

[35] [北魏]贾思勰《齐民要术》卷一，《耕田第一》，《丛书集成新编》册47，台北：台湾新文丰出版公司，1985年，第240页。

[36] [北魏]贾思勰《齐民要术·序》，《丛书集成新编》册47，台北：台湾新文丰出版公司，1985年，第237页。

[37] [元]王祯《农书》卷一一《农器图谱五·镰》，《丛书集成新编》册47，台北：台湾新文丰出版公司，1985年，第406页。

[38] [汉]桓谭撰，[清]孙冯翼辑《桓子新论》之《离事篇》，《丛书集成新编》册21，台北：台湾新文丰出版公司，1985年，第14页。

[39] [汉]司马迁著，[宋]裴骃集解，[唐]司马贞索隐，张守节正义《史记》卷一二九，《货殖列传》卷69，北京：中华书局，1999年1月，第2461页。

[40] [南朝宋]范晔撰，[唐]李贤等注《后汉书》卷三一《郭杜孔张廉王苏羊梵贾陆列传第二十一》之《杜诗传》，北京：中华书局，1999年3月，第735页。

[41] 车錧，即车轴承。车锏，即铁圈。

[42] 蜀郡，为今四川省成都市。广汉郡，为今四川省射洪县及附近地区。

[43] 渑池县文化馆、河南省博物馆《渑池县发现的古代窖藏铁器》，《文物》1976年第8期，第45页。

[44] 马钧（生卒年不详），字德衡，三国时曹魏人，生于扶风（今陕西兴平东南）。出身贫寒，不善言谈，但极富观察思考能力。魏明帝时，改织机为十二蹑，大大提高了功效。在洛阳时，又发明了翻车，利用流水作为动力，可连续自动提水，"其巧百倍于常"。还研究制造出指南车，改进诸葛亮连弩、攻城用的发石车。制造的"水转百戏"以水为动力，以机械木轮为传动装置，使木偶可以自动表演，构思十分巧妙，被誉为"天下名巧"。

[45] 毕岚，汉灵帝时宦官，中常侍。曾"作翻车、渴乌，施于桥西，用洒南北郊路，以省百姓洒道之费"。[唐]李贤《章怀太子》注云："翻车，设机车以引水。渴乌，为曲筒，以气引水水上也。"

[46] 蒲元，三国时蜀汉人，籍贯、生卒年不详。"蒲元为诸葛公西曹掾。孔明欲北伐，患粮运难致。元牒与孔明曰：'元等推意作一木牛，兼摄两环，人行六尺，马行五步，人载一岁之粮也。'"又以造刀技术而传名，"君性多奇思，于斜谷为诸葛亮铸刀三千口，刀成，自言汉水钝弱，不任淬用；蜀江爽烈，是谓大金之元精，天分其野，乃命人于成都取江水。君以淬刀，言杂涪水，不可用。取水者捍言不杂。君以刀画水，言杂八升。取水者叩头云：'于涪津覆水，遂以涪水八升益之。'以竹筒内铁珠满中，举刀断之，应手虚落，因曰神刀。今屈耳环者，乃是其遗范"。

[47] 木牛，即独轮车。[隋]虞世南撰《北堂书钞》卷六八《掾》之《蒲元作木牛》，天津：天津古籍出版社，1988年12月，第281页。

[48] 井车，即辘轳。

[49] [唐]陈廷章《水轮赋》，[清]董诰等编《全唐文》卷九八四，北京：中华书局，1983年11月。

[50] [宋]欧阳修、宋祁撰《新唐书》卷一一一《王方翼传》，北京：中华书局，2000年1月，第3296页。

[51] [唐]陆羽《茶经》卷中《四之器》，《丛书集成新编》册47，台北：台湾新文丰出版公司，1985年，第714页。

[52] 陕西省博物馆、文管会革委会写作小组《西安南郊何家村发现唐代窖藏文物》，《文物》1972年第1期，第30页。

[53] [元]脱脱《宋史》卷三三七《范祖禹》，北京：中华书局，2000年1月，第8634页。

[54] 《梓人遗制》，元代薛景石撰写的木制机具专著。元中统二年（1261年）刊印出版。薛景石，字叔矩，金末元初河中万泉（今山西万荣县）人，生卒年不详，是中国古代杰出的机械设计师兼制造家。《梓人遗制》以介绍木器形状、结构特点、制造方法为主。

[55] 水转三事，即磨、砻、碾。

[56] 犀皮，髹漆技法的一种，是在漆面做出高低不平的地子，上面逐层刷不同色漆，最后磨平，形成一圈圈的色漆层次。

[57] [宋]周密撰，[明]朱廷焕增补，周膺、吴晶点校《增补武林旧事》卷六《小经纪》，北京：当代中国出版社，2014年6月，第129页。

[58] [元]蒋祈《陶记》，引自[清]康熙二十一年《浮梁县志》。

[59] [明]宋应星撰，邹其昌整理《天工开物》卷上《乃粒第一・水利》，北京：人民出版社，2015年6月，第6页。

［60］[明]张瀚撰《松窗梦语》卷四《百工记》，北京：中华书局，1985年5月，第76页。

［61］[明]宋应星撰，邹其昌整理《天工开物》卷上《作碱第五·井盐》，北京：人民出版社，2015年6月，第103页。

［62］[明]宋应星撰，邹其昌整理《天工开物》卷上《甘嗜第六·糖车》，北京：人民出版社，2015年6月，第122页。

［63］[明]宋应星撰，邹其昌整理《天工开物》卷上《乃服第二·布衣》，北京：人民出版社，2015年6月，第43页。

［64］同62。

［65］[明]文震亨《长物志》卷一二《茶壶茶盏》，北京：中华书局，1985 年，第 85 页。

第四章　民俗文物的分类问题

分类，也叫作“归类”，是在一定历史条件下，依据某些原则，根据事物的同和异划分类别，并阐明各类事物之间相互关系的过程。在自然界和人们的社会生活中，各类事物虽然可以视为“同出于一”，却“所为各异”。[1]通过科学的分类，人们能够正确地认识事物发展的规律性，并且可以在一定程度上预测某项事物以及建立在其基础之上的科学和相关学科进一步发展的趋势。对事物进行分类，是科学研究进程中的基础工作，民俗文物与民间物质文化的研究也不能例外。

第一节
分类的历史与方法

人类对自然界的知识是在自身进化的过程中积累起来的。早期的人类由于生理和心理等方面的原因，活动半径受到很大限制，但所接触到的各种新鲜事物已足以让人们感受到自然的多样性。在长时间为了生存而劳作的过程中，人们依据对自然界物种的识别，对与他们的生活有着直接、密切联系的各种事物给予名称，由此逐步建立起一个以生活环境中的植物和动物等整套词汇为中心的、极为实用的知识体系，并且通过口头的方式广为传播。这些以能否食用的植物和动物以及其他生活资料为主要内容的词汇虽然有着很大的局限性，却非常实用，能够给人们的生产和生活带来很大的便利，也构建了最初的富有地域特色、体现生产方式和生活方式的文明传统。一般看来，在农耕民族的词汇中，以植物的栽培和动物的驯养等方面的内容较为多见；游牧民族的词汇则反映出对野生动物和具有药用价值的植物有着更多的了解；居住在海边的部族很可能对潮汐带来的海洋生物有着相当专业的知识；生活在丛林中的土著有可能对林间的鸟类习性了如指掌。这样的文明传统体现着的多样性特征，一直延续到今天。

当人类在自然界中活动的范围逐步扩大，通过自然来营造生活的能力逐步增强时，也逐渐地认识到自然界中的事物是千变万化、各不相同的。若是不能列出名目门类，便无从认识，也难以利用。“凡事有小而关分理者，不可失也。分理一失，乱由之生。”[2]于是，在人们长期实践的基础上，产生了分类的学问和方法。在中国，分类学的传统主要体现在知识、文献等领域；在西方，分类学的知识则在博物学、生物学等领域得到充分应用。

华夏民族的先民们为寻找生活资料形成了对自然物“选择”的行为习惯

和思维模式，使得中国人对自然物理的性质有着深切的认识，从而在漫长的历史进程中形成了知识谱系。“方以类聚，物以群分”[3]的朴素观念便是古代中国人对分类的基本认识。这是在长期的社会实践中逐渐形成的，并在处置各类事件或事物以及编纂图书的过程中广为应用。春秋战国时期流行的阴阳五行学说通常被看作哲学范畴的知识，但也不妨将其看作最早的自然物分类体系，因为“天有五行，水、火、金、木、土，分时化育，以成万物”[4]。相传在西周时期就已缀辑成篇、汉代初年又经多人增补的《尔雅》一书，是中国人最早采用分门别类的方式编成的训解词义的书。书中分列释诂、释言、释训、释亲、释宫、释器、释乐、释天、释地、释丘、释山、释水、释草、释木、释虫、释鱼、释鸟、释兽、释畜 19 个门类，对当时人们社会生活中各类事物的名称及其字和词的含义进行了不同程度的解释。其中，释虫、释鱼、释鸟、释兽与动物的类别有关：释虫包括了大部分无脊椎动物，释鱼包括各种海水鱼和淡水鱼、两栖动物、低级脊椎爬行动物及鲸和虾、蟹、贝等，释鸟涵盖了各种飞禽，释兽专指哺乳动物。这样的分类方式也可以视为中国古代最早的动物分类，与瑞典博物学家卡洛鲁斯·林耐[5]在 18 世纪 50 年代确立的六纲系统相比较，只是少列了两栖纲和蠕虫纲两种。汉代初年编辑的《诗（经）》是中国最早的诗歌总集，共收集了从西周初年到春秋中叶大约 500 年间的诗歌 305 篇，成书时将其分成风、赋、比、兴、雅、颂[6]6 类，大概是最早的诗歌艺术的分类。

西汉时期，“迄孝武世，书缺简脱，礼坏乐崩，圣上喟然而称曰：‘朕甚闵焉。’于是建藏书之策，置写书之官，下及诸子、传说，皆充秘府。至成帝时，以书颇散亡，使谒者陈农求遗书天下，诏光禄大夫刘向校经传、诸子、诗赋，步兵校尉任宏校兵书，太史令尹咸校数术，侍医李柱国校方技。每一书已，向辄条其篇目，撮其指意，录而奏之。会向卒，哀帝复使向子侍中奉车都尉歆卒父业”[7]。由刘歆[8]在其父刘向[9]根据皇家藏书叙录汇编成的《别录》基础上的分类编目辑成的《七略》，是中国古代第一部有着较为严密分

“长生无极”圆瓦当　西汉

类体系的图书文献目录。刘氏父子在整理皇家藏书时，亦广泛搜集民间流传的各种本子，并把同一种书的不同本子进行校雠，缮写出比较完备的本子，依此来撰写叙录，然后再编纂出分类目录《七略》，以供查考之用。七略为辑略、六艺略、诸子略、诗赋略、兵书略、术数略、方技略，其中辑略是综述学术源流的绪论，实际书名的是后面的六略，略之下再分出38小类，这就是对后世有着巨大影响的六分法分类体系。西汉末年，战乱致使书籍亡失较多。进入东汉时期，光武帝、明帝、章帝均比较重视学术著作及文献的庋藏，采取了一些有效措施，使皇家藏书再度充盈。由班固[10]主管其事，依《七略》的体例来撰写《艺文志》，将其中所载文献书目分为六略、38类，纳入《汉书》。此后，南朝齐王俭[11]编成的《七志》、梁阮孝绪[12]编成的《七录》，都沿用《七略》的分类体系，并有所改进。

三国时期，魏文帝[13]命刘劭、王象等人编纂成的《皇览》，是中国古代见诸记载的第一部具有百科全书性质的“类事之书”。书中把古代事物按天文、地理、人事、器物等分为若干门类（或部类），每类之下再分若干子目，然后采集群书中的有关资料，字数达800余万。其后历代递相沿袭，编成的类书总计有大小三四百种，在此过程中总结、创造出来的“缕析条分、随类相从”之分类、编纂原则，亦随着类书的传播而广为流传，对其他行业的分类规则也产生了积极的影响。同一时期，郑默[14]编成了文献目录《中经》。至晋武帝咸宁年间，秘书监荀勖[15]在《中经》的基础上编成《中经新簿》，始将分类体系改为“甲、乙、丙、丁”四部。甲部包括六艺及小学等书，乙部收有古诸子家、近世子家、兵书、兵家、术数，丙部收有史记、旧事、皇览簿、杂事，丁部收有诗赋、图赞、汲冢书。东晋元帝时，著作郎李充[16]在《晋元帝四部书目》中，又把五经作为甲部，史记作为乙部，诸子作为丙部，诗赋作为丁部，从而正式奠定了四部分类体系的基础。唐代初年，魏徵[17]编纂《隋书·经籍志》时，将甲、乙、丙、丁四部重新定名为经、史、子、集。此后，中国各地的藏书楼在编制目录或陈列图书时，大多沿用此法。南宋时期郑樵编纂的《通志·艺文略》，曾经把文献分为经、礼、乐、小学、史、诸子、天文、五行、艺术、医方、类书、文共12类100家432种，是不同于六部分类法和四部分类法的又一种分类体系。但无论采用怎样的方法，都是根据文献目录收录的文献再设立分类的类目，一般情况下，目录与分类法是合为一体的。

镀金银熏球　唐代

明代药学家李时珍[18]历时27年编纂而成的《本草纲目》一书在动物、植物、矿物等的分类学上有着独到之处。完成于明代万历六年（1578年）并于万历二十年（1592年）在南京刊印发行的《本草纲目》，是在宋代药学家唐慎微《经史证类备急本草》[19]资料的基础上增删考订而成的，共190多万言，分为16部50卷62类，收载药物1892种，比前人增加374种。载入药方11096个，比前人增加4倍。书中有插图1160幅，形象地表现了各种药物的复杂形态，方便辨认。该书以药物的正名为“纲”，余名附释为“目”，次以集解辨误，详述其产地、形态、气味、功能、主治并有附方等。由于《本草纲目》采用了科学的分类方法编纂，因此在检索、使用时非常方便。

在西方广为流传的古希腊神话中，司理艺术的众神有着各自的管辖区域：卡利奥佩司史诗，欧忒尔佩司抒情诗，墨尔波墨涅司悲剧，塔利亚司喜剧和田原诗，埃拉托司爱情诗和表情，波林尼亚司颂歌，忒耳西科瑞司舞蹈，克利奥司历史，乌拉尼亚司天文。这样分门别类的艺术管理说明了神话的创造者对艺术创造的多样性是有所认识的。在古希腊时期，哲学家亚里士多德[20]曾将当时尚未分门别类的科学成就划分为理论的科学、实践的科学和创造的科学等种类，并依据当时社会上业已存在的某种知识分工，在观察、行动和创造能力之间做了简要的区分。在生物学方面，他对550多种植物、动物进行了初步分类，并采用性状对比的方法将热血动物归为一类，以与冷血动物相区别，还将动物按其生理构造的完善程度依次排列，创造了最初的自然阶梯的概念。他认为艺术是对自然的模仿，在其著述的《诗学》一书中将艺术分为三种类型：按照事物本来的样子去模仿，按照事物为人所说所想的样子去模仿，按照事物应当有的样子去模仿。在亚里士多德之后，一位没有留下姓名的古希腊哲学家依照艺术的形态，将艺术分成“静态的”和“动态的”两类，在此两类下又将艺术分出“客观艺术”“主观艺术”和“主客观艺术”三种。[21]这样的艺术分类有着超前的意义。公元前3世纪中期，埃及亚历山大图书馆的第三任馆长卡利马科斯[22]编成了名为《皮纳克斯》的解题目录，将该馆图书文献分为诗歌、法律、哲学、历史、演讲、杂说六大类。此举被视为西方文献分类法的萌芽。

公元1世纪的印度传统医疗文献《阇罗迦集》[23]中，认为世间的物质有动物性的、植物性的、矿物性的三种，这大概是古代印度人对自然品物最基本的分类。此前，关于动物体系的分类在古代印度学者的学说中主要有两种：一种是依据发生方式构建的“四生说”[24]，即卵生、胎生、萌芽生和湿生；另一种是依据动物的感觉器官数目来分类[25]，即具有两种感觉（触、味）的动物如蛔虫、水蛭、蚯蚓、贝类等，具有三种感觉（触、味、嗅）的动物如蚁类、跳蚤等，具有四种感觉（触、味、嗅、视）的动物如蜜蜂、蚊、蝇等，具有五种感觉（触、味、嗅、视、听）的动物如鱼类、蛇类、鸟类、四足兽和人。这种分类方式以感觉功能的阶梯式递进为基础，是一种基于形态学要素的分类方法。在《阇罗迦集》中，动物被分为八类：1. 以强力、暴力捕食；2. 地穴中居住；3. 沼地居住；4. 水居；5. 栖于水边；6. 居于干燥的陆地；7. 以嘴爪到处觅食；8. 啄木求食。植物分为根、皮、叶、花、实 5 类，矿物则分为金属、宝石、盐 3 类。

瑞士博物学家康拉德・格斯纳[26]在 1548 年编辑出版的《世界书目》第二卷是按知识的分类编排的，共分为 4 大部 21 大类 250 多个小类。这样的分类体系对后来的西方文献分类产生了较大的影响。他还编撰了《动物志》，按字母的顺序编排出文献中涉及的所有动物。在 16 世纪，德国的众多神学家和植物学家对植物进行了细致的观察和生动逼真的描述，在中欧发现了许多植物的新种，并试图据此编写地方的植物志，因而需要对植物进行分类。由于他们使用的是各自的方法，故缺少比较一致的分类系统。直至 1583 年，才由意大利医生、植物学家安・切萨皮诺在其 16 卷的巨著《植物》一书中，提出了以果实为基础的植物分类体系。他受亚里士多德通过逻辑区分的向下分类法之启发，认识到应用逻辑区分的方法最重要的是选择区分特征，并首先重视了果实在分类过程中的价值。实际分类时，他先把植物分成自然类群，然后再寻找适用的关键特征，所以由其划分的 32 类植物从整体上看是符合自然分类的。尽管这一分类系统有着明显的缺点，但却对此后 200 年间的包括卡洛鲁斯・林耐的分类学体系在内的植物分类学产生了很大的影响。1686 年，英国博物学家詹姆士・雷首先根据分类原理进行植物与动物的分类研究，在其所著三卷本《植物史》中比前人更透彻地讨论了物种的定义和概念。他在对动物分类时既利用了亚里士多德的传统分类原理，也采用了新的以解剖学和生理学知识为基础的分类标准，对两栖类、爬行类以及昆虫的分类做了许多工作，比前人更为重视结构（如齿、趾的排列）的特征，因而提出较为符合自然规律的动植物分类谱系。

文艺复兴时期的英国经验论哲学家弗兰西斯・培根[27]认为，科学是人类的理性活动，其任务是在人的理性中创造出一个符合世界本来面貌的模型。他以人类理性能力的区别作为科学分类的依据，把这种能力划分为记忆力、想象力和悟性，并据此相应地将科学划分为记忆的科学、想象的科学和悟性的科学。18 世纪，以德尼・狄德罗[28]为首的法国百科全书派[29]根据培根的科学分类方法，进一步发展了关于科学分类的思想，并在所编撰的《百科全书》中把自然科学分为抽象的物理学、数学和复杂的物理学三类。

与此同时，瑞典博物学家卡洛鲁斯・林耐开始了其构建植物和动物近代分类系统的工作。在其1735年完成的《植物种志》和1758年印行的第10版《自然系统》两本书中，他大致勾勒出近代分类学的框架。他把自然物分为植物、动物、矿物 3 大界，把动、植物各分成纲、目、属、种 4 个阶元，首先实现植物和动物分类范畴的统一，增强了生物科学的整体性。他以标志植物性别的生殖器官作为关键的依据，在确定一种植物所属的纲和目时，只要数一下其花上的雄蕊和雌蕊就能完成作业。接着，在动物学中也引入同样的分类方法，在动物界中确定了六个纲。总体而言，卡洛鲁斯・林耐建立的分类系统为分类学解决了两个关键问题：一是建立了双名制[30]，二是确立了阶元系统[31]。这为人类理解自然界的物种提供了一个实用性的基础框架。但是，由于林耐确信物种不变，因而在他的《自然系统》等著作中没有反映物种的亲缘概念。于是，这样的分类系统遭到法国博物学家布封[32]的反对。布封在所著的《自然史》第一卷中，直接表达了反对林耐等人将自然发展史简化为探讨抽象关系的观点。其关于生物连续性的观点由其学生拉马克[33]进一步发挥之后，才与达尔文[34]的进化论一起，形成另一种关于物种演化历史的不同观点。拉马克在《动物学哲学》等著作中，对林耐按照动物六纲系统排列的哺乳类、鸟类、两栖类、鱼类、昆虫、蠕虫的顺序重新编排，使之成为从低级到高级的进化系统。他还把动物区分为脊椎动物和无脊椎动物两类，至今一直被生物学界所沿用。1859 年，达尔文的著作《物种起源》出版，使生物进化思想在分类学研究中得到强化，明确了探索生物之间的亲缘关系是分类研究的目的之一，从而使分类系统成为生物的谱系，并在此基础上形成系统分类学。

博物学者在分类学领域取得的成果对当时的各个科学研究领域产生了积极的影响。18 世纪末至 19 世纪初，“在大多数的机械唯物主义者的法国唯物主义者之后，出现了要把旧的牛顿 – 林耐学派的整个自然科学作百科全书式的概括的要求，有两个最有天才的人投身于这个工作，这就是圣西门（未完成）和黑格尔”[35]。圣西门[36]将自然科学按其历史发展顺序分为天文学、物理学、化学和生理学四大类，并认为这样的排列符合自然界的发展顺序。黑格尔[37]最初将自然科学分为机械论、化学论、有机论三大类，“在当时是完备的”[38]；后又试图以抽象的思辨原则为基础，把自然哲学划分为力学、无机物理学、有机物理学三个部分，认为这样的划分表现了理念在自然界的发展阶段，即力学系统、物理系统与有机系统，也符合从逻辑上把握自然界的范畴，即存在、本质与概念。他还认为，“各种艺术形式之间的区别是由理念和它的外观之间不同的关系所决定的”[39]，并依据理念和形象外观的不同关系，将艺术分为象征艺术、古典艺术、浪漫艺术三种类型。19 世纪 70 年代，恩格斯在写作《自然辩证法》一书中将科学分类问题与物质运动形式联系起来考察，批判了以往科学分类中的机械唯物主义与唯心主义观点，确立了辩证唯物主义的科学分类原则与发展原则。恩格斯认为，物质世界中的各种运动形式是相互关联的，而不是彼此孤立的，“正如一个运动形式是从另一个运动形式中发展出来一样，这些形式的反映，即各种不同的科学，也必然是一个从另一个中产生出来”，所以“每一门科学都是分析某一个别的运动形式或一系列互相关联和互相转化的运动形式的，因此，科学分类就是这些运动形式本身依据其内部所固有的次序的分类和排列”。[40] 恩格斯依据当时各种科学研究的材料，把多种多样的物质运动形式概括为机械的、物理的、化学的、生物的和社会的五种基本运动形式，也相应地排列出力学、物理学、化学、生物学和社会科学的学科分类顺序。

近代以来，分类学以及分类的方法在科学研究的多个领域得到广泛应用，并积累了大量的经验，形成了各种有效的方法和方法论。在推动多项学科发展的同时，分类学自身也得到了很大的发展，分类的历史得到总结，分类的方法得以梳理，分类的系统基本建立，从而构建了分类的科学，还成立了各种研究分类学的专门组织。在对事物进行分类研究的过程中，分类科学能够运用多种方式阐明各分类对象之间的历史渊源，从而使由此建立的分类体系能够客观地反映某个学科的进化历史。分类的方法是依照学科体系或事物性质分类的科学方法，融入了数学、逻辑学等要素而构成的科学分类系统，也是学科或事物种类的有效查找系统，可以用来迅速地认识学科体系和查找相关资料。分类是根据事物的特性（相同性、相异性）对事物分门别类的过程和方法。近代采用的基本分类方法大致有两种：一种是单层次分类法，即按照事物是否拥有同一种特性来划分类别；另一种是多层次分类法，即应用多个分类准则逐次分类。但在实际操作时，则须尽量减少分类准则的数量和分类的层次。

作为一门应用性很强的综合学科，分类学在对各门具体学科知识进行分类时使分类学的理论和方法有所延伸与发展，从而构筑了各具体学科的分类学和分类方法。其中，以关于知识的分类和分类学研究及其相关分类方法取得的成绩最为引人注目。19 世纪以降，文化与科学技术在整体上取得了迅猛发展，及时地对各类科学知识以及相关文献进行整理亦是当时文化与科学技术工作者亟待完成的艰巨任务。随着出版业的繁荣，文献数量的迅猛增加，文献类型的不断增多，图书馆成为整理、收藏和传播知识文化的主要阵地。不断地被补充、更新的知识和因此而催生的各种新学科，导致了分类学基本问题研究的深入，并且在深入研究的过程中引进了大量的新理论、新技术和新方法。一大批关于知识和文献的新的、专门的分类方法随之应运而生，世界各国也出版了大量论文和专著。

现代科学技术的高速发展，有效地加速了人类认识和改造客观世界的进程，从而使世界呈现出一派崭新的面目。与之相适应，在现代科学的研究方面，自然科学向微观和宏观两个方面延伸，并且着重研究自然现象的演化过程及其动力机制。对处于客观世界不同结构层次上的各种物质运动形式及其具有的层次结构的研究导致了一系列新学科的诞生，不断地涌现出来的新的边缘学科、综合学科和比较学科，则是原有各门学科之间高度分化、横向交叉、相互渗透的结果，对特定对象采用多学科的综合方法进行研究，已成为当今科学发展的主流。科学的普遍数学化倾向，致使数学与各门学科交叉结合形成大量新的学科。现代自然科学与技术的密切结合，形成从基础科学到应用科学的现代科学技术的统一体系，使科学技术能够直接转化为生产力。与之有着密切关联的现代分类学研究，通过对科学分类原则的不断修正和补充，丰富与发展了现代分类学理论和分类的方法，从而更为有效地推动现代科学的发展进程，也为包括民俗文物与民间物质文化研究在内的文化学的分类学研究提供了多种范式。

第二节 民俗文物相关学科的分类问题

若是对民俗文物与民间物质文化进行定义，用“广大民众所创造、享用和传承的民间生活文化中的物质文化遗存和精神文化的物化遗存”这样一句话似乎已经足矣。然而，当大多数的人在现实生活中要将这样的定义具体化时，却又疑虑重重，无从下手。由于缺少系统的知识和分类的体系，因而在面对历史或生活中的民俗文物时，既无法进行技术上的确定，也不能对其性质进行学术上的认同。可见，在多数情况下，理论与实践是相脱离的，或者说，是两者发展的不平衡所致。之所以如此，有着种种原因。民俗文物与民间物质文化曾经是或现在仍然是人们社会生活的一部分，甚至在人们成长的某个时间段与之有着亲密无间的关系。如同筷子是手指的延长一样，生活中亦有许多朴实无华的器物已成为人们身体若干功能的延伸，因而是人们非常熟识的，甚至被误认为是与生俱来的。由于单个个人的“熟视”，造成了整个社会对民俗文物与民间物质文化“无睹”，从中或许能够看出传统文人士大夫“形而下”[41]观念的影子。但如此状况带来的后果是严重的，并且会愈演愈烈，因为近年来的社会变革正以越来越快的速度进行，越来越多的新的工业化产品进入社会，致使人们的生活方式产生巨大的变化，也从根本上颠覆了产生民俗文物与民间物质文化的生活基础。这样的基础一旦失去，民俗文物与民间物质文化也就只能成为遗产，而与生活无关。应当承认，面对这样的变化，我们无论是心理还是技术方面，并无事先的准备，因而没有足够的应对策略，尤其是在民间传统文化的传承和保护等问题上，各方面的基础工作尤为欠缺。

从更广阔的范围来看，可以认为民俗文物是具有多重属性的事物，但其本质的属性依然是“物”，是“文物”，是“民俗”的“文物”。所以，要对民俗文物与民间物质文化的分类进行研究，必须在确认其为物质形态的基础上，主要是从“民俗”和“文物”两方面着手，还要兼及多个方面的相关因素，才能建立起科学的、规范的民俗文物与民间物质文化的分类体系架构。民俗学和文物学等学科的分类方法与分类体系，可以给民俗文物与民间物质文化的分类学研究提供有效的参考。

民俗学是一门研究民族民间风俗习惯与民间文化的人文科学，其主要内容分为物质民俗、精神民俗、社会民俗、语言民俗四大部类。作为中国民俗学研究对象重要组成部分的物质民俗，是“指人民在创造和消费物质财富过程中所不断重复的、带有模式性的活动，以及由这种活动所产生的带有类型性的产品形式”[42]。物质民俗分为物质生产民俗和物质生活民俗两大类，“物质生产民俗是一个国家、民族的特定地区、社会群体中的大众，在一定生态环境中所创造、享用和传承的物质文化事象。它包括农业民俗，狩猎、游牧和渔业民俗，工匠民俗，商业和交通民俗等，它贯穿人类生产实践活动的全过程”，“物质生产民俗主要反映的是人与自然的关系”。[43]“物质生活民俗包括饮食、服饰、居住、建筑及器用等方面的民俗”，其方方面面“几乎都是该民族传统观念的外化，它不仅造成民族成员之间的共识性，产生彼此身份的认同感，而且还可以强化其宗教信仰、伦理观念和政治观念，增强其内聚倾向”。[44]由此可以看出，物质民俗的研究虽然与民间物质文化研究有着较多的关联，其研究的对象领域也在很大程度上与民俗文物的范围有着一定的重合，但研究的着眼点大相径庭。虽然有学者认为，“民间工艺从艺术方面来看是精神文化的一部分，也有必要从技术方面进行观察”[45]，但在民俗学的物质民俗的相关分类中，并未包括以物质形态去表现民族精神和审美倾向等要素的民间美术和民间工艺美术，这也与民俗文物研究有很大的区别。

作为民间文化分支学科的民间文学和民间美术，也在各自的学科领域对分类问题及其方法进行了有益的探讨。

长期以来，关于民间文学研究的民间故事的分类问题曾经引起国内外学者的广泛关注，并为之进行了大量的讨论，取得了一定的成绩。1913 年 11 月 15 日，周作人[46]在《童话略论》[47]中最先提出了民间故事的分类。他认为，“纯正童话，即从世说出者，中分二类”，甲代表思想者，乙代表习俗者。又有“游戏童话，非出于世说，但亦娱悦为用者，中分三类”，甲，动物谈；乙，笑话；丙，复叠故事。1928 年 3 月，由杨成志、钟敬文合译的《印欧民间故事型式表》[48]出版，在“此后数年间，钟敬文先生参考仿效这个型式表，将中国的民间故事陆续整理出 45 种类型”。“1937 年，由爱伯哈德（Eberhard）编纂的《中国民间故事类型》问世”[49]，对当时民间故事的类型研究产生了积极的影响。20 世纪 50 年代以降，相关研究有了很大的进展。20 世纪 80 年代，作为高等院校教材的《民间文学概论》[50]汲取众多学者的研究成果，将民间故事分为幻想故事、生活故事、民间寓言、民间笑话四项基本原则类，之下又根据内容列出亚类。1983 年，美籍华裔学者丁乃通于 1978 年在芬兰赫尔辛基出版的《中国民间故事类型索引》被译成中

虎头鞋　清代　浙江省宁波市

驱五毒蛙枕　甘肃省庆阳市

文出版。与中国学者的文类分类体系不同的是，丁乃通以 AT 系统[51]为基础，采用国际通用的编码对中国民间故事进行分类，由此构建的分类体系有着其他分类系统无法替代的功能，其重要意义正在逐渐地为人们所认识。

同属民间文化分支学科的民间美术研究在分类的问题上走过的历程也是颇有趣味的。1933 年，苗子在谈及民俗艺术（民间美术）时，认为“民俗艺术大概可分为三种：一、有迷信意味的宗教用品（如神像、红钱）；二、日用品（如绣鞋的样子，及一种陶漆的图案）；三、玩具（为泥人、纸牌之类）。其中，尤以第一种为有意味而可研究的地方很多”[52]。半个世纪之后，在贵州省贵阳市举行的一次全国性的民间美术研讨会上，关于分类的议论多了起来。王朝闻认为，“关于民间美术的研究对象，似乎可以分为直接的与间接的两种”[53]。李绵璐则认为，“分为三类比较合适：日常生活中的、节日活动中的、祭祀活动中的”，第一种有“服装及其配件、床上用品、食饮用具、家具、舟车鞍具、建筑用具等”，第二种有“年画、剪纸、玩具、演具等”，第三种有“年寿用品、祭神鬼用具等”。[54]王树村谈得最为具体：“民间美术品类很多，如果大致作个分类，不外有三种：一是具有独立欣赏价值的，不依附于一些实用器物或建筑物上作装饰；二是附属于日常生活用品上作装饰或某些建筑物上；第三种是既不能作为独立欣赏品，又不是附之于任何物品上者。这三种如果具体些可作如下区分：第一种，木版年画、灯画、壁画、玻璃画、西湖景（洋片）、纸编画、竹帘画、缂丝、绣画、铁画、堆花绫、火烫画、泥人、面人、瓷人、花灯、皮老虎、纸浆制的麒麟送子、化缘和尚、颠头马、布袋人、假面具、脸谱、画蛋、风筝等各种玩具。第二种，影戏人、木偶人、糕点模子、糊墙花纸、刺绣花样子、窗花气眼（北方镂空之剪纸，贴窗格上以透空气）、蓝印花布、龙凤蜡烛、衣绣花边、筷子筒、首饰、纸牌叶子、砖雕、木雕、画扇、香包、彩坠（系在钥匙等物上）、竹编、草编等工艺美术品。第三种，木刻纸马、水陆画、喜神（祖宗遗像）、捏像（泥捏人像）、寺庙塑像、纸扎车马人（焚化用）、喇叭旗（上有图画，藏族寺庙祈求布施用）、善业泥像、藏画以及其他迷信品。”[55] 在一个高

铁画《梅雀图》　清代　40 × 48 cm
安徽省芜湖市

彩绘瓷挂屏《西厢记》　高 17 cm　宽 27 cm

木雕戏曲人物　明代　湖南省邵阳市

层次的学术研讨会上集中讨论民间美术的分类学问题，在当时对引导民间美术研究的深化起到良好的促进作用。

在此前后出版的许多关于民间美术以及与之相关的论著中，曾经从造型艺术、生产工艺和功能用途等不同角度，对民间美术的分类问题做过一些比较具体的阐述。席德进在著作《台湾民间艺术》中说："假如我们以美术分类的方式来举出民间艺术的种种形式类别，大致可以分为绘画：（1）壁画——常见于庙中两侧的墙上，多为传统人物画、龙云、书法；（2）彩绘——多装饰庙宇、庙门、灯笼，家中庭房壁饰，做丧事佛堂中的挂图等；（3）木版画——年画、冥纸、符咒插画等；（4）石刻画——庙墙青石的人物、花鸟画，柱上对联书法；（5）图案画——门、窗图案；（6）瓷砖画——用于庙堂、墓地、建筑（日据时代才有的）。雕刻：（1）石刻——龙柱、柱基石（柱珠）、庙壁、墓碑、石狮、石像；（2）水泥塑加彩瓷片——装饰庙宇、房屋；（3）纸雕及剪纸——丧事中所用冥化的房屋、人马、轿子、花灯、布袋戏人物的头部；（4）木雕——神像、神坛、梁饰、木偶戏、家具；（5）陶塑——神像、壁饰、栏杆、砖、瓦、花台座；（6）皮雕——皮影戏、皮箱装饰；（7）面塑——彩色面人玩具、节日供品、食品；（8）嵌贝壳——家具。刺绣及印染：服饰、寿帐。"[56]在《当代中国的工艺美术》一书中，为了突出说明民间工艺美术在社会生活中发生发展的规律与表现形式，"从广义方面把它大体分为：1. 生活中实用的民间工艺品；2. 节日喜庆中的民间工艺品；3. 叙事、抒情色彩的民间工艺品"[57]。杨学芹和安琪在合著的《民间美术概论》中，"依工具、

石雕鹿鹤同春　江西景德镇市

材料分类，通常把民间艺术品分为以下诸种”[58]——1. 剪纸；2. 刺绣；3. 布玩具；4. 面塑；5. 泥塑；6. 木雕；7. 木版画；8. 皮影；9. 陶瓷；10. 石雕砖刻；11. 染织；12. 竹编草编。左汉中在《中国民间美术造型》一书中，“试以造型艺术规律为出发点，并结合民间美术造型的自身特征，将其分为平面造型、立体造型和综合造型三大类”[59]。平面造型有：木刻版画、剪纸、刺绣、织锦、印染花布、民间绘画；立体造型有：泥塑、竹木雕、石雕砖刻、陶瓷、布制品、面塑；综合造型有：风筝、皮影、灯彩、活动玩具、游艺活动。后来，在《中国民间美术全集》的编撰过程中，“王朝闻先生和各位编委对这个问题进行过反复的研讨，比较一致地认为，民间美术应该包括并归纳为如下的六个方面或门类”，“祭祀类：原是反映下层民众对神、鬼、祖先信仰崇拜的艺术，在今天看来，虽然内涵和功能有所改变，但作品所反映的信仰民俗仍有较高的学术价值。它们大多是在祭祀活动中的神像、供品、礼仪用具等供奉品。起居类：民众居住的宅舍或聚落周围的亭、桥、牌楼以及平民的陵墓建筑，还包括附着其上的或其内的各种砖、石、木制的饰品及室内的家具陈设。穿戴类：民众用来装饰自身的艺术，即服装、鞋帽和诸如头饰、耳饰、胸饰、腕饰等饰品。出自全国五十六个民族的服饰比较集中地反映了中华各民族的风情和生活文化。器用类：民众生产及生活中富有造型意义的器具，如生产工具、交通工具、生活器具及日常用品等。这是以往多被忽视的门类之一。装饰类：节令性的环境布置和服饰图样，限于二维空间的平面范围，如年画、布画、炕围画以及窗花、花样等。它们主要用于烘托节日气氛和作为后世承传的样谱。游艺类：游艺活动中的器具或场景布置用品，如木偶、

彩印花包袱布　浙江省钱塘地区

纸扎《穆桂英挂帅》 山东曹县

皮影《天官赐福》 山西省侯马市

皮影、面具、脸谱、灯彩、乐具和玩具等。它们往往在表演活动中更具神采”。[60]鉴于民间美术“依物造型”的特性，这些关于民间美术分类的探讨虽然众说纷纭，却能够予民俗文物的分类学研究以启示。

与民俗学科相比，文物学的研究似乎在分类问题上有着更进一步的认识。通常，“在文物分类或归类的时候，首先要确定对具体的文物对象以什么作为分类的标准”，“在分类标准确定之后，用它去衡量复杂的文物，把符合该标准的文物筛选出来，集合成类，以达到归类的目的”。实际上，“标准与分类法在实质上是相通的”。文物分类的基本原则有4条：1. 必须遵循同一标准，“凡是符合标准的文物，就可以归纳到一起，取舍均从标准出发，归类的标准不仅可以达到，而且科学性较强”。2. 按一定标准把同类文物归为一类，即“同类相聚”。“同类相聚的‘同类’，因标准不同，其内容也不尽相同。按质地聚类，铁器类中只有铁制的器物，不会有其他质地的文物；按功用聚类，炊器类中的鼎，就有陶鼎、铜鼎、铁鼎，分属于3种材料制成，是3种不同质地的器物。但不论用哪一种标准聚类，同类文物都有内在的联系。这种联系由聚类标准决定，同时又要受到聚类标准的制约。”3. 一种分类法只能依一个标准进行，“在根据某一标准对文物归类时，不允许同时又增加另一标准，不能同时使用两个标准对文物进行归类，也不允许交叉使用两个标准，否则就要出现混乱”[61]。4. 在对用不同材料制成的复合体文物[62]分类时，“重要的一条原则就是约定俗成，它是在文物分类的长期实践中形成的，有其科学根据，即视器物的主要质地而定，或视复合材料中某种材料对器物功能所起决定作用而定”[63]。

实践中采用的文物分类方法有许多种，多根据需要来选择使用，主要有时代分类法、区域分类法、存在形态分类法、质地分类法、功用分类法、属性(性质)分类法、来源分类法、价值分类法、综合分类法和综合概括分类法等。[64]在博物馆中，为了对文物藏品进行整理、登记、编目、检索，便于文物藏品的利用并对其做好保养、维护工作，在文物藏品定级之后，也需要根据文物藏品的质地、属性、内容进行类别的划分。博物馆采用的文物藏品分类方法主要有4种：1. 按文物藏品的质地分类。这样的分类可以使对保管场所的温度、湿度、空气、光线等条件要求基本相同的文物藏品归于一处，然后采用相近的保管、维护手段，可以最大限度地避免文物藏品出现毁坏性变化。2. 按文物藏品的时代分类。这样的分类多适用于专题性或纪念性博物馆对文物藏品的管理和维护，为陈列展览和专题性研究提供了方便。3. 按文物藏品的用途分类。这样的分类以文物藏品的提取方便为原则，可以依据文物藏品的特点，按年代、事件、人物、考古发掘、地域等情况进行，为专门性的科学研究创造了良好条件。4. 综合考量文物藏品的质地、用途、时代等特点分类。单一的分类方法各有利弊，在实践中存在顾此失彼的问题。过去，博物馆在管理、维护文物藏品时使用较多的是综合分类的方法，可以避免单一分类方法之弊端。如今，博物馆通过引入计算机对文物藏品进行数字化全息管理，可以使单件文物藏品的形态、质地、工艺、

烟袋·烟荷包
内蒙古东部地区蒙古族妇女喜欢使用细长杆烟袋
绣制精美的烟荷包是蒙古族妇女喜爱赠送的礼物

装饰、功能、年代、时间、地域、来源、价值等多方面的信息，在同一平台上得到集中而又充分的显现。同时，博物馆的文物藏品又可以采用以质地为主的分类方法，使具有同样质地的文物藏品能够以相似的手段保管和维护，从而使文物藏品得到最大限度的维护。

由于民俗文物与民间物质文化涵盖的具体对象是形形色色的物品，所以在研究工作进行伊始，首先要对具体的研究对象进行甄别和认定，然后才能进行区分和归合的分类工作，而其体系往往是在整个研究进程的中晚期才能完成。虽说如此，但分类的探索和具体工作则贯穿始终，而且，在工作之前尚需要某种对分类问题的整体认识和构想。20 世纪 50 年代初，为筹建中央民族博物馆，国家文物局委托曾昭燏草拟《中央民族博物馆筹备处对于国内各兄弟民族文物的搜集范围》[65]，文中将民族（民俗）文物分为 8 大类，分别是：第一类，生产工具；第二类，生产成品（附原料）；第三类，关于生产的其他资料；第四类，人民生活资料；第五类，社会组织资料；第六类，关于语言文字、艺术、教育、科学、宗教等资料；第七类，特殊个人物品（例如历史名人遗物，现代劳动英雄、战斗英雄所有物等）；第八类，各民族的体质、历史及其所在环境的资料。每一类下面还分别列出亚类及其子目，有的项目还单独做了简略的说明。作为一份有着前瞻性的科学文献，其分类体系在当时被多家博物馆采用，有的一直沿用至今。

竹编提篮　高 31 cm　口径 22 cm

基于价值取向等方面的原因，民俗文物与民间物质文化的研究工作一直到 20 世纪 80 年代中期才逐渐正常开展起来。1987

年7月，由国家文物局在四川省成都市召开的部分博物馆的“民俗文物工作座谈会”上，曾经就“什么是‘民俗’，历史文物、民族文物、民俗文物的异同是什么，民俗文物的范围是什么，民俗文物怎样分类，迷信品和艺术品的关系是什么，什么是‘奇风异俗’，什么谓之‘猎奇’，什么样的民俗文物可征集而不可展出等”[66]一系列重要问题进行了热烈的讨论，引起多方关注。一些民俗学者在其著述中也开始涉及、讨论民俗文物的分类问题。叶大兵在文章中将征集民俗文物的项目列为六大类：“A.有关民俗的书刊、手稿、抄本、照片、碑刻及其拓片，民间文学、戏剧、曲艺等方面的集子、唱本、脚本，以及有关民间组织的书籍、文件等。B.民间工艺美术品，包括年画、门画、神马和其他木刻版画及其画版、影像和其他肖像画、剪纸、刻纸、刺绣、民间雕刻、民间玩具、戏剧服装道具和木偶等。C.民间文化娱乐用品，包括民间乐器，民间舞蹈道具、服装，民间体育物品，民间各种游艺用具等。D.民间各种服装、佩物、饰物，各种食谱、餐具、炊具、瓷器和其他日用器皿，各种民间建筑，各种交通工具等。E.宗教迷信书籍、宗教法器、迷信文书、符契、迷信活动工具、泥塑、木雕、纸绘的神像等。F.其他有关风俗的资料和实物。”[67]阮昌锐认为，若是将民俗文物依社会文化功能分类，可以分成：“1. 生活民俗文物：生产、饮食、衣饰、居住、运输等之有关文物与资料；2. 社会民俗文物：亲族、生命礼俗、经济财产、法律政治等之有关文物与资料；3. 宗教民俗文物：神像、寺庙、祭祀文物、吉祥文物等之有关文物与资料；4. 艺术性的文物：音乐、戏剧、舞蹈、民间工艺等之有关文物与资料。”庄伯和从民艺“用”之功能性出发，将民俗文物分成六类，有“宗教信仰、

核雕《西园雅集图》　杨芝山款
江苏省无锡市博物馆藏

排湾族藤织袴　苎麻·羊毛
长 95cm　台湾省

珠饰上衣（正面）　苎麻·羊毛
排湾族　长 30cm

生活器具、玩具、装饰、民具和个人创作"[68]。

到了 20 世纪 90 年代中期，江韶莹等人受有关主管部门的委托，着手研究构建一个具有"包括文物接收、清点、整理、登录、建档、进藏、借贷、移动、保存维护及风险管理等"[69]功能的"台湾民俗文物分类架构与登录作业系统"。通过调查、分析，江韶莹和同仁认为："台湾省各县市文化中心设置博物馆的历史、条件、收藏内容相当接近，采行之文物分类架构平均已有十五年左右，当时多借自历史博物馆的分类法且未进入电脑管理的时候；到底各博物馆属性不同，因此各文化中心历经十余年的发展，对借自史博的分类法普遍反映已不适用；因此有藏品较丰、有较专业之库房或已利用电脑管理的县市，率先各自重修分类表与分类码以为因应，如台中县立文化中心博物组即已修订多年。从藏品的属性而言，文化中心的收藏品与民族学民俗学相近；但民族学民俗学类博物馆……人类学标本等，是以人类学民族学分类架构为主，对文化中心而言也并不全然适用。"然而，"既然博物馆作业电脑化管理是共同的且无可避免的趋势，因此，全面制订通用的分类架构，则以台湾民俗文物保存之生态环境评估为主要研究工作；同时汇集属性接近之各博物馆既定的相关典藏政策与管理制度、收藏流通、使用者需求等，从实际的文献资料汇集阅读与理论研究开始，并暂先设定民俗文物分类以'社会文化功能、材料、制作方法'为主体，依据台湾地区民俗特性、博物馆典藏管理作业通则与经验法则，透过田野调查与文物研究、公私收藏单位文物类型与分类办法的汇集、分析，拟定一套适用于台湾民俗文物（包括原住民民族文物）典藏登录之分类标准与举隅对照表汇编，经专业评估、试用、座谈研讨等过程，再以分类架构、纲目及完整登录作业为基础，依据作业流程与分类准则，复委托电脑资讯公司进行电脑作业硬体设备与管理系统应用软件之设计开发，并完成初步规划、设计提案，以具体建立登录作业系统为目的”，“实际上整体登录作业不仅需要民俗文物之分类架构并统一分类码，同时还需建立统一的典藏作业流程、各类管理作业（列印）表单、简化输入作业（一次输入）、符合内部行政作业流程，便于交叉检索、线上传输、安全控管，以及更重要的是预留资料空间与统一文物的标准命名。”[70]

在这个名为“台湾民俗文物登录架构与分类号码”[71]的系统内，将台湾地区的民俗文物分为 14 大类，大类下又列出亚类，涵盖的范围非常大，还预留了发展的空间。系统已列出的民俗文物有：1. 社会政治文物，有徽章、奖牌、仪礼、官服、祈福消灾、刑罚、武器、馈赠、钤记、告示、证书，其他；2. 衣物、服饰与设备，有衣裤、服饰配件、化妆、身体装饰、帽履、雨具、附件、裁缝，其他；3. 饮食用具与设备，有用具、加工保存、调理烹饪、模具、食物，其他；4. 住居用具与设备，有神案、家具、门窗饰件、照明、炉火、家饰、安全、清洁、盥洗卫生、寝具，其他；5. 生产工具与装备，有农具、渔捞、染色纺织、采集、狩猎、畜养、山林园艺、水利、制盐、制糖、制茶、

高山族木匙　台湾省兰屿

排湾族烟斗　台湾省

制香、采樟熬脑、窑业、采矿冶金、工具制造，其他；6. 交通、运输与通信，有设备、搬运用品、车船、旅行、邮票、通信，其他；7. 商业交易，有设备、用具、计量、契约、传单广告、货币、典当、簿记、店招、店章，其他；8. 民间知识，有教育文具、医疗、历书、堪舆占卜、版印，其他；9. 宗教信仰与仪式，有年节用具与物品、神像及象征物、祀神用具与物品、法器、护符厌胜、仪服、经书、功德书，其他；10. 生命礼仪，有妊娠生产用具、育儿用具、成年礼、婚礼、寿诞、祭祖、丧葬、墓与墓园，其他；11. 建筑、工艺、装饰，有制作工具、寺庙民居建筑细部及饰件、民间工艺美术、摆饰珍玩及吉祥物，其他；12. 音乐、戏曲，有乐器、排场、戏服、阵头、偶戏、戏台与道具，其他；13. 娱乐、游艺、玩具，有健身、游戏与赌具、玩具、个人嗜好品，其他；14. 文献史料刻契，有古文书、善本与书籍、期刊、报纸与剪报、海报招贴、手稿手书与函笺、地图、图表与图稿、文凭执照与凭单、散页、照片与底片，其他。在各亚类名目前还编有号码，的确是一个方便典藏登录和资料查询的分类系统。

第三节
民俗文物的分类问题

研究文化的第一步，应当是把文化分成若干组成部分，并给这些部分分类。[72]作为一个正在构建中的学科，对民俗文物与民间物质文化的研究对象进行分类，是其基础研究工作的重要组成部分。当民俗文物与民间物质文化的具体研究对象被确认之后，一般情况下，分类就是首先必须解决的重大课题。这个问题之所以重要，是因为科学的分类体系能够提供人们对民俗文物与民间物质文化及其相关问题的认知途径。而且，这样的分类体系既是有关知识的检索系统，也是相关信息的存取系统，可以让人们曾经或正在朝夕相处的民间物质文化的缤纷世界变得更有条理，从而便于检索，方便处理作业。在民俗文物与民间物质文化分类体系的架构搭建起来之前，即处于不断建设、完善的过程中，蕴含的信息和数据也能够给研究工作提供许多启示、途径和便利。当人们因某种机缘接触到某件具体的民俗文物时，虽然因时间和空间的变化与之有了不同程度的距离而变得生疏，却可以依据其名称、历史、形态、质地、工艺、构造、装饰、功能、用途方式等信息，在分类体系中找到与之相关的数据，并由此了解到隐藏其后的文明的背景与文化的价值。

花岗石雕鳌　清代　广东省民间工艺馆收藏

民俗文物与民间物质文化的品种繁多、数量巨大，几乎涉及人们社会生活的所有方面，其物质形态的生产源于人们的日常生活之需，并且在日常生活中得到不断的修正，使其功能与造型始终能够和人们对生活的认识及需求的发展同步，然后逐渐形成某种相对固定的行为方式和文化形态。实际生活中，这样的行为方式和文化形态亦非一成不变。随着历史的发展、社会的变迁和生活方式的演化，民俗文物与民间物质文化也会随之产生相应的、程度不一的变化。就某些物品而言，其功能和用途经常会发生代用、转用、并用、通用等多种情形，其结构造型在强化功能和兼顾多种用途的前提下也会有所修正。并且，在装饰器物、美化生活的多方面、多层次要求下，其造型的简洁化、线条的流畅化、纹样（如果有的话）的寓意化、髹饰的本质化等方面的因素，均能够在器物上得到不同程度的体现。

洗碗盆是过去在江南地区常见的器物，其最初的形体当是一只普通的木质扁盆。在扁盆里洗碗、洗菜、洗脸、洗手，乃至洗脚、洗衣服，都是日常生活中很正常的事务和现象。在所有用木质扁盆洗涤的物品中，陶瓷制作的碗、盘、调羹等器皿的成本是最高的，从某种意义上说，形体单薄的、单件的陶瓷器皿的价值有可能远远超过体量庞大的木质扁盆的价值，因为扁盆可以自己制作，或者通过换工的方式从别处得到，而在陶瓷产地之外的区域，专门制作的陶瓷器皿必须通过某种途径去购买才能得到。所以，一般情况下，对陶瓷器皿就要采取与其成本、价值相应的使用方式，除了轻拿轻放之外，洗涤也是一个值得重视的环节，上策就是制作一个专门的洗涤器具。因此，在这个名为洗碗盆的专门器物上，器形由圆形改为椭圆形，盆底加深，板壁加厚，箍条加宽；一侧的板条加长，使之成为护板，护板上雕刻有花卉、人物图案，描金髹饰；盆体上加一活动的、有镂空花纹的搁板，既方便漏水，又能够防止临时放在上面的陶瓷器皿的滑动；搁板之上还有一条有着镂空花纹的板条，髹以朱漆，既能够挡住陶瓷器皿的滚动，并在视觉上起着警示的作用，又有着美化和装饰的效果。当然，这样的木质洗碗盆在平时除了洗碗之外，还可以用来洗菜、洗脸、洗手、洗脚、洗衣服，其功能和用途依然能够兼顾多个方面。还是这只洗碗盆，所采用的材料、工艺以及由此产生的造型、装饰，既是人为的，也是由环境决定的。尤其是洗碗盆的尺度，更是受到周围环境、相邻器物和人之体能的制约。再者，单件的洗碗盆从制作者经贩运者到消费者（实际上有许多是直接从制作者到消费者），便是一个完整的从生产、流通、消费、维修、破损直至丢弃的过程。在这样一个漫长而

布依族蜡版染衣领　贵州省

瑶族包银木梳　广西壮族自治区

遥远的过程中，融入了经济、社会、心理、哲学、历史、审美、文化等诸多因素，使得单一的洗碗盆与其他民俗文物一样，产生了诸如资源配置、生产结构、流通机制和社会形态等差异，具备了日常生活的全部复杂性。

面对如此状况，在现实中对民俗文物与民间物质文化进行调查、整理和研究时，就必须对其复杂性有完整的认识。民俗文物与民间物质文化虽然是以“物”的形态呈现的，实际上却是人类肢体功能的延伸和生活行为扩展之物化。无论是造物还是用物，都是为了方便人们的社会生活，由此体现着的民众的智慧、趣味和想象力、创造力，在创造和使用的过程中无所不在。这样的文化因素是研究者必须予以高度重视和充分考虑的。因此，对民俗文物的分类作业，就不能采用单一的“材料”“工艺”“结构”“技术”或“时代”“地域”之类的标准，应当在参考众多标准的基础上，对其实施多重层面的、综合性的相对分类标准和方法，从而使构建的民俗文物与民间物质文化的分类体系具有科学、规范的管理秩序和方便、快捷的使用功能。在这里，分类的目的是明确的，而不是单纯地为了分类而分类。

在对民俗文物与民间物质文化实施分类作业时，首先要意识到，在民俗文物与民间物质文化的诸多功能因素中，“用”为第一要素。因此，分类必须从“用”入手，主要采用功能形态特征异同比对的方法。在这里，“异”是指对象物的差异性，为区分种类的依据；“同”是指对象物的相似性，为归合种类的依据。在民俗文物与民间物质文化的分类作业过程中，也要汲取其他分类方法的长处，采用不同的分类手段，就有可能发现一些在单一分类方法状态下往往容易被忽视的因素。

一般认为，分类属于科学发展的初级阶段，即形成理论之前的阶段。但对于民俗文物与民间物质文化来说，也是研究过程中直至最后阶段使用的方法。鉴于民俗文物与民间物质文化的复杂性，在研究的过程中对某些特殊的对象运用其他的科学手段，其结果有可能使这些对象的分类产生新的归属。对处在不同地域、有着同样名称但功能形态各异，或功能形态相近却有着不同名称的物品，需要通过调查、测量、比对等方法进行认定，方能取得名称、历史、形态、质地、工艺、构造、装饰、功能、用途方式等与物品的功能形态特征有关的数据资料。

作为一个正在建设中的学科，民俗文物与民间物质文化的分类在目前尚不可能具备像动物界或植物界那样的既体现分类又体现划分的门、纲、目、科、属、种的科学系统，但建立一个结构合理、条理分明、层次清晰的分类系统，无疑是人们所希望的。就民俗文物与民间物质文化包含的全部对象而言，在社会生活中大致有着生产、生活、祭祀和游艺等方面的用途，据此便可以分列出生产工具、生活器具、祭祀用品和游艺道具等大类。但仅仅分出大类尚不能构成体系，因为在人们生活的任何一个地方、时段、事情中，都有各种类型、不同材质、大小不一的器具在各司其职，发挥着即时的和长远的、默默无闻的作用。处于实际生活中的某种器具可能是采用不同的材料和工艺制作，可能在不同的地域有着不同的名称和传说故事，可能其主要的功能相似却在不同的地区有着不同的用途。如此种种，证明了民俗文物与民间物质文化的丰富性和复杂性。针对这样的状况，可以考虑将其逐级分为多种类别，即在大类之下按其行业形态进行第二层的分类，如在“生产工具”类别之下，可以列出农具、猎具、渔具、纺织工具、印染工具等类；在第二级的类别之下，按其名称进行第三层的分类，如在“纺织工具”类别之下，可以列出纺车、线车、织机、木梭等；在第三级的类别之下再按产地或其他因素进行第四层的分类，如在“织机”类别之下，可以列出南京云锦织机、上海崇明土布织机、贵州侗族织机等。考虑到民俗文物与民间物质文化的实际状况，根据逐级分层的分类技术要求，基本上可以列出民俗文物与民间物质文化的分类层级梯次。

第一层级　功能形态特征分类（六大类）

第二层级　功能形态特征次级分类

第三层级　品名（用途、材料、技术）

第四层级　地域（民族）

中国民俗文物与民间物质文化的第一层级分类目录有：生产工具、生活器具、民居建筑、服饰穿戴、仪仗用具、游艺道具。其中，生产工具为人们在生产劳动中使用的各类农具、手工工具、交通运输工具及各类辅助工具，其结构、造型、质地和装饰充分体现着科学性和形式美感，其历史作用、文化意义以及在使用过程中产生的娱悦功能是任何具有人工智能的机器取代不了的。生活器具为民众在日常生活中创造和使用的不同质地、不同造型、有着不同功能的茶具、酒具、烟具、食具、炊具、灯具、卧具、暖具、妆具、文具、女红用品等器物，不仅满足了人们生存和生活的需要，也美化和丰富着人们的生活。民居建筑为各地民众的宅居和村落周围的牌楼、戏台、桥梁、祠堂、陵墓建筑，以及这些建筑附属的各种石、砖、木雕刻和泥灰塑作、彩绘装饰、室内陈设、各式家具等。作为民众社会生活的重要场所，其配置模式营造出独特的文化氛围，集中地体现了一个民族的精神品格和审美情趣。服饰穿戴为服装、鞋帽、面料、染织和首饰、佩饰等中国各民族群众直接用来装饰自身的文化样式，是人们在不同历史时期、地域空间、文化情景中创造的纷繁多姿的服饰文化的积累，比较集中地反映了各民族的风土人情。仪仗用具为中国民间各种祭祀活动中的神像、供物、礼仪用具等供奉品和人生礼仪、节庆仪式等各类活动中的装饰艺术品和道具，由其造型和功能反映的观念、信仰、历史、民俗等要素有着较高的学术价值。游艺道具为人们用来美化环境、祈福纳祥、反映社会生活、表达心理愿望的各种绘画、雕刻、扎作等民间工艺美术作品，如在戏曲演出和民间社火活动中使用的脸谱、面具、木偶、皮影、抬阁、旱船等道具，在日常生活中与儿童相伴的泥人、陶哨、空竹、弹弓、棋牌、九连环等各种具有启蒙教育、开发智力及审美功能的民间玩具，以及风筝、陀螺、竹马等有着延年益寿、健康体魄作用的各类器材、道具等。它是最为普及的艺术样式，也是反映中国民间社会生活文化的物证，充分体现了制作者、使用者与欣赏者的审美心态和情感因素，蕴含着相当丰富的文化内涵。

需要说明的是，鉴于民俗文物与民间物质文化现象的复杂性，进行分类作业时无法采用单一的、固定的标准，只能在科学分析的基本前提下进行相对准确的分类。这样的分类意味着不同手段分类作业结果的互补和统一。在实际生活中，单个的民俗文物有可能具备多种完全不同的功能，因而，在分类作业时就有可能在不同的分类子目中被列出。例如竹、草编成的扫帚，其主要功能是扫聚、清除，但在实际生活中，有作为收获工具使用的扫帚，也有作为清洁工具使用的扫帚，还有作为避邪道具使用的扫帚，数种用途体现了扫帚功能上的“复数”。故在分类目录中，扫帚就有可能出现在“生产工具”之“农具”名下，或出现在“生活器具”之“清洁用具”名下，或出现在“祭祀礼仪”之“民间巫术用具”名下。这样的问题，是进行民俗文物与民间物质文化分类作业时应该予以充分考虑的。

注释

[1] [汉]刘安等著，许匡一译注《淮南子》卷一四《诠言》，贵阳：贵州省人民出版社，1993年3月，第825~826页。

[2] [后晋]刘昫等撰《旧唐书》卷一六五《温造》，北京：中华书局，2000年1月，第2939页。

[3] 徐子宏译注《周易全译》之《系辞上》，贵阳：贵州省人民出版社，1995年1月，第349页。

[4] 王德明主编《孔子家语译注》卷六《五帝第二十四》，桂林：广西师范大学出版社，1998年5月，第280页。

[5] 卡洛鲁斯・林耐（Carl von Linné，1707—1778），瑞典博物学家，现代生物分类学的奠基人，生于瑞典斯莫兰省的罗斯胡尔特村。自小喜爱花草，8岁时便有“小植物学家”的绰号。1727年起，先后在隆德大学和乌普萨拉大学学医。1730年，任乌普萨拉大学讲师。1735年在荷兰获哈尔德韦克大学医学博士学位，1735—1738年游学丹麦、德、荷、英、法诸国，1738年回国当开业医师，1741年起在乌普萨拉大学任教授。1735年出版《自然系统》，首次发表著名的“植物24纲系”。其重要著作《植物种志》始作于1746年，于1753年出版，将动物界分为哺乳、鸟、两栖、鱼、昆虫及蠕虫6纲，界下设纲、目、属、种4个阶元。在1758年刊行的第10版已扩展为1384页的巨著，在这一版中首次采用“双名法”对动物分类，成为近代动物分类学的起点，从而结束了动、植物分类命名的混乱局面，促进了科学分类学的发展。

[6] 关于《诗经》的编排分类，前人有“六诗”“六义”“四始”的说法。《周礼・春官・大师》中说，“大（太）师教六诗：曰风，曰赋，曰比，曰兴，曰雅，曰颂”。《毛诗序》中则说，“诗有六义焉：一曰风，二曰赋，三曰比，四曰兴，五曰雅，六曰颂”。对这两个名词历来有各种不同的解释。其中，以孔颖达在《毛诗正义》中的解释最具代表性，曰：“风、雅、颂者，诗篇之异体；赋、比、兴者，诗文之异辞耳。大小不同，而得并为六义者，赋、比、兴是诗之所用，风、雅、颂是诗之成形，用彼三事，成此三事，是故同称为义。”认为风、雅、颂是诗的不同体制，赋、比、兴是诗的不同表现手法，这种说法被长期沿用下来。另《毛诗序》中又有“四始”之说，“是以一国之事，系一人之本，谓之风；言天下之事，形四方之风，谓之雅。雅者，正也，言王政之所由废兴也。政有大小，故有小雅焉，有大雅焉。颂者，美盛德之形容，以其成功告于神明者也。是谓四始，诗之至也”。

[7] [汉]班固撰，[唐]颜师古注《汉书》卷三十《艺文志第十》，北京：中华书局，1999年2月，第1351页。

[8] 刘歆（？—23），西汉末古文经学派的开创者，目录学家、天文学家，沛（今江苏沛县）人。字子骏，后改名秀，字颖叔。刘向之子，继承父业总校群书，编成《七略》，构建了中国最早的分类目录学。著有《三统历普》，造有圆柱形的标准量器。根据该量器的铭文计算，所用的圆周率是3.1547，世有“刘歆率”之称。原有集，后失传，明人辑有《刘子骏集》。

[9] 刘向（约前77—前6），西汉经学家、目录学家、文学家，沛（今江苏沛县）人。本名更生，字子政，汉皇族楚元王（刘交）四世孙。治《春秋穀梁传》。曾任谏大夫、宗正等。成帝时，任光禄大夫，终中垒校尉。曾校阅群书，撰成《别录》，为中国古代目录

学之祖。所作《九叹》等辞赋33篇，大部分已亡佚。原有集，已佚，明人辑有《刘中垒集》。另有《洪范五行传》《新序》《说苑》《列女传》等传世。又有《五经通义》，已佚，清马国翰《玉函山房辑佚书》辑存一卷。

[10] 班固（32—92），东汉史学家、文学家。字孟坚，扶风安陵（今陕西咸阳）人，官兰台令史。幼年聪颖，能文善赋，初在洛阳太学读书。曾校书秘府，建武三十年（54年），其父班彪卒，返乡居忧，开始整理班彪的《史记后传》，后继其父班彪编撰《汉书》共一百卷。其中，《汉书·艺文志》首次在史书中载录文献书目。有《两都赋》《幽通赋》等作品传世。

[11] 王俭（452—489），字仲宝，琅琊临沂（今属山东）人，目录学家，南齐大臣。幼好学，手不释卷。宋明帝时娶阳羡公主，拜驸马都尉，历任秘书丞、义兴太守等职。后佐齐高帝即位，受封南昌县公，次年迁左仆射。武帝时，任侍中、尚书令、镇军将军等职。后改领中书监，参掌选事。卒年38岁，谥号文宪公。任秘书丞时，曾依刘歆《七略》撰《七志》40卷，记录古今图书，分经典、诸子、文翰、军书、阴阳、术艺、图谱七类，道、佛附见。此书已失传。有集60卷，已散佚，明人辑有《王文宪集》。

[12] 阮孝绪（479—536），字士宗，陈留尉氏（今属河南）人，南朝梁目录学家。《七录》为其辑录的古今书籍的目录，共12卷，分内外两篇：内篇为经典、记传、子兵、文集、技术五录，外篇为佛法、仙道二录。现仅存序言和分类总目，载于唐释道宣编撰的《广弘明集》一书中。

[13] 魏文帝，曹丕（187—226），字子桓，三国时魏武帝之子。自幼随曹操征战，弓马纯熟，汉建安十六年为五官中郎将，兼副丞相。父卒，嗣为丞相。建安二十五年即帝位，在位7年，期间采取宽仁政策，减少徭役和兵役。性好文学，博闻强识，作有典论及诗赋函札百余篇。卒谥文帝。

[14] 郑默（约205—275），字思之，开封人。仕魏为秘书郎，后被晋武帝任命为东郡（今河南滑县）太守。曾“考核旧文，删省浮秽”，编成目录学著作《中经》。另有著作传世。

[15] 荀勖（？—289），字公曾，晋颍阴（今河南许昌）人。由魏入晋，领秘书监，官至尚书令。曾依据魏郑默《中经》撰成《中经簿》，系继《七略》之后最详尽的目录学著作，现已散佚。

[16] 李充，江夏（治所在今湖北安陆）人，生卒年不详，大致与王羲之同时。晋成帝时丞相王导召他为掾，转记室参军，又曾任剡县令、大著作郎，奉命整理典籍。后迁中书侍郎，逝世于任上。著有《论语注》10卷、《翰林论》54卷、集22卷。

[17] 魏徵（580—643），字玄成，唐馆陶（今属河北）人，唐初政治家。少时丧父，家贫，但胸有大志，喜好读书，曾出家为道士。隋末参加李密的瓦岗军起义，后随李密归唐，又为窦建德俘获，任起居舍人。窦建德死后，为唐高宗李渊太子李建成信重，任太子洗马。李世民即位后喜其直率，擢为谏议大夫，为太宗器重，迁为尚书左丞。贞观三年（629年）任秘书监，贞观七年（633年）为侍中。曾校定秘府图书，贞观三年受诏监修梁、陈、齐、周、隋史，亲笔写了《隋书》序论和《梁书》《陈书》《齐书》的总论，又总编《群书治要》，书成，进官左光禄大夫，封郑国公。其言论见于《贞观政要》。

[18] 李时珍（1518—1593），明代著名的医药学家，字东壁，号濒湖，湖北蕲州（今蕲

春县）人。世代业医。嘉靖十年（1531年）秀才，嘉靖十九年前后开始行医，嘉靖三十年任楚王府奉祠，掌管良医所事务；嘉靖三十五年被荐入太医院，不久辞官返乡，致力于行医和对药物的考察研究。经过多年的临床实践和药物研究，发现前人所著《本草》中门类重复，名称驳杂，谬误很多，为此立志辨疑订误，重新编纂一部本草。于明嘉靖三十一年（1552年）年开始，遍访名医宿儒，远涉崇山峻岭，在樵夫、药农、猎户的帮助下，观察和收集药物标本，并参阅古书800多种，三易其稿，编写《本草纲目》，历时27年于万历六年（1578年）完成。《本草纲目》总结了中国2000多年药物知识和经验，纠正或澄清了许多前人的错误或含混的地方，增加了不少新发现的药物或药物功能，并用比较科学的方法对收载的药物重新分类。从17世纪起传至国外，已有日、英、法、德、俄、朝鲜以及拉丁文等多种文字的译本，被称为“东方医学巨典”，成为近代药物研究的重要文献。另著有《奇经八脉考》《脉学》等。

［19］简称《证类本草》。由蜀人唐慎微在北宋嘉祐年间，依据掌禹锡主编的《嘉祐补注本草》和苏颂编绘的《本草图经》，并参考其他医方类书，于1108年汇编成大型综合药物学书《经史证类备急本草》，受到历代医家的重视。宋朝先后几次由国家派人修订，续出《经史证类大观本草》《政和新修经史证类备用本草》等，后世将上述二书统称《证类本草》，是一部集宋以前本草学大成的药书，保存了许多古代名著的精华，保留了早期文献的原貌，是《本草纲目》问世以前一直流行的大型本草著作，被作为研究本草学的范本。书中所引的古代医书有的现已失传，而从本书尚能窥其概略，所以它不但有着较大的实用价值，还具有重要的历史文献意义。

［20］亚里士多德（Aristotle，约前384—前322），古希腊著名的哲学家、科学家和教育家。出生于色雷斯的斯塔基拉，父亲是马其顿王的御医。公元前366年被送到雅典的柏拉图学园学习，此后20年间一直住在学园，直至老师柏拉图去世。公元前347年被马其顿的国王菲力浦二世召回到故乡，成为当时年仅13岁的亚历山大大帝的老师。公元前335年菲力浦去世后回到雅典，并建立起自己的学校。学园的名字“Lyceum”以阿波罗神殿附近的杀狼者“吕刻俄斯”来命名。在其学术生涯中，总结了泰勒斯以来古希腊哲学发展的成果，首次将哲学和其他科学区别开来，开创了逻辑学、伦理学、政治学和生物学等学科的独立研究。他把科学分为：（1）理论的科学（数学、自然科学和后来被称为形而上学的第一哲学）；（2）实践的科学（伦理学、政治学、经济学、战略学和修饰学）；（3）创造的科学，即诗学。其学术思想对西方文化、科学的发展产生了巨大的影响。

［21］[苏]莫·卡冈著，凌继尧、金亚娜译《艺术形态学》，北京：生活·读书·新知三联书店，1986年12月，第29页。

［22］卡利马科斯（Callimachus，约前305—约前240），希腊学者、亚历山大诗派最有代表性的诗人。移居亚历山大后，被埃及国王托勒密（二世）菲拉得尔夫斯任命为皇家图书馆编目人。作品仅存片段，其中有许多是在20世纪发现的。最著名的诗作《起源》可能完成于公元前270年，系4卷本的叙事体哀歌，阐释模糊不明的风俗、节庆和名称的传说起源。传世的约60首《讽刺短诗》，较完美地表现了各式各样的私人生活主题。

［23］公元1世纪时由印度阇罗迦编撰，系《阿输吠陀》医学的内科代表著作，亦是印度传

统医学最重要的经典著作之一。

［24］“四生说”产生于公元1世纪前后。在印度学者郁陀罗迦（Uddalaka）所著《唱赞奥义书》（*Chandogya-Up.*）一书中，依发生方式将动物分为三种：1. 卵生；2. 胎生（意为“与活着的形态一样出生”）；3. 萌芽生。在另一部名为*Aitareya Aranyaka*的著作中又描述了第4种类型——“湿生”（由土地湿热之气而生，如蚊、虱、甲虫等）。另一部古印度文献《摩奴法典》中，将生物划分为“不动”的植物类与“动”的动物类，然后将动物区分为胎生、卵生、湿生三种，萌芽生则是指植物而言。在《摩奴法典》中，“胎生”已经不是“与活着的形态一样出生”之义，而是使用由表示“蛇之蜕皮”“胎盘娩出”之义的“jaraya”一词衍生出来的“jarayuja”（胎盘），因而成为指“具有胎盘之哺乳动物”的词语。《阇罗迦集》与《妙闻集》等文献中均有“生类有胎生、卵生、湿生、萌芽生四种”之说，《妙闻集》中更是明确地表示四种发生方式均是指动物而言：1. 胎生：肉食动物与草食动物，如人、家畜、野兽等；2. 卵生：鸟类、蛇类、爬虫类；3. 湿生：寄生虫、昆虫、蚁等；4. 萌芽生：贯土而生的动物，如萤、蛙等。佛典中的“四生”谓胎生、卵生、湿生、化生：1. 胎生，含藏而出，是曰胎生；2. 卵生，依壳而延，是曰卵生；3. 湿生，假润而生，是曰湿生；4. 化生，无而化有，是曰化生。

［25］出自公元1世纪耆那教学者Umasvati所著《谛义证得经》（*Tattvartha-sutra*）一书。

［26］康拉德·格斯纳（Conrad Gesner，1516—1565），瑞士博物学家、文献学家和医学家，西方近代书目学创始人之一。早年曾先后入布尔日、巴黎、巴塞尔大学学习。1537年出版《希腊-拉丁语词典》，同年开始在洛桑的一所大学教授希腊语。1541年在巴塞尔获医学博士学位。此后一直在苏黎世行医和教授自然科学，直至去世。生前共出版72部著作。所编著的《世界书目》收录了当时能收集到的拉丁语、希腊语、希伯来语作家的各科著作约1.2万种，全书4卷，包括著者字顺目录、分类目录和主题字顺索引，其中分类部分设有21个大类，250个细目。21大类是：（1）语法、语言学；（2）辩证法、逻辑；（3）演讲术；（4）诗歌、文学；（5）算术；（6）几何、光学；（7）音乐；（8）天文学；（9）占星术；（10）预言与魔法；（11）地理；（12）历史；（13）技术；（14）自然哲学；（15）形而上学与自然神学；（16）伦理学；（17）政治、哲学；（18）政治、公民与军事学；（19）法学；（20）医学；（21）基督教、神学。为西方第一部检索系统较为完备、著录详尽的综合性大型书目。其重要著作有《动物志》《植物学著作目录》等。

［27］弗兰西斯·培根（Francis Bacon，1561—1626），英国著名唯物主义哲学家和科学家,是第一个提出“知识就是力量”的人。出身官宦世家。12岁时进入剑桥大学三一学院，3年后作为英国驻法大使埃米阿斯·鲍莱爵士的随员到法国。1579年父亲病逝，料理完父丧之后，住进葛莱法学院攻读法律。1582年取得了律师资格，1584年当选为国会议员，1597年发表处女作《论说随笔文集》，1602年受封为爵士，1604年被任命为詹姆士的顾问，1605年用英语完成两卷集《论学术的进展》，1607年被任命为副检察长，1609年出版了第三本著作《论古人的智慧》，1613年被委任为首席检察官，1616年被任命为枢密院顾问，1617年提升为掌玺

大臣，1618年晋升为英格兰的大陆官，授封为维鲁兰男爵，1621年又授封为奥尔本斯子爵。在结束其政治生涯后，仅用几个月就完成了《亨利七世本纪》一书，得到后世史学家的高度评价，被誉为“近代史学的里程碑”。马克思称其为“英国唯物主义和整个现代实验科学的真正始祖”。

[28] 德尼·狄德罗（Denis Diderot），法国启蒙思想家、哲学家和作家，百科全书派的代表。其集大成是著作《百科全书》（1751—1772），此书概括了18世纪启蒙运动的精神。另有著作《对自然的解释》（1754）和《生理学基础》（1774—1780）以及一些小说、剧本、评论论文集等。

[29] 通常指18世纪以狄德罗为首的一群共同撰写《百科全书》的法国学者。1745年，巴黎出版商普鲁东本来打算将1727年英国出版的《科技百科全书》译成法文，后来发现该书已落后于形势，遂决定新编一部法国的《百科全书》，并邀请启蒙作家狄德罗和数学家达朗贝（后退出）主持此事。《百科全书》的编纂、出版工作，从1751年开始，至1772年完成，历时20年。参加这项工作的人员极为广泛，有文学家、医师、工程师、旅行家、航海家和军事家等，几乎包括各个知识领域具有先进思想的杰出代表人物，在历史上被称为“百科全书派”。在狄德罗的领导和组织下，《百科全书》针对封建社会的全部意识形态，从政治制度、法律机构、宗教信仰到文学艺术等各个方面进行了大规模的批判，宣扬政治平等、思想自由等启蒙思想，提倡科学技术，宣扬人类物质文明和精神文明的进步与发展，直接为即将到来的资产阶级政治革命制造舆论。《百科全书》中把自然科学分为3个部分：1.关于物体的形而上学，指抽象的物理学；2.数学，包括纯数学（算术、几何学）和复杂的物理学（力学、几何天文学、几何光学、声学、气体学等）；3.个别的物理学，包括动物学、植物学、矿物学、气象学、宇宙学、化学等。

[30] 林耐确立的双名制，对每一物种都给以一个学名，由两个拉丁化名词组成：第一个代表属名，第二个代表种名。

[31] 林耐建立的阶元系统，把自然界分为植物、动物和矿物三界，在动植物界下又设有纲、目、属、种四个级别，从而确立了分类的阶元系统。每一物种都隶属一定的分类系统，占有一定的分类地位，可以按阶元查对检索。

[32] 布封（Georges Louis Leclere de Buffon，1707—1788），法国博物学家、作家，生于蒙巴尔城的贵族家庭。从小受教会教育，爱好自然科学。26岁入法国科学院，1739年起担任皇家花园（植物园）主任，1753年当选为法国科学院院士。在皇家博物馆工作时编成巨著《自然史》，包括《地球形成史》《动物史》《人类史》《鸟类史》《爬虫类史》等篇，是一部说明地球与生物起源的通俗性作品。全书共44卷，前36卷于布封在世时完成，后8卷由其学生于1804年整理出版。《自然史》的第一卷于1749年正式出版。此书图文并茂，多次再版，并译成几国文字，内容包括自然科学各部分的知识。

[33] 拉马克（Jean Baptiste Lemarck，1744—1829），法国博物学家，生物学伟大的奠基人之一，最先提出生物进化的学说，发明生物学一词，是进化论的倡导者和先驱，分类学家，林耐的继承人。生于法国毕伽底，本名约翰·摩纳。曾师从法国著名思想家、哲学家、教育家、文学家雅克·卢梭。系统地研究了植物学，在任皇家植物园标本保护人的职位期间，于1778

年写出名著《法国全境植物志》。后又研究动物学，1793年应聘为巴黎博物馆无脊椎动物学教授，于1801年完成《无脊椎动物的系统》一书，在此书中把无脊椎动物分为10个纲，是无脊椎动物学的创始人。1809年出版《动物学哲学》，1817年完成《无脊椎动物自然史》。

[34] 达尔文（Charles Robert Darwin，1809—1882），英国博物学家，进化论的奠基人，出生于英国医生家庭。1825—1828年在爱丁大学学医，后进入剑桥大学学习神学。1831年从剑桥大学毕业后，以博物学家的身份乘海军勘探船“贝格尔号”（Beagle）做历时5年（1831—1836年）的环球旅行，观察和搜集了动物、植物和地质等方面的大量材料，经过归纳整理和综合分析，形成生物进化的概念。1859年出版《物种起源》（*On the Origin of Species*）一书，全面提出以自然选择（Theory of Natural Selection）为基础的进化学说。该书出版震动了当时的学术界，成为生物学史上的一个转折点。自然选择的进化学说对各种唯心的神造论、目的论和物种不变论提出根本性的挑战，使当时生物学各领域已经形成的概念和观念发生根本性的改变。

[35] [德]恩格斯《自然辩证法》，中共中央马克思、恩格斯、列宁、斯大林著作编译局编《马克思恩格斯全集》第20卷，北京：人民出版社，1971年3月，第593页。

[36] 圣西门（Claude Henri de Saint-Simon，1760—1825），法国空想社会主义者，生在巴黎的一个贵族家庭。早年受过正规教育，曾师从著名启蒙思想家达兰贝尔，受其影响，参加过北美人民反对英国殖民统治的战争，同情法国革命。抨击当时的资本主义社会是一幅“颠倒世界的图景”，幻想通过宣传、教育，以及科学、道德和宗教的进步，来实现理想社会。提出一切社会设施的目的都应该服从在道德、智力和体力上改善最贫穷阶级的状况；在无产阶级中间普及良好的教育，是提高民族优越性的最好手段。认为在未来实业制度下，将尽善尽美地运用科学、艺术和工业所得的知识来满足人们的需要。主要著作有《一个日内瓦居民给当代人的信》（1803）、《人类科学概论》、《论实业制度》、《新基督教》（1825）等。

[37] 乔格·威廉·弗里德里希·黑格尔（Georg Wilhelm Friedrich Hegel，1770—1831），德国哲学家，生于德国的斯图加特。1801年任教于耶拿大学，1829年就任柏林大学校长，在其创立的学说中，把自然哲学划分为3个部分：1.力学，包括天体力学；2.无机物理学，包括天体物理、气象学、物理学和化学；3.有机物理学，包括地质学、植物学、动物学和医学。恩格斯后来对其予以高度评价：“近代德国哲学在黑格尔的体系中达到了顶峰，在这个体系中，黑格尔第一次——这是他的巨大功绩——把整个自然的、历史的和精神的世界描写为处于不断运动、变化、转化和发展中，并企图揭示这种运动和发展的内在联系。”其一生著述颇丰，代表作品有《精神现象学》《逻辑学》《哲学全书》《法哲学原理》《哲学史讲演录》《历史哲学》和《美学》等。

[38] 同35。

[39] 朱狄《艺术的起源》，北京：中国青年出版社，1999年4月，第133页。

[40] 同35。

[41] 《易经·系辞上传·第十二章》：“形而上者谓之道，形而下者谓之器。”

[42] 钟敬文主编《民俗学概论》，上海：上海文艺出版社，1998年12月，第5页。

[43] 钟敬文主编《民俗学概论》，上海：上海文艺出版社，1998年12月，第40页。

[44] 钟敬文主编《民俗学概论》，上海：上海文艺出版社，1998年12月，第73页。

[45] [日]后藤兴善等著，王汝澜译《民俗学入门》，北京：中国民间文艺出版社，1984年6月，第52页。

[46] 周作人（1885—1967），现代散文家、诗人，文学翻译家，思想家，中国民俗家开拓人，新文化运动的杰出代表。浙江绍兴人，鲁迅（周树人）二弟，周建人之兄，原名栅寿，字星杓，后改名奎缓，自号起孟、启明（又作岂明）、知堂等，笔名仲密、药堂、周遐寿等。1901年入南京江南水师学堂，1906年东渡日本留学，1911年回国后在绍兴任中学英文教员，1917年任北京大学文科教授。“五四”时期任新潮社主任编辑，参加《新青年》的编辑工作，参与发起成立文学研究会，发表了多篇重要理论文章，并从事散文、新诗创作和译介外国文学作品，为新文化运动重要代表人物之一。抗日战争爆发后，居留沦陷后的北平，出任南京国民政府委员、华北政务委员会常务委员兼教育总署督办等伪职。1945年以叛国罪被判刑入狱，1949年出狱，后定居北京，在人民文学出版社从事日本、希腊文学作品的翻译和写作有关回忆鲁迅的著述，有著作和译作多种。

[47] 载《绍兴县教育会月刊》第2号，1913年11月15日刊行。

[48] 由[英]古尔德（Baring Gould）编写、雅各布斯（Joseph Jacobs）补充修订，系中山大学语言历史学研究所、中山大学民俗学会编印的“民俗学会丛书”之一种。

[49] 李扬《AT体系与中国民间故事分类》，李扬译著《西方民俗学译论集》，青岛：中国海洋大学出版社，2003年11月，第181页。

[50] 钟敬文主编《民间文学概论》，上海：上海文艺出版社，1980年7月。

[51] 一种统一的、对故事情节划分类型的分类体系。1910年，安蒂·阿尔奈（Antti Aarne）发表了《故事类型索引》一书，后经斯蒂斯·汤普森（Stith Thompson）多次增订补充，形成著名的AT系统。

[52] 苗子《关于民间艺术》，《艺风》1931年第一卷第九期，上海：上海文艺出版社，1991年4月影印，第100页。

[53] 王朝闻《总要选最“趣”的画》，中国艺术研究院美术研究所编《中国民间美术研究》，贵阳：贵州美术出版社，1987年10月，第1页。

[54] 李绵璐《对民间美术的一些认识》，中国艺术研究院美术研究所编《中国民间美术研究》，贵阳：贵州美术出版社，1987年10月，第21页。

[55] 王树村《民间美术与民俗》，中国艺术研究院美术研究所编《中国民间美术研究》，贵阳：贵州美术出版社，1987年10月，第110~111页。

[56] 席德进《台湾民间艺术》，台北：雄狮图书股份有限公司，1974年10月，第17~18页。

[57] 季龙主编《当代中国的工艺美术》，北京：中国社会科学出版社，1984年12月，第277~278页。

[58] 杨学芹、安琪《民间美术概论》，北京：北京工艺美术出版社，1990年8月，第74~90页。

[59] 左汉中《中国民间美术造型》，长沙：湖南美术出版社，1992年4月，第24~38页。

[60] 邓福星《论中国民间美术》，王朝闻总主编《中国民间美术全集》第一卷，济南：山东教育出版社、山东友谊出版社，1993年11月，第7页。

[61] 李晓东《文物分类》，《中国大百科全书·文物博物馆卷》，北京·上海：中国大百科全书出版社，1993年1月，第593页。

[62] 一般指历史遗物遗迹中不是用同一种物质材料制作的文物，不包括不可移动文物。这也是文物复杂性的体现之一。

[63] 李晓东《文物分类》，《中国大百科全书·文物博物馆卷》，北京·上海：中国大百科全书出版社，1993年1月，第594页。

[64] 吴诗池编著《文物学概论》，上海：上海文艺出版社，2002年5月，第33~49页。

[65] 曾昭燏《中央民族博物馆筹备处对于国内各兄弟民族文物的搜集范围》，南京博物院编《曾昭燏文集》，北京：文物出版社，1999年9月，第286~292页。编者按云："本文系1950年9月曾昭燏受中央文物局郑振铎局长委托草拟而成。当时文物局拟在景山寿皇殿筹建民族博物馆，趁全国各兄弟民族来京参加国庆一周年之际，向各族代表发出征集文物的要求，因而编写此'搜集范围'。"

[66] 仲骥《国家文物局在四川成都召开博物馆民俗文物工作座谈会》，《中国博物馆通讯》1987年第9期，第21页。

[67] 叶大兵《谈谈民俗文物工作》，《民俗博物馆学刊》1995年第1期，第66页。

[68] 江韶莹《台湾民俗文物分类架构与登录作业系统研究》，中华民俗艺术基金会编《两岸民俗文化学术研讨会论文集》，台北：台湾省政府文化处出版，1999年6月，第125~126页。

[69] 同68。

[70] 江韶莹《台湾民俗文物分类架构与登录作业系统研究》，中华民俗艺术基金会编《两岸民俗文化学术研讨会论文集》，台北：台湾省政府文化处出版，1999年6月，第127页。

[71] 江韶莹《台湾民俗文物分类架构与登录作业系统研究》，中华民俗艺术基金会编《两岸民俗文化学术研讨会论文集》，台北：台湾省政府文化处出版，1999年6月，第129~130页。

[72] [英]爱德华·泰勒著，连树声译《原始文化》，上海：上海文艺出版社，1992年8月，第8页。

中国民俗文物概论

下篇

第五章 民俗文物的调查、研究及相关工作历程

中国的民俗文物工作始于近代。在将近一个世纪的历史进程中，经过几代人的努力，民俗文物的工作从无到有，从广泛收集到专题性的科学研究，从附属民俗学（或民族学）以及博物馆学到创建独立的民俗文物学科，无论是实践还是理论，均取得了很大的成绩，为后来的发展奠定了良好的基础。

需要说明的是，由于民俗学与文物学以及相关学科理论研究和建设的严重滞后，且相对独立的民俗文物学科尚未建立，在相当长的一段时间里，民俗文物的许多基础工作是以民间物质文化的名义进行的，或是在相关学科领域以其他的名目完成的，并且取得了很大的成绩。这些看似零零碎碎、散在多个学科中的民俗文物工作，虽然有些时候只是根据某个学科的需要而对某项事物进行的调查、收集、整理、研究等，并且在很多情况下只是处于某个学科从属、佐证性质的位置，却在客观上有效地促进了民俗文物学科的建设和发展。

民俗文物研究之属性、历史、造型、材料、工艺、装饰、功能以及陈列等方面的专门问题，也是民族学、文化人类学、历史学、美术学、工艺美术学、社会学和博物馆学等相关学科的重要命题。并且，由于民俗文物研究多学科之特点，对其进行多学科的综合研究往往比单个学科的常规研究更为合理且有效。一般情况下，民俗文物的多学科综合研究也可以看作民间物质文化研究。

第一节
初期的收集与展示

事实上，中国最初的民俗文物工作可以追溯到20世纪初。当时，帝国主义列强为了加强对中国的殖民化统治，在以武力割地的同时，还在中国的多个城市设立研究所、博物馆等文化机构，或是从殖民统治者的角度来诠释中国的历史文化，或是借此来宣扬西方文化，或是以此名义在中国各地抢掠、盗购各类历史文物并偷运回其本国。帝国主义者的这些活动遭到中国各地爱国者多种形式的抵制和抗争。

光绪三十年十二月九日（1905年1月14日），民族实业家张謇[1]在江苏省通州县（今南通市）校河西畔创建南通博物苑，于历史和教育两陈列馆内陈列南通及附近地区的民俗文物，有金银、玉石、陶瓷、拓本、土木、车器、画像、卜筮、军器、刑具、狱具和雕刻、漆塑、织绣、缂丝、编物、文具、考卷、夹带、窗课等类，是中国人首次在自己创办的博物馆中大规模地陈列民俗文物。相继成立的天津教育品陈列所[2]、天津劝工陈列所[3]、山

张謇先生于1905年创办的南通博物苑

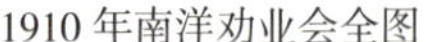

1910 年南洋劝业会全图

1910 年南洋劝业会全图之局部 – 工艺馆

东泰安教育博物馆、沈阳华产商品陈列所、江西农工商矿总局陈列所等博物馆（所），亦多设有专馆（室）陈列当地民俗文物的实物资料，借此彰显地方的文明和历史。宣统二年四月二十八日（1910 年 4 月 28 日），以“奖劝工农、振兴实业”为宗旨的南洋第一次劝业会在南京举办，分设教育、通运、机械、工艺、农业、卫生、美术、武备等馆，其展品按教育、交通、经济、化学、工业、矿产、染织、制作工业、建筑、机械、农业、蚕业、茶叶、瓷业、水产、医学、美术、武备 18 个门类评定授奖，共有 2502 种民间美术工艺品分别获得奏奖、超等奖、优等奖、金牌奖、银牌奖，显示了各地区民间艺人的精良技艺。

中华民国成立之初，政府有关职能部门即注意到了社会文化和中国民间广为流传的民俗艺术的客观存在及其社会作用。为了发展“含有普通性的”社会教育，时任教育总长的蔡元培[4]在其主持的教育部专门设置了社会教育司，邀请鲁迅[5]担任佥事（后任社会教育司第二科科长），主管“新式的”社会文化事业，历史艺术与民间文化均在其管辖范围。1914 年由教育部主办的全国儿童艺术展览会在北京举行，鲁迅是具体主事者之一，做了大量的具体工作，并从各地送来的展品中挑选了许多民间玩具予以陈列。在当时，直隶(河北)巡按使公署天津教育司社会科为了辅助社会教育，破除陈旧陋俗，革去社会恶习，曾派员对天津杨柳青年画进行考察和改良，随后在天津以直隶教育图书局印书处的名义采用彩色石印法印制了一批改良年画，如《破除迷信》《游杨立雪》《家禽守信》《阿豺》《楼护》《孟母择邻》等。1915年，天津教育司司长李金藻[6]又指令杨柳青年画作坊绘刻以“戒食鸦片”“戒赌图”“戒早婚”“戒嫖淫”的“四戒”为主题的木版年画，鞭挞吃喝玩乐的恶习，倡导文明进步。这些举措均受到当时社会的普遍欢迎。在1915年2月20日至12月4日期间于美国旧金山市举行的巴拿马太平洋万国博览会上，数千件中国民间手工艺参加展览，展出面积达2万平方米，许多展品获得博览会的奖章和奖状。许衍灼[7]撰写的《中国工艺沿革史略》是中国第一部叙述民间物质文化史的著作，于1917年12月由上海商务印书馆出版。书中所列工艺，除有关美术者外，尚有饮食、化学、土木及器械、特别工艺等类。作者在海外见闻“巴黎、伦敦、柏林博物院中，收存中国古物甚伙。而东邻两京博物院中，收存尤富”，感慨于中国文物“每年流出外国者，尚不可以数量计。吾国古物，几何不网罗俱尽乎。古物既尽，学无所师。百工技艺，日趋憔陋，则文化日退。而东西各国，得吾所有，方日日集会以相研究。则吾民之长，几何不为他人有也”。故在官费留学日本期间，“乃日往上野图书馆，冥搜中国艺术古籍。积数月之功，所得不及百条。其心所欲知，而未得端倪者，尚多多也。然私心自慰，得此亦良非易易。暇辄集笔记所得，分类编列，都九门，门各五六条，或十余条”[8]。该书最初以《考工记》之名刊于民国元年（1911年）留日学生的《实业研究会杂志》上，后经补充修改在国内出版。

近代中国的人文科学基本上是在清代末年西学东渐文化启蒙运动的背景下兴起的。19世纪中期开始，西方列强的坚船利炮打开了沉睡中国的大门，西方的人本主义、启蒙主义思想传入中国，给中国的知识界以巨大的冲击。“西学东渐，对抗传统的新思潮一浪高过一浪。政治领域里改良派发动的维新运动和革命派发动的推翻帝制的革命运动，文化领域里旨在对抗旧传统而兴起的白话文、通俗小说等文化浪潮，为五四运动的爆发作了铺垫和积累。”[9] 20世纪初期，一部分激进的资产阶级、小资产阶级民主主义者发起了倡导民主和科学、反对封建文化的新文化运动，这是一次前所未有的思想解放和启蒙运动。新文化运动的领袖陈独秀[10]在创办的《青年》[11]杂志创刊号上大声疾呼，提倡民主与科学。他说："国人而欲脱蒙昧时代，羞为浅化之民也，则急起直追，当以科学与人权（民主）并重。"[12]接踵而来的五四运动，更是将新文化运动推向新的高潮，并使其成为宣传马克思主义及各种社会主义流派的思想运动，从而使旧民主主义的文化运动转变为由马克思主义理论指导的新民主主义的文化运动。

由北京大学发起的歌谣运动一向被学者们视为中国民俗学的起源。其实，歌谣运动也应当是"五四"新文化运动的有机组成部分。民俗学和相关学科的"一些先驱者发起了歌谣运动，造就了中国现代民俗学的先声，是出于对作为旧制度思想基础的正统文化的不满和挑战，是出于对民族、民主和科学理想的追求。他们希望从中国的传统学术和国外人文社会科学中寻找有价值的思想营养，在各个领域中进行全面的改造，从而达到其文化启蒙和思想革命的目的，进而实现其改造社会的理想"[13]。1918 年 2 月，北京大学歌谣征集处成立，2 月 1 日的《北大日刊》第 61 号发表刘复[14]等人拟就的《北京大学征集全国近世歌谣简章》。时任北京大学校长的蔡元培还为此事在简章前发表校长启事，后由北京大学教授刘复、沈尹默[15]、周作人负责在校刊《北大日刊》上逐日刊登征集来的民间歌谣。1920 年 12 月 19 日，在歌谣征集处的基础上成立了歌谣研究会；1922 年，设立北京大学研究所，歌谣研究会归并于研究所国学门；1923 年 5 月，又在研究所国学门设立风俗调查会，所进行的工作由最初的歌谣或其他民间文学的收集及研究逐渐扩大到风俗和民间艺术的收集与研究。在风俗调查会成员的眼里，"只见到各个的古物、史料、风俗物品和歌谣都是一件东西，这些东西都有它的来源，都有它的经历，都有它的生存的寿命"，这些都是"可以着手研究的"。[16]

随着歌谣运动的推广和深入，一批活跃在"五四"新文化运动中的民俗学、民族学、历史学、文化学的学者和文学家、艺术家等，在从事各自专业研究工作的同时，已经程度不同地开始注意应用民俗文物对其所研究的对象进行佐证。在他们发表的研究文章中，经常能够看到“民俗物品”“人类学标本”“民物”“民族工艺”“民族文物”“民间艺术”“民间手工艺”“民间美术”“农民美术”“乡土艺术”等字眼。1920 年秋，蔡元培在湖南长沙的一次关于文化的演讲中，认为在现代博物馆中应当“按照时代，陈列各种遗留的古物，可以考见本族渐进的文化”；“陈列各民族日用器物、衣服、装饰品以及宫室的模型、风俗的照片，可以作文野的比较”；“陈列各时代各民族的美术品，如雕刻、图画、工艺、美术以及建筑的断片等，不但可以供美术家的参考，并可以提起普通人优美高尚的兴趣”。[17]胡愈之[18]在 1921 年发表的文章中谈道，民俗学“所研究的事项，分为三类：第一是民间的信仰和风俗（像婚丧俗例和一切的迷信禁忌等），第二是民间文学，第三是民间艺术”[19]。此后，一些地方的学者和爱好者开始了对民族民俗文物的专门调查、收集、整理、陈列、介绍和研究的工作。

隶属北京大学研究所国学门的风俗调查会成立于 1923 年 5 月 24 日。此前，为成立风俗调查会，北京大学研究所国学门于同年 5 月 14 日专门召开筹备会议，审查会章，制定、通过《风俗调查表》，随后发出征求会员启事，议定“先自北京一隅试行调查，并征集关于风俗之器物，筹设风俗博物馆”[20]，并“当场议决调查方法三项：（1）书籍上之调查，（2）实地调查，（3）征集器物。由研究所依照此三项进行”[21]。这里所指的器物，是“关于风俗之各种服饰、器用等物，或其模型、图书及照片”[22]，即民俗文物，因为“学问应以实物为对象，书本不过是实物的记录”[23]。

以风俗调查会的名义发出的《风俗调查表》[24]是中国近代民俗学史上第一份比较全面、规范的民俗学调查纲要，对于民俗文物的要求是很明确的。在“旨趣”之（9）中，希望“调查时如能附带收集各地特别器物更佳。更将惠赠者的芳名记下，以备将来风俗博物馆成立时，永久留为纪念”。在后面的“调查种类”中，又对“器物”的调查对象做了具体的提示。

“环境”之（6）出产。之（9）交通。水、陆或航船、汽船、铁路、轿、车等。

“思想”之（9）美感。雕刻、图画、音乐、唱歌、织绣等。

“习惯”之（1）衣。小孩、老人及成年的男女的“内衣”“外衣”，在四季上的装束，衣服的材料和做法，手巾、袜、鞋、帽等（如在时装多变的地方，也请列明如何变法）。之（3）住。木、竹、砖、土等所建的屋。屋内的排设（器具盘皿）等，屋外的布置，睡床与大小便的地方的状况，家畜的安置。之（6）坟墓。风水观念及坟墓的筑造法。之（16）修饰。缠足、束乳、头发装扮，头、耳、手、指、颈上、脚上的修饰品。之（29）货声。即“叫卖”声调、词句，器具等。

上列之器物，虽然挂一漏万，其分类也与今日有着较大的差别，却在民俗学与文物学等相关学科的研究史上有着开创性的意义，使人们对器物与风俗的关系有了初步的印象和认识。

随后，风俗研究会的工作有序地开展起来。1924 年 2 月 18 日，北京大学研究所国学门印发《北大风俗调查会征集各地关于旧历新年风俗物品之说明》[25]。文曰：

我们相信调查的事业要一点一滴的做起。我们相信风俗调查的事业，记述以外，要从物品的搜罗做起，然后才能得到好多的材料来研究。我们相信物品的搜罗，一定是受研究社会学、民俗学、心理学……种种学者所渴望，而且乐于帮助的。

现在旧历新年快到，我们想借这个机会，开始征集物品。在这个机会上，我们预计最重要的收集是各地的“神纸”。“神纸”就是“纸马”。这东西，我们全国各地都有。我们民族的大部分到了新年有两件事：一件是吃着玩着，另一件是敬神。他们的神，画在这纸马上，形状不一；我们可以从它颜色形容上推想出我们民族所崇拜的“神”是什么东西，是怎么回事；最重要的，还在以各地的异同研究各地人民思想和心理。

我们同时要收集的便是“春联”“红笺”（桃符的蜕相）、花纸（即北京之“年画”，如街上的画棚子和串胡同吆喝的“画咧，卖画儿！”）灯笼画、冬青、柏枝……“春联”的词句，某地最通行或特用的是什么，或是某地某种人家最通行或特用的是什么，都要每种有一二种实物（或不能得到实物则请另纸把它写出也可）。

我们希望校内外诸位先生为我们到家乡去搜罗一下，惠寄敝会！到那时，把全国各地的“神纸”和一切关于新年的风俗的东西都聚集在一处，陈列起来，真是一件有趣味而且有意义的事呵！至于物品价值的偿还，我们也是很愿意的；诸位先生愿意捐赠，我们更是欢迎感谢的！

我们的精力财力都很单薄，满想办成一个“风俗陈列馆”总难实现；现在热烈的希望诸位先生帮助：凡是各地的服饰、器具……一切关于风俗的特别物品，都请见赐，尤愿得有详细的说明，假使那东西太大或太重，能为我们制成模型，或是摄成影片（最好照成正、背、左右两侧多面的）就再好没有了！各种物品，有些需缴代价的，我们只要能力所及，总可收纳；但请先行通知，商量一下。这是我们长期的要求于诸位先生的。我们更热烈的希望诸位先生，在这最近期间内帮助我们这个特别的部分的征集成功！

在这 800 余字的说明号召下，“十三年（1924）一月中曾征集各地的新年风俗物品（如神纸、年画之类），除由会内购备外，并请校内外同志就地搜集，所得成绩如下：神纸，二四二；花纸，二六；符箓，七；红笺，五；杂件，六；共计二八六”[26]。1924 年 5 月 15 日下午 4 时，风俗调查会开会通过会章，将“调查全国风俗（或与中国有关系的国外风俗）作系统的研究；并征集关于风俗之器物，筹设一风俗博物馆”[27]作为宗旨。“本会筹设风俗博物馆，关系重要，实为本会之基本事业。”[28]“风俗博物馆之早日成立，与考古学陈列室纵横相辅，而为大学之完备的历史博物馆。”[29]此时，北京大学风俗调查会已将一年来收集到的民俗文物展陈于风俗陈列室中，供各方人士研究参考。

创刊于1922年12月17日的《歌谣周刊》前后共出版百余期，早期的内容以歌谣及其研究为主，50期后逐步扩大到民间文化的各个层面，发表的文章虽然以研究民俗为目的，却有不少是与民族民俗文物有关的，或者可以说是研究民俗文物的。如顾颉刚[30]的《一个光绪十五年的“奁目”》[31]，从清代光绪年间苏州民间的婚礼排场谈起，文中抄录了奁目的128种器物，根据其质地重新分类，归并成铜器、锡器、瓷器、牙器、木器、竹器、箱、镜、布帛9项。通过向邻人的调查以及与当时生活的比照，得到“嫁妆里的东西不都是日常生活应用的东西”的认识。之所以如此，是因为“现在人用的是‘洋镜’了，但铜制的‘团圆镜’仍是要的；明明现在人用的是洋瓷面盆了，但铜制的面盆仍是不能少的；明明男家用的是铁床，‘发禄袋’不能挂了，但仍旧要做的；什么‘缎盒’，什么‘套桶’‘果桶’，都是最无实用的东西，但为了要扮成一个嫁妆的局面，不得不办”。所以，“凡是社会上的一种仪式，都有很长久的经历，它每经过一个时期，即挟着这时期的质块随以俱流，经历愈久，糅杂的质块也愈多。虽是这些质块在应用上的价值已经丧失，但仪式上的资格是不废的”。文章虽然说的是民间仪式的成因，但也从另一方面说明了民俗文物的历史特性，还示范了民俗文物研究的一种途径。

第二节 开始纳入民俗学研究领域的“民物”

北洋政府内部的派系纷争导致军阀割据局面的延展，各路军阀在帝国主义的支持下，以战争作为政治权力和资产所有权转移的手段，彼此争权夺利。国内战争和骚乱不断发生，致使人心惶惶，生产破坏，经济凋敝，民不聊生。为维护其摇摇欲坠的政权，北洋军阀加大了对政治文化控制和打压的力度，学术研究的自由和空间越来越小。北京大学两任校长先后被迫辞职，许多学者不堪重压而于1926年前后相继南下，到福州、厦门、广州等地的高等院校任教，继续他们的事业。北方的民俗事业暂时受挫，南方的民俗学工作却在北方南下学者的推动下有了长足的进步。随着研究的深入，民俗文物开始进入研究者的视野。

在曾经参与北京大学风俗调查会以及《歌谣周刊》工作的董作宾和先期回到福州协和大学任教的陈锡襄等人的努力下，“闽学会”于1925年4月在福州成立。这是一个融合北京大学风俗调查会、歌谣研究会、方言调查会、考古学会等研究计划的，以福州地方的社会、历史、民俗等文化为研究对象的研究组织，活动时间虽然只有几个星期，却在民俗和民俗文物的调查方面取得了较好的成绩，出版了相关著作和论文。1926年夏天，一大批原北京大学的教授到厦门大学任教，不少人曾是北京大学风俗调查会和歌谣研究会的主要成员。开学后不久，9月18日下午召开的厦门大学国学研究院编辑事务谈话会上决议组织风俗调查会。兹后，在10月10日厦门大学国学研究院成立大会上，研究院主任沈兼士[32]在谈到国学研究院的任务时说：“本院于研究考古学之外，并组织风俗调查会，调查各处民情、生活、习惯。与考古学同时并进。考古学发掘各处文物，风俗调查则从闽省入手。”[33] 12月13日，厦门大学国学研究院召开工作讨论会，同时成立风俗调查会，并通过了风俗调查会章程，提出“本会调查风俗从闽南入手，次及福建全省，再次及全国”，“本会收受外间捐赠并购风俗物品，设风俗物品陈列室，作为风俗博物馆之初步”。[34]这次会议上，还决定编印《国学研究院周刊》，刊载考古、歌谣、风俗宗教及方言方面的研究文章。厦门大学国学研究院的风俗调查会在八闽之地进行的调查、研究活动吸引了大批师生参加，成绩斐然。顾颉刚等人“竟花了半年时间在厦门、泉州、福州等地搜集风俗物品”[35]，收集到的民俗文物达数百件。

同年10月，负笈欧洲的傅斯年[36]与胡适[37]在巴黎分手后，乘邮船经香港回到广州，于1926年12月被聘为中山大学教授、文科学长，兼任中国文学和史学两系之主任。到任后即开始教学工作，同时延聘多位国内著名教授到中山大学任教。于是，一大批从北方南下的学者又先后辗转来到中山大学。1927年8月，中山大学语言历史研究所创立，傅斯年兼任所长，工作“以语言、历史、考古、民俗四学会的研究及出版为主干”[38]，民俗学会的事务则由傅斯年的好友、4月才从厦门大学转到中山大学的顾颉刚主持。“中国的民俗学，北大风俗调查会与歌谣研究会，可说是创其端；中大语言历史研究所，可说是畅其流。”[39]经会众议定，语言历史研究所的民俗学会事务大致有：“（1）作两粤各地系统的风俗调查；（2）西南民族材料的征集；（3）征求他省风俗、宗教、医药、歌谣、故事等材料；（4）风俗模型的制造；（5）抄辑纸上的风俗材料；（6）编制小说、戏剧、歌曲提要；（7）编印民俗学丛书及图片；（8）扩充风俗陈列室为历史博物馆民俗部；（9）养成民俗学人材。”[40]1928年3月21日，《民俗周刊》开始发行，主要刊发民俗学的研究文章以及民间文艺的材料和各地信息。3月下旬，民俗物陈列室完成布展工作对外开放，陈列有“首饰、衣服鞋帽、音乐、应用器具、工用器具、小孩器具、赌具、神的用具、死人用具、科举遗物、官绅遗物、迷信品物、民间唱本及西南民族文化品物14类陈列品凡数万件”[41]。这是中国第一个依从民俗学分类的民俗文物展览。4月23日至6月10日，举办民俗学传习班。年内，还将史禄国[42]、容肇祖[43]、杨成志[44]派往滇地调查西南民族，杨成志等人“留滇两年购买民族品千余件，尤以罗罗族经典为上品”。[45]

学术理念的分歧再加上其他因素，致使傅斯年与顾颉刚长达15年的交谊产生裂隙。两人原“本是好友”，但“实在不能在同一机关作事”，因为两个人的“性质太相同了：（1）自信力太强，各人有各人的主张而又不肯放弃；（2）急躁到极度，不能容忍”，后来在一些具体事务上，“两人的意见便时相抵触”。[46]顾颉刚在1928年8月20日给友人的信中谈道：“在印书上，孟真和我的主张很不同。孟真以为大学出书应当是积年研究的结果。我以为这句话在治世说是对的，在乱世说是不对；在一种学问根基打好的时候说是对的，在初提倡的时候说是不对。现在的人，救世不遑，哪有人能做积年的研究。”当《民俗丛书》“出到一、二册时，孟真就说这本无聊，那本浅薄。出到三、四册时，叔傥就请校长成立一个出版审查会来限制（据叔傥说，是缉斋劝他如此的），出到七、八册时，戴校长就辞掉敬文了”[47]。钟敬文[48]是在1928年9月离开中山大学的。[49]是月，傅斯年已受聘代任由他和顾颉刚、杨振声[50]筹备了一年多的中央研究院历史语言研究所所长一职，辞去了中山大学除教职之外的一切职务，将全部精力投入历史语言研究所的工作。为了未来的高品质研究而积累有用的材料，傅斯年将“人类学与民物学”[51]的研究列入历史语言研究所的初期规划。“民物”[52]原为古词，兼有风俗与用品的意思，取“民物”而不用“民俗”，当是有意为之，似乎是要与当时流行的“民俗”的学问有所区别。

离开广州后不久，经刘大白[53]推荐，钟敬文到浙江省立民众实验学校担任教职，后又转到浙江大学文理学院任教。当时在浙江从事民俗研究的学者有宁波的娄子匡[54]，有与鲁迅同时离开中山大学而后到杭州的江绍原[55]，有平湖的钱南扬[56]等人。初到杭州的钟敬文很快就与他们取得了联系，时常以通信的方式就大家共同关心的一些问题交流。1929年5月，钱南扬、钟敬文以“浙江大学文理学院周刊社”的名义为杭州的《民国日报》编辑《民俗周刊》，发表歌谣、民间文学、风俗调查等方面的文章。《民俗周刊》的刊名是由江绍原题写的，他还为《民俗周刊》撰写了许多文章。作为一个比较宗教学理论研究者，江绍原研究民俗学的视角是较为独特的，他认为民俗学是“研究民间一切生活状态法则、观念形态、情感表现者也”[57]。但是，“近年来经人搜集过的尚大半是歌谣、故事、迷信，然而‘天晓得’，民间除了

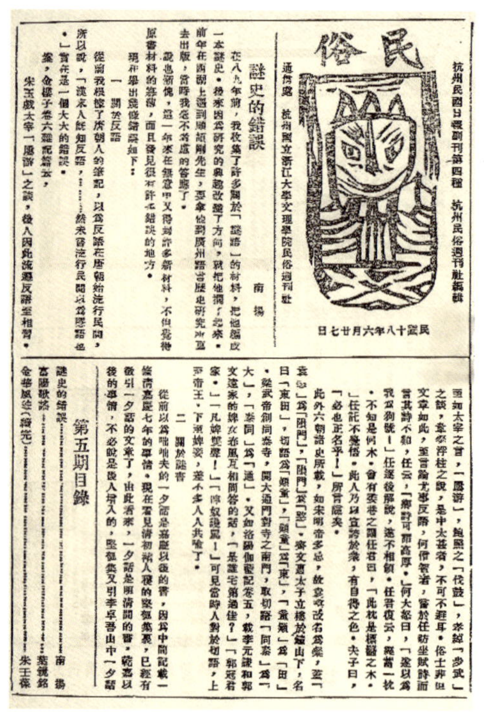

民俗

杭州民國日報副刊第四種　杭州民俗週刊社編輯

通信處　杭州國立浙江大學文理學院民俗週刊社

民國十八年六月廿七日

謎史的錯誤　南揚

在八九年前，我收集了許多關於「謎語」的材料，把他編成一本謎史。後來因為研究的興趣改變了方向，就把他擱起來。前年在西湖上遇到顧頡剛先生，要拿他到廣州語言歷史研究所去出版，當時我毫不考慮的答應了。

說也慚愧，這一年來在無意中又得到許多新材料，不但覺得原書材料的缺陷，而且發見很有許多錯誤的地方。

現在舉出幾條錯誤如下：

一　關於反語

從前我根據了唐朝人的筆記，以為反語在唐朝始流行民間，所以說，「漢末人既知反語，……然未嘗流行民間以為隱語也。」實在是一個大大的錯誤。

按，金樓子卷六雜記篇云，

宋玉戲太宰「屢游」之談，後人因此流遷反語至相習。至如太宰之言，「屢游」，鮑照之「伐鼓」，孝綽「步武」之談，韋粲浮柱之說，是中太甚者，不可不避耳。俗士非但文章如此，至言論尤事反語，何僧智者，嘗於任昉坐賦詩而言其詩不和，任云，「卿詩可謂高厚。」何大怒曰，「遂以我為狗號！」任遂後解說，遂不相領。任君復云，經蓄一枕，不知是何木。會有委巷之謂任君曰，「此枕是標隥之木。」任託不覺悟。此人乃以宜誇於衆，有自得之色。夫子曰，「必也正名乎！」所言廣矣。

此外六朝語史所載，如宋明帝多忌，故袁粲改名為粲，蛮「袁愍」為「隕門」，「殞門」為「愍」。齊文惠太子立樓於鍾山下，名曰「東田」，切語為「顛童」，「顛童」為「東」，「童顛」為「田」。梁武帝創同泰寺，開大通門對寺之南門，取切語「同泰」為「大」，「泰同」為「通」。又如洛陽伽藍記卷五，載李元謙和郭文遠家的婢女春風互相問答的話，「是誰宅第過佳？」「郭冠君家。」「凡婢雙聲！」「儜奴謾罵！」可見當時人對於切語，上至帝王，下至婢妾，差不多人人共喻了。

二　關於謎書

從前以為咄咄夫的一夕話是嘉慶以後的書，因其中間記載一條清嘉慶七年的事情。現在看見清初諸人稗的堅瓠集裏，已經有徵引一夕話的文章了，由此看來，一夕話是明清間的書，嘉慶以後的事情，不必說是後人增入的。堅瓠集又引李卓吾山中一夕話

第五期目錄

浙江大学文理学院《民俗周刊》，1929 年

唱歌曲、说故事、做迷信的举动外，还有其他千百桩的行事，而这些事也自有其由来、变迁、效用、影响等，为‘国民’者与民之自困者所应熟知。民学应以民的全般物质生活和精神文化为对象，故其范围实在极广”。在当时的背景下，能够谈出这样的观点和想法，是很有见地和胆识的。江绍原还呼吁：“凡受过相当教育或训练的人，只要具有持久的兴趣与热诚，几乎都可以从事于现今民风民物之搜集，虽则利用这种（以及旁种）材料而组成整齐的系统的民学——以确定民风民物之由来、变迁、效用、影响等为职志之学，曰民学——要求较广博的学识与较严密的方法。我们不得因民风民物比旁种学问的材料易于搜集，遂否认民学；我们也不必将民学的生长严格地分为搜集材料与研究整理前后不相蒙的两个时期，或因不要自己一时还无暇或不能从事于严重的研究便望望然而去之，连搜集的工作也不肯担当；反之，我们只需酌量各自的能力，审度各自的需要与处境，或多在搜集上，或多在研究上做工夫。这两种相辅而行的工作均非定期能够完成的，我们唯有各尽心力，开其端绪，以待来者而已。”[58]

远在杭州的钟敬文与中山大学的同事们仍然继续保持着较为密切的联系。1929 年 6 月 6 日至 10 月 20 日，浙江省政府以“提倡国货，以足民用；振兴国产，奖励实业发展”为宗旨，举办了规模庞大的西湖博览会，共有 14.76 万件展品展出，参观者达 2000 多万人次，在国内外产生了巨大的影响。

西湖博览会的艺术馆中陈列的刺绣、牙刻及其他民间工艺品和教育馆中陈列的玩具、乐器、饰物、遗物、祭祀用物，以及农业馆内陈列的各种农具和丝绸馆中陈列的服饰、制饰织品、织造工具等物，集中反映了当时社会民间物质文化的形态。在西湖博览会筹备期间，经钟敬文等人的奔走联络，以中山大学民俗物陈列室藏品为主体的民族民俗文物也在西湖博览会的博物馆[59]中设专室展出，给众多的参观者留下了深刻的印象。1930年夏，钟敬文、钱南扬、娄子匡、江绍原诸先生在杭州发起成立杭州中国民俗学会，并在福建、广东、四川和浙江的宁波、永嘉等地建立了分会。学会的宗旨是“民俗学理的研讨，民俗材料的探采”，所做的工作是“出版些民俗刊物和丛书；筹办民俗博物馆；随时出发到各地，采集民俗的材料”[60]。在杭州中国民俗学会同仁编辑的书刊中，《民俗周刊》《民俗学集镌》《艺风·民间专号》《民众教育季刊·民俗艺术专号》等均以较大篇幅刊载了民间物质文化方面的文章。

1929年杭州西湖博览会工业馆内陈列的工艺品
引自《老杭州》 江苏美术出版社 2000

1929年杭州西湖博览会教育馆 引自《老杭州》
江苏美术出版社 2000

对中国传统民间工艺的研究是在朱启钤[61]等人的推动下发展起来的。朱启钤早年曾任交通总长、内务总长、国务院代总理等职，1916年后从政坛隐退转而从事文化活动，1930年在北京组织“中国营造学社”[62]，专事中国古代建筑的研究。此前，研究古代建筑的装饰工艺时，他从中国的古代文献和部分外国文献中析出关于髹漆工艺的资料，于1925年辑成《漆书》，

《艺风·民间专号》的图版，1933年

是书由“释名”“器物”“礼器”“雕漆”“制法”“工名”“产地”“树艺”“外纪”构成，为后人研究中国古代髹漆工艺打下了良好的基础。他还从日本大村西崖[63]所著的《中国美术史》中了解到髹漆工艺方面尚有明代黄成的《髹饰录》存世，便设法从日本找来此书，详加校勘，并出资于1926年刻版行世。早先在北京任职时，朱启钤时常到前门的荷包巷等处的古董摊上收购丝绣文物。经过数年的积累，清内府的旧藏和明代项子京以及清代安岐、梁清标、盛昱等人收藏的缂丝和刺绣艺术品大部分为其所有，在对之进行全面整理之后，于1928年编成《存素堂丝绣录》一书刊行，还根据《石渠宝笈》等书辑成《清内府藏刻丝绣线书画录》两卷。后又在深入研究的基础上著作成《丝绣笔记》两卷，上卷《纪闻》侧重丝绣历史的考证，下卷《辨物》侧重丝绣品种和作品的分析。另将古代丝绣史上能工巧匠的传记资料编成《女红传征略》同时刊行。《丝绣笔记》作为第一部研究丝绣史的著作，在中国民间工艺美术研究史和传统物质文化研究史上有着极为重要的地位。

第三节
逐渐受到重视的民间物质文化

经过十多年的探索和努力，客观存在的民间物质文化逐步为民俗学的研究者们所正视。在民俗学运动的推动下，历史上以及当时社会流传的民间文化艺术也开始为相关领域的研究者和学者以及艺术家们所重视。

从法国里昂和比利时布鲁塞尔举办个人画展归国的徐悲鸿，1931 年 4 月在天津南开大学讲学期间，专程拜访“泥人张”等著名民间艺人，回到南京之后即撰文《对泥人张感言》，认为天津地方的民间艺术可与世界著名艺术大师的作品相提并论。作为文学家的鲁迅也是非常注重对民族民俗文物和民间艺术作品的收集与研究的，他认为“一切文物，都是历来的无名氏所逐渐地造成”[64]，并以赞赏的口吻介绍过“花纸头”和“江北人制造的玩具”以及其他民间美术品，对这些生产者的艺术给予了极高的评价。1931 年，寓居上海的鲁迅在介绍德国版画作品时说：“世界上版画出现最早的是中国，或者刻在石头上，给人模拓，或者刻在木版上，颁布人间。后来推广为书籍的绣像，单张的花纸，给爱好图画的人更容易看见，一直到新的印刷术传进了中国，这才渐渐地归于消亡。”[65]1935 年正月，在鲁迅的指导下，北京举办的第一届全国木刻展览会上展出了郑振铎收藏的明版《金瓶梅》插图和金肇野收集的杨柳青年画，选择这些经过整理的版画插图和民间年画与版画家的作品一同展出，一方面是为了向社会展示优秀的民间艺术，另一方面也是为了更好地继承、借鉴和创造。依照鲁迅的想法，青年版画家的创作“倘参酌汉代的石刻画像，明清的书籍插画，并且留心民间所赏玩的所谓‘年画’，和欧洲的新法融合起来，也许能够创出一种更好的版画”[66]。对于中国民间的创作，鲁迅一向是很自豪的，尤其是在国难当头的时候。1934 年，鲁迅在《玩具》一文中写道，“前年以来，很有些人骂着江北人”，“但是，江北人却是制造玩具的天才。他们用两个长短不同的竹筒，染成红绿，连作一排，筒内藏一个弹簧，旁边有一个把手，摇起来就格格地响。这就是机关枪！也是我所见的唯一的创作”，是“以坚强的自信和质朴的才能与文明的玩具争”。[67]

时任南京中央大学实验学校高中部主任兼班主任的常任侠[68]每年暑假都把收集民间文学和年画作为学生的作业，1933—1938 年间共收集了数百幅南京及周边地区的民间年画。上海的中华书局在 1936—1937 年间曾出版“上

颜水龙先生向台湾山地原住民调查织物

海市博物馆丛书”，收入丛书乙类的有徐蔚南[69]的《顾绣考》《上海棉布》和郑师许[70]的《漆器考》三种，是对民间物质文化的个案研究著作。同时期的相关著作还有由南京正中书局出版的雷圭元[71]的《工艺美术技法讲话》，书中对蜡染、夹板及缝绞染、型纸印染和天然漆与人工漆的技艺做了详尽的介绍。1937年年初，旅欧回来的台湾画家颜水龙[72]被台湾总督府殖产局聘为顾问。他用了5个多月，对流传于台湾社会和山地民族中的民间工艺进行了田野调查，并收集了许多实物资料，这样的工作一直延续到20世纪50年代。同年5月5—9日，从日本留学回来、在浙江民众教育实验学校任教的钟敬文与其同事施世珍[73]等人在浙江省立民众教育馆主持筹办了民间图画展览会。展品是由杭州民众教育实验学校的师生在两三年中从浙江等地的民间收集来的。为了推介这个前所未有的展览会，钟敬文专门著文《民间图画展览的意义》，认为“这一次的‘纯民间文献’（民间图画）的展览会，是很正当的，而且也是很有益的我国新学术的活动罢”。文章说，“民间的画家，往往能够用那简朴的红条，或单调而强烈的色彩，表现出民众所最关心、最感动的事物的形象”，而“民间图画，是民众基本欲求的造型，是民众严肃情绪的宣泄，是民众美学观念的表明，是他们社会形象的反映，是他们文化传统珍贵的财产”，“可以使我们认识今日民间的生活，更可以使我们明了过去社会的生活。它是提供给我们理解古代的、原始的艺术姿态的资料，同时也提供给我们以创作未来伟大艺术的参考资料。它的意义和价值是多方面的”。[74]另外，上海出版的画报上刊登了张光宇[75]介绍无锡纸马的文章，认为这种生命短暂的艺术也是“中国民间艺术之一种”。

中央研究院历史语言研究所创立不到半年，便于1929年3月迁往北平，后又于1933年迁往南京。在此期间，由担任历史语言研究所所长的傅斯年主事,组织过多次民族民俗调查项目,计有“云南人发育问题及猓猡文化调查”（1928年7月）、“川康羌民、土民、西番、猼猓子民俗调查”（1928年8月）、“山西云岗造像石刻调查”（1929年10月）、“广东狗头瑶调查”（1930年7月）、“河北磁县陶瓷调查”（1931年1月）等，征集了大量的民族民俗文物。在当时的中央研究院社会科学研究所内亦设有民族学组，时任中央研究院院长的蔡元培亲自兼任组长，在短短的几年中，“民族组所研究的：一、广西凌云瑶人的调查和研究；二、台湾番族（即高山族）的调查及研究；三、松花江下游赫哲人的调查及研究；四、世界各民族纺绳记事与原始文字的研究；五、外国民族名称汉译；六、西南民族研究资料的搜集等”[76]。根据1936年11月12日中央博物院理事会通过的《中央博物院与中央研究院合作暂行办法》，确定“中央研究院不另设陈列机关；一切可供陈列之物品，概归中央博物院保管陈列”[77]之条款，中央研究院所属机构在20世纪30年代前后所搜集的民族民俗文物资料都悉数移交给中央博物院[78]保存。

由蔡元培倡导、傅斯年担任首届理事长的中央博物院，其人员的配备、机构的设置和藏品的结构是根据大型综合性多学科的现代化博物馆的标准来建设的。自1933年成立伊始，它就把民族民俗文物的工作放在一个重要的位置。“国立中央博物院分自然、人文、工艺三馆”，“人文馆范围以人类学、民族学、考古学、历史学为主。凡与人类文化演进相关之材料均陈列之。工艺馆以陈列现代各项工艺品为主”。[79]在《设置国立中央博物院计划书草案》中，具体列出了人文馆陈列品之大类，有：1. 饮食类；2. 衣服类；3. 建筑类；4. 交通类；5. 用器与玩具；6. 武器类；7. 宗教礼器；8. 文字类等。[80]同时列出工艺馆陈列之内容，由中国工艺部的纺织、农作、饮食、建筑、矿冶金工、陶瓷、造纸、印刷、髹漆、制革皮货和泰西工艺部的采矿、冶金、纺织、原动机、强流电机工程、陆海空运输、信息交通、建筑、农作、市政工程、造纸、印刷、化学工程、玻璃制造、家政[81]构成。另在规划人文馆的陈列时，除历史部分外，还设有“蒙藏回文化陈列厅、西南民族文化陈列厅、外籍民族陈列厅”等，从而勾画出中央博物院民族民俗文物的藏（展）品轮廓和工作脉络。此后的民族民俗文物工作均是围绕这一目标来进行。根据《中央博物院与中央研究院合作暂行办法》约定，中央博物院“民俗之研究工作，与历史语言研究所合作”[82]，这样的合作一直延续到20世纪40年代后期。

卢沟桥事变之后，日本帝国主义占领了中国的大部分领土，烧杀抢掠，无恶不作。为了避免更大的损失，敌占区的研究机构和许多大学基本上转移到了西南地区，中央研究院和中央博物院等研究机构也转移到四川省南溪县李庄。由于战争的影响，虽然这些研究机构的活动区域受到很大的限制，但在大后方进行的民族民俗方面的调查工作和民族民俗文物的征集工作也是卓有成效的。1937年1月至1938年冬，人类学家马长寿[83]及赵至诚、李开泽等人在川康地区的越西东部尼帝、斯补、埃绒三土司区域进行调查，获得了12箱民族物品。1939年12月至1940年2月，庞薰琹[84]、芮逸夫[85]等人组成黔境民间艺术考察团，对贵州省贵阳、安顺、龙里及贵定四县的60余处苗族村寨进行调查，前后延续近3个月，采集衣饰及标本等402件。1941年，以凌纯声[86]为团长的川康民族考察团正式组建。他们深入大小凉山少数民族居住区开展民族调查，每到一地，必记录其语言，测量其体质，征求其谱牒，考察其史地，分析其社会制度及宗教信仰等。这次调查

中央博物院黔境民间艺术考察团工作人员与苗族儿童的合影，1939年

一直延续到1942年1月，共搜集文物标本12箱约600件，并撰写成约百万字的调查报告。1941年7月至1943年，李霖灿[87]受中央研究院和中央博物院的委派，前往云南丽江设工作站，负责开展滇边民族调查，主要调查云南纳西族的语言文字、风俗习惯，收集到经卷、服饰及用品1000多件。1946年5月，中央博物院收购了即将被国外博物馆高价购去的同济大学德籍教授史图博采集的海南岛黎、苗、瑶等民族的文物349件。由于方法科学、资料完整，这些资料有着较高的科学价值和审美价值。为了向社会展示民族民俗工作的成绩，1942—1945年间，中央研究院和中央博物院等机构利用从云南、贵州、西藏以及西北等地征集回来的民族民俗文物在临时驻地南溪县李庄分别举办了“贵州夷苗衣服展览”“么些民族经典衣饰用品展览”“川康民族宗教画展览”，活跃了战时大后方的文化生活和学术氛围。

对中国传统手工业的调查和

赫哲族木神庙，1929年由凌纯声先生在黑龙江征集，南京博物院收藏

中央博物院黔境民间艺术考察团拍摄的花苗照片及其背面文字说明，1939年

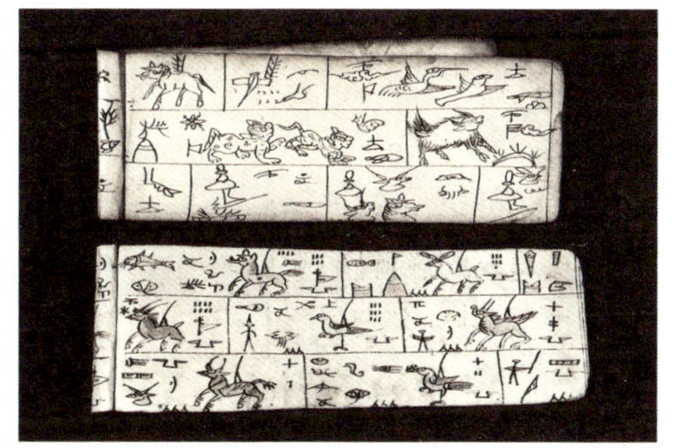

东巴经　1941年由李霖灿在云南征集
南京博物院收藏

研究，也是中央博物院的主要工作任务，因为“民间工艺，在我国过去是以奇技淫巧目之，不屑为士大夫的注意和帮助，任听一些工匠去自由发展，甚而还加以摧残，自无怪于宋应星在《天工开物》序末愤慨地说：‘丐大业文人，弃掷案头。此书于功名进取，毫不相关也。’然而细考我国工业落后的原委，当然是多方面的，但是旧有的生产方式，不为知识者所注意和帮助，也不能不算是原因之一”。“现代工业之勃兴，将代替一切旧式手工业，使之渐就消灭，殆为必然之现象，在西欧已有先例；但此项手工业，在国家有数千年之历史，其演变之迹，关系于历史文化者至钜。”由于战时条件的限制，“本处拟按工艺馆原定计划，先从川省所在地着手，将此项手工业作品，及其制造方法，为系统地收集，并研究其历史，其过大者，别制模型以保存之，一地既完，徐及其他”[88]。1941 年 8 月至 1946 年间，经李济[89]倡导和斡旋，从中英庚款项下拨了一笔工作经费，由谭旦冏[90]负责组成中国传统手工业调查团，对四川省内的手工业做了较为全面的调查，考察并记录了近 20 类传统手工业品的制造工艺和制造过程，收集了农具、铁器、纺织工具等民间手工工具、工艺技术资料和民族文物标本、模型、照片等合计 1936 件，撰写了百余种手工艺的单项报告。

从上海迁至贵州的大夏大学于 1938 年春设立社会经济调查室[91]，在主任吴泽霖[92]的主持下，几年中在贵州及附近地区进行了大量的民族社会调查，并利用收集到的民族民俗文物设立了苗夷文物陈列室。在广州的中山大学研究院也组织过多次田野调查作业活动。1936 年年底，中山大学研究院文科研究所组成北江瑶山考察团，在杨成志带领下赴韶关市曲江县等地的瑶族聚居地调查，征集到大批瑶族文物。次年 2 月，又与私立广州岭南大学西南社会调查所联合组成海南岛黎苗考察团，赴海南岛考察黎族、苗族的手工业、修饰品、面具、衣服、居室、艺术品、乐器等物质文化，征集到多种黎苗衣饰、用具等民族物品，拍摄万余尺黎族、苗族实际生活影片、数百张照片。后于 1937 年 4 月初在中山大学研究院新址举办“文科研究所海南岛黎苗民俗品及摄影展览会”，与中山大学史学系文化考察团的古物一同展出。地处成都的华西大学博物馆在20世纪40年代前后陆续收进了不少民族民俗文物，以皮影艺术品最为出色。为了向社会宣传介绍皮影艺术，丰富大后方的民众生活，华西大学博物馆与边政研究所于1943年1月13—15日联合举办了“灯（皮）影戏影偶展览”，并在华西大学教育学院大礼堂举行灯（皮）影戏表演，还举办了以西藏佛像、器物等民族民俗文物和边疆生物标本为内容的“边疆文化展览”。

广州中山大学民俗物品陈列室

大后方的学者们为民族精神所激励，在极其困难的境地中开展学术研究，取得了很大的成绩，其中也有对民间物质文化及其相关学科的探索。1937年年底，在河南中州博物馆工作的荆三林[93]发表了《民俗博物馆在现代中国之重要性》一文，呼吁设立“完全的民俗博物馆”，因为“人民生活的要素，可以分为物质的和社会的（或文化的）两种。在物质方面的材料可以包括人民生活中应用物品的全部，例如日用器具、民间工艺及其他一切民间的器物”。此类博物馆“是以民俗的材料而用博物馆性质组成的社会文化教育机关”，“是整个人类生活的一种写照，可以输入文化知识，可以普及教育，又可供一般学术家的参考”。[94]1938年，尚秉和[95]著作《历代社会风俗事物考》在上海出版。书中将衣、食、住、行及娱乐、游戏等古代社会生活事象源流分门别类进行考证，意味着传统的物质文化开始被正式纳入民俗学的研究领域。1942年3月复刊的《民俗》季刊，虽然只出版了几期，却发表了不少关于民间物质文化的文章。[96]其中，较为重要的有江应梁[97]的《广东瑶人之衣饰》《广东瑶人之房屋及工具》、罗比宁的《广东北江瑶人农作之概况》、顾铁符[98]的《粤北乳源瑶人的刺绣图案》《民俗美术漫谈》、阮镜清[99]的《原始画之心理》等。1943 年，重庆正中书局出版了常任侠的《民俗艺术考古论集》。在多个报刊发表的相关文章还有王兴瑞[100]的《黎人的文身、结婚、丧葬》、汪祖华[101]的《陇西南藏民风物》、岑家梧[102]的《中国民俗艺术概说》、梁钊韬[103]的《古代的馈牲祭器及祖先崇拜》、郑德坤[104]的《古玉通论》、李承祥的《缅铃》等[105]。这些学术成果不但为当时的国内外学术界所关注，亦对后来的民族民间物质文化研究产生了积极的影响。

随着全国性的抵抗日本帝国主义侵略的民族解放战争的展开，抗日民族统一战线迅速扩大，大批进步青年和文艺工作者、文艺团体先后从北平、天津、上海等地来到延安。为了“造就有远大的理想、丰富的生活经验、良好的艺术技巧的一派艺术工作者”[106]，经毛泽东、周恩来、林伯渠、徐特立、成仿吾、艾思奇、周扬等人提议，鲁迅艺术学院于 1938 年 4 月 10 日在延安成立，设有戏剧、文学、音乐、美术等系及研究室、实验话剧院等机构。鲁迅艺术学院的学员主要是来自“都市的亭子间”的文艺工作者，他们入学后积极响应“到群众中去，不但可以丰富自己的生活经验，而且可以提高自己的艺术技巧”[107]的号召，在向社会学习的同时，也利用一切可能的机会搜集、整理当地土生土长的民间文艺。在当时，鲁艺的师生多有民间艺术的收藏，以剪纸和年画最为普遍[108]。

鲁迅艺术学院在延安成立之后，晋西北、晋东南、华中等许多地方也相继办起了鲁迅艺术学院。学员们按照延安鲁艺的做法，向当地的民间艺人和民间艺术学习，并借鉴其样式进行新的创作，举办了“晋察冀边区艺术展览会”。1942 年 5 月，毛泽东发表了《在延安文艺座谈会上的讲话》，号召解放区的文学家、艺术家走出“小鲁艺”，到“大鲁艺”、民间去，向人民群众学习，向优秀的民间文化传统学习。在国内多个解放区和敌后根据地的广大文艺工作者以及苏区政府的文化部门做出了积极的响应，在不长的时间里收集了一大批民间艺术作品，也创作出一大批群众喜闻乐见的作品，举办了展览，取得了相当的成就。“当时鲁艺美术部美术研究室成立了年画研究组，负责收集群众反映，总结经验，改进新年画的工作。研究部曾在延安《解放日报》上发表了《关于新的年画利用神像格式问题》和《新年画的内容和形式问题》两篇文章。”[109]在“1944年陕甘宁边区文教大会的陈列室里，陈列了一些从民间搜集来的剪纸”。“在陈列室里有三幅用黑纸剪的剪纸，比普通的窗花大一倍，很像三幅木刻画，听说是晋西北的一个13岁的女孩子所创作”。“在陈列室的墙壁上，挂着一幅四五尺见方的《顶棚》剪纸，当中是一朵正面的牡丹花，旁边用葡萄连缀成一个圆圈，圆形的图案外面是六个蝴蝶，四角是四个大蝴蝶，把整个画面装饰得很华丽。这是陇东梁月亭的母亲剪的，为陕甘宁边区政府李景林同志所收藏”。“在文教陈列室里陈列着古元、陈叔亮、孟化风、夏风、罗工柳等同志描写边区人民新生活的窗花”。“听陈列室的管理员说，当地老百姓非常喜欢这些新的窗花……有的人连续看了好多次。”[110]抗日战争时期，在热河省建平县委宣传部的领导下，配合各项中心工作，在民间广为流传的承德皮影演出了大量的剧目，1945年又组建了皮影工作团。1947年，高原书店出版了陈叔亮编辑的《窗花——民间剪纸艺术》一书，共收入1940—1945年间在西北地区（主要是陕甘宁边区）收集的剪纸98幅，按人物、走兽、翎毛、虫鱼花卉编排。

鲁艺木刻工作团《保家卫国》门画，1942年

被留在沦陷区的一些学者也在力所能及的范围内展开了对民间物质文化的收集、整理与研究工作。1941年12月，原在燕京大学社会学系任教的杨堃转到中法汉学研究所负责民俗学组的工作。作为民俗学专任研究员，他的日常工作是编写杂志论文之索引与提要和日报新闻之剪贴及编目，购买或抄录与民俗学有关的照片、拓本、书籍等，并在不长的时间里收集了大量的年画、纸马，后在此基础上举办了民间新年神像图画展览会。编印的《民间新

年神像图画展览会》图录在展览会期间发行，书中对民间宗教与纸马神像的关系进行了初步的探讨，也使该书有了超出一般展览图录的价值。在中法汉学研究所不定期出版的刊物《汉学》上，也能时常见到关于民间物质文化方面的研究文章。

第四节
真正受到重视的民间物质文化研究工作

抗日战争胜利之后，国民党统治集团在美帝国主义支持下，坚持独裁、内战和卖国政策，企图消灭中国共产党和一切民主力量，取消解放区，独占抗战胜利果实，继续维护其反动统治。中国人民解放军在中国共产党的领导下，在全国人民的支援下，经过 4 年多的艰苦奋战，取得了最后的胜利。回到人民手中的中国大地完全是一派新的气象，与其他各项工作一样，传统的民间文化艺术也受到各方面的重视。

1949 年，各地方的人民政府相继成立，在较短的时间内即着手开展了对所辖区域内传统民间文化艺术的调查研究工作。天津解放后，随部队入城的美术工作队便来到杨柳青镇拜访杨柳青年画的老艺人戴少臣，还走访了“泥人张”第三代传人张景祜等人，帮助他们解决生活和生产的问题。4 月 24 日，《人民日报》发表记者冯仲的《北平特种手工业恢复与发展中的一些问题》调查报道，对抗战前后北平特种手工业的品种、工厂、年产值、艺人以及存在问题进行了分析，引起了有关部门的注意。同年 7 月，中华全国文学艺术工作者代表大会在北平举行。会议期间举办的第一次全国美术作品展览会在北平艺术专科学校开幕，共展出 1943—1949 年间的美术作品 604 件，来自解放区的窗花、剪纸、年画等也参加了展览。同月，中央博物院在南京举办

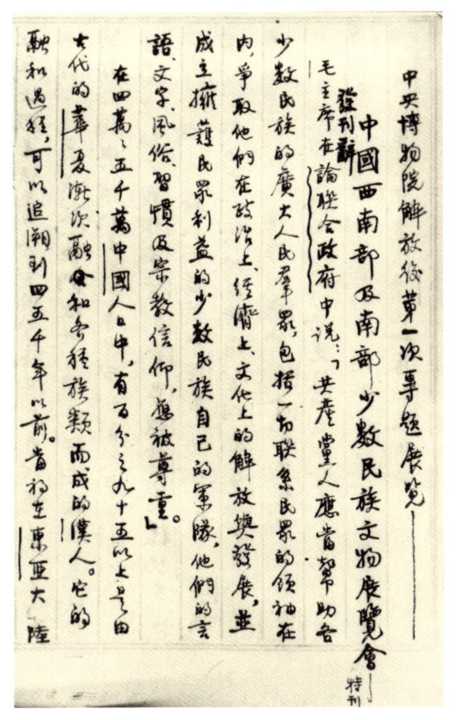

1949 年 4 月南京博物院曾昭燏院长为中国西南部及南部少数民族文物展览会之特刊撰写的序言手稿局部

1949 年 8 月南京博物院曾昭燏院长为西南气候、地理、医药卫生少数民族文字展览会之特刊撰写的序言手稿局部

了“中国西南部及南部少数民族文物展览会”，这是新中国成立后的第一个民族民俗文物展览，共展出“（一）贵州的苗人，（二）贵州的仲家，（三）云南的么些，（四）四川的倮儸，（五）四川的羌人，（六）四川西康的嘉戎，（七）四川西康的康巴，（八）海南岛的黎人（外有几件其他民族的东西，因不成系统，没有计算在内）”[111]等民族的文物 955 件。后又于 8 月 1—8 日举办了“西南气候、地理、医药卫生、少数民族文字展览”。举办这两个展览，是“按照毛主席的指示，要实现孙中山先生中国境内各民族一律平等的政策，要帮助各少数民族的广大人民为实现这个政策而奋斗，那我们必须对各少数民族，有深切的了解，有充分的尊重和同情”，“目的也是在使我们这些住在江南的人，对于我们远在边疆的兄弟民族，有较多的了解”，并且“可以与即将南进的解放军同志们和西南服务团及南下工作团的朋友们

一点些微的贡献”。[112]后在此展览基础上，选出中国西南部苗、纳西、瑶、傈僳、彝、羌等 8 个少数民族的 238 件文物，赴北京参加相关的民族民俗文物展览。在这一年中，先期迁至台湾的中央研究院历史语言研究所的专家们，开始了对台湾少数民族的调查工作。年底，上海的徐蔚南从其搜集的江南地区流传的花样中精选而编成的《剪画选胜》，由上海华夏图书出版印铸公司出版，郭沫若[113]、茅盾[114]、胡朴安[115]三人为之题词。由察哈尔文联收集、古塞和钱君匋[116]选编的《民间刻纸集》也由上海万叶书店出版，其中大部分为河北民间剪纸艺人王老赏[117]的作品。

开国大典举行过不久，毛泽东主席批示同意由中央人民政府文化部部长沈雁冰署名发表《关于开展新年画工作的指示》。[118]

文件指出，年画是中国民间艺术中最流行的形式之一。在封建统治下，年画曾经是封建思想的传播工具，自 1942 年毛主席在延安文艺座谈会上的讲话号召文艺工作者利用旧文艺形式从事文艺普及运动以后，各老解放区的美术工作者，改造旧年画用以传播人民民主主义思想的工作已获得相当成绩，新年画已被证明是人民所喜爱的富于教育意义的一种形式。现在春节快到，这是中华人民共和国成立后的第一个春节，各地文教机关团体，应将开展新年画工作作为今年文教宣传工作的重要任务之一。今年的新年画应当宣传中国人民解放战争和人民大革命的伟大胜利，宣传中华人民共和国的成立，宣传共同纲领，宣传把革命战争进行到底，宣传工农业生产的恢复与发展。在年画中应当着重表现劳动人民新的、愉快的斗争的生活和他们英勇健康的形象。在技术上，必须充分运用民间形式，力求适合广大群众的欣赏习惯。在印刷上，必须避免浮华，降低成本，照顾到群众的购买力，切忌售价过高。在发行上，必须利用旧年画的发行网（香烛店、小书摊、货郎担子等），以争取年画的广大市场。在某些流行“门神画”、月份牌画等类新年画艺术形式的地方，也应当注意利用和改造这些形式，使其成为新艺术普及运动的工具。为广泛开展新年画工作，各地政府文教部门和文艺团体应当发动和组织新美术工作者从事新年画制作，告诉他们这是一项重要的和有广泛效果的艺术工作，反对某些美术工作者轻视这种普及工作的倾向。此外，还应当着重与旧年画行业和民间画匠合作，给予他们必要的思想教育和物质帮助，供给他们新的画稿，使他们能够在业务上进行改造，并使新年画能够经过他们普遍推行。[119]

这一指示发布后，各地的美术家和美术院校师生纷纷到年画产地进行考察研究，并与年画作坊的民间画匠刻工合作创作新年画，绘制出大量新题材的画样。1950 年 2 月 17 日，中华全国美术工作者协会与新华书店总店主办的“1950 年全国年画展览会”在北京中山公园水榭开幕，展出来自 17 个地区的作品 299 幅，广泛收集观众的意见。3 月 2 日，在中央美术学院召开了年画座谈会，对新年画的内容和形式做了初步的探讨。同时，在上海和杭州等地先后召开了年画工作会议及年画出版会议，举办了年画展览。5 月，经全国文教委员会主任郭沫若、文化部部长沈雁冰等人审定，有 25 人获 1950 年新年画创作奖金。新年画运动有效地推动了年画的工作，客观上也使年画这一具有民族艺术传统并为广大人民喜爱的美术形式得以充分展示。此后，华东文化部和山东、江苏等省的文化部门分别派出年画工作队进驻山东潍坊杨家埠，江苏苏州桃花坞、无锡、扬州等年画产地，对传统年画的种类、画版的数量、刻印的工艺、艺人与店铺以及生产和销售进行大规模的调查研究，在此基础上举办了展览，并出版了多种关于年画的画册、著作。河南、湖北、广东、福建、山西、陕西等地的文化部门也对其所在地区的民间年画进行了调查摸底工作。对民间年画的调查、研究和改造工作积累了丰富的经验与资料，也带动了地方上对各个品类民间美术的调查、整理和研究工作。

为了更好地组织广大文艺工作者“搜集、整理和研究中国民间的文学、艺术，增进对人民的文学艺术遗产的尊重和了解，并吸取和发扬它的优秀部分，批判和抛弃它的落后部分，使有助于新民主主义文化的建设”[120]，经周扬[121]等人提议，中国民间文艺研究会于1950年3月29日在北京成立，设有民间文学、民间美术、民间音乐、民间戏剧和民间舞蹈等组别，是全国性的民间文化艺术综合研究机构。成立不久，便在全国范围内开始了征集民间文艺资料的工作，同时展开对民间文化的研究工作。在《民间文艺集刊》创刊号以及次年出版的2、3期上刊登的胡蛮[122]的《论民间美术的风格》、徐悲鸿[123]的《剪纸艺术家陈志农先生》、李松涛的《关于广东的民间文艺》和程砚秋、杜颖陶的《寒亭的年画》等文章，便是这一时期民间物质文化研究的成绩。其中，胡蛮的《论民间美术的风格》是中华人民共和国成立后第一篇论述民间美术的理论文章。文中强调："研究民间美术，不是为了孤立发展某种地方性的乡土美术，相反的，而是为了把民族美术更加丰富起来，充实起来。美术历史上已经证明，民族美术本来就是从各种优秀的民间美术集中起来、融合起来、发展起来的结果。”[124]文章还对民间美术的性质、源流、技术、风格以及雅与俗、内容与形式的关系等问题做了全面的、简明扼要的阐述。

设立国家文物事业管理局，表明了新生的人民政府对中国传统文化遗产有着足够的重视。为了纠正“过去反动统治时代往往官商勾结，盗运出口，致使我国文化遗产蒙受莫大损失”的现象，有力地保护祖国的传统文化遗产，中央人民政府政务院于1950年5月颁发了由国家文物事业管理局制定的《禁止珍贵文物图书出口暂行办法》。[125]文件中列出“建筑物及建筑模型和其附属品”“前代具有高度美术价值之绣绘、织绘、漆绘等”“具有高度艺术价值之浮雕、雕刻，宗教的、礼俗的雕像，以及前代金、石、玉、竹、骨、角、牙、陶瓷等美术雕刻”“具有历史价值之车、舆、船舰、马具、冠履、衣裳、带佩、饰物及织物等”“古代生产工具、兵器、礼乐器、法器、明器、仪器、家具、日用品、文具、娱乐用品等”项目，多数也是民间物质文化的重要品类。同年10月，在苏联莫斯科国立特列嘉科夫艺术馆举办的中国艺术展览会，是新中国第一个赴境外展出的大型展览，共有1200余件展品，许多是来自中国各地的传统民间工艺美术品。

对各兄弟民族物质文化的研究工作，基本上与中华人民共和国的文化工作同步进行。1950年8月，受中央人民政府文物事业管理局局长郑振铎委托，中央博物院曾昭燏[126]主持拟定了《中央民族博物馆筹备处对于国内各兄弟民族文物的搜集范围》[127]的文件，将中国少数民族的民族民俗文物分为8大类140多项，涵盖各民族的生产、生活、语言、社会组织、文化、艺术、宗教信仰、体质形态、自然环境等各个方面，并要求专业人员在征集民族民俗文物的过程中，“悉以各兄弟民族所特有为主，和汉人相同的东西，只宜择少数重要的和必需的搜集，着重搜集表现特别发明或有艺术价值的器物，注意表现兄弟民族的生活才能与知识”[128]。此材料对当时中国尚在起步阶段的民族民俗文物调查研究工作有着积极的指导意义。10月1日，由中央人民政府筹办的“国庆纪念·兄弟民族文物展览”在北京展出，展品主要来自各兄弟民族聚居地政府和各地博物馆以及一些大学。展览比较完整地反映了中国少数民族的社会生活面貌和文化传统。此前，由来自各地不同专业专家组成的大规模的中央民族访问团，分赴西南各少数民族聚居地进行调查访问工作，取得了很大成绩。历史、文物专家们在开展调查的同时，以比较科学的方法采集了大量的民族民俗文物，大大充实了各地博物馆和大学标本室的收藏。中央博物院派出的宋伯胤[129]等人，就收集了怒族、藏族、纳西族、彝族、傈僳族、撒尼族等少数民族的生活用具、公文板、溜板、经典、碑帖等文物近一百件带回南京。

按照党的“保护、发展、提高”的方针，各级政府有关部门通过访问民间艺人，组织改行转业和流散的手工艺人归队，挖掘、搜集民间工艺美术品，举办民间美术工艺展览会等一系列措施，使一些停产息业的工艺美术工厂、作坊得以恢复，一批濒临绝境的传统民间工艺美术品种得到新生。经文化部统一部署，各地文教主管部门陆续派出专业人员开始对各自所在地区民间文化资源进行普遍调查。1952 年，热河省在普查的基础上举办了民间艺术检阅大会，丰宁剪纸、承德皮影、年画等品种榜上有名。文化部还要求“各类艺术学院均必须注意与实际的联系，注意研究自己民族的艺术遗产”[130]。随后，中央美术学院、鲁迅文艺学院、西南人民艺术学院、西北人民艺术学院、华南人民艺术学院、中原大学文艺学院、中央美术学院华东分院等相关院校相继投入了民间美术的普查工作。1952 年 9 月，新成立的华东艺术专科学校美术系的师生开始对无锡地区的民间泥塑、纸马、纸牌、纸扎等民间美术品种进行全面调查，恢复手捏戏文泥塑。在此基础上筹备的惠山泥人展览会于 1953 年 2 月在无锡崇安寺小学展出。《新华日报》发表专文介绍，并刊登惠山泥人的图片。师生们后来又对苏州的刺绣、织锦、木版画、泥玩具等传统工艺美术进行考察，积累了一大批实物资料。在北京，中央美术学院实用美术系的师生还参加了为编撰《北京志》而进行的北京地区民间工艺美术情况的调查。1953 年 9 月 25 日，全国美术工作者协会全国委员会扩大会议在北京开幕。江丰在开幕式讲话中建议在全国美术工作者协会机关内设立三个委员会和两个工作部门，其中的民族美术研究委员会“是一个推动学习与研究民族古典美术和民间美术的工作部门。它应当与全国研究古典美术及民间美术的团体和个人发生经常的联系，从而发现问题，组织讨论，它应当举办有关民族美术的各种专门问题研究的报告和座谈，组织各种古典美术作品和民间美术作品的观摩、展览与编辑出版工作。它应当把对于民族美术的研究和学习，和我们现在的创作实践以及民间工艺美术的改进紧密地结合起来，使美术家在研究学习中，真正能够继承和发扬民族美术的优良传统，使我们的美术作品和工艺美术品，更能符合我国人民的需要”[131]。此后，全国美术工作者协会所属各地方分会在民族美术研究委员会的组织协调下，也开始组织美术工作者对地方的民间美术和工艺美术进行普查，收获颇丰。

一年多的普查摸清了民间工艺美术的基本状况，各地区的文教主管部门和大专院校搜集了一大批有着鲜明地方特色的、高质量的民间工艺美术品。

在此基础上，各大区的文化部门于1953年下半年先后举办了民间美术工艺品的观摩展览会，组织文化工作者和手工艺人进行观摩、研讨，部署下一步的工作。是年9月，华东军政委员会文化部在上海举行华东民间美术工艺品观摩会，共展出华东各省民间艺人精心制作的民间工艺美术品约3000件，后又从中选出剪纸、木雕、年画、印染、刺绣等优秀作品分门别类陆续出版。在其他地方，也采用多种方式举办了大大小小的关于民间工艺美术的展览会、观摩会和经验交流会。年底，由中央文化部和中国美术家协会主办的全国民间美术工艺品展览会在北京劳动人民文化宫开幕。“二十几个省、二十几个民族有展品参加。展品的种类中包括了陶瓷器、染织刺绣品、雕塑品、金属工艺品、漆器、编织物、年画、剪纸以及其他各种美术工艺品等”[132]1000多件。刘少奇、朱德、周恩来等党和国家领导人参观了展览。文化部的领导还邀请来自各地的著名民间艺人杜云松[133]、李芝卿[134]、刘传[135]、龚玉璋[136]、杨士惠[137]、张景祜[138]、潘雨辰[139]、吴龙发、汤子博[140]、陈铭和陈之佛[141]、沈福文[142]等18人到北京参观、交流经验，并与在京的工艺美术专家庞薰琹、雷圭元、张仃、张光宇、祝大年[143]、郑可[144]等举行了座谈，听取了对相关政策和恢复发展各地民间工艺美术的意见。在次年的《美术》创刊号上，刊登了全国民间美术工艺品展览会的部分作品。

全国民间美术工艺品展览会开幕之日，《人民日报》发表了庞薰琹的署名文章《巩固民间美术工艺的成就》。[145]在这篇文章中，身为中央美术学院实用美术系主任的庞薰琹对民间美术工艺的现状、源流、价值和美学观做出了较为客观的评价与论述。“从这些展品中，不但可以看出民间美术工艺的丰富，而且很清楚地可以看出它和人民生活的关系。无论衣着服饰方面、饮食用具方面、房屋家具方面、车船行装方面都是与民间美术工艺有关系的，很多东西一方面是实用的，同时有它的艺术性”，“即使是看起来很微小的一只碗、一块布、一件木器或竹器，它们在生活中间随时随地地鼓励了人民对生活的热爱，提高了人民对劳动的热情。这些民间美术工艺的创制就因为人民的物质上有这需要，在精神上也同样有这需要。四千多年来，点点滴滴地积攒起来，成为祖国文化中光辉灿烂的一部分”，“这些展品，非常明显地表现了中国劳动人民高度的智慧，无论任何材料，甚至于废料果壳，一到中国人民的手里，都能利用它来制成精美绝伦的器物。同时无论任何工具，一到中国人民的手里，都能随心所欲，发挥它的效用与性能，由此创造了各种不同的表现方法与表现形式”。文章还对民间工艺美术在未来社会中的维持、改造和发展以及艺人、设计、传承、归属等问题进行了探讨，是一篇重要的关于民间物质文化的文献。

第一个五年计划的实施进一步推动了文化工作的深入开展。1954 年 3 月 24 日，文化部召开第四次全国文化工作会议，确定了当时文化工作的方针、任务和 1954 年的文化工作计划，对民间文化艺术的调查、研究、保护和发展依然是文化部门的重要工作。会议闭幕之后，各地文教部门在继续抓好年画工作的同时，也开始了对其他品类民间美术工艺品的深入调查。新创刊的《美术》杂志在 1954 年陆续发表了蔡若虹[146]《年画创作应发扬民间年画的优良传统》、张文俊[147]《无锡惠山泥人艺术的改造问题》、张仃[148]《桃花坞年画》、于其灼《台湾高山族的艺术》、吴瑞忠《木偶雕刻家江家走及其雕刻艺术》、叶又新[149]《潍县民间木版年画的传统特征》等关于民间美术的文章。1954 年 4 月，南京市人民政府文化处根据华东军政委员会文化部关于“积极开展对民间工艺遗产进行挖掘、整理、研究工作”的指示，确定以南京著名的丝织工艺云锦为重点，组织技艺水平较高的云锦老艺人张福永[150]、吉干臣[151]和一部分美术工作干部成立了云锦研究工作组，对南京云锦进行有计划的艺术整理和研究工作，由陈之佛担任研究工作组的名誉组长，何燕明[152]任组长。同时进行的项目还有南京剪纸、灯彩、绒花等民间工艺的普查。6 月中旬，在无锡华东艺术专科学校的刘海粟[153]、臧云远[154]等人去宜兴考察蜀山紫砂茶壶的状况。8 月，中央美术学院张仃等人到苏州对桃花坞年画等民间艺术进行访问调查。1955 年春，在中国美术家协会天津分会的关心和倡导下，天津的老艺人们纷纷组织起来，先后成立了杨柳青年画社、“泥人张”彩塑工作室等艺术团体。另外，对“刻砖刘”“风筝魏”等民间艺术品类的发掘整理工作也开展起来。1956 年三四月间，中国舞蹈艺术研究会组成傩舞调查研究组，赴江西婺源、南丰、乐安、黎川、遂川 5 县 12 乡，在调查傩舞节目的同时拍摄了几百幅傩面具的照片。同年秋天，佛山市政府邀请广东省美协、群众艺术馆、广州美院、省出版社和广东画报社的专家杨秋人[155]、蔡迪支[156]、杨纳维[157]等人在佛山召开座谈会，研究抢救、恢复佛山民间木版年画的政策和措施。在这一年，陕西省西安美术学院工艺美术系的学生在王履祥[158]、郭金洲等老师的带领下对汉中地区的架花刺绣进行采风实习。在海峡的对面，凌纯声会同任先民等在 1956 年春季调查了台湾南部台东的新港、大武，屏东的枋寮、东港，高雄的红毛、茄萣，台南的安平等地的航海竹筏，年底又对五峰乡赛夏族的嚼酒资料进行采集。

调研的同时，各地的文教部门多次举办各种类型的专门展览，向社会推广、介绍传统的民间文化艺术，受到普遍欢迎。1954 年 5 月，江苏省美术馆开始筹备江苏省民间美术工艺陈列室。同月，浙江省群众艺术馆在杭州举办了浙江民间剪纸展览会，展出了来自浦江、永康、乐清、温州、金华、宁波、萧山、湖州等 20 多个县市民间艺人和群众创作的剪纸作品 170 余件。它们是从各地搜集的数千件剪纸作品中甄选出来的，显示了不同的风俗习惯和地方风格。由中国美术家协会举办的全国民间剪纸展览会于 6 月 19 日在北京故宫承乾宫开幕，共展出来自 18 个省市的 400 余件作品，受到观众的欢迎和好评。11 月，中央民族学院从其收藏的 700 余件高山族民俗文物中选出百余件举办了“台湾高山族文物图片展览”，展览内容有生产工具、生活用具、服装、雕刻以及高山族人民生活、生产情况的照片。为配合此次展览，10 月 17 日的《光明日报》发表了杨成志的文章《台湾高山族的物质文化》。1956 年 1 月 1 日，中国美术家协会在北京举办了西南地区少数民族图案展览会；2 月 5 日，又在北京王府井帅府园展览馆举办了新旧年画、民间玩具展览会，共展出新旧年画近 500 件。2 月 12 日，浙江民间美术工艺品展览会在浙江省博物馆展出，在 20 多个品种 669 件展品中，有青田石刻，东阳木雕，温州油泥塑和雕嵌，余姚、东阳、嵊县、绍兴的竹编，余姚的草编，黄岩、奉化的翻簧，杭州的丝绸、织锦，温州等地的刺绣，硖石、宁波的彩灯，浙江各地的剪纸、刻纸，龙泉的仿古瓷器，嘉兴、金华等地的蓝花布和彩印花布，少数民族的服装及装饰品等。展览期间，浙江省的文化局和手工业管理局还组织各地民间艺人代表观摩展览，举行座谈会。同年 5 月，福建省民间美术展览会在福州展出。与此同时，根据政务院总理周恩来的指示，从 1954 年 6 月开始，中国政府先后在捷克斯洛伐克首都布拉格、匈牙利首都布达佩斯、波兰首都华沙、保加利亚首都索非亚、缅甸首都仰光，以及苏联首都莫斯科和列宁格勒、里加、基辅等地，分别举办了中国工艺美术展览会或中国民间美术工艺品展览会，向各友好国家的观众介绍中国悠久的文化传统和精湛的民间艺术。

手工业社会主义改造的基本完成，有效地促进了工艺美术事业的恢复和繁荣，使历史悠久的民间工艺美术的保护和传承有了基本保障。1954 年 6 月，中共中央发布了《加强对手工业工作的领导》的指示，充分肯定了手工业在国民经济中的重要地位和作用。为贯彻落实中共中央的指示精神，北京市委于 8 月做出“罗致艺人，培养艺徒，从根本上保存技艺”的决定，组织专业人员对北京市的工艺美术行业进行调查，制定了保护民间艺人的具体办法和措施，授予技艺高超的 27 名艺人以“老艺人”的光荣称号，并对他们实行较高的工资待遇。在江苏省苏州、扬州等地，人民政府和文联的工作人员将为生活所迫而改行的民间艺人请了回来，建立民间工艺美术生产合作小组，帮助他们恢复生产。在福建省晋江等地，通过举办民间工艺美术展览的方式，先后恢复了彩扎、刻纸、料丝花灯、戏剧道具、刺绣、木偶等品类的生产。1954 年 11 月 10 日，国务院决定成立中央手工业管理局。随之，全国各地相继成立了各级手工业管理机构。12月12日，根据文化部和全国手工业合作总社筹委会的决定，中国美术家协会和北京市手工业生产联社成立了中国美术家协会美术服务部，组织收购各地传统的和恢复生产的工艺美术作品，又在北京团城设立全国工艺美术陈列馆，陈列经典作品供工艺美术工作者和民间艺人观摩学习与交流，也为国家进行国际经济文化交流提供出国展品和礼品。1956年3月5日，毛泽东主席在听取中央手工业管理局局长、全国手工业合作社联合总社筹委会主任白如冰[159]关于全国手工业合作化情况的汇报时说："手工业的各行各业都是做好事的。吃的、穿的、用的都有。还有工艺美术品，什么景泰蓝，什么'葡萄常五处女'的葡萄。""提醒你们，手工业中许多好东西，不要搞掉了。王麻子、张小泉的刀剪一万年也不要搞掉。我们民族好的东西，搞掉了的，一定都要来一个恢复，而且要搞得更好一些。""提高工艺美术品的水平和保护老艺人的办法很好，赶快搞，要搞快一些。你们自己设立机构，开办学院，召集会议。"[160]毛泽东主席的这一指示很快得到落实。不久，全国手工业合作社联合总社筹委会成立了工艺美术局，各地也成立了相应的管理部门。在北京、江苏、浙江、福建、湖南等传统的工艺美术产区，也按行业建立了刺绣、草编、麻帽、地毯以及特种工艺的专业联社。为了加强对传统民间工艺美术的研究和人才培养，许多地方组建了工艺美术的技艺研究、培训机构。福州市成立了工艺美术研究室，抽调了6名技艺优秀的老艺人和4名青年美术工作者从事脱胎漆器、寿山石雕、龙眼木雕、瓷雕等品种的创作设计和理论研究。在江苏省，南京云锦研究所、苏州刺绣研究所、南通工艺美术研究所相继成立，集中了各个地方的优秀民间艺人，对继承、保护和繁荣具有地方特色的民间工艺美术起到良好的促进作用。在广州，以收藏、研究和展览广东地区为主兼及全国各地历代民间工艺品的广东民间工艺博物馆于1957年开始筹建，后于1959年正式开馆。

由文化部和中央手工业管理局共同筹办数年的中央工艺美术学院于1956

年 11 月 1 日正式成立。作为培养工艺美术优秀人才的高等学府，建院初期即建立了“泥人张”“面人汤”等民间工艺美术的创作室，从而使中国优秀的民族传统艺术和民间工艺美术纳入高等教育教学体系。浙江美术学院为了满足浙江各地和其他地区民间工艺美术行业的生产发展需要，提高民间艺人的理论素养和创作水平，继承和发扬民族传统，于 1958 年 8 月开设民间艺人训练班。教学工作由民间艺术研究组的教师担任，学员由青年学徒和有经验的艺人构成。青年学徒的培养目标是基本上能掌握本行业的创作设计，有较熟练的艺术品创作能力，其对象为有一年以上工龄的在职学徒。第一期学员 30 人，学习内容有青田石刻、东阳木雕、黄杨木雕、瓷雕、彩塑、脱胎漆塑等，修业时间为两年。有经验的艺人是指在职的有 10 年以上工龄的优秀艺人，主要是为了提高艺人的政治与文艺理论水平和造型创作能力，以期解决生产实践中存在的实际问题和方向性问题。第一期招收学员 15 人，学习内容有青田石刻、寿山石刻、石刻镶嵌、东阳木刻、黄杨木雕、龙眼木雕、龙泉仿古瓷、景德镇彩瓷雕、惠山泥塑等，进修时间为半年，在教学上主要采用师傅带徒弟的方法，有针对性地教学。受江苏省手工业管理局的委托，南京艺术学院分别于 1958 年、1962 年开办了两期以发展江苏地方工艺美术为主旨的工艺美术专修科，分设工艺雕塑、工艺织绣两个专业班，招收有实践经验的、具有初中以上文化程度的学员。在大部分条件成熟的省、市，还开办了工艺美术技工学校，培养了大批人才。多种方式和多个渠道的人才培养，使得传统民间工艺美术的发掘、整理、保护、继承有了专门人才。

参照苏联博物馆建设经验，文化部于 1953 年 10 月 24 日决定在各省建立地志性博物馆。在中央文物事业管理局的指导下，全国的省级博物馆在两三年中先后建立起来，有条件的省、市开始着手筹备陈列展览。按照地志性博物馆的陈列要求，安徽、湖南、浙江、山东、云南、河北、四川、辽宁等地的省级博物馆开始有计划地对本省境内的民族民俗文物进行调查和征集。“浙江省博物馆由专人负责，征集到大量民俗文物，主要是工艺品和畲族文物。”[161]湖南省博物馆在征集民族民俗文物的过程中，意外地征集到湖南籍画家齐白石青年时代的木雕作品。安徽省博物馆则高质量地征集到徽州砖雕、石雕、木雕和胡开文墨庄的墨模等民俗文物。为了介绍民间木刻艺术的成就，上海博物馆在 1954 年中分别通过江苏苏州、扬州，山东潍县，天津，福建漳州，以及安徽、四川、贵州、湖南、广西、广东等地的文教部门和美术家协会征集各地的年画作品，从中选出包括新年吉庆、风俗时事、故事戏文、风景花果、仕女娃娃等内容的传统木版年画 230 余幅，于 1955 年 1 月 24 日起举办“民间木刻年画”展览。全部展品按形式种类分成“农历图”“门屏”“堂画”“鹞纸、走马灯”“连续故事画”“牛印”“神像、纸马”“花纸、挂乐”八大类展出。当年的春节期间，江苏省博物馆筹备处也联合南通博物苑在南通市人民公园举办刺绣展览，后又于当年 10 月在苏州市东北街太平天国忠王府旧址举办江苏省民间美术工艺品展览会，并于 1957 年春节期间在苏州市狮子林举办了“苏州桃花坞木刻年画”展览。

值得一提的是南京博物院的民族民俗文物工作。20 世纪 50 年代初，中央博物院更名为“南京博物院”后，虽然性质、任务和工作范围在不断变化，但其基本建制没有变，科学研究的方法没有变，民族组等机构被保留下来。在院长曾昭燏的指导下，民族、民俗文物的工作依然能够顺利开展，并取得了很大的成绩。南京博物院的“民俗工作，以东南地区资本主义萌芽和海外交通问题为中心来做，同时注意有关这个地区人民（包括少数民族）生产、生活等方面实物材料的调查、采集和研究”[162]。在 20 世纪 50 年代，南京博物院民族组曾对苏州及洞庭东山的明清家具、扬州的髹漆和琢玉等手工业历史、南通的棉纺织业历史、

1955 年江苏省民间美术工艺展览招贴

江苏省博物馆筹备处举办刺绣展览招贴画

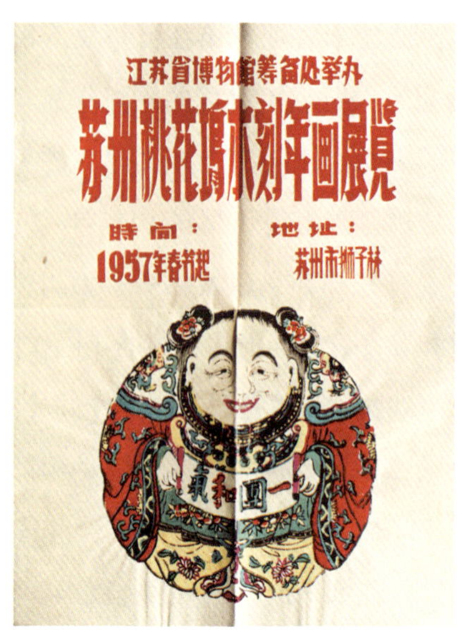

1957 年江苏省博物馆筹备处举办苏州桃花坞年画展招贴画

宝应的渔业历史资料进行过调查，对上海、南通、如皋、扬州、镇江五地的清末造钟手工业进行过调查，对苏北的古代车轿、贾汪煤矿生产工具、淮北盐场盐业生产工具、西连岛渔业生产工具、洪泽湖渔业生产工具、淮安农具、苏北河湖船进行过调查，还曾组织专业人员去徐州、淮阴、盐城、扬州四地征集矿工用具、烧盐工具和农具。十年中，征集到相关文物数百件，科学地复制出清末民初江苏内河盐船模型，并利用这些民族民俗文物举办了“清代丝绣品展览”“南京乡土历史展览”“扇子展览”“江苏丝绣品展览”“年画展览”等一系列的展览。国家行政区划的调整，使南京博物院成为华东地区的历史艺术中心博物馆。为支持兄弟博物馆的建设，根据上级有关部门指示，南京博物院曾将 1000 多件民族文物拨交故宫博物院，将四川的 282 件民间手工业工具拨交给四川省博物馆，对余下的民族民俗文物也没有采用通常的剔除办法，而是将其妥善地保存起来。曾昭燏一贯提倡采用多学科的综合研究方法开展博物馆的民族学和民俗学工作。在其指导下，南京博物院的研究人员在专业报刊上发表了大量的论文和田野工作报告，有的还结成专集出版，其中较为引人注目的有：陈克猷[163]的《藏民的婚姻与家庭》《彝族及其阶级制度》（1950）；梁白泉的《民族学资料调查大纲（初步意见）》（1957）；宋伯胤的《苏州公所简目》《苏州拓片简目》《苏州手工业档案简目》（1957）、《苏州清代织署调查简报》《清末南京丝织业初步调查》《清代公所调查》（1958）、《清代末年南京苏州造钟手工业调查》《盛泽丝织业历史调查随笔》《苏州丝织业历史调查》（1960）；吴有常[164]的《清末扬州造钟手工业调查》（1960）；陈炽的《家具探源》《几说——古代家具浅说》（1960）；郭翰编著《苏州砖刻》（1963）等。受华东军政委员会文化部的委托，南京博物院于1956年8月开办考古及民俗工作人员训练班，学期一年。华东五省区的在职文博干部19人和学员30人参加学习，开设的课程有考古、民俗、博物馆、历史等。这些受过培训的学员回到工作岗位后，多成为民族民俗文物工作的骨干。

全国性的民族调查、识别工作是从1954年开始的。取得了初期的成果之后，由全国人民代表大会常务委员会民族委员会筹备，又于1956年夏天开始了全国性的少数民族社会历史调查研究工作，其目的在于“抢救少数民族中已经和正在消失的前资本主义生产形式和社会情况资料”[165]，也包括各少数民族的民俗文物。这次大规模的全国少数民族社会历史调查研究工作以工作队的形式进行，下设内蒙古、新疆、广西、宁夏、西藏、云南、贵州、四川、广东、青海、甘肃、吉林、辽宁、黑龙江、湖南、福建16个调查组，每个调查组又分为若干小组，每一小组约有10人，先后总共动员了1000多人。参加工作的成员，有来自全国各地高等院校、中国科学院社会科学部的专业人员和语言工作者、考古工作者、历史工作者、文艺工作者及其他科学工作者，还有一部分民族学和社会学专业的教师与学生。

前后将近10年的大规模调查研究工作取得了丰硕成果，“不仅对党和国家把握中国多民族的国情实际、进行民族识别、推行民族区域自治制度和制定各项民族政策发挥了极其重要的作用，而且以十分丰厚的资料和规模庞大的著述，促进了中国民族研究各学科的发展”[166]，也有效地带动了民族民俗文物工作的开展。由民族调查工作队收集到的民族民俗文物极大地充实了各地博物馆的馆藏，有的还填补了民族民俗文物藏品的空白。一些有条件的民族地区的文教部门设立了民族文物陈列室。各地民族院校为配合教学和科学研究工作，也于20世纪50年代中期开始动员师生对所在区域的民族民间艺术和物质文化进行调查与收集，并在此基础上建立了民族民俗文物陈列馆（室）。中央民族大学、中南民族学院、云南民族学院、西南民族学院等的博物馆均在此先后成立。1958年年底，中央民族学院分院（武汉）中文系、艺术班师生组织了土家族文学艺术史调查队，于湘鄂西一带进行搜集和调查工作，由美术组专门搜集的有关“土花铺盖（西兰卡普）”的图案和资料共有60多种，经过整理选编成《土家族彩织图案选集》出版。1959年6—11月，文化部派出西藏文物调查小组赴拉萨、山南、日喀则等地区进行民族文物调查。1961年秋天，中国历史博物馆宋兆麟等人受国家文物局委派，赴内蒙古自治区鄂伦春族自治旗阿里河等地，“挨门逐户参观，收购狩猎文化的文物，共搜集九百多件，其中的猎具、桦皮工艺、萨满服装、法器等都是比较珍贵的”[167]。回到北京后，他们用这些文物筹办了“鄂伦春族狩猎文物展览”。1962年，宋兆麟等人组成的调查小组到云南省西双版纳的景洪、勐海、勐腊、孟连四县进行民族民俗文物征集工作，前后时间达“一年之久，共搜集近万件文物，其中有不少珍品”[168]。后又到泸沽湖，“从物质文化入手调查”，“对当地的生产工具、服饰、艺术、达巴教、喇叭教也做了专题调查”，“在永宁共搜集二三千件文物，最后用四十头骡子驮出来的”。[169]

毛泽东主席在1956年1月25日召开的最高国务会议上提出：“我国人民应该有一个远大的规划，要在几十年内，努力改变我国在经济上和科学文化上的落后状况，迅速达到世界上的先进水平。”[170]随后，中国各行各业分层分级开始了制定规划的工作。最先完成的是由国务院直接领导、组织全国757位科学家参加制定、历时7个月后完成的《1956—1967年科学技术发展远景规划纲要》草案。由杨成志（执笔）与潘光旦[171]、吴文藻[172]共同编制的《中国民俗学十二年远景规划》也在1956年冬完成。编制这个规划的“目的在促进扩大民俗学的纵横研究，希冀直接和间接地有利于社会主义文化建设”[173]。这个规划受到各有关部门的重视，并开始组织哲学社会科学研究机构和大专院校的有关人员实施。在这个规划（三）的“民俗丛书汇编”中，列出的《历代服饰的研究（加图谱）》《居住的民俗研究》《交通工具船车桥梁等民俗的研究》《年画的来源与发展的研究》《民间绘画的研究》《民间雕塑的研究（如木刻、竹刻、剪纸等）》《儿童玩具与游戏（带图）》等著作，皆与传统的民间物质文化直接关联。与规划中列出的其他著作一样，基本上到20世纪60年代中期便已完成资料的准备工作，某些专题的部分阶段性成果亦已正式出版。

由于种种原因，“轻视、排斥和粗暴地对待民族传统，仍然是目前文艺界一个主要的错误倾向”[174]。这样的情况也引起高层领导的注意。1956年8月24日，毛泽东在会见中国音乐家协会负责人时谈道，文艺工作“应该越搞越中国化，而不是越搞越洋化。这样争论就可以统一了。要反对教条主义，反对保守主义，这两个东西对中国都是不利的。学外国不等于一切照搬。向古人学习是为了现在的活人，向外国人学习是为了今天的中国人”，“手工艺的事情，请美术家请不到。对中国民间艺术看不起，这是个兴趣问题。应该逐步地引起他们的兴趣。可能一时说不通，要长期说服”。[175]在一些地方，甚至“制定了一系列的清规戒律，变相地或公开地禁止民族民间文学艺术的传播和限制或打击民间歌手和艺人”，致使许多民间艺术形式“由于不敢传播也失传或快要失传了”。[176]针对如此严重的“轻视民间艺人和民间艺术”的情况，《人民日报》于1956年10月2日发表了《重视民间艺人》的社论，指出：“只有充分地重视这支艺术队伍，加强对于他们的领导和安排，帮助他们提高思想觉悟和艺术质量，发挥他们的积极性和特长，才能更好地继承和发扬祖国的艺术遗产，繁荣和发展我国的艺术事业，满足人民日益增长的文化生活的需要。”[177]只有民间艺人受到保护和尊重，才能确保民间文化艺术的继承、发展和繁荣能够顺利进行。1956年在组建各省、区、市的群众艺术馆时，文化部亦明确规定搜集、整理、发掘、展示各地区的民间美术，是各级群众艺术馆的主要任务。1958年7月9—17日，中国民间文艺研究会在北京召开了第二次全国代表大会，制定了对民间文化艺术进行“全面搜集、重点整理、大力推广、加强研究”的16字方针。8月2日，《人民日报》发表了《加强民间文艺工作》的社论，回顾了1949年以来民间文学艺术工作的历程，总结了前一阶段的工作，最后强调指出：“我国各个民族、各个时代的民间文艺宝藏是我国民族文化中的一宗财富，它的价值是无可估量的，它对于世界文化来说，也是极其珍贵的”，因此，“除了民歌民谣以外，民间故事、说唱、戏曲、工艺美术、绘画、雕塑、音乐、舞蹈等所有民间文学艺术，也都必须加以重视，全面地加以搜集整理和研究。各地各有关部门必须做出规划，进行这个工作”。[178]不久，河北省文化部门派出由专业人员构成的工作组对古老的武强年画进行考察、调研、创新和整理，一年多之后，于1963年3月在天津美术学院举办了武强年画观摩展览，共展出传统的武强年画约1000种。1961年4月起，云南省群众艺术馆的工作人员组成民族民间工艺美术搜集小组，深入玉溪、峨山、楚雄、大姚等少数民族地区进行了两个多月的调研，搜集到彝族11个支系的包括刺绣、银饰、剪纸、石刻、竹雕、木雕在内的各种实物，对一些当时无法带走的民间艺术品也做了记录，并对之进行临摹和摄影。在山东、四川、江苏、河北、天津等地，文艺工作者也开始对当地的民间工艺美术品进行普查和收集。

经过一段时间的纠正和调整，全国各地对民间文化艺术搜集、整理和研究的工作又重新开展起来，在原有调查研究工作的基础上经过补充和完善，一大批研究成果在两三年中得以出版。其中，关于民族民间物质文化方面的著作、画册有：《巧夺天工》（中华全国手工业合作总社编）、《中国刺绣工艺》《地毯工艺》（轻工业部工艺美术局编）、《北京工艺品》（北京市工艺美术研究所编）、《福建木雕木画集》《寿山石雕》（福建省手工业管理局主编）、《棉织》《纺织》《挑花》《湘绣》《剪纸》（湖南群众艺术馆编）、《京剧版画》《杨柳青年画资料集》（王树村编）、《藏族木刻佛画艺术》（文金扬编）、《安徽铁画》（安徽省博物馆编）、《福建剪纸》（福建省文化局编）、《剪纸》（福建省龙溪专区群众文艺创作委员会编）、《黑龙江民间剪纸选》（黑龙江省群众艺术馆编）、《吉林民间剪纸》（吉林省群众艺术馆编）、《广东民间剪纸》（中国美术家协会广州分会编）、《民间剪纸》（王子淦作）、《浦江民间剪纸集》（陈元作）、《陕西民间剪纸》（陕西省群众艺术馆编）、《湖北民间雕花艺术》（中南人民文艺出版社编）、《河南剪纸选集》（河南省群众艺术馆编）、《皮影戏艺术》（虞哲光编著）、《江加走木偶雕刻》（江加走制作）、《江西古典戏曲脸谱选集》（江西省戏曲学校编选）、《湖南民间蓝印花布图案》（粟千国编）、《丹寨苗族蜡染》（贵州省群众艺术馆编）、《川西民间挑花图案》（邓欤编）、《合肥挑花》（张志编）、《宫灯》（建筑工程部建筑科学研究院编）、《泉州绸扎》（陈天恩作）、《苏州彩绘》（苏州市文管会编）、《青海民间建筑图案》（朱沙、任峻编）、《西北少数民族图案选集》（陕西省博物馆编）、《敦煌壁画服饰资料》（潘絜兹编绘）、《唐宋铜镜》（沈从文编）、《广东枫溪通花雕塑》（广东省轻工业厅枫溪陶瓷研究所编）、《唐宋陶瓷纹样集》（陈石濑编）、《宋代民间陶瓷纹样》（曹克家、王书文作）、《明代民间青花瓷画》（王志敏编）等。1956 年，由文化部选送的湖北省黄梅挑花在波兰举办的社会主义国家造型艺术博览会上获金奖；1957 年，陕西省的万花泥塑在莫斯科举办的工业美术品博览会上获奖。1958 年 11 月 1 日，蒙古人民共和国民间图案展览会在北京开幕，共展出剪纸、马具、建筑、日用品等民间图案 183 幅；1959 年 10 月、11 月，苏联各民族实用艺术和民间工艺展览会分别在北京和上海举办。友好国家在民间文化方面取得的成功经验为我们的工作提供了有益的借鉴。

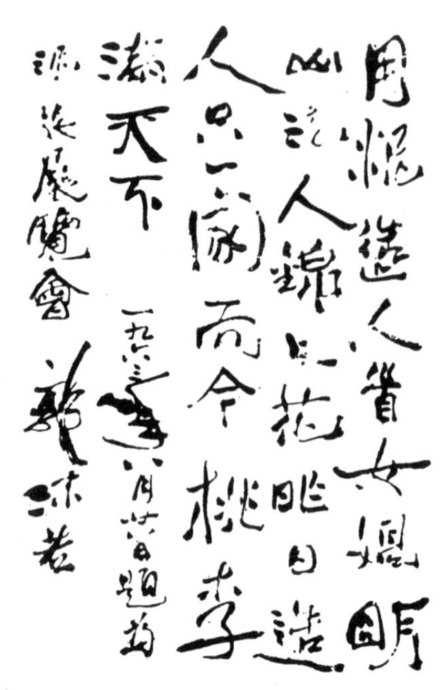

郭沫若 1963 年 8 月 28 日为天津“泥人张”题词

进入 20 世纪 60 年代，由于泛政治化和自然灾害的影响，许多文化工作暂缓甚至停顿下来，即使依然在进行的，也因经费等原因规模缩小了许多。在民间物质文化的调查和研究方面，虽然田野调查的次数有所减少，但研究工作的质量却有所提高，出版了《民间画工史料》（秦岭云著）、《中国版画史》（王伯敏著）、《中国版画史略》（郭味蕖编著）、《桃花坞木版年画》(刘汝醴、罗赤子著)、《民间木版年画选》（王角编）、《杨柳青红楼梦年画集》(阿英编)、《中国印染史话》（黄能馥编）、《苏州刺绣图案》(苏州市工艺美术研究所编)、《民间玩具制作法》(李子潜编)、《惠山泥人》（柳家奎编）、《无锡惠山彩塑》（徐沄秋、吴山编）、《南通刻纸》（邱丰著）、《苏州砖刻》（郭翰编）、《新疆维吾尔自治区民间建筑图案》（新疆维吾尔自治区文化厅编）、《家具工艺》（谈仲萱、罗无逸编著）等资料研究性著作。另外，中国美术家协会与各地的文教部门协作，在国内外举办了一系列有一定规模和质量的展览会，影响较大的有“年画展览会”(1960 年 1 月)、“云南少数民族服装饰物及青海藏族图案观摩”(1960 年 2 月）、“贵州民族民间工艺美术展览”（1960 年 6 月）、“民间玩具展览会”（1961 年 2 月）、“浙江剪纸展览会”（1963 年 1 月）、“天津‘泥人张’彩塑艺术展览”（1963 年 8 月）、“陕西户县农民画展览会”（1966 年 1 月）等，受到专业人员和广大群众的好评。时任中国科学院院长的郭沫若在参观了“天津‘泥人张’彩塑艺术展览”后为之题词：“用泥造人首女娲，明山泥人锦上花。昨日造人只一家，而今桃李满天下。”

“文化大革命”爆发后的10余年中，全国的文化工作乃至民族民间物质文化的调查、研究工作几乎完全停止。

第五节 民间物质文化研究工作的全面展开

民族民间物质文化的研究及其相关工作的恢复是从传统工艺美术的再次被提倡开始的。1972年3月，国务院副总理李先念在全国出口商品生产工作会议上的讲话中指出：“手工业受极‘左’思潮的影响，很多改行转产了。资本主义发达的国家，把手工业搞绝种了，发展中国家（如非洲一些国家）又搞不起来。我们国家有条件，又有传统，又有人，在这方面没有人能同我们竞争。”[179]4月9日，周恩来总理在广州接见广州出口商品交易会代表时指出：“中国人民有传统的手工艺，要保持自己的特点，木刻、象牙雕刻这些好的传统东西很难学，带徒弟要好多年才能培养出来。这些东西没有人与我们竞争嘛！但是，都被极‘左’思潮打掉了。手工艺要大提倡，今年开始，每年都要提倡。手工艺是群众的智慧，是劳动人民的最大才能。”“手工艺大有前途，应该把它搞上去。”[180]遵照中央领导的指示，轻工业部、外贸部于1972年9月开始在北京民族文化宫举办了“文化大革命”以来的首次全国工艺美术展览会，有二万七千多件作品参加，其中大量的是各地的民间工艺美术品。1973年4月，国务院以国发（1973）46号文件的方式向全国批转了轻工业部、外贸部联合报送的《关于发展工艺美术生产问题的报告》。文件明确了工艺美术发展的方针、政策、任务和措施，并从资金、物资、设备等方面做了安排。此后，各地的工艺美术研究和生产机构陆续恢复。

由于“四人帮”的阻挠破坏，国务院的46号文件虽然未能得到全面的贯彻和落实，但许多基础工作已在着手进行，传统题材的民间工艺美术品开始出口，与国外的交流也在小心翼翼地进行。1974年8月22日至9月4日，“罗马尼亚民间艺术展览”在北京民族文化宫展出，展出作品157件；1976年1月23日，轻工业部、外交部向国务院报送《关于应邀派观察员参加第七届世界手工艺大会的请示》，国务院领导批示同意后，由轻工业部、外交部组建了观察员小组方能够成行；1978年9月11—15日，中国观察员小组参加了在日本京都举行的第八届世界手工艺大会；1980年7月25日至8月2日，由中国工艺美术学会派出的观察员小组再次赴奥地利维也纳参加第九届世界手工艺大会。

到了20世纪80年代，随着中国共产党的十一届三中全会制定的各项方针政策的全面落实，政治上的禁区逐渐打开，社会主义文化建设的深入发展，中国的思想界和文化艺术界出现了异常活跃的景象。甘肃省文化局和中国民间文艺研究会甘肃分会的同志冲破多重禁区，于1980年10月16日发出《征集各民族民间文学和民俗资料的联合通知》，在甘肃省境内征集“有关各民族人民风俗习惯的记录和能够反映某个民族或某个地区独特习俗的实物”以及“民间文学与民间习俗的调查报告和工作情况的报告”。11月，黑龙江海伦县文化馆组织人员深入当地农村，拜访民间艺人，收集、整理民间剪纸，仅7天时间就搜集了150多幅传统的剪纸作品。同月，江苏省南通市工艺美术研究所民间工艺研究室在南通市科学技术协会的支持下，开始对南通地区的民间工艺美术进行全面普查。在全国的大部分地区，多个学科的专家、学者、艺术家出于“弘扬民族文化、提倡爱国主义”的目的，结合着各自学科发展，在对民族民间文化艺术进行调查、搜集、整理、展示、借鉴等实践活动的同时，重新对传统民族民间物质文化各个方面的理论问题进行了认真而又深入的研究和探讨，取得了很大进展。1980年夏日，在北京的一次美术界座谈会上，人们注意到“有些地方的民间艺术处于灭绝的边缘或已经灭绝了，急需采取有效措施加以挽救和恢复，希望有关领导部门重视这一工作”[181]。尔后，美术理论家们在讨论中国绘画等问题时，认为“中国美术的民族传统有三支：民间、宫廷和文人。唐以前，民间传统为主流，宋以后，文人传统为主流。但一切宫廷和士大夫的美术，都源自民间艺人的创造”，然而，“无比丰富的多彩的民间美术，在封建和半封建社会，一向被蔑视或践踏。建立在等级制度基础上的旧的雅俗观念，文人艺术家对民间美术艺术创造的无知（彼此被隔离），加上种种偏见、成见，许多奇异的民间美术之花自生自灭，难以传播。而随着社会生产结构的改变，民间美术曾赖以存活的个体劳动方式不复存在，出现了作品销迹、艺人谢世、技艺无传的严重情况。鉴于此，要呼吁抢救民间美术遗产、筹建民间美术博物馆”。[182]这样的讨论和呼吁在当时各地的多个座谈会、研讨会上均有所闻，提出的问题和观点显然是超前的，虽然由于种种原因没有能够得到完全解决，但却有着重要的意义和深远的影响。从1982年开始，中国美术家协会主办的《美术》杂志专门开辟了“中国民间美术”专栏，介绍中国各地区的民间美术和民间工艺作品，并且与《美术研究》《美术史论》《新美术》《艺苑》《美苑》等杂志相呼应，发表了大量关于民间美术的理论探讨文章，掀起一个学习、研究民间美术的高潮。不久，很有特色的贵州学习民间工艺美术展览会在北京展出，受到艺术家和学者的好评。引起人们关注的是，“它在某些方面具有指引方向的意义，即我们的美术应向民族、民间学习，这样才能根深叶茂”[183]。1982年5月14日，文化部批复同意中国美术馆《关于筹建中国民间美术博物馆的报告》，成立筹备小组开始工作。

南京博物院民族部工作人员在江苏吴县调研　1982年

在整个20世纪80年代，中国各地的文化、教育、文物、工艺美术等部门举办了大量的民间美术和民间工艺美术展览。这既是对过去调查、搜集、整理工作的回顾，也是对全社会进行的传统民间文化艺术和知识的普及，其数量之众、门类之博、质量之高均是前所未有的，从而有效地促进民间文化艺术多个方面的工作。最先在北京举办的大型展览是轻工业部工艺美术总公司在北京民族文化宫举办的全国民族民间工艺美术展览会，从作品到陈列均给人以清新的感觉，其总体规划和设计由工艺美术家廉晓春[184]担任。展览共分 11 个部分，展出民族民间的生活用品和反映民俗生活的各种工艺品近 3000 件，还有不同用途、不同民族风格的室内环境设计。从 1981 年 5 月 15 日开幕到 6 月 30 日结束，每天观众人流如潮。《中国工艺美术》杂志创刊号发表了该展览的部分作品。同时在北京民族文化宫展览的还有由国家民族事务委员会和民族文化宫联合举办的全国少数民族服饰展览会。此后的几年中，青海、陕西、河北、河南、云南、贵州、湖南、湖北等地区的民间美术在当地展览取得成功之后，纷纷进京展出，并且举办了各种形式的研讨会和座谈会。这些展览会受到广大观众的好评，给人们留下了深刻的印象，也引起在北京的文化人的极大兴趣。许多文艺理论家和学者纷纷在《文艺研究》《美术》《光明日报》等报刊上撰文，在发表自己观感的同时，也对民间美术的理论问题进行了深入的讨论。似乎是为了与中国的民间文化热潮相呼应，法国的法中友协于 1981 年 4 月 3 日至 6 月 27 日在福尔内图书馆也组织了一个名为“中国节日的传统艺术”的展览，共展出中国民间木版画和剪纸等作品 100 件左右。

在海峡的对面，一批对中华传统文化有着浑厚感情的学者也对当地的民间传统物质文化的生存状态给予了特别的关注。1980 年前后的台湾，“人人都知道今日的‘民俗技艺’已非昔此，其没落衰飒的情况，恰如夕阳在望。其所以没落衰飒的原因，也人人都知道一则由于曾挫折于日本人对台湾的高压统治，企图根绝台湾的中华文化，禁止台湾本土艺术活动；再则由于近数十年来台湾社会由农业进入工商业，新娱乐媒体崛起与生活环境变迁”[185]。

逐渐"西化的结果，使社会结构及农村结构产生很大的变化。虽然光复后某种手工艺，如竹艺，一时有兴起的模样，但却因为半手工代替手工，及工业化所带来的塑胶产品大量充斥市场，手工价格遇低，不足糊口，而使传统手工艺逐渐被淘汰，宗教信仰类的手工也出现机械印刷出来的现代纸钱。这一切象征传统手工的'尊古法制'几乎成为过去"[186]，"我们的文化遗产在现代反传统和慕西化的双重打击下，已没有多少剩下来了"[187]。面对这样的形势，在从事专业工作的学者和有识人士的呼吁下，社会的多个方面和有关主管部门开始了抢救和保护民间文化艺术的行动。1979 年 1 月，由民族音乐家许常惠[188]教授发起成立中华民俗艺术基金会；翌年 6 月，由企业家施合郑先生捐资成立施合郑民俗文化基金会。在学者专家的支持和帮助下，这两个基金会"对于民俗技艺的维护发扬与调查研究可谓不遗余力，而且卓有成绩"[189]。中华民俗艺术基金会举办了大量有影响的学术活动，出版了相关的论文集和图册；施合郑民俗文化基金会出版的《民俗曲艺》杂志，成为研究民间文化的重要阵地。1980 年 2 月，有关主管部门委托台湾大学等 7 个学术团体和相关研究单位，以 3 个月时间对台湾地区的民俗技艺进行初步调研。是年 7 月，台湾大学人类学系和台湾政治大学边政研究所正式接受委托进行为期 3 年的"中国民间传统技艺与艺能"调查和研究。台湾大学人类学系负责工艺和地方戏曲，于 1982 年 11 月出版《中国民间传统技艺访查报告》，1983 年 12 月出版《中国民间传统技艺与艺能调查研究报告书》；台湾政治大学边政研究所负责民间音乐、说唱、杂技和大陆地方戏曲的调查研究，于 1984 年 5 月出版《中国民间传统技艺调查与现况》和《中国民间传统技艺论文集》。1986 年 4 月，台湾政治大学边政研究所提交《中国民间传统技艺第四年度研究计划报告》和《中国民间传统技艺人才现况调查初步电脑资料整理》。同年 6 月，台湾大学提交《中国民间传统技艺与艺能调查研究第四年报告书》。此项计划后又被延长至 10 年，先后共提交报告书 15 篇。1981 年 7 月，台湾艺术专科学校接受有关主管部门委托进行"台湾艺术专长人才"

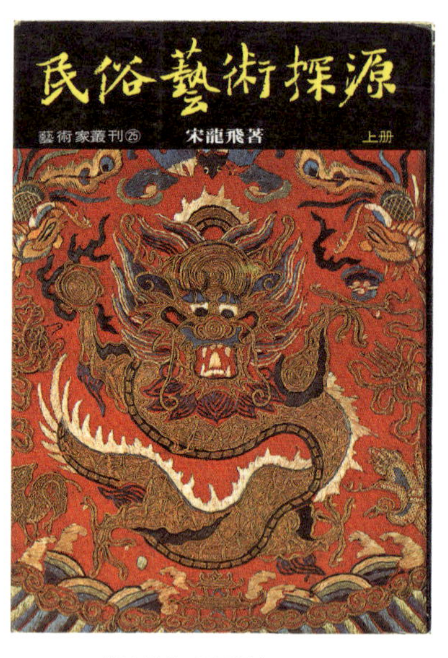

《民俗艺术探源》 1982

的调查，在此基础上于翌年7月出版了《台湾艺术专长人才名录》和介绍70位民间艺人的专辑。在台湾各地的文化中心，还专门设立了“中国家具博物馆”（桃园县）、“客家文物馆”（苗栗县）、“台湾戏曲馆”（宜兰县）、“竹艺博物馆”（南投县）、“台湾寺庙艺术馆”（云林县）、“台湾民间传统艺能馆”（台南县）、“皮影戏馆”（高雄县）、“台湾排湾族雕刻馆”（屏东县）等一大批以民间传统物质文化为主要陈列内容的特色艺术馆。台湾的学者在进行田野调查和历史考察的基础上还出版了《中国民间艺术》（李凤行著）、《中华民俗文物》（皇甫宝云、柯淑沁编著）、《民间美术巡礼》（庄伯和著）、《民俗艺术探源》（宋龙飞著）、《台湾早期民艺》《台湾神像艺术》《台湾宗教艺术》（刘文三著）、《台湾民间艺术》（席德进著）、《中华传统民俗技艺·捏面人》（施教镛著）等著作及一批画册。《汉声》《大地地理》《艺术家》《台湾风物》《鹿港风物》《民俗与信仰》等杂志也以较大篇幅介绍了中国传统的民间物质文化，受到人们的普遍欢迎。另外，从小学到大专院校都将民俗技艺纳入其课外活动。台湾艺术专科学校则将民俗工艺设为课程之一，台湾艺术学院设立了传统艺术中心。1981年5月，台湾教育主管部门设立了22项手工艺的免费研习班，供有兴趣者学习。1984年10月，又将研习的内容扩展到民间艺术的其他方面。为展示研习成果，还举办了地区展览和全省联展。

20世纪80年代召开的几次重要会议是中国民族民间物质文化研究历程中具有标志性意义的事件。1983年7月16—24日，由中国艺术研究院美术研究所、中国美术家协会贵州分会在贵州省贵阳市联合召开的民间美术学术讨论会，和同年12月16—21日由中国工艺美术学会在广东省佛山市召开的中国民间工艺美术委员会成立大会，是民间造型艺术方面的会议。当时，“由于多年来对于民间美术的‘左’的思想的影响，特别是经过十年动乱的空前破坏，我们许多同志对于民间美术问题已经感到相当隔膜，即或知道一些，也是道听途说、若明若暗”[190]。鉴于此，在这两次会议上，来自全国各地的民间美术专家和专业、业余的研究工作者，从事美术教育和美术创作的同志，以及从事工艺美术的生产者和领导者，共同就民间美术与民间工艺研究的对象和范畴、目的和意义、方法和分类以及收集、发掘、整理等理论及实践问题进行了探讨，认为“民间美术是‘生产者的艺术’(鲁迅语)，是劳动人民的美的创造，是一切其他美术，如宫廷美术、文人士大夫美术、宗教美术及各种专门美术的源渊和基础”。“民间美术反映与表现着特定的民族心理和民族性格，也影响着特定民族心理和民族性格的形成与发展。民间美术最富于地方特点和乡土气质，最能唤起人们的乡情乡思和民族情感。民间美术造型的、可视的性质，使它成为民间文艺中最直观和普及的形式之一。而在数量最大的民间工艺中所具有的实用和审美的双重性，使得它把人民的物质生活和精神生活融汇在一起。民间美术中蕴藏着极其丰富的思想材料，积累了劳动者按照美的规律把握世界的经验、技巧和法则。”“民间美术（尤其民间工艺）兼有实用与审美的双重价值，因而带有产品和商品的性质。”[191]“民间工艺美术是劳动人民的创造，是我们民族文化的一个重要组成部分，它渗透于衣食住行的各个方面，显示出中华民族的民族气质和民族风格。从历史上看，一切形式的工艺美术，都是在民间美术的基础上发展起来的。”[192]这些理论的认识客观地反映了当时民间造型艺术专家和研究者们的实践与理论探讨水平。另外，与会代表指出：“民间美术珍品外流的问题应当引起严重注意。近年来，随着对外交往的扩大，许多国外收藏家和游客愈来愈多地深入到各地，大量采集和收购我国的民间美术品。不少早期的、具有历史文物价值和艺术价值的珍贵作品流到国外。这个情况和趋势令人十分担忧。”因此，“为了加强民间美术研究，当务之急是要建设队伍，加强组织”，并且呼吁国内的“各高等院校建立民间美术系科，开设民间美术课，有计划地培养和训练研究民间美术的专门人才”，“中央和地方的文化主管部门及有关研究单位、群众团体，对民间美术进行有计划的普查、发掘、抢救和搜集、整理工作”。[193]不久，由中国工艺美术学会民间工艺美术委员会编辑出版的《中国民间工艺》理论杂志和由江苏美术出版社编辑出版的《民间美术》画刊从 1984 年起正式出版发行。

“党的十一届三中全会以后农村经济蓬勃发展，现代科学技术与农牧民的物质生活越来越发生着密切的联系。美术作为一门艺术不仅可以满足人们的鉴赏需要，而且它在生产领域的应用更为广泛。广大农牧民要求用美术来美化自己的生活，要求用美术转化为经济效益，直接用于乡镇企业的产品设计，直接用于开发旅游品生产，以促进出口，农村正急待需要大批实用美术人才。全国 2370 多个县文化馆美术干部中间有美术大专学历者凤毛麟角，中学的美术教师中具有美术院校学历者寥寥无几，有的中学因缺少美术教师甚至取消了美术课，这显然与现代化教育不适应，直接影响了下一代的美育，这不能不引起我们的高度的重视。”[194]鉴于此，刘秉彦[195]等人自发成立了民间美术学院筹备委员会[196]，在 1985 年中国民间工艺美术委员会的年会上向社会公布了“创办民间美术学院发起书”，同时公布的是一份“在 1984 年 10 月《创办中国农民美术学院设想草案》、1985 年 2 月《神农美术大学章程草案》、1985 年 5 月《神农美术大学筹建方案》和 1985 年 8 月《神农美术大学筹建方案》（中国美术大学）讨论稿的基础上，广泛调查、收集、采纳了各方面若干意见”之后形成的《民间美术学院筹建方案》，旨在“坚持社会主义教育方针，建设具有中国民族特色的民间美术学院，建设以经济建设和美化人民生活为服务中心的美术教育体系，培养造就合格的、高质量的、能掌握艺术设计、科学研究及生产技能的民间美术骨干，为八亿农民服务，为全国人民服务，为四个现代化服务”的“民办公助的全日制普通高等

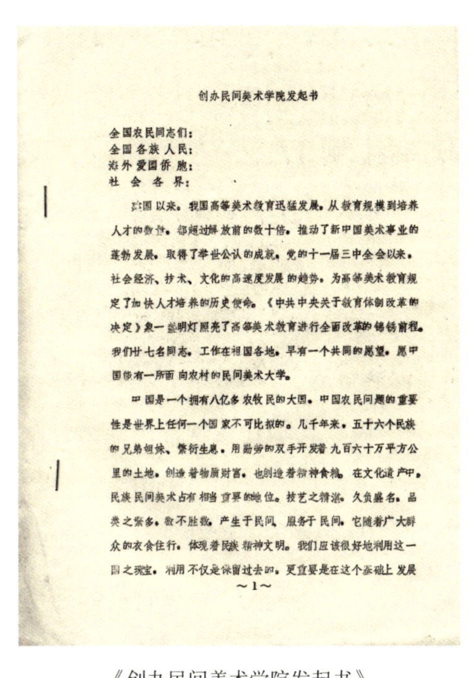

创办民间美术学院发起书

全国农民同志们：
全国各族人民：
海外爱国侨胞：
社会各界：

建国以来，我国高等美术教育迅猛发展，从教育规模到培养人才的数量，都超过解放前的数十倍，推动了新中国美术事业的蓬勃发展，取得了举世公认的成就。党的十一届三中全会以来，社会经济、技术、文化的高速度发展的趋势，为高等美术教育规定了加快人才培养的历史使命。《中共中央关于教育体制改革的决定》象一盏明灯照亮了高等美术教育进行全面改革的锦锈前程。我们廿七名同志，工作在祖国各地，早有一个共同的愿望，愿中国能有一所面向农村的民间美术大学。

中国是一个拥有八亿多农牧民的大国，中国农民问题的重要性是世界上任何一个国家不可比拟的。几千年来，五十六个民族的兄弟姐妹，繁衍生息，用勤劳的双手开发着九百六十万平方公里的土地，创造着物质财富，也创造着精神食粮。在文化遗产中，民族民间美术占有相当重要的地位。技艺之精湛，久负盛名，品类之繁多，数不胜数。产生于民间，服务于民间。它随着广大群众的衣食住行，体现着民族精神文明。我们应该很好地利用这一国之瑰宝，利用不仅是保留过去的，更重要是在这个基础上发展

～1～

《创办民间美术学院发起书》

《民间美术学院筹建方案》

本方案是在一九八四年十月《创办中国农民美术学院设想草案》一九八五年二月《神农美术大学章程草案》，八五年五月《神农美术大学筹建方案》和一九八五年八月《神农美术大学筹建方案》（中国美术大学）讨论稿的基础上，广泛调查、收集采纳了各方面若干意见，并综合了专家们提出的几份方案形成的。

根据一年来筹备工作的进展情况，筹建方案实施在即，为此，筹备委员会拟此《民间美术学院筹建方案》送中国工艺美术学会，民间工艺美术委员会审查，修改，定稿后申报上级批准。

一、宗旨

坚持社会主义教育方针，建设具有中国民族特色的民间美术学院。建立以经济建设和美化人民生活为服务中心的美术教育体系。培养造就合格的、高质量的、能掌握艺术设计、科学研究及生产技能的民间美术骨干，为八亿农民服务，为全国人民服务，为四个现代化服务。

二、性质

学校是民办国助的全日制普通高等民间美术教育中心和生产研究中心。

三、规模

占地面积三百市亩。

最大容量在校生二千名。

四、资金

基建资金人民币一千五百万元。全部自筹，不伸手向国家要一分钱。资金主要来源由先上马的校办工厂提供。另设筹资小组负责

·1·

《民间美术学院筹建方案》

民间美术教育中心和生产研究中心”。[197]由于种种原因，这样的一个在许多方面具有超前意识和开拓精神的《民间美术学院筹建方案》未能得以实施，令人遗憾。

对少数民族文物的调查和征集工作重新开始于20世纪80年代初。从1979年开始，中国历史博物馆会同中国社会科学院民族研究所，在两年间对云南泸沽湖周边地区进行深入的调研，征集了摩梭人、普米族、纳西族等民族的文物和生活器具约500件。西南民族学会在1982—1983年间组织了来自四川、云南的几十位学者，对亚龙江、岷江、金沙江、大渡河、怒江、澜沧江六江流域进行了大规模的民族学考察，也为四川大学博物馆、西南民族学院博物馆、云南大学等单位征集了大量的民族文物和少数民族生活用品。1983年夏秋之际，中国历史博物馆派出专家赴浙江省丽水地区对畲族进行调查，征集了畲族文物约300件。

为了加强民族调查和民族文物征集的工作，由国家民族事务委员会和文

化部联合召开的全国少数民族文物工作会议于1984年10月27日至11月2日在北京举行。国家民族事务委员会副主任伍精华[198]致开幕词，全国政协副主席、中央统战部部长兼国家民委主任杨静仁到会作了“尊重知识，尊重人才，做好少数民族文物工作”的报告。“召开这次会议，就是要请各地的同志来交换一下少数民族文物工作的情况，商量改进的措施，讨论、制订一个《少数民族文物保护管理条例》”，“还有一个议题，就是关于筹建民族博物馆的问题”。[199]来自各地的领导、专家和代表就少数民族文物的抢救、保护和管理等问题进行了热烈的讨论，认为“民族文物是我国各民族历史发展的实物见证。我国少数民族大多没有文字，不能把自己的历史用文字记载下来。古籍上对少数民族的记载也很简单、片面。因此，用可以验证的实物资料，来研究各民族的历史和民族关系史，教育各族人民‘认识自己的历史和创造力量’，激发各族人民的爱国热忱，共同为建设现代化的社会主义祖国而奋斗，就显得格外重要”[200]。“现在，各民族的重要历史遗迹，多已分级列为文物保护单位，得到了管理和保护。但是，反映解放前后不同社会制度、社会生产、社会生活、文化艺术、宗教信仰的大量少数民族文物，正在逐渐消失；有些已收集的实物资料，也由于没有妥善保管而发生虫蛀霉烂；有些单位或个人，非法进行收购和销售，导致少数民族文物的严重流失。今后，随着社会的发展和进步，很多少数民族文物还将继续迅速地被历史洪流所湮没。我们要充分认识抢救少数民族文物的紧迫性，采取紧急措施，组织人力，在各民族地区，抓紧进行调查和征集；对已经收藏的少数民族文物必须认真清理，妥善保管”。[201]会议结束时，全体代表共同向全国发出“保护民族文物”的呼吁书。会后，贵州、云南、广西、青海、西藏、甘肃等地分别召开不同方式的座谈会，积极贯彻落实会议精神。在各地区民族事务委员会和文化部门的支持下，一些已建成的民族博物馆按照会议的要求对馆藏民族文物工作进行了改进，又先后筹建开放了吉林龙井朝鲜民俗博物馆、四川凉山彝族自治州博物馆、海南黎族苗族自治州民族博物馆、湖南溪州土家族民俗博物馆、贵州飞云崖民族节日博物馆、广西民族文物苑、内蒙古敕勒川民俗博物馆等专业博物馆。

全国少数民族文物工作会议结束不久，中国民族博物馆筹备组正式开始工作，编印《民族文物工作通讯》，并于1985年3月11日与中央民族学院民族学系联合举办了第一期民族文物、博物馆培训班，旨在“短期内为各民族地区培养一批具有民族理论、政策和一定民族学、博物馆学、考古学等专业知识的文博工作的骨干力量”[202]。1985年冬，广西壮族自治区民族研究所“组织了来自北京、内蒙古、湖北、四川、云南、福建、广东、广西等省（区）市十多个学科（包括历史、民族、民俗、考古、美术、舞蹈、宗教、民间文学、水文、地质、地貌、岩溶、化学、碳素年代学等）的专家，对左江流域崖壁画进行综合考察和学术讨论”[203]。在考察过程中，为左江流域的博物馆和研究机构征集了大量的民族民俗文物。1986年夏，中国民族博物馆筹备组约请、组织了一部分专家赴海南通什地区进行民族学调查，征集了3000余件黎族和其他民族的文物，也顺便为海南黎族苗族自治州民族博物馆征集了大量的文物。1986年9月3日，贵州省第六届人民代表大会常务委员会第二十次会议通过并公布了《贵州省文物保护管理办法》。在这个充分体现贵州地方和民族特点的《贵州省文物保护管理办法》中，专门列出一章“民族文物”，明确规定“对具有地方特点和民族特点，并具有研究价值的典型民族村寨，以及对与少数民族的生活习惯、文化娱乐、宗教信仰、节日活动有关的代表性实物、代表性场所及具有重要价值的文献资料等，要加以保护”，并规定“对于历史比较悠久、建筑具有特点、民俗具有特色的典型民族村寨，根据其科学研究价值……核定公布为不同级别的民族保护村寨”。[204]在其他地方，也颁布实施了相关的政策法规，使各民族的珍贵文物得到有效的保护。

江苏省南通博物苑在1982年1月举办的“民俗品物展览”，是自20世纪50年代以来第一个具有真正意义的民俗文物展览，它由“岁时风俗习

南通博物苑民俗物品展

惯”“传统的幸福观念”“民间工艺美术”三大部分构成。展出的大部分民俗文物已在南通博物苑的库房中沉睡多年，通常被看成封建的、迷信的、落后的、愚昧的东西，是“解放思想”和“实事求是”方针的实施使得社会对民俗和民俗学有了新的认识，才能冲破“政治”的禁区，举办这种类型的展览，从而使该展览具备了超越展览本身的意义和影响。主持该展览的穆烜[205]在1月31日给北京中国民间文艺研究会王文宝的信中说：“博物馆将通过民俗学实物的收集、保存和展览，来推动民俗学的发展；而民俗学的发展，又为博物馆事业开拓了新的途径。”[206]受南通博物苑的启发和影响，全国各地的博物馆陆续举办了以民俗文物为主要内容的民族民俗展览，唤醒了人们对民俗生活的记忆。20世纪80年代中期，山西襄汾丁村民俗博物馆、苏州民俗博物馆以及河北武强年画博物馆、中国风筝博物馆等民俗类、民间艺术类博物馆先后完成筹建，并对公众开放，进一步推动民俗文物工作，丰富了各地区群众的文化生活。南京博物院亦于1982年年底恢复重建民族组，又在1985年建立民族部，在1983年2月5日拟订的《开展民族学和民俗学调查征集工作的设想和计划》中，明确提出以汉民族的民间物质文化作为南京博物院民族部的主要工作对象。从1983年开始，在对太仓、苏州、吴县、昆山等地宏观调查的基础上，选择了吴县胜浦乡前戴村作为微观调查的观察点，对以吴县胜浦乡前戴村为中心的江南水乡农村的妇女服饰、麻织生产、砖瓦生产、建房民俗、人生礼仪、婚俗、丧俗、农业生产、岁时风俗、节日风俗、信仰民俗等进行了系统而深入的调查，收集到妇女服饰、麻织生产工具、腰机、砖瓦生产工具、农业生产工具及大型灌

1984 年 5 月南京博物院民族部工作人员在整理蒙古包

1984 年举办的南京博物院藏民族文物展览会彝族部分

溉工具、生活用具等物，拍摄照片资料 2100 多张，婚俗录像片一部。同时，还对皖南民居及其风俗、江苏宜兴制陶手工工具、角直古镇的揽船石、高淳民间手工业工具及其民俗、宜兴山区竹文化、吴江庙港大庙村蚕桑文化等项目进行了调查。1983 年建成民族民俗文物库房，南京博物院基本陈列“长江下游五千年文明展”之近代部分所展示的文物多取自院藏的民族民俗文物。在此前后，还举办了“吴文化联展”“历代时钟展览”（1981）、“南通民间印染展览”“院藏明清工艺品展览”（1982）、“南京博物院院藏民族文物展览”“锦绣江南”（1984）、“江南民俗文物展览”“壁挂艺术展”（1986）、“天下第一家——明清宫廷贵族生活用品展览”（1987）、“江苏省民间艺术佳品展览”（1988）等。1987 年 4 月 21—25 日，钟敬文在参观天津天后宫民俗博物馆、天津历史博物馆近代民俗陈列室等处后，就民俗文物和民俗博物馆的问题发表了重要意见，“从现代发展趋势看，今后的专业性民俗博物馆可能越来越多，综合的与专业的，两者可以各有侧重、相辅相成”，“地方民俗博物馆应该抓住本地区民俗的地方性特点，包括当地人民沿袭已久的生活和行为模式，也包括他们在历史发展进程中，不断创造和融汇的民俗事象新内容”，“就保存和展览的物品而言，民俗实物与历史文物在其特殊物质属性与直观的形象性上具有共同点。但历史文物侧重于通过静观的典型的

1984 年举办的南京博物院藏民族文物展览会说明书

横剖面，展示人类历史上经济、政治、文化各阶段的发展线索；民俗实物则强调物品的民俗价值，以及它在民间传承、观念演变和功能转化中的地位和意义。因此，如果说历史文物展览表现的是静态的阶段性史实，那么民俗实物展览要揭示的是动态的传承性过程。民俗博物馆的构架和布局在某些方面，就要突破历史文物陈列的概念和模式，考虑到实物与说明的格局在体裁安排上的综合化、解说系统的操作化和事象的动态过程化，以期尽量再现民族文化的本来面貌”。[207]

然而，作为一项发展中的新事物，中国的民俗类博物馆有着先天不足带来的种种缺陷。为此，国家文物局于 1987 年 7 月 14—19 日在四川省成都市召开了部分博物馆民俗文物工作座谈会。会议由国家文物局副局长庄敏[208]主持，各地民俗博物馆的馆长、民俗文物专家、学者以及文化部门的负责同志共 30 余人出席会议。经过几天的交流和讨论，统一了认识，重点解决了若干敏感问题。大家一致认为：“新中国成立近四十年来，民俗文物工作走过了一段曲折的道路，历经坎坷，至今还是薄弱的一环，没有得到社会和有关领导应有的重视和支持。目前，我国的现代化进程不断加速，人民生活方式不断改变，传统的民情风俗不断消失，民俗文物征集日益困难。因此，民俗文物工作不仅要列入议事日程，而且要作为一项刻不容缓的抢救性工作来做。”但是，“到目前为止，认为民俗文物是‘四旧’，民俗文物是落后、愚昧、封建的大杂烩等片面的观点，在一些同志中仍然存在。什么样的民俗文物可以展出，什么样的不能展出，什么样的应该以这种形式展出，什么样的应该以那种形式展出，经常有极尖锐的不同意见”。因此，“要确认民俗文物工作是建设精神文明的一个重要方面”。“民俗文物有两重性，要区别

1985 年开馆的苏州民俗博物馆婚俗厅洞房场景复原陈列

对待，要批判继承。凡可能伤害民族感情的，有的就不要去搜集收藏，有的则可以搜集收藏研究，但不要展出。凡确是糟粕，但在艺术、历史上有价值的，应批判地展出。要坚决反对单纯以猎奇的需要而搜集和自然主义的手法展出，起到丑化民族的恶劣效果的做法。”并且建议，“民俗学的研究，要为开展民俗文物工作创造条件”，同时，国家和地方的主管部门要对民俗文物工作予以关切和支持，要“以积极态度解决开展民俗文物工作中的实际问题”。另外，“建立民俗博物馆，相对地说，投资较少；许多地方可以利用古旧建筑作为馆舍，征集费用也相对较低”，“民俗博物馆可以成为民俗学研究的基地，推动民俗学以至历史学、考古学、人类学、语言学、经济学、社会学、宗教学、美学、艺术学、博物馆学的研究，并有助于在实际工作中培养民俗文物工作干部。因此，在有条件的地方，应该加强民俗博物馆的建设”。[209]

遍布全国各省、市、区、县的群众艺术馆、文化馆和文化站，因地利之缘做了大量的民间美术的调查、收集、整理、研究和辅导工作。不少地区成立了民间美术研究室或民间美术陈列室，研究和展示本地区的民间文化，使得基层的民间美术工作有了很大的发展。面对这样的大好形势，文化部于 1988 年 6 月在西安市召开了全国民间美术工作会议，参加会议的有来自各地的专家和基层文化工作者百余人。文化部社会文化局焦勇夫到会讲话，在对已取得的成绩进行了充分肯定之后，强调指出，“全国民间美术工作存在发展不平衡”的现象，“从民间美术工作整体看，有的省、区进展较快，工作做得比较扎实，有的省区则差些。如贵州、陕西、山西、安徽、云南、湖北、新疆、福建、辽宁、河北、山东、上海、广东等省，除不同规模地开展了民间美术的搜集、整理工作以外，在作品的征集、陈列、资料建设、理论研究和出版等方面也都做了很多工作，有成绩，也有经验值得我们总结”。另外，“从全国群文事业单位来看，普遍存在对理论研究的重要性认识不足的问题。理论研究还是一个薄弱环节。往往抓具体实际工作多，重视理论研究少，造成了工作中的盲目性，严重地影响了搜集、整理、陈列工作的学术水平，甚至好心办了效果不好的事”。还有，“长期以来，对民间美术人才关心、重视不够，没有把从事这一行工作的同志当作专业人才看待，没有为他们创造提高深造的机会和条件”，“一些身怀绝技的老艺人，也由于得不到应有的保护而过早离世，造成人亡艺绝、后继无人，使我们的工作受到损失”。必须承认，“特别是改革开放以来，我国农村发生了巨大变化，传统的民间美术赖以生存的环境在迅速改变，如果我们不去认真加以研究、保护，那么若干年后，我国传统的、具有浓郁民族风格和特色的民间美术将自行消灭。因此抢救工作是不容忽视的。我们必须尽快地把一些即将消失的民间美术品搜集起来，加以陈列、研究，供广大群众参观欣赏，以不断汲取民族精神营养。对一些有代表性的老艺人加以保护，并帮助他们找到可以培养的传承人。现在，一些人为了赚取外汇，大量收购并向国外廉价销售一些极有保存价值的民间美术珍品。社会上一些唯利是图的人，趁改革开放之机，利用我们制度上的不完善、措施上的不完备，大量倒买倒卖、走私民间美术品。同时，已经搜集起来的一些珍品由于没有得到很好的收藏和保护，有的甚至丢失、破损、霉烂。这些都是在民间美术保护工作中亟待解决的问题”。因此，对于保护和利用民间美术的问题，“我们要走群众与专家相结合的路子，在普查、搜集、研究的基础上，在专家的指导下来开发。我们要善于总结和不断创造好的经验，既要积极地又要审慎地搞好开发工作，推动民间美术事业的发展”。[210]在会议中，代表们酝酿成立了隶属中国群众文化学会的中国民间美术学会，以期通过学会来协调社会各界力量，有组织、有计划地对民间美术进行研究，逐步建立起比较科学的民间美术学研究体系，编辑出版有关民间美术图集、论文集和普及民间美术的书刊，促进民间美术工作队伍理论素质的提高。不久之后，大多数地方成立了民间美术学会的分会，团结了一大批民间美术的创作者、研究者和爱好者。

中央美术学院非物质文化研究中心的师生与海外学者进行研讨

南京艺术学院中国民艺资料馆场景　1990 年

南京艺术学院中国民艺资料馆陈列局部　1990 年

随着社会对民间物质文化重要性认识的深入，教育、科学、出版等系统也以不同的名目进行着各种方式的工作，为后来的发展打下了良好的基础。南京艺术学院在相隔 20 余年后，再度将民间工艺美术纳入专业基础课程，并于 1984 年 9 月开始培养研究方向为中国民间工艺美术专业的研究生，又于 1988 年开始招收研究方向为中国民间美术专业的博士研究生。1986 年，中央美术学院成立了民间美术系，中国艺术研究院、中央工艺美术学院、中央民族学院也开始招收相关专业的研究生。1987 年夏季，由中央美术学院民间美术系师生组成的黄河流域民间艺术考察队完成了对陕西、山西、河北、河南等省的考察，收集了大量的民间物质文化的实物资料，拍摄了近三千张幻灯片和一部电视记录片《大河行》。1987 年下半年开始，在国家科学技术委员会和国家文物局的支持下，由国家科学技术委员会综合局委托中国科学院自然科学史研究所和中国历史博物馆共同进行了“祖国传统工艺保护开发研究课题”的调研工作。参加这一工作的还有上海博物馆、贵州省文化厅文物处、贵州省博物馆、哈尔滨科学技术大学、北京大学、广西民族学院等单位。该课题的缘起是“由于种种原因，目前有不少富有民族特色、有很高价值和知名度的传统工艺已濒临失传。如何及时抢救、重点保护这些国之瑰宝、活的文物，已成为十分紧迫的问题。再不采取有力措施，势必造成难以弥补的损失。我们是无法向后代、向全世界交代的”，因此提出“在目前国家经济力量还不够宽裕和缺乏经验的情况下，建议先进行试点，以三年为期，完成贵州省传统工艺调查和展览、中草药炮制工艺、文物保护技术研究，山西、辽宁传统工艺普查，传统青铜铸造工艺开发和录像制作等八个项目，由国家科委和文物局每年各拨专款 20 万元支持这些项目，同时，成立传统工艺保护开发研究组（由中国历史博物馆代管）和传统工艺研究会（暂挂靠在中国博物馆学会或中国文物保护技术学会），编纂出版《传统工艺研究丛刊》。待条件成熟时，在适当时机，再设立必要的专职机构，全面开展普查建档、立法保护和研究开发等工作，争取到本世纪末初具规模，达到日本（20 世纪，笔者注）80 年代初的水平”。[211]经过多方面的调研，课题组向国家有关部门提交了一份“实施方案”，但由于体制、经费等方面的原因未能将此课题进行下去。

社会的支持和关注，使得 20 世纪 90 年代的民间物质文化研究与其他人文学科一样受到了应有的重视，并取得了相当的成就。由王树村[212]主持的“中国民间美术史（1992）”，徐潮、钟漫天主持的“唐代服饰文化研究（1993）”，于国华主持的“东北民俗艺术（1994）”，靳之林主持的“中国民间美术概论（1997）”，裴世虎主持的“中国皮影艺术（1997）”，王宏刚主持的“萨满教象征艺术研究（1998）”，辛艺华主持的“土家族民间美术的风格特征及表现形式(1999)”等一大批研究计划被列为国家重点项目，得到国家社会科学基金的资助。在“国家七·五重点图书”《中国美术全集》（60卷本）中，首次将“年画”“皮影”“剪纸”“玩具”和“工艺美术”等卷单列出版。由王朝闻[213]任总主编，邓福星任副总主编，孙建君、吕品田、张晓凌、陈绶祥、徐艺乙、潘鲁生任分卷主编的《中国民间美术全集》（14卷本）和由左汉中任主编的《湖南民间美术全集》（8卷本）等被列入“国家八·五重点图书工程”的图文并茂的大部头著作先后出版，并多次在国内外获得大奖，更是向世界展示了中国学者研究民间艺术的成绩。酝酿多年的“中国民间美术基础理论研究丛书”[214]也在20世纪90年代初陆续出版，书中的学术观点被后来的多部著作引用。20世纪90年代后期，由尹绍亭、何学惠主编的“云南物质文化丛书”[215]陆续出版，更是以其丰富翔实的田野调查资料而引人注目。南京博物院于1993年成立了民俗研究所[216]，在征集各类民族民俗文物、开展多学科研究、举办专题展览的同时，也开始向社会提供关于民族民俗文物的咨询服务。南京博物院、浙江省博物馆、云南省博物馆、四川大学博物馆、复旦大学博物馆等处都在各自的基本陈列中设专馆陈列民族民俗文物。先后成立的中国剪纸研究会、中国傩戏学研究会、中国少数民族科技史研究会、中国乡土艺术学会以及中国民俗学会民俗博物

何燕铭、李绵路、张紫晨、孙建君先生在讨论《中国民间美术全集》编撰方案，北京师范大学专家楼会议厅，1989年

《中国民间美术全集》 1993

馆专业委员会等组织，在各地先后举办了多次调研活动、展览和学术会议。中国工艺美术学会民间工艺美术委员会成立之后，每年都在国内不同的地方召开学术年会，借此推动地方民间工艺美术的抢救、保护和研究工作。众多的学术会议和活动，汇集、交流了数百篇关于民间物质文化方面的论文和田野调查报告，多数已发表在《中国民间工艺》《美术》《美术史论》《民俗研究》《民族研究》《民族艺术》和《中国工艺美术》等杂志上。这些研究性文章对民间物质文化各个领域以及民间物质文化与相关学科的关系等均有所涉及，为更进一步地探讨民间物质文化的内涵和外延打下了良好的基础。体育、旅游等部门也对民族民间物质文化的开发和利用进行了有益的探索。

台湾地区的民间物质文化研究在 20 世纪 80 年代成绩的基础上有了进一步发展，在主管部门的规划和推动下，实施了一系列有关台湾原住民物质文化研究的委托项目。1992—1996 年间，陆续完成雅美、布农、排湾、鲁凯、卑南、赛夏六族的 4 本研究报告书，着重研究传统手工艺与技艺的变迁，并以专题方式进行系统记录。1998 年举办了“台湾民俗技艺节 1998”，设“民俗技艺终身成就奖”及“民俗技艺特别贡献奖”，以奖励在民俗艺能、民俗体育、民俗工艺方面取得卓越成就者和长期从事调查、研究、维护人类共同文化遗产的突出个人和团体。先后成立的传统艺术中心（宜兰县）、台北市历史民俗博物馆、台湾山地民俗文化资料馆、鹿港天后宫妈祖文物馆、顺益台湾原住民博物馆、台湾民俗村、九族文化村等专业性博物馆，专门用来陈列各类民族民俗文物，普及民族民俗文化知识。对民俗文物的专门研究也开始得到学者的青睐和主管部门及相关基金会的支持。一些艺术院校开始招收民间物质文化方向的研究生，出版了许多关于民间物质文化的专业著作，并在省内不同地方举行了多场学术研讨会。1999 年 4 月，由中华民俗艺术基金会主办的“两岸民俗文化学术研讨会”[217]在台北举行，两岸学者首次就民俗文物与民俗文化艺术等问题进行了讨论和交流，取得了很大的成绩。

采取国际或地区间合作的方式对包括民族民间物质文化在内的中国民

间文化艺术进行研究和保护，是在全面开放的20世纪90年代才开始的。20世纪80年代末期，由傩戏面具起始的中国傩戏傩文化研究取得了很大的成绩，引起包括台湾“清华大学”教授王秋桂在内的一大批国际知名专家的关注。王秋桂认为，“祭祀研究在中国是有待开发的处女地。中国仪式与仪式剧，无论就其历史的悠久、地域的广阔或内容的丰富而言，都值得国内外学者深入研究。研究中国民间仪式也有助于对世界民间文化的了解或人类学的研究”。[218]经与贵州、四川、广东、福建、湖南、江苏等地学者的联系协商并由有关部门批准后，王秋桂于1990年向台湾的蒋经国国际学术交流基金会申报“中国地方戏与仪式之研究”的计划，从1991年7月开始在中国的10多个省、区实施，共有中国、美国、英国、法国等国的学者30多人参加了此项研究计划。在此后的几年里，该项计划的研究成果共有80余种2000万字以上，陆续由台湾施合郑民俗文化基金会编辑出版，还出版了十多种傩戏面具的画册和专著。1994年年底，美国哥伦比亚大学美中艺术交流中心授予云南的几位在民俗学、民间文艺学、影视人类学和音乐人类学等方面做出成绩的中青年学者“田野考察奖”，开始资助跨学科的学术群体“民族文化田野考察群”的研究工作。1995年，在云南省民族事务委员会、云南省社会科学院、云南省民族博物馆、云南民族学院和美国哥伦比亚大学美中艺术交流中心联合举办的“云南民族文化合作计划”学术总结会上，来自9个国家和地区的30多位国际著名学者和艺术家，对“民族文化田野考察群”的工作给予了高度评价。1997年6月，经文化部批准，在美国哥伦比亚美中艺术交流中心和美国福特基金会的资助下，开始实施“云南省民族民间美术及艺人命名调查”[219]的计划。经过对云南省民族民间美术资源及其艺人的大规模调查，于1999年6月23日在昆明召开命名大会，分别授予166位艺人“云南省民族民间高级美术师”“云南省民族民间美术师”和“云南省民族民间美术艺人”的称号，并为这些艺人建立了档案。在中国驻日本大使馆文化部和日中友好协会全国本部的支持下，由日本国际交流基金资助、日本民艺馆主办、日中艺术研究会协办的中国民间版画国际学术研讨会[220]于1997年、1998年、1999年在日本东京举行过三次会议，来自中国、日本、俄罗斯、越南等国家的学者先后发表了数十篇论文，汇编成三集出版。1997年10月23日，中国国家主席江泽民与挪威国王哈拉尔五世在北京出席了《挪威开发合作署与中国博物馆学会关于中国贵州省梭戛生态博物馆的协议》的签字仪式。1998年10月31日，中挪两国合作建设与保护的中国首座生态博物馆在贵州省西部的六枝特区梭戛苗族聚居区陇戛寨开馆。1999年12月9日，贵州省人民政府又以黔府函（1999）286号对省文化厅《对关于申请建立镇山等三座生态博物馆的请求》做出批复，同意在贵州省合作建设镇山布依族生态博物馆、锦屏隆里古城生态博物馆、黎平堂安侗族生态博物馆3个生态博物馆。几年来，这些生态博物馆以其文化上的强烈个性色彩和出色的建设运作，深深吸引着海内外的人们。由联合国教科文组织与云南大学共同举办、云南大学人类学系承办的“中、老、泰、越苗族·蒙人服饰制作传统技艺传承”国际研习班于2000年6月26日至7月7日在昆明举行，来自中国、法国、瑞士、日本、美国、英国、荷兰、澳大利亚、印度、泰国、越南、老挝等12个国

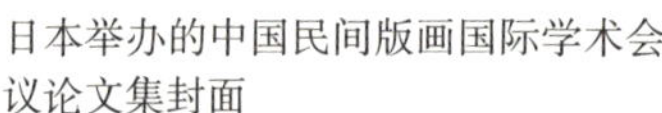
日本举办的中国民间版画国际学术会议论文集封面

日本举办的中国古代版画展图录

云南文山苗族绕线　尹绍亭摄影

参加“中、老、泰、越苗族·蒙人服饰制作传统技艺传承”国际研习班的专家在云南文山州水冬瓜村考察　尹绍亭摄影

家研究苗族服饰的专家学者、民间艺人和学员参加了研习与交流。研习班的主题是“苗族服饰传统制作技艺与传承”，共收到中外专家学者提交的包括“苗族传统服饰制作技艺的传承”“世界经济浪潮对苗族服饰文化的影响”“苗族传统工艺的保护和发展”等重要主题的论文30多篇。研习班由有关国家的专家学者及苗族·蒙人服饰艺人在现场向苗族年轻人传授纺织、印染、设计等方面的技艺以及收集、整理的科学方法，并进行学术研讨。研习班期间，举行了“中国苗族服饰精品展”，由有关学者进行介绍；还组织参加研习班的专家学者和学员到安宁市及文山州不同类型的苗族村寨进行田野考察，通过参观、访问、座谈、现场演示等形式，进一步探讨苗族传统服饰工艺的保护、传承和发展等问题。

国民经济的飞速发展为文化艺术的繁荣奠定了良好的基础。然而，在繁荣发展的同时，也存在着不少的问题。长期以来，虽然各级政府和文化主管部门以及相关单位已经做了大量的卓有成效的工作，但由于缺少相关的政策法规、懂行的专门人才、强有力的协调管理部门和公共财政的支持，加之经济、文化利益的驱使等，以民族民俗文物为主要对象的民间文化资源流失愈演愈烈。[221]这样的问题在20世纪90年代中期是非常突出的。在社会各方面的强烈要求下，民族民间文化的立法问题被提上议事日程。在国务院颁布《传统工艺美术保护条例》[222]后不久，全国人大常务委员会教科文卫委员会于

1997 年 7 月 7—10 日在内蒙古自治区呼和浩特市召开了少数民族文物保护座谈会。全国人大教科文卫委员会副主任委员聂大江、全国人大教科文卫委员会顾问李宣化[223]、国家文物局副局长马自树以及全国人大民族事务委员会、国家民族事务委员会的有关负责人出席了座谈会，来自内蒙古、西藏、新疆、宁夏、广西 5 个少数民族自治区和云南、贵州两省的人大教科文卫委员会及文物部门的负责同志、专家在一起，共同讨论少数民族文物保护的现状和存在的问题。“代表们认为，少数民族文物的抢救保护是一个十分紧迫的问题。新中国成立前，不同的少数民族地区的社会、经济发展不同，新中国成立后，这些地区相继从不同的社会形态进入社会主义社会，促使其生产、生活方式有了较大的变化。带有传统特色，但落后的生产、生活方式迅速被先进的生产、生活方式所取代，其更换速度是惊人的，许多能反映民族特色及社会状况的生产工具、生活物品，在几十年，甚至几年中，就被先进的东西所取代。不抓紧抢救保护，它们就会迅速消失。”关于少数民族文物保护的主要问题，“其表现有两个方面，一是对少数民族的历史文物比较重视，但对近现代、当代文物认识不足，重视不够。特别是一部分人认为，目前少数民族正在使用的一些用具不能算是文物，基于这种认识，形成了这个薄弱环节。二是对有形文物重视，而对无形文物认识不足。所谓无形文物包括传统工艺、民族音乐及口头文学等。随着科技进步、文化发展，这些无形文物更容易消失”。“另外，由于利用、开发不得当，少数民族文物的发掘走入误区。特别是过分强调为旅游服务，使民族服饰舞台化，民俗活动戏剧化，民族歌曲、绘画学院化，丢失了本来的民族特色。为取悦游人，一些地区还编造本来不是民间流传的活动，造成混乱。”代表们建议：“应从政治上的高度来认识保护少数民族文物的重要性及紧迫性。要加强法制建设，各少数民族地区应根据本地区的特点，制定地方法规。应搞一次全国少数民族文物专题普查，摸清家底，从而有针对性地制定保护措施。全国 55 个少数民族应保证每个少数民族建立一个博物馆，太小的也应有陈列室，形成基地。有了这个基地，调查、研究、征集、展示、宣传等工作就可以开展起来，少数民族文物的保护工作就有了保障。少数民族地区应加大保护、抢救的资金投入，国家也要有一定的倾斜。要抢救收集那些有典型意义的、有代表性的文物，特别要重视地面建筑的保护。要加快人才培养，少数民族文物门类多，需要多方面的人才，逐步建立起保护、抢救、鉴定的高中低级多层次的文物保护队伍，还要在组织机构上给予保证。”[224]1998年5月7—9日，国家民族事务委员会和国家文物局在广西联合召开了全国少数民族文物工作会议，这是自1984年以来第二次全国性的少数民族文物工作会议，来自全国各地的少数民族文物工作者就“抓紧抢救，依法保护，努力做好少数民族文物工作”的议题进行了广泛讨论和深入研究。会议讨论修改了即将出台的《关于加强少数民族文物工作的意见》草案。经过广泛调研、多方征求意见，国家文物局和国家民族事务委员会于1998年9月共同发布了《加强少数民族文物工作意见》[225]。面对民族民俗文物保护的严峻态势，这个有着指导意义的文件虽然姗姗来迟，但对推动少数民族的民族民俗文物工作仍起到一定的作用。

然而，无论是《中华人民共和国文物保护法》《传统工艺美术保护条例》，还是《加强少数民族文物工作的意见》，都为其本身的历史局限性所囿，较少涉及对传统民族民间文化的保护问题，对于民族民间文化逐渐消融和资源严重流失的状况亦显得无能为力。因此，加强立法保护民族民间文化遗产已成为文化工作的当务之急。为此，全国人大教科文卫委员会从1998年开始在全国范围内开展了广泛深入的调研，许多省、区也在进行专题调研。文化部于1999年3月将“民族民间文化保护法”作为重要项目列入文化部的立法工作计划。2000年5月，云南省颁布了《云南省民族民间传统文化保护条例》，这是中国第一部保护民族民间文化的地方性法规。在制定《云南省民族民间传统文化保护条例》的过程中，云南省人大立法机关先后召开论证会8次，大幅度的修改达14次，并坚持地方立法必须注重的“针对性”“实效性”和“可操作性”原则，为其能够有效实施奠定了基础。同年11月，全国人大教科文卫委员会、文化部、国家文物局在昆明联合召开全国民族民间文化保护立法工作座谈会。“会议指出，目前全国范围的民族民间文化保护工作十分薄弱，尤其是民间文学艺术、表演艺术、传统工艺美术等无形文化遗产的损毁、消失和流失速度正在加快。优秀民族民间文化资源流失海外情况日益严重，其中一个重要原因就是中国在这方面长期缺乏法律上的保障”，因此建议“要加快民族民间文化遗产保护的法制建设步伐，可行的思路是将国家立法工作与地方立法工作结合起来”。[226] 2001 年 1 月，文化部政策法规司和社会文化图书馆司的有关人员组成了“民族民间传统文化保护法”起草小组，先后赴云南、四川、贵州、重庆等地开展调研，考察了民间艺术之乡、生态博物馆和文化生态保护区的建设情况以及传统工艺、民间艺术的生存现状。经过一段时期的调研和酝酿，文化部政策法规司于同年 3 月着手起草了民族民间传统文化保护法草案，希望通过立法来明确政府保护民族民间文化的责任、公民享有民族民间文化的权利和保护的义务、规定保护经费的来源和分配体制以及民族民间文化的管理机制、抢救机制、使用许可机制、开发利用机制等方面的问题，使之成为一个能够与文物保护法及其他相关法律互为呼应的保护文化遗产的基本法，从而构建民族民间文化的法律保障体系。年底，来自丹麦、埃及、挪威、法国等十几个国家和地区的 70 余名官员与专家学者，参加了由文化部、全国人大教科文卫委员会、国家文物局在北京共同举办的民族民间文化保护与立法国际研讨会[227]，共同探讨民族民间文化保护的理想模式、立法机制及具体问题，以期推动各国民族民间文化的保护和立法。联合国教科文组织和世界知识产权组织的代表参加了会议。会议的成果引起国内外法学界的关注。

第六节
新世纪的民间物质文化工作

21世纪的第一年，联合国教科文组织公布了首批19项“人类口头和非物质文化遗产代表作”名录，中国的昆曲被列入其中。此项名录今后还将每隔两年公布一批。这一举措带来的影响是巨大的，引起了世人对处于脆弱和恶劣生存环境中的人类口头和非物质文化遗产的普遍关注。2001年11月21日，联合国大会通过决议，宣布2002年为“联合国文化遗产年”。在中国，2002年则是一个实实在在的“民间文化遗产年”。2月25日，中国民间文化遗产抢救工程研讨会在北京召开，来自全国各省、自治区、直辖市的专家学者共100余人出席了会议。会上，中国民间艺术家协会宣布将启动“中国民间文化遗产抢救工程”，并向社会公布了有近百名专家学者签名的《抢救中国民间文化遗产呼吁书》，引起社会的强烈关注。3月，在全国政协九届五次会议上，冯骥才、舒乙、谢晋[228]、邓友梅、魏明伦等人联名提交了《关于抢救民间文化遗产的建议案》，很快得到全国政协常委会的积极反馈。5月10日，中央美术学院成立了非物质文化遗产研究中心，其目的是将民间艺术作为人类文化遗产正式列入大学艺术教育体系，填补“学院派”教育中长期忽视民间文化艺术认知教育的空白。5月16日，中国艺术研究院召开抢救和保护中国人类口头和非物质遗产座谈会，正式启动“中国人类口头和非物质文化遗产的认证、抢救、保护和研究工程”之十多个重大子课题。8月16日，文化部向全国人大教科文卫委员会报送《中华人民共和国民族民间文化保护法（建议稿）》[229]，标志着中国的民间文化保护正式进入立法程序。10月20—24日，来自26个国家、地区和国际组织的150名代表参加了在上海召开的以“博物馆、非物质遗产与全球化”为主题的国际博物馆协会亚太地区第七次大会，签署的《上海宪章》为中国和其他国家制定文化遗产保护条例和保护机制等提供了指导原则。10 月 22—23 日，中国高等院校首届非物质文化遗产教育教学研讨会在北京中央美院召开，会议围绕当前民间文化遗产保护的紧迫现状进行了探讨。会后，中央美术学院联合了北京大学、清华大学、中央民族大学的相关学者和学生会共同倡导：把每年的 1 月 1 日定为“青年文化遗产日”，并在新年的第一天举行与保护民族民间文化遗产相关的公益性志愿活动，旨在发挥高校及社会青年群体在民族文化遗产保护中的重要作用。10 月 28 日，首届“中国木版年画国际研讨会与中国木版年画大联展”在河南开封举行。12 月 8 日，中国艺术研究院在北京举办人类口头和非物质文化遗产抢救与保护国际学术研讨会，引起联合国教科文组织和国内外学术界的极大关注。12 月 18—20 日，首届云南省民族民间美术理论研讨会在云南省石林彝族自治县召开。过去，云南民族民间美术工作以普查、收集文物为主，理论研究是一个薄弱环节。从 1998 年开始，云南省文化厅在开展民族民间艺人调查、申报、命名的同时，又在全省文化系统内广泛征集民族民间美术理论研究文章，3 年来共收到论文数十篇，经省民族民间音乐、舞蹈、美术艺人调查命名（美术）专家小组评议，共评选出优秀论文奖 8 篇、论文奖 16 篇。12 月 24 日，由湖南省委宣传部、省文化厅、省民委和省文联联合召开的湖南省民族民间文化保护研讨会在长沙召开，会议的主要议题是探讨在经济全球化和中国加快现代化的背景下如何加强湖南省的民族民间文化保护，以更好地弘扬中华传统文化，促进小康社会的全面发展。这些工作对推动我国文化遗产，尤其是民间物质文化遗产的抢救和保护工作有着积极的作用及影响。

具有深远历史意义的《中国共产党第十六次全国代表大会报告》[230]提出，要“扶持对重要文化遗产和优秀民间艺术的保护工作”，标志着民族民间文化遗产的保护工作已经成为党和政府的自觉意识。2003 年 2 月 25 日上午，由文化部授权中国艺术研究院成立的专门规划、统筹和组织实施中国民族民间文化保护工程的工作机构“中国民族民间文化保护工程国家中心”在中国艺术研究院正式挂牌。随之，全国各省、自治区、直辖市的地方中心也陆续建立。中国民族民间文化保护工程“是在以往民族民间文化保护工作成果的基础上，结合新时期的新情况和新特点，由政府组织实施推动的，对珍贵、濒危并具有历史、文化和科学价值的民族民间传统文化进行有效保护的一项系统工程”，工程的保护对象为包括民族民间物质文化在内的“珍贵、濒危的并具有历史价值的民族民间传统文化”。[231]“工程从2004年起正式实施，分期建设，分步实施。第一期2004年至2008年为先行试点和抢救濒危阶段，第二期2009年至2013年为全面展开和重点保护阶段，第三期2014年至2020年为补充完善和健全机制阶段。到2020年，使我国优秀的民族民间文化得到有效保护，初步建立起比较完备的中国民族民间文化保护制度和保护体系，在全社会形成自觉保护民族民间文化的意识，使我国优秀的民族民间文化得到有效保护，实现民族民间文化保护工作的法制化、科学化、规范化、网络化。”[232]经过一段时间的准备，文化部于2003年10月27日在贵州举行了中国民族民间文化保护工程试点工作会议。由于“民族民间文化保护工程是一项规模庞大、涉及面广的系统工程，必然面临许多新情况、新问题，试点工作的展开，就是以试点先行、以点带面的方式，探讨民族民间文化保护的有益做法，为民族民间文化保护提供典型示范和经验。

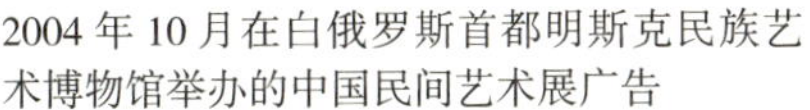
2004年10月在白俄罗斯首都明斯克民族艺术博物馆举办的中国民间艺术展广告

白俄罗斯举办的中国民间艺术展　2004

通过试点工作，推动民族民间文化保护的立法进程，为法律的形成和以后的实施打下基础。”[233]会议公布了第一批10个国家级试点项目[234]。2004年4月13—16日，中国民族民间文化保护工程试点工作交流会在云南召开，总结并交流了2003年贵州会议以来民族民间文化保护工程试点工作的经验，下发了《文化部、财政部关于实施中国民族民间文化保护工程的通知》以及《关于加强民族民间文化保护工作的意见》（征求意见稿）等重要文件，公布了第二批国家级试点项目[235]，明确了下一步的工作思路。这一系列的工作证明：中国的民族民间文化保护工程已进入全面实施阶段。

近年来，民族民间文化特别是非物质文化遗产的立法保护问题已引起社会的广泛关注，全国人大代表、全国政协委员多次提出制定相关法律的议案、提案。用法律来保障民间物质文化乃至民族民间文化保护工作的实施，已经成为专家和政府有关主管部门的共识。长期以来，文化人乃至“文博界对民俗文物无暇一顾，所以不少好东西到不了博物馆。这种状况很使人忧虑，对保护民俗文物是极其不利的。只有把抢救民俗文物的行为作为国家行为，才有可能使民俗文物真正得到保护。因为只有变成国家行为之后，才有可能得到人力和财力的可靠支持，并从法律的角度保证大量的民俗文物不被破坏和不致外流”[236]。2003年5月13日，国家文物局发布了《近现代文物征集参考范围》和《近现代一级文物藏品鉴定标准（试行）》，将“各民族有代表性的生产工具、生活用品和有关宗教信仰的典型物品”以及“年画、剪纸、风筝、皮影、雕刻、漆器、壁画、蜡染、服饰、头饰、刺绣、地毯”等“反映中国近现代各民族的生产活动、生活习俗、文化艺术和宗教信仰等方面的文物”[237]纳入近现代文物的征集范围。具有典型意义的民族民俗文物也可以被确定为一级文物，从而在根本上改变和提高了民族民俗文物的地位与价值。2004年3月28—29日，文化部就《民族民间文化保护法》（草稿）在陕西西安召开征求意见座谈会，来自全国人大教科文卫委员会、国务院法制办、国家文物局，以及12个省、市、区人大、文化厅（局）从事民族民间文化保护和立法工作的近30名专家，就草稿的结构、具体条款提出修改意见和建议。在地方上，继《云南省民族民间传统文化保护条例》之后，北京市于2002年9月10日起开始实施《北京市传统工艺美术保护办法》，通过立法帮助面临生存危机和传承危机的传统工艺美术行业摆脱困境，并将对“北京传统工艺美术”实行认证制度，给技艺精湛的工艺美术产品颁发证标，以保护和繁荣工艺美术事业。《贵州民族民间文化保护条例》于2003年1月1日开始正式实行，贵州省民族民间文化在有条例可依的情况下将得到抢救性的保护。6月上旬，湖北省五峰自治县人大常委会根据有关法律法规以及人大代表的建议，在视察调研的基础上，形成《关于保护境内文物和发掘抢救民间文化的决议》，对当地的文物保护和民族民间文化抢救发掘提出规范性的要求。为了使捐款、捐物、义演、义卖、义赛、义诊、义展、义务劳动和义务服务等形式的社会捐赠行为更加公开、规范，苏州博物馆、中国昆曲博物馆、中国苏州评弹博物馆制定《捐赠办法》，并接受审计和社会监督。另外，数量众多的各种专题性的民族民间艺术展览在国内外展出，并出版了大量的学术著作和画册以及数码产品。在中国有关部门的关注和支持下，这些学术活动和出版物的知识产权也得到有效的保护及利用。

中国民族民俗文物的调查、研究及相关工作已经走过百年历程，并且将延续下去。作为科学的、人文的、艺术的综合性新兴独立学科，其成果必将为中华民族的伟大复兴做出更大的贡献。

注释

[1] 张謇（1853—1926），字季直，号啬庵，江苏省海门常乐镇人，中国近代著名实业家、教育家。1869年考中秀才，1885年顺天府乡试考中举人，1894年（光绪二十年）慈禧太后六十寿辰设恩科会试，考中状元，授翰林院修撰。1904年，授予三品官衔。1911年任中央教育会长，江苏议会临时议会长，江苏两淮盐总理。1912年任南京政府实业总长，同年任北洋政府农商总长兼全国水利总长。1895年集资50万两银子在通州唐闸镇创办南通大生纱厂，后又陆续创办大生二厂、三厂、副厂和广生油厂、复新面粉厂、资生冶厂等。成立通海垦牧公司围垦沿海荒滩，开通公路，兴建港口、发电厂。1902年创办通州师范学校，1905年创建南通博物苑，1907年创办农业学校和女子师范学校，1909年倡建通海五属公立中学。1912年创办医学专门学校和纺织专门学校。后将农、医、纺三所学校合并成为南通学院。还兴办了商业学校、银行专修科、测绘专修科、工商补习学校、镀镍传习所、蚕桑讲习所、女工传习所、伶工学社、盲哑学校等各种中、初级职业学校以及短期讲习班和特殊教育事业。其一生创办了20多个企业，370多所学校，为我国近代民族工业的兴起和教育事业的发展做出了宝贵贡献。毛泽东同志在谈到中国民族工业时说："轻工业不能忘记张謇。"

[2] 由学部侍郎严修在家乡天津开办，原址为原城隍庙。

[3] 其前身为天津考工厂陈列馆，展品分本省、外省、国外参考三部展出。

[4] 蔡元培（1868—1940），字鹤卿，又字仲申、民友、孑民，乳名阿培，曾化名蔡振、周子余，汉族，浙江绍兴府山阴县（今浙江绍兴）人，原籍浙江诸暨。教育家、革命家、政治家。民主进步人士，国民党中央执委、国民政府委员兼监察院院长。中华民国首任教育总长。1916—1927年任北京大学校长，革新北大，开"学术"与"自由"之风；1920—1930年，同时兼任中法大学校长。早年参加反清帝制的斗争，民国初年主持制定了中国近代高等教育的第一个法令——《大学令》。北伐时期，国民政府定都南京后，主持教育行政委员会，筹设中华民国大学院及中央研究院，主导教育及学术体制改革。1928—1940年专任中央研究院院长，贯彻对学术研究的主张。1933年，倡议创建国立中央博物院，并亲自兼任第一届理事会理事长。抗战爆发初期，与厉麟似等上海文化界知名人士联合组织成立了上海文化界救亡协会，积极组织发动文化界人士及民众投入抗日救亡运动。1940年3月5日在香港病逝，葬香港仔山巅华人公墓。

[5] 鲁迅（1881—1936），曾用名周樟寿，后改名周树人，曾字豫山，后改豫才，曾留学日本仙台医科专门学校（肄业）。"鲁迅"是他1918年发表《狂人日记》时所用的笔名，也是他影响最为广泛的笔名，浙江绍兴人。著名文学家、思想家、民主战士，新文化运动、五四运动的重要参与者，中国现代文学的奠基人。一生在文学创作、文学批评、思想研究、文学史研究、翻译、美术理论引进、基础科学介绍和古籍校勘与研究等多个领域具有重大贡献。他对于五四运动以后的中国社会思想文化发展具有重大影响，蜚声世界文坛，尤其在韩国、日本思想文化领域有极其重要的地位和影响，被誉为"二十世纪东亚文化地图上占最大领土的作家"。毛泽东曾评价："鲁迅的方向，就是中华民族新文化的方向。"

[6] 李金藻（1871—1948），字芹香，又署琴湘，

别号择庐，近代著名教育家，天津人。1903 年赴日留学，入弘文学院师范科，归国后任直隶学务处省视学与总务课副课长。1912 年任直隶巡按使公署教育科主任。1917 年，再赴日本考察教育，回国后任职直隶社会教育办事处。1921 年出任江西省教育厅厅长，1925 年辞职回天津。1929 年以后，历任天津广智馆馆长、天津市教育局局长、河北省政府委员兼教育厅厅长。晚年致力于社会教育、戏剧改良，尤多创建。

[7] 许衍灼，20 世纪初的学者，生卒年不详。著有《中国工艺沿革史略》等。

[8] 许衍灼编译《中国工艺沿革史略》，上海：上海商务印书馆，1917 年 12 月，第 1~3 页。

[9] 刘锡诚《民俗百年话题》，《民俗研究》2000 年第 1 期，第 6 页。

[10] 陈独秀（1879—1942），原名陈庆同、陈乾生，字仲甫，号实庵，安徽怀宁人，新文化运动的倡导者、发起者和主要旗手，“五四运动的总司令”，中国共产党的主要创始人之一和党早期主要领导人。1920 年年初前往上海成立共产党早期组织，并发起成立中国共产党。1921 年 7 月在中国共产党第一次全国代表大会上被选为中央局书记，后任中央局执行委员会委员长（中共二大、中共三大）、中央总书记（中共四大、中共五大）等职务，并任第一至第五届中央委员。1927 年 7 月离开中共中央。1929 年 11 月因就中东路事件发表不同意见而被中国共产党中央开除党籍。1931 年 5 月被推选为中国托派组织的中央书记。1932 年 10 月被国民政府逮捕，判刑后囚禁于南京。抗日战争爆发后，于 1937 年 8 月出狱，先后住在武汉、重庆，最后长期居住于重庆（原属四川）江津。1942 年 5 月 27 日逝世。主要著作有《独秀文存》《陈独秀文章选编》等。

[11] 为陈独秀于 1915 年 9 月在上海创办，1916 年 9 月起改名为《新青年》，1917 年年初迁到北京出版。

[12] 陈独秀《敬告青年》，《青年》杂志创刊号，1915 年 9 月。

[13] 赵世瑜《黄石与中国现代早期民俗学》，苑利主编《二十世纪中国民俗学经典·学术史卷》，北京：社会科学文献出版社，2002 年 3 月，第 229 页。

[14] 刘复，即刘半农（1891—1934），江苏江阴人，原名寿彭，后名复，初字半侬，后改半农，晚号曲庵，中国新文化运动先驱，文学家、语言学家和教育家。清宣统三年（1911 年）参加辛亥革命，民国元年（1912 年）后在上海以向鸳鸯蝴蝶派报刊投稿为生。民国六年（1917 年）到北京大学任法科预科教授，并参与《新青年》杂志的编辑工作，积极投身文学革命，反对文言文，提倡白话文。民国九年（1920 年）到英国伦敦大学的大学院学习实验语音学，民国十年（1921 年）夏转入法国巴黎大学学习。1925 年获得法国国家文学博士学位，所著《汉语字声实验录》荣获法国康士坦丁·伏尔内语言学专奖。民国十四年（1925 年）秋回国，任北京大学国文系教授，讲授语音学。民国二十三年（1934 年）在北京病逝。主要作品有诗集《扬鞭集》《瓦釜集》和《半农杂文》。

[15] 沈尹默（1883—1971），原名君默，后改尹默，字中、秋明，号君墨，别号鬼谷子。祖籍浙江湖州，1883 年生于陕西兴安府汉阴厅（今陕西安康市汉阴县城关镇民主街），著名学者、诗人、书法家、教育家。早年留学日本，后任北京大学教授、北平大学校长、辅仁大学教授，《新青年》杂志编委。与兄长沈士远、弟沈兼士合称“北大三沈”。1949 年后历任中央文史馆副馆长、上海市人民委员会委员、第三届全国人大代表等职务。

[16] 顾颉刚《国学门周刊始刊词》，北京大学

研究所《国学门周刊》卷 213 期，1926 年 1 月。

[17] 蔡元培《何谓文化》，《北京大学日刊》1921 年 2 月 14 日。

[18] 胡愈之（1896—1986），原名学愚，字子如，笔名胡芋之、化鲁、沙平、伏生、说难等，浙江上虞丰惠镇人，著名的社会活动家，具有多方面卓著成就的革命学者，一生集记者、编辑、作家、翻译家、出版家于一身，学识渊博，是新闻出版界少有的“全才”。早年创建世界语学会，与沈雁冰等成立文学研究会。1922 年年初参加中国民权保障同盟，同年加入中国共产党。1935 年后参加上海文化界救亡运动，为“救国会”发起人之一。抗战胜利后，在海外宣传党的方针政策，1949 年后，任《光明日报》总编辑。曾任新中国首任国家出版总署署长、全国人大常委会副委员长和全国政协常委。

[19] 胡愈之《论民间文学》，上海印务出版社《妇女杂志》1921 年第七卷 1 月号。

[20] 容肇祖《北大歌谣研究会及风俗调查会的经过》，《民俗》第 17、18 期合刊，国立中山大学语言历史研究所编印，1928 年 7 月 25 日，第 16 页。

[21] 同 20。

[22] 容肇祖《北大歌谣研究会及风俗调查会的经过》，《民俗》第 17、18 期合刊，国立中山大学语言历史研究所编印，1928 年 7 月 25 日，第 26 页。

[23] 顾颉刚《厦门大学国学院周刊缘起》，《厦大周刊》第 168 期，1926 年 12 月 18 日。

[24] 容肇祖《北大歌谣研究会及风俗调查会的经过》，《民俗》第 17、18 期合刊，国立中山大学语言历史研究所编印，1928 年 7 月 25 日，第 18~23 页。

[25] 北京大学研究所《国学门周刊》1925 年第 9 期。

[26] 容肇祖《北大歌谣研究会及风俗调查会的经过》，《民俗》第 17、18 期合刊，国立中山大学语言历史研究所编印，1928 年 7 月 25 日，第 25 页。

[27] 同 26。

[28] 沈兼士语。见《研究所国学门风俗调查会开会记事》，《歌谣周刊》第 58 期，1924 年 6 月 8 日，第 8 版。

[29] 容肇祖《北大歌谣研究会及风俗调查会的经过》，《民俗》第 17、18 期合刊，国立中山大学语言历史研究所编印，1928 年 7 月 25 日，第 17 页。

[30] 顾颉刚（1893—1980），名诵坤，字铭坚，号颉刚，小名双庆，笔名有余毅、铭坚等，江苏苏州人。中国现代著名历史学家、民俗学家，古史辨学派创始人，现代历史地理学和民俗学的开拓者、奠基人。1920 年毕业于北京大学，后历任厦门大学、中山大学、燕京大学、北京大学、云南大学、兰州大学等校教授。新中国成立后，任中国科学院历史研究所研究员、中国民间文艺研究会副主席、民主促进会中央委员等职。

[31] 顾颉刚《一个光绪十五年的“奁目”》，《歌谣周刊·婚姻专号》第 58 期，1924 年 6 月 8 日，第 1~4 页。

[32] 沈兼士（1887—1947），沈尹默之弟，中国语言文字学家、文献档案学家、教育学家。1887 年 7 月 31 日出生于陕西省汉阴县城。曾与其兄沈士远、沈尹默同在省立一中、北大任教，有“北大三沈”之称，为中国新诗倡导者一。著有《文字形义学》《广韵声系》《段砚斋杂文》等。

[33] 《厦大周刊》第 159 期，1926 年 10 月 16 日。

[34] 《厦大周刊》第 169 期，1926 年 12 月 25 日。

[35] 王学典、孙延杰《顾颉刚和他的弟子们》，济南：山东画报出版社，2000 年 7 月，第 29 页。

[36] 傅斯年（1896—1950），初字梦簪，字孟真，山东聊城人，著名历史学家、古典文学研

究专家、教育家、学术领导人，五四运动学生领袖之一、中央研究院历史语言研究所的创办者。曾任中山大学、北京大学等校教授,北大文科研究所所长、代理校长（1945—1946）和台湾大学校长（1949—1950）。任历史语言所所长23年，培养了大批历史、语言、考古、人类学等专门人才，组织出版学术著作70余种，在经费、设备、制度等方面都为历史语言所的发展做出重要贡献。组织第一次有计划、有组织的殷墟甲骨发掘，先后发掘15次，大大推动了中国考古学的发展和商代历史的研究。还将明清大库档案资料争取到历史语言研究所，组织进行专门整理，使明清史研究取得了突破性进展。在历史学研究方面，重视考古材料在历史研究中的作用，摆脱“故纸堆”的束缚，同时注意将语言学等其他学科的观点方法运用到历史研究中，取得较高的学术成就，在现代历史学上具有很高的地位。1950年12月20日,在台北病逝。主要著作有《东北史纲》（第一卷）、《性命古训辨证》《古代中国与民族》,有《傅孟真先生集》六册。

[37] 胡适（1891—1962），曾用名嗣穈，字希疆，学名洪骍，后改名适，字适之，思想家、文学家、哲学家。徽州绩溪人，以倡导白话文、领导新文化运动闻名于世。幼年就读于家乡私塾，19岁考取庚子赔款官费生，留学美国，师从哲学家约翰·杜威，1917年夏回国，受聘为北京大学教授。1918年加入《新青年》编辑部，大力提倡白话文，宣扬个性解放、思想自由，与陈独秀同为新文化运动领袖。翻译法国都德、莫泊桑和挪威易卜生的部分作品，又率先从事白话文学的创作。1917年发表的白话诗是现代文学史上第一批新诗。1920年代办《努力周报》，1930年代办《独立评论》，1940年代办独立时论社，1949年创办《自由中国》。1938—1942年出任中华民国驻美大使。1939年获得诺贝尔文学奖的提名。1946—1948年任北大校长。1949年去美国。1952年返台，1957年始任中央研究院院长。1962年2月24日在台北病逝。一生学术活动主要在文学、哲学、史学、考据学、教育学、红学几个方面，主要著作有《中国哲学史大纲》（上）、《尝试集》、《白话文学史》（上）和《胡适文存》（四集）等。

[38] 杨成志《民俗学会的经过及其出版物目录一览》，《民俗》复刊号，国立中山大学研究院文科研究所编印，1936年9月15日，第223页。

[39] 章承祖《民俗传习班第一期经过略记》,《民俗》第23、24期合刊，国立中山大学语言历史研究所编印,1928年9月5日,第66页。

[40] 杨成志《民俗学会的经过及其出版物目录一览》，《民俗》复刊号，国立中山大学研究院文科研究所编印，1936年9月15日，第225页。

[41] 同41。另可参见《本所风俗物品陈列室所藏书籍器物目录（续）·物品类目录》,《民俗》第29、30期合刊，国立中山大学语言历史研究所编印，1928年10月17日，第51~60页。

[42] 史禄国（Sergei Mikhailovich Shirokogorov，С.М. Ш ирокогорова，1887—1939），俄罗斯人类学奠基者，现代人类学先驱之一，通古斯研究权威。生于帝俄世家，接受了西方传统的古典教育，通晓多种语言，包括许多通古斯语言。曾经就学于法国索邦大学、巴黎大学。1910年毕业于法国巴黎大学人类学院，在当时西欧文化中心，受资本主义上升期实证主义、进化论熏陶，把人和人所构成的社会及创造的文化看作自然的一部分，用科学方法来探讨其规律，研究通古斯人；回国后在圣彼得堡大学、帝国科学院做研究，1915年成为帝国科学

院人类学学部委员。1912—1913年在俄国后贝加尔、1915—1917年在我国东北多次就通古斯人和满人做民族志学、考古学和语言学调查。1922年移居中国，1939年逝世于北京，后半生有将近20年在中国度过，绝大部分著作也在中国出版，为中国民族学和人类学的发展做出了重要贡献。

[43] 容肇祖（1897—1994），中国著名哲学史研究专家、民俗学家和民间文艺学家。字元胎，出生于广东东莞市的一个书香家庭。父亲是清朝的拔贡，故家中藏书较多，为肇祖兄弟数人初入学门提供了较好的条件。曾上过几年小学，其父去世后，随母到广州小学念书，辛亥革命后回家自修。1913年春，考入东莞中学。1917年秋，考入不收学膳费的广东高等师范学校的英文专业。翻译莫泊桑的小说《佘妻之基》等在《小说月报》上发表。1921年秋，从广东高等师范学校毕业后，到杭州、上海、南通、北京等地参观后，回到母校东莞中学任教。半年之后，兄弟二人辞去中学教席，共同北上求学。1924年，曾与顾颉刚等人一道，对北京妙峰山的进香活动做调查研究。这是我国现代民俗学史上一次颇有影响的学术活动，其研究成果在《京报副刊》上发表后引起当时社会上不少对民间文艺、民间文俗、民间歌谣等爱好者的极大重视和兴趣。20世纪20年代末30年代初，曾两次出任中山大学民俗学会主席。其《二郎神考》《天后》等文，是中国较早出现的替某一位“神”做系统考究的论文之一。曾写过《传说的分析》《德庆龙母传说的演变》《与魏应麟论临水奶》等一批有影响的文章。1949年以来，其学术研究的重点是在古代哲学思想史上，但其始终关注民间文艺学和民俗学这两个学科的发展。1962年，抽空为《民间文学》写了《亿〈歌谣〉与〈民俗〉》等文。1979年11月，在中国民间文艺工作者第二次代表大会上，与顾颉刚、钟敬文等七教授联名发出《建立民俗学及有关研究机构的倡议书》，为建立我国新时期的民俗学学科做出了自己的努力。

[44] 杨成志（1902—1991），字有竟，中国民族学家、人类学家。原广东海丰县汕尾镇（现为汕尾市）人，也有记载为汕尾市东涌人，汉族。1923—1927年，就学于岭南大学，并主编《南大青年》《南大思潮》和《南风》等刊物。1927年任中山大学助教。1928年受中山大学和中央研究院指派，赴云南调查少数民族情况。后去四川大凉山彝族地区，调查研究奴隶社会结构及彝族生活情况、风俗习惯、语言文字、宗教信仰、文化特征，写出《云南民族调查报告》《罗罗族巫师及其经典》《罗罗太上消灾经对译》等专著。同年返校后，由中山大学派往法国留学，获巴黎人类学院高等文凭和巴黎大学民族学博士学位。20世纪三四十年代，任中山大学教授及研究院秘书长、文科研究所所长、人类学部主任、人类学系主任等职。这期间，主编《民俗季刊》和《民族学刊》，发表了《广东人民与文化》《人类科学论集》《人类学与现代生活》《广东北江瑶人调查报告》《海南岛苗黎调查》《广西苗瑶侗壮访问记》等专著及调查报告。1944—1946年，选派赴美国。中华人民共和国成立后，到中央民族事务委员会工作，后任中央民族学院教授兼文物室主任。曾参加《中国少数民族分布简图》《中国少数民族文字简表》《中国少数民族地区旧有政制概况》及《瑶族简史简志》的编写工作。曾参加中央民族访问团中南访问团广西分团（团长费孝通，副团长黄现璠）工作，任广西分团联络组组长；1956年参加广西少数民族社会历史调查组（组长莫矜，副组长黄现璠）工作，任瑶族分组组长。

[45] 章承祖《民俗传习班第一期经过略记》，《民俗》第23、24期合刊，国立中山大学语言历史研究所编印，1928年9月5日，第66~70页。

[46] 同40。

[47] 1928年8月20日顾颉刚致胡适信，中国社会科学院近代史研究所中华民国史研究室编《胡适来往书信选·上》，香港：中华书局香港分局，1983年11月，第533~535页。孟真，即傅斯年；叔傥，即伍叔傥；缉斋，即汪敬熙；戴校长，即时任中山大学校长的戴季陶；敬文，即钟敬文。

[48] 钟敬文（1903—2002），原名钟谭宗，出生于广东省汕尾市海丰县公平鱼街，汉族。中国民俗学家、民间文学大师、现代散文作家。1927年秋，在中山大学中文系任助教，与顾颉刚等人组织了民俗学会，编辑《民间文艺》《民俗》及民俗学丛书，出版散文集和民间文艺论集。1928年秋到杭州，先在一所高级商校教国文，后转至浙江大学文理学院任讲师。在中山大学和浙江大学任教期间，积极从事民间文学、民俗学的研究和文艺创作。著有散文集《荔枝小品》《西湖漫拾》《湖山散记》，新诗集《滨海的二月》，文艺短篇集《柳花集》，写了《中国的天鹅处女故事》《中国地方传说》等学术论文，并与人合创中国民俗学会，编印了《民间》《民俗学集镌》等刊物和丛书。1934年在日本早稻田大学文科研究院学习，在当地《民族学研究》《民俗学》和国内的《艺风》上发表论文。1936年夏回杭州从事教育和研究工作。后到桂林，在迁至桂林的无锡教育学院任教。抗日战争期间，积极参加抗日爱国民主运动。在广东四战区政治部任视察专员；中山大学由云南迁粤北坪石，被聘为副教授，后为教授。1941年到中山大学文学院任教，至1947年夏辗转香港，任达德学院教授。1947年夏在香港达德学院任文学系教授，被选为中国文学协会香港分会常务理事。出版了新诗集《未来的春》，还主编了《方言文学》文集。1949年到北京参加第一届文代会，当选全国文联候补委员、文学工作者协会常务委员。不久就任北京师范大学文学系教授、副教务长、科研室主任，兼任北京辅仁大学教授。2002年1月10日在北京逝世，享年100岁。

[49] “敬文启事：鄙人从此期（廿四期）以后，完全脱离本刊编辑上职责，外间寄投本刊稿件函札，封面请勿誊写鄙人姓名。我定于日间北上，暂时亲友见贶私件，可寄由本校言语历史研究学周刊编辑室林树槐君收转。十七年八月廿六日”，《民俗》第23、24期合刊，国立中山大学语言历史研究所编印，1928年9月5日。

[50] 杨振声（1890—1956），字今甫，亦作金甫，笔名希声，山东蓬莱（今蓬莱市）水城村人。现代著名教育家、作家，教授。少时在家乡读书，1915年考入北京大学国文系。1918年与进步同学组织新潮社，创办《新潮》杂志，任编辑部书记。1919年赴美国哥伦比亚大学留学，专攻教育学和教育心理学，获博士学位，又入哈佛大学攻读教育心理学。1924年回到祖国，投身教育事业，历任武昌大学、北京大学、燕京大学、中山大学中文系教授，清华大学教务长、文学院院长兼中文系教授。1930年任国立青岛大学（现中国海洋大学）校长，亲自开设“小说作法”课。1933年，受教育部委托，主编《高小实验国语教科书》和《中学国文教科书》，同时与沈从文合作编辑天津《大公报·文艺副刊》。1938年任西南联合大学常务委员会委员兼秘书长、中文系教授，后任西南联大叙永分校主任、中文系教授。1946年负责北京大学北迁筹备工作，并任

教。同年与沈从文、冯至合作编辑《现代文录》，主编《经世日报·文艺周刊》。中华人民共和国成立后，仍于北京大学任教，兼任北京市文联创作部部长。1952年调任长春东北人民大学中文系教授兼中国文学史教研室主任，当选为吉林省人民代表大会代表、长春市政协委员、九三学社长春分社委员。1956年，病逝于北京，终年66岁。临终，唯一的遗嘱是将其全部藏书（2379册）捐给长春东北人民大学图书馆。

[51] 傅斯年在1928年11月撰写的第一期报告书中，将历史语言研究所规划为史料学、汉语、文籍校订、民间文艺、汉字、考古学、敦煌材料研究、人类学及民物学8个研究小组。参见《中央研究院历史语言研究所七十年大事记》，1998年10月，第2页。

[52] [汉]蔡邕《陈太丘碑》："神化著于民物，形表图于丹青。"《后汉书·翟酺传》："帑藏单尽，民物彫伤。"《三国志·魏志·高堂隆传》："天作淫雨，冀州水出，漂没民物。"《宋书·武帝纪下》："古之王者，巡狩省方，躬览民物，搜扬幽隐，拯灾恤患。"

[53] 刘大白（1880—1932），原名金庆棪，后改姓刘，名靖裔，字大白，别号白屋，浙江绍兴人。与鲁迅是同乡好友，中国现代著名诗人、文学史家。曾东渡日本，南下印尼，接受先进思想。先后在省立诸暨中学、浙江第一师范、上海复旦大学执教数十年。1919年应经亨颐之聘在浙一师与陈望道、夏丏尊、李次九一起改革国语教育，被称为"四大金刚"。后任教育部秘书、常务次长，中央政治会议秘书等职。20世纪20年代，曾莅校考察并讲学。1925年为复旦大学校歌作词。复旦校歌歌词介于文言与白话之间，兼取两者优处，由复旦师生传唱至今。有多本诗集传世。

[54] 娄子匡（1907—2005），浙江绍兴人，著名民俗学家、民间文艺学家、俗文学家。浙江绍兴中学肄业。后为北京大学歌谣研究会主编的《歌谣周刊》、中山大学《民俗周刊》、上海文学研究会《文学周刊》等刊物著述民间文学作品。1932年夏，与顾颉刚、周作人、江绍原、钟敬文等人在杭州创办了中国民俗学会，编辑了《民俗周刊》《民间月刊》《孟姜女月刊》《民俗学集镌》等多种民俗学、民间文学学术刊物。先后出版过《绍兴歌谣》《绍兴故事》《越歌白曲》《神话与传说》等民间文学作品集。赴台后，着力于对以往各种民俗民间文学资料的收集、编纂、影印工作。从创立东方文化供应社开始，出版并影印民俗丛书、期刊逾千种。曾担任从1951年即已创刊的《台湾风物》双月刊的编委。1970年春，编校了《东方文丛》的《影印中国期刊五十种》。1971年春，还编校了"中山大学民俗丛书"31种，由台北东方文化书局再版。1970—1980年间，编纂了"北京大学中国民俗学会丛书"一套。1963年与朱介凡合作编著了《五十年来的中国俗文学》一书。另出版有《中国民俗学运动的昨夜和今晨》《谈喇嘛之谣》《吴于恋歌》《迎紫姑》《么西族洪水传说》《台湾民俗文艺试论》《神话丛话》《十二生肖故事》《台湾俗文学丛话》《新年风俗志》《婚俗志》以及《笑话群（一·二）》等。

[55] 江绍原（1898—1983），安徽旌德江村人，中国现代著名民俗学家和比较宗教学家，20世纪中国民俗学界五大核心领袖人物之一（其他四人为顾颉刚、周作人、钟敬文、娄子匡），是民俗学界公认为在民俗学研究方面成绩最突出的一个。青年时期就读于上海沪江大学预科，不久即去美国加利福尼亚州求学，后因病回国。1917年在北京大学哲学系做旁听生。1920年去美国芝

加哥大学攻读比较宗教学，1922年在该校毕业后又在意林诺大学研究院哲学专业学习一年。1923年回国任北京大学文学院教授。1927年应鲁迅之邀去广州中山大学任文学院英吉利语言文学系主任、教授，兼任国文系课程。1927年“四一二”大屠杀后离穗去杭州。以后，在北京大学、武昌大学、北平大学、中法大学、辅仁大学、中法文化交换出版委员会、上海中法孔德研究所、河南大学、西北大学等处任教、编纂或做研究员。1949年后，先后任山西大学英语系教授、中国科学出版社编审、商务印书馆编审等。1979年被聘为中国民间文艺研究会顾问，1983年被聘为中国民俗学会顾问。著有《发须抓——关于它们的风俗》《中国礼俗迷信》《古俗今说》《江绍原民俗学论集》《民俗与迷信》等。

[56] 钱南扬，1919年考入北京大学国学门中文科，从许守白学戏曲，从钱玄同学声韵，从刘子庚学词，从吴梅学曲。在五四新文化运动的影响下，选择了民间文学和小说戏曲作为攻读的专业。1925年毕业后，先后任浙江宁波省立四中、绍兴省立五中、湖南省立三中国文教员和浙江大学文理学院助教。1930年任武汉大学中文系讲师。1956年在杭州大学中文系执教。1959年起，任南京大学中文系教授。在从教的同时，专力研究中国戏曲史，对于宋元南戏造诣颇深，多项研究填补了中国戏曲史研究的空白。1984年10月，中国戏剧家协会授予他第一届戏剧理论著作奖荣誉奖。还从事民间文学和民俗学的研究，1930年代，和顾颉刚等发起成立中国民俗学会。曾担任中国民间文学工作者协会顾问、中国民俗学会顾问，江苏省民间文学工作者协会主席、名誉主席，江苏省民俗学会名誉主席。

[57] 江绍原《民学与合作研究》，杭州《民国日报·民俗周刊》第15期，1930年11月29日。

[58] 江绍原《关于民风民物的搜集工作》，杭州《民国日报·民俗周刊》第16期，1930年12月6日。系为娄子匡《宁波端午节老虎画集》所作的序。

[59] 西湖博览会的会址设在杭州西湖的四周，包括断桥、孤山、岳王庙、北山、宝石山麓与葛岭沿湖地区，周长约4千米，面积约5平方千米。共设八馆二所三个特别处。八馆为：革命纪念馆、博物馆、艺术馆、农业馆、教育馆、卫生馆、丝绸馆、工业馆。二所为：特种陈列所、参考陈列所。三个特别处是：铁路陈列处、交通部电信所陈列处、航空陈列处。其中，教育馆展品总计达4万余件，按展品性质分成6个陈列室展出。参见赵福莲《1929年的西湖博览会》，杭州：杭州出版社，2000年10月。

[60] 《本刊休刊告读者》，杭州《民国日报·民俗周刊》第60期休刊号，1931年10月10日。

[61] 朱启钤（1872—1964），字桂辛、桂莘，号蠖公、蠖园，祖籍贵州开州（贵州开阳），中国北洋政府官员，爱国人士，中国政治家、实业家、古建筑学家，中国营造学社创始人。光绪举人。1903年任京师大学堂译书馆监督。后历任北京城内警察总监、东三省蒙务局督办、津浦路北段总办等职。1912年7月起，连任陆徵祥、赵秉钧内阁交通部总长。1913年8月代理国务总理，稍后任熊希龄内阁内务部总长。1914年兼任京都市政督办。1915年拥护袁世凯复辟帝制，12月任登基大典筹备处办事员长（处长）。1916年袁世凯死后，因帝制祸首之一遭通缉。1918年获赦免，8月当选为安福国会参议院副议长。1919年任南北议和北方总代表。和谈破裂后退出政界，先后寓居津、沪。曾经办中兴煤矿、中兴轮船公司等企业。1949年后，曾任政协全国委员会委员、中央文史馆馆员。著有《蠖园文存》《存素

堂丝绣录》《女红传征略》《丝绣笔记》《芋香录诗》《清内府刻丝书画考》《清内府刺绣书画考》《漆书》等。1927年根据日本传抄本重新刊刻久已失传的《髹饰录》。1964年2月26日卒于北京。

[62] 中国营造学社（Society for the Study of Chinese Architecture），中国私人兴办的、研究中国传统营造学的学术团体。学社于1930年2月在北平正式创立，朱启钤任社长，梁思成、刘敦桢分别担任法式、文献组的主任。学社从事古代建筑实例的调查、研究和测绘，以及文献资料搜集、整理和研究工作，编辑出版《中国营造学社汇刊》，1946年停止活动。它为中国古代建筑史研究做出重大贡献。

[63] 大村西崖（1867—1927），日本东洋美术史家，密教研究者。幼名盐泽峰吉。由于被大村家收为养子，所以改名为西崖，号归堂。毕业于东京美术学校雕刻科。在日本讲授东洋美术史、东洋绘画史、东洋雕刻史，以"密教发达志"获颁学士奖。历任京都市立美术工艺学校教谕，及东京美术学校副教授、教授等职。曾与森鸥外共同出版《洋画手引》（1898）、《阿育王事迹》（1909）等书。曾兼任庆应义塾美学讲座。明治三十九年（1906年）与田岛志一创立审美书院。著有《东洋美术大观》15册。曾出版《东瀛珠光》《东洋美术史》等书。

[64] 鲁迅《经验》，人民文学出版社编辑部编辑《鲁迅全集》第4卷，北京：人民文学出版社，1957年，第412页。

[65] 鲁迅《介绍德国作家版画展》，人民文学出版社编辑部编辑《鲁迅全集》第7卷，北京：人民文学出版社，1958年，第611页。

[66] 1935年2月4日给李桦信，鲁迅《鲁迅书信集·下》，北京：人民文学出版社，1976年8月，第746~747页。

[67] 鲁迅《玩具》，人民文学出版社编辑部编辑《鲁迅全集》第5卷，北京：人民文学出版社，1957年，第401~402页。

[68] 常任侠（1904—1996），著名艺术考古学家、东方艺术史研究专家、诗人，中国艺术史学会创办人之一。主要从事中国以及中亚、东亚、东南亚诸国美术史以及音乐、舞蹈史的研究，对中国与印度、日本的文艺交流史研究做出开拓性贡献。别名季青，生于安徽省颍上县黄桥镇新庙村（新庙集附近常家祠堂）。家学渊源，幼习古诗文辞。1922年入南京美专，1927年加入北伐学生军。1928年入南京国立中央大学文学院，研究古典文学及印度、日本文学，1931年毕业后留校任教。1935年赴日本东京帝国大学文学院，研究东方艺术史和丝绸之路的文化交流，曾在上野帝国学士院作汉学报告，1936年年底返国，继续在中央大学任教。1938年春到武汉国民政府军委政治部三厅任职，并应茅盾、廖沫沙之邀，为《抗战日报》编副刊。1938年年底随三厅转移重庆，任中英庚款董事会艺术考古员，兼任四川省立教育学院教授。1942年转任国立艺术专科学校教授，编辑《学术杂志》。1943年转任昆明国立东方语文专科学校教授。1945年应泰戈尔之邀，赴印度国际大学讲授中国文化史。1949年应周恩来总理电召返国，任北平艺术专科学校特级教授。先后任国务院华侨事务委员会委员，北京大学、北京师范大学、中国佛学院（1956年创办）教授，中央美术学院教授兼图书馆馆长，国家文物鉴定委员会委员，国务院古籍整理出版规划小组顾问。著有新体诗《毋忘草》《收获期》《蒙古调》《中国现代诗选》。创作古体诗词1500余首，编为《红百合诗集》；还有《祝梁怨》《田横岛》《鼓盆歌》《妈勒传》等南北曲集。艺术史研究著作有《亚细亚之黎明》《民

俗艺术考古论集》《西域乐舞百戏东渐史略》《中国古典艺术》《中印艺术因缘》《汉画艺术研究》《汉代绘画选集》《阿旃陀石窟艺术》《东方艺术丛谈》《佛经文学故事选》《中国舞蹈史话》《常任侠艺术考古论文集》《海上丝绸之路与文化交流》《印度与东南亚美术发展史》《中国美术史讲义》《美学与中国美术史》（与朱光潜、黄药眠合著）及《石刻画与砖刻画》《中国美术全集第十八卷》等。译著有《印度的文明》《中国的文明》《近东与近东的文明》《日本绘画史》《中国服装史研究》等。

[69] 徐蔚南，生年不详。原名毓麟，笔名半梅、泽人，江苏盛泽人，中国散文家。自小与邵力子相识，为世交。后入上海震旦学院。留学日本，庆应大学毕业，归国后在绍兴浙江省立第五中学任教。1924 年，由柳亚子推荐，参加新南社。1925 年来上海，在复旦大学实验中学任国文教员，从事文学创作，以《山阴道上》誉满文坛，加入文学研究会，一年后在复旦大学、大夏大学执教。自 1928 年起任世界书局编辑，主编“ABC 丛书”，共出版 152 种。抗日战争胜利后，主持《民国日报》的复刊工作，任《大晚报·上海通》的主编以及上海通志馆副馆长并兼任大东书局编纂主任。1949 年后在上海文献委员会任副主任。1952 年 1 月逝世。与王世颖合著《龙山梦痕》《都市的男女》等，译作有《一生》《女优泰绮思》等。

[70] 郑师许（1897—1952），东莞人，原名郑沛霖。毕业于南京金陵大学，历任国立交通大学、暨南大学、大夏大学、中山大学、无锡国学专修学校和广东省立勷勤大学等校教授，凡二十余年。曾兼任史地系主任、训导主任、总务主任等职，并曾任上海市博物馆筹备委员兼艺术考古部主任、寿县史迹考查团秘书、《广东年鉴》编纂委员会总编纂、教育部史地教育委员会委员、中华学艺社“复兴丛书”编纂委员会委员、广东文献委员会委员兼整理组组长、东莞明伦堂教育委员会委员、广州参议会议员、《西沙群岛志》编纂委员会总编纂、广东文化教育协会常务理事。曾在中山大学历史系任教，开设明清史课，并筹办东莞旅省中学。时以写作为事，已成书稿近百种，发表论文二百余篇。主要著述有《中国文化史》《中国金石学概论》《四部书斋文录》《铜鼓考略》《金甲文发凡》《古文字学通论》《玄奘传》《台湾与丘逢甲》《中国通史讲义初稿》《明清史专题研究》《我国史前文化》《香港问题》《澳门问题研究》等。于 1952 年脑溢血逝世于广州。

[71] 雷圭元（1906—1988），工艺美术家及工艺美术教育家，上海松江人。1927 年毕业于国立北平艺专后留校任教，1929 年赴法国学习绘画和染织、漆画等。1931 年回国，任教于杭州国立艺专，著作《工艺美术技法讲话》《新图案学》《新图案的理论和作法》等，均作为当时大学所设课程的教材，在图案的理论和技法上进行了系统的论述，对开拓中国工艺美术教育事业起了重要作用。1953 年任教于中央美术学院实用美术系，期间主持筹办全国民间艺术展览，先后两次率团出国举办工艺美术展览。1956 年任中央工艺美术学院副院长，1961 年负责全国高等工艺美术院校教材编写的领导工作。1958 年主持人民大会堂、中国历史博物馆、中国军事博物馆、钓鱼台国宾馆等首都重要建筑的装饰设计工作。其主要著作有《图案基础》《中国图案初探》《敦煌莫高窟图案》《中外图案装饰风格》等。作为我国老一辈卓有声望的工艺美术家，在工艺美术教育和图案理论研究等方面做出了重大的贡献。

[72] 颜水龙，台湾台南市人。1915 年下营公学校毕业后入台南州教员养成所，1918 年回母校下营公学校服务，担任教职。受同校教员泽田武雄(石川钦一郎学生)鼓励，1920 年赴日学习美术。1922 年 4 月留学于日本国立东京美术学校，师从藤岛武二（1867—1943）与冈田三郎助（1869—1929），学习西画与油画。1927 年 3 月，从东京美术学校毕业，9 月顺利考上该校研究科。1929 年 10 月，受雾峰林献堂资助，在法国学习素描、油画，受马尔香（Jean Marchend，1882—1941）与勒泽（Fernand Lger，1881—1955）影响最大。另外，于坎城（Canne）认识梵・邓肯（Van Dongen，1877—1968），师承梵・邓肯的装饰性色彩。1933 年，任职于大阪的寿毛加牙粉公司，从事广告设计。1934—1937 年，与杨三郎、廖继春等人合作，分别创立了台阳展与台阳美术协会；曾受台湾总督府之聘，回台致力于台湾工艺美术的推动。半生研究、推广台湾手工艺，专心培育工艺设计人才。1945 年被聘为台南高等工业专科学校(今成功大学前身)建筑工程学科讲师，教授素描与美术工艺史。除工艺美术推广外，也是台湾企业识别标志（CIS）的肇始者，如台中太阳饼相关作品即出于其手。1950 年后，其作品开始限定于某些特殊题材，如台湾少数民族、台湾风景等，晚年艺术作品大多是以台湾为题材的绘画创作。从 1961 年起，陆续制作了一系列的马赛克壁画，如 1961 年的“台中省立体育馆”，1969 年应台北高玉树市长所委，于台北剑潭公园墙上创作的“从农业社会到工业社会”，同年亦参与台北中山堂、台北自强隧道的马赛克美化工作。1984 年，自成功大学教职退休，之后大部分时间专心于绘画，也举办过多次回顾展。此期间的《蓝与白》与《穿白礼服的小姐》为其代表作。

[73] 施世珍(1907—1970),浙江金华人,美术家,教授。1921 年就读于省立第七师范读书，1926年8月入南京私立美术专门学校求学，师从沈溪桥；同年 10 月，为避难回老家，在金华县立长山小学任教员；1930 年，考入浙江省立民众教育实验学校社教行政科，次年毕业后，原本教育厅派他到金华教育局第三课担任课长；为求学，考入国立中央大学艺术科，毕业后任教于杭州国立艺专、山东大学艺术系、南京艺术学院，先后任讲师、副教授等职。多次参加过全国美展，并多次获奖。有遗著《透视学》等。

[74] 钟敬文《民间图画展览的意义》，《民间文艺谈薮》，长沙：湖南人民出版社，1981 年 5 月，第 240~241 页。

[75] 张光宇（1900—1965），自幼酷爱美术，曾随祖母学习剪纸。14 岁到上海跟人学画布景。1918 年即在沪《世界画报》上发表钢笔画。20 岁时与三弟张正宇开设小型美术印刷厂。1921 年任南洋兄弟烟草公司广告部绘画员。1925 年起，在英美烟草公司广告部任职 7 年，开始创作漫画和讽刺画。1933 年首次创作《紫石街》，并由徐悲鸿带往苏联展出获好评。第二年与三弟一起组建时代图书公司和印刷厂，创办《时代漫画》《时代画报》和《独立漫画》。同时在《三日画报》《上海漫画》上发表单色或彩色漫画作品,代表作有连环画《林冲》及《民间情歌》插图。1944 年，其创作的讽刺国民党官僚贪污军饷丑行的《窈窕淑兵》在全国漫画联展中获好评。后来又创作了许多讽刺国民党黑暗统治的漫画并汇编成《光宇讽刺画集》出版。1948 年任香港人间画会会长期间，创作发表了《水浒人物志》插图绣像。1950 年年初回到北京，先后任中央美术学院、中央工艺美术学院教授，曾当选为中国美术家协会理事。后

期作品有《张光宇黑白插图集》等，晚年创作设计的动画影片《大闹天宫》赢得了世界声誉。1964年逝世，终年64岁。

[76] 蔡元培《最近中国三十五年之中国教育》，高平叔编《蔡元培教育文选》，北京：高等教育出版社，1980年2月，第213~214页。

[77]《中央博物院与中央研究院合作暂行办法》,《国立中央博物院筹备处概况》印本，1942年3月，第13页。

[78] 成立于1933年4月，于1952年更名为南京博物院。

[79]《设置国立中央博物院计划书草案》,《国立中央博物院筹备处概况》印本，1942年3月，第31~32页。

[80]《设置国立中央博物院计划书草案》,《国立中央博物院筹备处概况》印本，1942年3月，第30页。

[81]《设置国立中央博物院计划书草案》,《国立中央博物院筹备处概况》印本，1942年3月，第35~37页。

[82] 同77。

[83] 马长寿（1907—1971），民族学家、社会学家和历史学家，字松龄，又作松舲，山西省昔阳县人。自幼丧父，家贫，由寡母抚养成人。1929年太原进山中学毕业后，考入南京中央大学社会学系，攻民族学专业。1933年毕业，留校任助教，自学比较语言学、体质人类学、考古学、民族调查方法等课程。1936年转中央博物院任职，先后在四川大凉山、川西北等地考察彝、藏、嘉绒、羌等族的社会历史。从1942年起，相继在东北大学（当时在四川）、金陵大学（当时在成都）、四川大学等校任教授。中华人民共和国成立后，任浙江大学、复旦大学教授。1955年调西北大学任教授，并根据国家规划筹建西北民族研究室，任该室主任。治学刻苦严谨，勤于读书，尤其重视实际考察研究，以新得资料补充和更正旧书记载之舛误。努力学习马克思列宁主义著作，在教学和科研中能够做到以辩证唯物主义和历史唯物主义的立场、观点和方法为指导。遗著有《凉山罗夷考察》《彝族古代史初稿》《氐与羌》《马长寿民族学论集》《碑铭所见前秦至隋初的关中部族》和《清代同治年间陕西回民起义调查资料》等。

[84] 庞薰琹（1906—1985），原名薹，字虞铉，笔名鼓轩，祖籍江苏常熟塘桥，庞鸿文之孙。1921年考入上海震旦大学学医，课余学绘画。1924年毕业，次年赴法国，入巴黎叙利思绘画研究所学画，1927年在巴黎格朗歇米欧尔研究所深造。1930年回国，系统研究中国画论、画史，参加旭光画会、苔蒙画会，成为当时有进步倾向的新兴美术启蒙运动组织者之一。1931年在上海昌明美术学校、上海美专任教。组织“决澜社”，1932年在上海举行第一次个人画展，以后又举行广告画展览。1936年后任教于北平艺专、四川省立艺专、华西大学、重庆中央大学、广东省立艺专、中山大学。1938年开始搜集中国古代装饰纹样和云南少数民族民间艺术。翌年深入贵州民族地区做实地考察研究工作。1940年任四川省立艺专教授兼实用美术系主任。1947年在广东省立艺专任教授兼绘画系主任，兼中山大学教授。1948年，拒绝赴美国执教之聘，由粤返沪。1949年5月与刘开渠、杨可扬、（郑）野夫、张乐平、朱宣咸、温肇桐、陈烟桥、邵克萍、赵延年等国统区美术先驱代表上海美术界在《大公报》发表迎接解放的《美术工作者宣言》。1949年后历任中央美术学院华东分院教授、教务长。1953年在北京中央美术学院任教，并负责筹建中央工艺美术学院。同年底任全国民间美术工艺展览会具体负责人。遵照周恩来总理意见，1954年又筹备四个工艺美术展览会分赴苏联、东德、波兰、匈牙利、

罗马尼亚、捷克和保加利亚展出。并任工艺美术代表团团长赴苏联访问。1956年，中央工艺美术学院正式成立，任教授、第一副院长。1957年被错划成右派。1979年恢复政治名誉，恢复高教级别。1980年加入中国共产党。1985年逝世。庞薰琹还是我国知名画家，其创作题材广泛，态度严谨，独具风格。曾深入贵州80多个苗寨考察少数民族民间艺术，创作《贵州山民图卷》，富有浓厚的生活气息和感人魅力。其代表作有《地之子》《路》《贵州山民图卷》《瓶花》等，享有盛誉。著有《中国历代装饰画研究》《工艺美术设计》《图案问题的研究》和《论工艺美术》等。

[85] 芮逸夫，生卒年不详，江苏省溧阳人。1926年，就读东南大学外文系（前身为南京高等师范，其后改为国立中央大学），1927年，东南大学解散后离校。1929年秋，任清华大学图书馆编目之职。1930年9月，接受中央研究院聘书，跟随凌纯声先生进行松花江下游赫哲族之民族学调查研究，并就近在清华研究院先从赵元任先生学习语言学与记音以及国际音标，以便整理资料。1931年春，南下正式就职中研院。1932年，与凌纯声先生、勇士衡先生赴湘西凤凰、乾城、永绥三县调查苗族。1933年，与凌纯声调查浙江南部丽水等县畲民。1934年，应国民政府外交部之邀约，参加滇缅公路南段界务之会勘工作，在云南与缅甸边境停留六个月，同时探访少数民族。1937年，随历史语言所迁至云南昆明，开始另一阶段工作。先后完成《中华国族解》《西南民族的语言问题》《中华民族的支派及其分布》《西南民族与缅甸民族》《西南少数民族虫兽偏旁命名考略》等论文。1946年，随“史语所”回南京。1950年，随中央研究院历史语言所播迁至台湾，任史语所第四组主任、台湾大学考古人类学系教授。1959年，为台湾大学考古人类学系主任。1964年赴美任教，任西雅图华盛顿大学人类学系及印第安那大学人类学系客座教授。1966年返台，在台大任教授，兼中国文化学院民族与华侨研究所教授，还任中华文化复兴委员会等委员会委员。后赴美国柏克莱加州大学、耶鲁大学研修人类学。致力人类学、民族学研究，对苗族文化研究尤为深入，成果卓著，具有国际影响，被选为台湾“中央研究院”院士。

[86] 凌纯声（1902—1981），字民复，号润生，中国民族学家、人类学家、音乐家，江苏武进（今常州）人。早年就学于中央大学，后留学法国巴黎大学，师从人类学家莫斯等研习人类学和民族学，获博士学位。归国后，历任中央研究院历史语言研究所研究员、民族学组主任，边疆教育馆馆长，教育部边疆教育司司长，中央大学教授、系主任。20世纪30年代，曾调查赫哲族、湘西苗族、浙江畲族和云南彝族，均有专著问世。40年代，转而注意新疆民族问题和边政建设问题。1949年去台湾省，先后任台湾大学教授、台湾中央研究院民族学研究所所长，台湾中央研究院评议员、院士等。在民族学的实地调查和比较研究方面都做出了贡献。移居台湾后，多次调查台湾少数民族的社会文化，进而探讨中国古代文化与环太平洋地区土著文化的传播关系。著有《松花江下游的赫哲族》《湘西苗族调查报告》《中国边政制度》《边疆文化论集》《中泰文化论集》《台湾与东亚及西南太平洋的石棚文化》《中国远古与太平印度两洋的帆筏戈船方舟和楼船的研究》《中国与海洋洲的龟祭文化》《中国边疆民族与环太平洋文化》等。

[87] 李霖灿（1913—1999），河南省辉县人，艺术史家，曾任台北故宫博物院副院长。

1938 年在国立杭州艺术专科学校毕业之后，为节省车费，组织几名同学一起，徒步穿越湘黔苗区进入云南，并在昆明成立了高原文艺社。在昆明近郊的龙头村，第一次拜会了学界前辈、甲骨学大师董作宾。通过董作宾的揄扬，时任国立艺专校长的滕固决定拨款派李霖灿前往云南西北部调查边疆民族艺术。第一次考察令其震撼于西南边疆艺术资料的丰富，很快便于 1939 年 12 月再次从昆明启程，朝向玉龙雪山进发，结果一去就是 4 年，直到 1943 年 11 月才返回当时中央博物院的迁驻地四川南溪李庄。1941 年 7 月应国立中央博物院之聘，从此就一直在博物院中工作。1949 年随中央博物院到台湾后，一方面把在大陆时对纳西族的调查工作陆续写成论文发表；另一方面听从董作宾的建议，转而致力于中国艺术史的研究和教学。自 1984 年在台湾故宫博物院副院长职务上退休后，毕生从事艺术史研究，并在台湾大学、台湾师大等校任教中国美术史及古画品鉴研究等课程。著有《中国美术史讲座》《中国名画研究》《山水画技法、苔点之研究》《中国画史研究论集》《么些象形文字字典》《么些标音文字字典》等书。

[88] 谭旦冏《中华民间工艺图说·编后语》，《中华民间工艺图说》，台北：台湾书店，1956 年 6 月。

[89] 李济（1896—1979），人类学家、中国现代考古学家、中国考古学之父。字受之，后改济之，湖北钟祥郢中人。1911 年考入留美预科学校清华学堂，1918 年官费留美，入麻省克拉克大学攻读心理学和社会学，又改读人口学，1920 年获得社会学硕士学位后，转入美国哈佛大学人类学专业，受民族学家罗兰·狄克森（Roland Dixon）与体质人类学家恩斯特·虎顿（Earnest Hooton）指导，于 1923 年完成论文《中国民族的形成》，获人类学博士学位。1922 年哈佛大学毕业后返回中国，1924 年开始田野考古。1925 年，受聘于清华大学、南开大学，任国学研究院讲师。1926 年，发掘山西夏县西阴村新石器时代遗址。1929 年年初，应聘出任中央研究院历史语言研究所考古组主任，领导并参加了安阳殷墟、章丘城子崖等田野考古发掘。1936 年赴欧洲讲学，1938 年被推选为英国皇家人类学会名誉会员。1945 年，担任中央历史博物馆首任馆长。1946 年参加中国政府驻日代表团工作，索回日本侵华期间掠去的中国文物。1948 年，当选中央研究院第一届院士，1948 年随考古组去台湾。1949—1950 年兼任台湾大学教授，并主办考古人类学系。1955 年，接任董作宾的遗缺，担任历史语言研究所所长，直到 1972 年为止。主要致力于殷墟陶器、青铜器的研究，先后发表考古学著作约 150 种，主要有《西阴村史前遗存》、*The Formation of the Chinese People. Harvard University Press*、《殷墟器物甲编·陶器》上辑、《李济考古学论文集》等，又与他人合著《古器物研究专刊》四册。

[90] 谭旦冏（1906—1996），艺术史家，原名义翰，江西九江人。毕业于国立北平大学法学院。1930 年赴法国，入国立帝雄艺术学院。绘画作品《大西广场》，被选入 1932 年巴黎秋季沙龙。回国后，曾任国立北平艺术专科学校、四川省立成都艺术专科学校教员。后任中央博物院筹备处专门设计委员及编纂委员。抗日战争期间，曾在四川各地调查手工业。抗战胜利后回南京，就职于中央博物院，从事文物整理与研究。1949 年奉命押运文物去台湾。故宫博物院在台北成立后，改任古物处处长，后升任副院长。退休后，就任私立东吴大学文学院历史学系专任教授、台湾大学历史学研究所艺术

组兼任教授、私立中国文化学院艺术研究所兼任教授，著有《中华民间工艺图说》《中华艺术图录》《中华古瓷图录》《中国铜器花纹录》《中华艺术史纲》《中国艺术史论》《铜器概述》《新郑铜器》《唐三彩》《陶瓷汇编》《中央博物院二十五年之经过》等。

[91] 该室于一年后改称“社会研究部”，由社会学家吴泽霖任主任，陈国均任副主任。

[92] 吴泽霖（1898—1990），中国当代民族学家、教育家，生于江苏常熟。1913年考入清华学堂（清华大学的前身），1922年毕业后留学美国。分别在威斯康星大学、密苏里大学、俄亥俄州大学学习，分别获学士、硕士、博士学位。1927年赴欧洲考察英国、法国、德国、意大利的社会情况。1928年回国后，先后任上海大夏大学（今华东师范大学）社会学教授、系主任、文学院院长、教务长。1935—1937年兼任上海暨南大学海外文化事业部主任和教务长。抗日战争爆发后，随部分大夏大学师生内迁贵阳。1941年2月赴昆明西南联大任教。1943—1945年兼任昆明译员训练班副主任。1946年任清华大学人类学系系主任兼教务长。1949年后任西南民族学院教授兼民族文物馆馆长、中央民族学院教授、中国社会科学院民族研究所研究员、南开大学社会学系教授。1958年，吴泽霖被错划为右派，1980年代得到部分更正。1982年调中南民族学院，任教授、学术委员会副主任。曾任中国社会学会、中国民族学学会、中国人类学学会、中国世界民族研究学会、中国民俗学会、中国西南民族研究学会、中国南方少数民族哲学社会思想研究会、北京市和武汉市社会学学会的顾问以及湖北省社会学学会名誉会长等职。1990年8月2日在武汉逝世。主要著作有《社会学及社会问题》《现代种族》《社会约制》《世界人口问题》（与叶绍纯合编）、《贵州苗夷社会调查》（与陈国均合编）、《贵州定番县乡土教材调查报告》《贵州清水江流域部分地区苗族的婚姻》等，并有译作多种。

[93] 荆三林（1916—1991），中国生产工具史学科奠基人，著名考古学、博物馆学、历史学、生产工具史学家，郑州大学历史系教授。河南荥阳王村乡段坊人，汉族，自学成才。1920年，到开封私立中州中学读书，次年到河南省博物馆当练习生。先后自学考古学、人类学、博物馆学等基础知识，博览了中外社会发展和科技史，开始走上博物馆学和考古学之路并获得骄人的成就，被称为“开封四大才子”之一（当时“开封四大才子”为：荆三林、臧克家、姚雪垠，郭伯恭）。1942年，因学术成果突出获中英科学奖金。同年被国民政府教育部学术审议会破格授予教授资格，时年26岁。历任南京国立社会教育学院、中央大学、兰州大学、西北大学、厦门大学、郑州大学教授，兼中华大学教授。1945年，任国立兰州大学教授，兼任国立西北师范学院教授。1947年，任国立西北大学教授。因支持爱国学生和地下党的进步活动受当局迫害，在地下党的帮助下于1948年春投奔解放区。1949年前往沈阳，任东北商专教授。不久被任命为中央军事接管委员会委员随军南下。1950年至厦门，任厦门大学教授。1954年调离厦门至山东济南，任山东师范学院教授。1956年，为支援家乡文化建设请缨回到郑州，任郑州大学教授及历史系筹备委员会委员。1958年被错划右派送往西华劳教，后平反昭雪。1978年，担任中国科学技术史学会、中国自然科学博物馆协会、中国人类学会、河南省科技史学会、河南省考古学会、河南省博物馆学会的理

事和中国农业历史学会顾问、中国生产工具史研究会理事长、郑州市历史学会副会长等职，美国西部矿业与工业博物馆聘为特邀馆员。因患食管癌医治无效在郑州武警医院逝世，终年75岁。一生著述400余篇，主要著作有《安特生彩陶分布说之矛盾》《史前中国》《西北民族研究》《近代中国经营边疆史》《中国石窟雕刻艺术史》《考古学通论》《中国生产工具发展史》《博物馆学大纲》《博物馆学通论》等。

[94] 荆三林《民俗博物馆在现代中国之重要性》，李淑萍、宋伯胤选注《博物馆历史文选》，西安：陕西人民出版社，2000年11月，第54~58页。

[95] 尚秉和（1870—1950），字节之，号石烟道人，晚号滋溪老人，学者称“槐轩先生”，河北省行唐县城西南滋河北岸伏流村人。晚清进士，著名易学家。博学善文，喜玩金石，工于绘事，精通中医。早年肄业于本邑龙泉书院，后游学于保定莲池书院，师事国学大师吴汝纶，专攻古文经史之学。1902年中举，翌年成进士，分工部，时年33岁。1904年入进士馆，学习法政；翌年12月，调入巡警部。1906年补主事，翌年擢升员外郎，又得京察一等，记名军机章京。1909年入京师大学堂，为国文教习；翌年丁父忧，服阙复为民政部员外郎。1911年辛亥革命后未脱宦场，仍吏隐于内务部，任该部第三科科长，署理营缮司司长。后辞官去职，执教于国立清华大学，开始课徒著述之生涯。1929年受聘于奉天（今沈阳）萃升书院，主讲席三年。1931年九一八事变，日寇侵占东北，愤而返京，任北平中国大学国学系教授。1937年（一说1938年）应聘执教于保定莲池讲学院。嗣后卢沟桥事变，遂蛰居家中不复出。抗战胜利后，南京国史馆聘为纂修。1950年4月10日病逝。尚氏生性耿介，口讷于言，勤于笔耕，著作等身。据不完全统计，尚氏著述殆有40多种，涉及史、地、经、诗、文诸领域，或已刊，或存稿，或散佚。已刊者，如《辛壬春秋》《历代社会风俗事物考》，素为史学界所重；《周易古筮考》《焦氏易诂》《焦氏易林注》《周易尚氏学》，更是易学扛鼎之作。

[96] 参见顾颉刚、娄子匡主编《风物志集刊》，重庆：中国民俗学会，1944年1月31日。

[97] 江应梁（1909—1988），祖籍广西贺县，云南大学教授，民族学家，主要从事民族学田野调查、中国西南民族与东南亚民族研究。1909年2月出生于云南省昆明市，幼年坎坷，家境贫寒。1925年考入上海暨南大学预科，次年升入本科。1932年大学毕业后留暨南大学附中教书，兼任暨大南洋文化事业编辑部干事。1953年加入中国民主同盟。1936年，考入中山大学研究院人类学组，师承朱谦之和杨成志先生。1938年中山大学研究院研究生毕业，被聘为中山大学历史系讲师，讲授中国民族史、西南民族研究等课程。1940年中山大学迁回广东，留在云南并接受了三个任务：一是到重庆为民国政府教育部开办的边疆民族训练班和边疆学校教授3个月的中国民族史，二是入大凉山调查彝族社会，三是调查西双版纳傣族。1947年2月回到广州，受聘为中山大学、珠海大学教授，并兼任珠海大学文史系主任。1948年10月，受云南大学聘请，任云南大学教授，先后教授文化人类学、傣族史、彝族史、彝族社会、暹罗史、中国民族史、民族史等专业课程。1950年参加中央民族访问团并任团委，到云南武定、丽江、维西、芒市等地访问。1951年赴京出席第一届全国民族教育工作会议。1953年云南大学院系调整后，转而研究民族史。1979年参与筹建云南大学西南边疆少数民族历史研究所并任所长。

1984 年，被聘为云南大学博士生导师，带出了一批优秀的博士研究生。1985 年 10 月加入中国共产党，历任南洋文化事业编辑部干事、珠海大学文史系主任、云南大学西南边疆民族历史研究所所长、云南省政协委员、民盟云南省委员、中国民族研究学会理事、中国百越研究学会名誉理事、中国民族学研究会顾问、中国人类学会理事主席团成员、少数民族五种丛书编辑委员、云南省史学会理事等职。著有《西南边疆民族论丛》《摆夷的文化生活》《傣族史》等。

[98] 顾铁符（1908—1990），江苏无锡人，曾任安徽和县中学教师，中山大学研究院技佐、文学院讲师。1949 年后，历任中山大学文院图书馆分馆主任，故宫博物院工艺美术史部副主任，中国考古学会理事。长期从事文物古迹的野外考察工作，参加了山西侯马东周墓葬群的发掘和考察，对华中地区古文化特别是楚国文化研究较深。撰有《粤北乳源瑶人的刺绣图案》《民俗美术漫谈》《试论长沙汉墓保存条件》《隋国·曾侯的奥秘》等论文，著有《楚国民族述略》等。

[99] 阮镜清（1905—1993），现代心理学家、教授，广东香山（今中山）人。1927 年就读于中山大学教育系，1932 年毕业。1934—1937 年留学日本东京帝国大学研究院攻读教育心理学。1937 年回国任广东勷勤大学教育学院、广东省教育学院、广东省文理学院教育系讲师、副教授、教授、系主任。1946 年任中山大学师范学院、教育研究所教授。1956 年加入中国共产党。1958 年出访意大利、瑞士、英国做文化交流。1949 年后，历任华南师范学院、广东师范学院、广州外国语学院教授兼副院长，华南师范大学教授、教育心理学博士研究生导师，广东省教育科学研究所所长，广东省科协主席团委员，中国心理学会第三、四届理事，中国社会心理学会第一届常务理事，广东省心理学会理事长等。1993 年 12 月 25 日卒于广州，终年 88 岁。

[100] 王兴瑞（1912—1977），海南省琼海市中原镇仙寨村人，民族学家、历史学家和教育家。1929 年就读于中山大学文学院，毕业后继续攻读中山大学研究院文科人类学部研究生，1938 年获硕士学位。于 20 世纪 30 年代在中国学术界崭露头角。曾前后任中山大学、上海大夏大学、广州珠海大学教授和广东广雅中学校长。1956 年起执教于广州雷州师范学校。一生淡泊明志，毕生之精力从事教育事业与学术研究工作。曾长期致力于历史学和民族学的调查、研究，多次赴海南岛对苗、黎民族进行田野考察，颇有建树。对海南黎、苗族的研究，对海南岛古代交通、墟市商业、手工业、农业的研究，对海南岛民俗的研究，都有开创之功。曾协助国民党元老邹鲁写作《中国国民党史稿》。主要著作有《中国农业技术发展史》《中国现代革命史》《海南岛黎人调查报告》《海南岛之苗人》《冼夫人与冯氏家族》等。

[101] 汪祖华，生卒年不详，安徽芜湖人，曾任国民政府南京市民政局局长、行宪国民大会代表、香港广大学院教授。后去台湾，任台湾中国文化学院教授。著有《民权初步的应用》《文学论》《东南亚情势的分析》《国际问题论丛》《役政与人口》等。

[102] 岑家梧（1912—1966），中国当代民族学者和民俗学者，研究原始社会史和文化史，广东海南澄江县（今海南省澄迈县）人。1926 年，在族人的帮助下进入广东省立第一中学入读初中。初中毕业时，得到著名金石学家容庚教授的支持，到北平进了辅仁中学高中。半年后因交不起学费而停学，开始了在北平图书馆的自学生涯。1931 年秋考入广州中山大学社会系读书，1934 年

赴日留学，先后在东京立教大学及帝国大学研究人类学和考古学。1938 年年底随着中山大学迁校云南，便开始了对云南东南部苗族地区的田野调查，1940 年调查结束。1945 年抗战胜利，于次年春天回到广州任教，一直到 1949 年冬天广州解放。1953 年调往武汉中南民族学院执教，不久被任命为副院长。1956 年，全国人大民委组织在全国范围内进行少数民族社会历史调查时，到北京参加了筹备工作，负责审编《社会性质调查参考提纲》，给全体调查人员作了《关于民族社会历史调查研究的一些问题》的报告，并担任广东组的组长。当年 7 月，参加了中央访问团，任第二团副团长，到广东粤北和海南岛访问瑶、黎、苗等少数民族。这一次田野调查从 1956 年 10 月开始，到 1957 年 7 月第一阶段结束。从 l946 年起，先后在中山大学、岭南大学、中南民族学院任职，曾担任中南民族学院教授、副院长等职。1949 年以后，出版有《西南民族文化论丛》《中国艺术论集》等专著，并发表了有关西南民族社会、经济、文化和民俗方面的学术论文数十篇。

[103] 梁钊韬（1916—1987），广东顺德人，人类学家、教育家。1958 年，鉴定出曲江县马坝乡农民施工挖出的人头骨为古人类头骨化石，该化石后来明确为距今 13 万年前的“马坝人”。同年，发现南海西樵山石器时代遗址。经其不懈呼吁和奔走，1981 年教育部批准中山大学恢复了停办 30 年之久的人类学系，也是中华人民共和国成立以来复办的首个人类学系，并创建了人类学博物馆。1986 年美国传记协会主编的《世界名人录》，评价梁钊韬先生“为中国人类学的奠基工作做出了卓越贡献”。代表作有《中国古代巫术——宗教的起源和发展》《梁钊韬民族学人类学研究文集》《中国民族学概论》《文化人类学》等。

[104] 郑德坤（1907—2001），考古学家。1907 年 5 月出生于福建厦门鼓浪屿，1926 年考入燕京大学。最初念医预，后进入中文系，师从顾颉刚、容庚等名师。1930 年燕大毕业，次年读研究院获硕士学位，留任哈佛燕京学社研究员，从事研究校读《山海经》和《水经注》，并研习古物鉴赏。1934 年赴厦门大学任教。1936 年受哈佛燕京学社委派赴四川，在华西协和大学任教，并主持大学博物馆。1938 年到美国哈佛大学攻读考古学及博物馆管理，1941 年取得博士学位，返回华西协和任教兼博物馆馆长。1947 年赴英国在剑桥、牛津和伦敦三所大学轮流讲学一年。1948 年路经香港，本打算入川，因当时国内政局动荡而未能成行。1951 年受邀再次来到剑桥大学任教 23 年，直到 1974 年 67 岁时在剑桥退休。应邀到香港中文大学，出任文学院院长一年，副校长两年。1978 年于中大的中国文化研究所创中国考古艺术研究中心，并任首届主任。1979 年第二次退休，又被邀请出任中国文化研究所义务主任。1981 年获颁香港中文大学荣誉文学博士学位。1985 年年末因健康原因，终于真正退休。1992 年，出任国务院古籍整理出版规划小组顾问。著有《厦大校址考》《中国考古和艺术导论课程纲要》《中国旧石器时代的民族与文化》《水经注引得》《四川古代文化史》《中国考古学大系》《中华民族文化史论》《中国历史地理论文集》《中国考古学论文集》《中国陶瓷论文集》《中国之敦煌研究》《史前史纲要》《中国文化人类学》《美术大辞典》《郑德坤古史论集选》以及《中国明器图录》（厦门大学文学院 1935 年 11 月专刊）等。

[105] 顾颉刚主编《文史杂志》第 5 卷 9、10 期合刊之《民俗学专号》，1945 年 10 月。

［106］毛泽东《在鲁迅艺术学院的讲话》，《美术》1994 年第 4 期，第 4 页。

［107］同 106。

［108］艾青《窗花剪纸》，陈竟主编《中国民间剪纸艺术研究》，北京：北京工艺美术出版社，1992 年 7 月，第 1~2 页。

［109］江丰《回忆延安木刻运动》，《美术研究》1979 年第 2 期，第 2 页。

［110］艾青《窗花剪纸》，陈竟主编《中国民间剪纸艺术研究》，北京：北京工艺美术出版社，1992 年 7 月，第 4~5 页。

［111］曾昭燏《中央博物院举办中国西南部及南部少数民族文物展览会特刊序言》，南京博物院编《曾昭燏文集》，北京：文物出版社，1999 年 9 月，第 284~285 页。

［112］同 111。

［113］郭沫若（1892—1978），原名郭开贞，字鼎堂，号尚武，乳名文豹，笔名沫若、麦克昂、郭鼎堂、石沱、高汝鸿、羊易之等。生于四川乐山沙湾，毕业于日本九州帝国大学，现代文学家、历史学家、新诗奠基人之一、中国科学院首任院长、中国科学技术大学首任校长、苏联科学院外籍院士。1914 年，留学日本，在九州帝国大学学医。1921 年，发表第一本新诗集《女神》。1930 年，撰写了《中国古代社会研究》。1949 年，当选为中华全国文学艺术会主席。曾任中国科学院哲学社会科学部主任、历史研究所第一所所长、中国人民保卫世界和平委员会主席、中日友好协会名誉会长、中国文联主席等要职，当选中国共产党第九、十、十一届中央委员，第二、三、五届全国政协副主席。1978 年 6 月 12 日，因病长期医治无效，在北京逝世，终年 86 岁。曾主编《中国史稿》和《甲骨文合集》，全部作品编成《郭沫若全集》38 卷。

［114］茅盾（1896—1981），原名沈德鸿，笔名茅盾、郎损、玄珠、方璧、止敬、蒲牢、微明、沈仲方、沈明甫等，字雁冰，浙江省嘉兴市桐乡市人。中国现代著名作家、文学评论家、文化活动家以及社会活动家。1913 年，考入北京大学预科第一类。预科毕业后，入商务印书馆编译所工作。1920 年，接编《小说月报》。1923 年，辞去《小说月报》主编职务，转商务印书馆国文部工作。1925 年，被选为广州国民党第二次全国代表大会代表。1926 年，留广州工作，任国民党中央宣传部秘书；3 月，返沪。1927 年 1 月赴武汉，任中央军事政治学校武汉分校教官；约 4 月，任汉口《民国日报》主编。1930 年 4 月，回上海，不久加入中国左翼作家联盟。1931 年，开始创作《子夜》。1937 年年底，上海沦陷，离沪抵长沙。1938 年，被选为中华全国文艺界抗敌协会理事。1939 年 3 月，抵新疆，在新疆学院任教；4 月新疆文化协会成立，被推举为文协委员长。1940 年 4 月底离开新疆，经兰州、西安抵延安。在延安鲁迅艺术文学院、陕甘宁边区文化协会处讲学；10 月，从延安到达重庆，任郭沫若主持的文化工作委员会常委。1946 年，赴苏联访问。1948 年 7 月，参与《小说月刊》的编委工作。1949 年 7 月，被选为中国文学艺术界联合会副主席和中国文学工作者协会（后改为中国作家协会）主席；10 月，任中央人民政府文化部长职务。1951 年 1 月，当选为世界和平理事会理事。1961 年，《茅盾文集》十卷出齐。1981 年 3 月 27 日，逝于北京。代表作有小说《子夜》《春蚕》和文学评论《夜读偶记》。

［115］胡朴安（1878—1947），近现代著名文字训诂学家、南社诗人。本名有忭，学名韫玉，字仲明、仲民、颂明，号朴安、半边翁，以号行世，安徽泾县榔桥镇溪头村人。曾先后在上海大学、持志大学、国民大学

和群治大学等学校任教。编有《国学汇编》《南社诗话》《天南鸿雪》《古书校读法》《南社丛选》以及“朴学斋丛书”（《周易古观》《周易人生观》《周易学》《尚书新义》《墨子学说》《中国习惯法论》《宣纸说》等，凡数十种，数百万言）等。主要著作有《中国文学史》《文字学丛论》《中国学术史》《中华全国风俗志》《俗语典》等。

[116] 钱君匋（1907—1998），篆刻书画家。曾任西泠印社副社长、上海文艺出版社编审、上海市政协委员等职。20 世纪集绘画、书法、篆刻、音乐、装帧、出版、收藏于一身的艺术大师，一生传奇，经历颇丰。一生治印两万余方，上溯秦汉玺印，下取晚清诸家精髓。其风格有吴昌硕的老辣、奔放，有赵之谦的浑厚、飘逸，有黄牧甫的清隽、平整。年轻时有“钱封面”之称，有大量作品传世。

[117] 王老赏（1890—1951），河北省蔚县南张庄村人，民间艺术家。河北蔚县剪纸世术开宗立派的人物。蔚县剪纸也叫“蔚县窗花”，相传从七八岁开始学习点染窗花，十二三岁学习刀刻窗花，到 20 来岁就学成了。在其从艺的 40 多年里，先后创作和再创作了近千幅窗花作品，艺术水平达到当时的最高峰。作品不仅深为本地区民众所喜爱，而且广为流传，仍以传统保留项目在民间流行着。出版有《民间刻纸集》《民间窗花》《王老赏的窗花艺术》《王老赏戏曲刻纸》等。

[118] 沈雁冰《关于开展新年画工作的指示》，《人民日报》1949 年 11 月 27 日。

[119] 同 118。

[120] 参见《中国民间文艺研究会章程》，《民间文艺集刊》第一册，北京：新华书店，1950 年，第 104 页。

[121] 周扬（1908—1989），原名周运宜，字起应，作家，现代文艺理论家、文学翻译家、文艺活动家、中国科学院哲学社会科学学部委员。1928 年毕业于上海大夏大学（今华东师范大学），同年冬留学日本。1930 年回上海投身左翼文艺运动。1937 年到延安，历任陕甘宁边区教育厅长、鲁迅艺术文学院副院长、延安大学校长等。1945 年抗日战争胜利后，率延安大学部分人员到晋察冀，任华北联合大学副校长。解放战争时期，任中共晋察冀中央局宣传部部长、华北局宣传部部长。1949 年当选为全国文联副主席。中华人民共和国成立后，一直从事文化宣传方面的领导工作，任职中共中央宣传部副部长、文化部副部长等。“文革”中受批判并被监禁。粉碎“四人帮”后复出，任中国社会科学院副院长兼研究生院院长，中国文联副主席、主席、党组书记，中国作协副主席等。

[122] 胡蛮（1904—1986），原名王毓鸿，又名王钧初，笔名胡蛮、苦力、祜曼、华普等，河南扶沟县人。1925 年毕业于开封师范学校艺术系，同年考入北平国立艺专西画系，1929 年毕业后留校任教。后任《世界日报・美术周刊》编辑。曾赴苏联列宁城艺术学院油画系学习。1930 年参加左翼作家联盟。1932 年在莫斯科加入中国共产党。曾任国际革命美术家同盟执行委员会委员。1932 年任中国美术家联盟常委书记、左翼文化总同盟执行委员会委员。1934 年在鲁迅指导下，参加了在巴黎举办的“中国革命美术展览”的筹备工作。1939 年 5 月，受党派遣回到延安，任鲁迅艺术学院美术系美术理论研究室主任兼美术教研组组长。1942 年参加了延安文艺座谈会。1947 年随陕甘宁边区文化协会转战陕北，后调任晋冀鲁豫边区文联常务理事。中华人民共和国成立前夕，任华北人民政府图书古物管理委员会副主任、北京市文委委员兼美术组组长。第一届全国文学艺术工

作者代表大会后，任北京市文学艺术家联合会执行委员会委员。历任北京市文联常务理事兼研究室主任、北京市人民美术工作室主任、北京市文化局副局长、中国美术研究所研究员、中国艺术研究院顾问。论著有《中国美术史》《论神及其他》等。

[123] 徐悲鸿（1895—1953），原名徐寿康，江苏宜兴市屺亭镇人，中国现代画家、美术教育家。曾留学法国学西画，归国后长期从事美术教育，先后任教于国立中央大学艺术系、北平大学艺术学院和北平艺专。1949年后任中央美术学院院长。擅长人物、走兽、花鸟，主张现实主义，于传统尤推崇任伯年，强调国画改革融入西画技法，作画主张光线、造型，讲求对象的解剖结构、骨骼的准确把握，并强调作品的思想内涵，对当时中国画坛影响甚大，与张书旗、柳子谷三人被称为画坛的“金陵三杰”。所作国画彩墨浑成，尤以奔马享名于世。主张发展传统中国画的改良，立足中国现代写实主义美术，提出了近代国画之颓废背景下的“中国画改良论”。1953年9月26日，因脑溢血病逝，享年58岁。按照其遗愿，夫人廖静文女士将他的作品1200余件，一生节衣缩食收藏的唐、宋、元、明、清及近代著名书画家的作品1200余件，图书、画册、碑帖等1万余件，全部捐献给国家。

[124] 胡蛮《论民间美术的风格》，《民间文艺集刊》第一册，北京：新华书店，1950年，第33页。

[125]《禁止珍贵文物图书出口暂行办法》，中央人民政府政务院1950年5月24日颁发。

[126] 曾昭燏（1909—1964），生于荷叶万宜堂，是曾国藩大弟曾国潢的长曾孙女，女博物馆家、考古学家。1939年年初，任国立中央博物院筹备处专门设计委员，奔波于川、滇一带从事考古研究及征集、调查、发掘等工作。1939年3月至1940年9月，共发掘马龙遗址、佛顶甲乙二遗址、龙泉遗址等5处，获得大量文物资料。1940年6月，中央博物院筹备处迁四川李庄镇。与吴金鼎等主持了四川彭山县东汉崖墓的发掘工作，著论文《以彭山陶俑中所见汉服饰》，并考察川康民族，撰写考察报告约百万字。1942年，与吴金鼎合编的《云南苍洱考古报告》是研究云南地方史的珍贵资料。还筹办过远古旧石器考古展览会。与人合撰的《博物馆》一书，是中国具有开创性的博物学研究代表著作。抗日战争胜利后，随中央博物院筹备处迁返南京，参加战时文物清理委员会、战区文物保存委员会和伪文物统一分配委员会工作，是联合国博物馆协会9个中国会员之一。1950年3月，南京博物院正式成立，任副院长兼南京大学历史系教授，主持发掘南唐二陵（李昪、李璟），为研究南唐史提供了重要参考资料。同时，与尹焕章先生合撰《湖熟文化》和《江苏古代历史上的两个问题》等文，对湖熟文化和江苏古代文化的研究做了独到的论述。1955年任南京博物院院长兼江苏省文物管理委员会副主任、江苏省社联副主席等职。1956年加入九三学社。曾任全国政协第二、三届委员，全国人大第三届代表。

[127] 曾昭燏《中央民族博物馆筹备处对于国内各兄弟民族文物的搜集范围》，南京博物院编《曾昭燏文集》，北京：文物出版社，1999年9月，第286~292页。

[128] 曾昭燏《中央民族博物馆筹备处对于国内各兄弟民族文物的搜集范围》，南京博物院编《曾昭燏文集》，北京：文物出版社，1999年9月，第291页。

[129] 宋伯胤（1921—2009），陕西耀县人，是新中国最早的博物馆人之一。1948年7月

毕业于北京大学历史系，8月在向达先生举荐下赴南京博物院工作。1950年，随中央民族访问团赴西南少数民族地区调查民族文物。其间，受国家文物局委托调查剑川石窟，之后该石窟被列为国家重点文物保护单位。1952年参与夏鼐先生主持的长沙发掘，之后在水吉、德化、连江、南唐二陵、六朝陵墓、新沂花厅村新石器遗址等从事考古发掘及调查工作。1954年参加国家文物局在山东省筹建地自型博物馆工作。1955年从事苏州丝织业、苏州造钟手工业和苏州公所等有关民族手工业和手工业组织的调查。1959年受国家文物局委派赴苏联调查民族工作。1972年奉调武英殿外事管理处工作近一年。1974年赴墨西哥考察民族学博物馆。曾参与并主持“中国历史文物陈列”“江苏历史陈列”等重大展览的总体设计工作。1980年代初在主持保管部工作期间，独创博物馆藏品分类“四部四项分类法”，日本学界誉为“宋氏分类法”。1956年加入中国共产党。历任南京博物院设计组组长、陈列部副主任、民族民俗部副主任、研究室主任、保管部主任，南京博物院副院长、研究馆员，江苏省第二、三、四届政协委员，文化组副组长，中国博物馆学会第一、二届理事会理事，中国考古学会第一届理事会理事，中国古陶瓷学会第一、二、三届理事会理事，江苏省博物馆学会名誉会长。曾兼任厦门大学教授，法门寺博物馆、耀州窑博物馆、秦始皇兵马俑博物馆特约研究员。享受国务院特殊津贴。被文化部、国家文物局授予“中国文物、博物馆事业杰出人物”荣誉称号。曾在南京大学、厦门大学、杭州大学等高校讲授博物馆学，任特聘教授。

[130] 周扬《1950年全国文化艺术工作报告与1951年计划要点》，《人民日报》1951年5月8日第3版。

[131] 江丰《四年来美术工作的状况和全国美协今后的任务》，《美术》创刊号，1954年1月15日，第7页。

[132] 庞薰琹《巩固民间美术工艺的成就》，《人民日报》1953年12月7日。

[133] 杜云松（1887—1960），浙江省东阳县（现为东阳市）人，能画善雕，技法全面。1900年始，到萧山、百官、临平、钱塘等地雕花。1921年，为杭州仁艺厂把作。次年在全厂艺人比武中夺魁。1924年，浙江省实业厅雕花考试居第二。1953年7月，应浙江省文化局之邀，赴中央美术学院华东分院研究木雕创作设计。1953年创作的“梁红玉击鼓抗金条屏”，获中央美院华东分院创作设计一等奖。1954年，率先组织楼店木雕小组，后为上湖木雕生产合作社，任理事主任，是东阳木雕集团木雕厂的主创人之一。1956年，出任全国手工业联社委员会委员。1957年出席全国艺人代表大会，受到朱德元帅的接见。将清代画家吴友如的工笔画和传统的木雕工艺结合起来，推出“画工体”，成为东阳木雕革新派的先驱。

[134] 李芝卿（1894—1976），现代工艺家、髹漆专家、脱胎漆器艺术家，福建福州人。9岁随父学艺，15岁进入福建工艺传习所漆工科学习。1924年赴日本长崎美术工艺学校漆艺科深造。回国后，致力于漆艺术技法语言的探索创新。1956年受聘于福州脱胎漆器公司任设计师。历任福州市工艺美术学校教员、中国美协理事、福建省文联副主席，是第三届全国人大代表。后人收集整理其独特的漆艺技法表现手段，把它归纳为五大类：（一）罩漆研究，（二）描漆彩绘，（三）仿古堆塑，（四）嵌银填彩，（五）漂漆流彩。为方便教学，著有《福州漆器制作工艺》教材。

[135] 刘传（1916—2001），广东佛山石湾镇人，原名刘永传。1928年，因家境困窘，入古玩行当学徒，后入陈奇记当长工。在备受煎熬的艰辛劳作中，学习了炼泥、配土、烧釉等整套的石湾陶瓷工艺技术，并以“窥师习艺”的方法，学习前辈名家潘玉书，钻研各名家的作品。青年时期已享负盛名，作品曾在英国伦敦博览会上获得好评。抗日战争胜利后，其艺术生命步步迈向辉煌期。20世纪60年代归纳总结出富有创见的陶艺理论，提出“宜起不宜止，宜藏不露”“十浊一清，十清一浊”“奇而不怪，丑而不陋”等创作原则。1979年，在全国工艺美术创造设计人员代表大会上被授予国家第一批“中国工艺美术大师”的荣誉称号。生前为中国美术家协会理事、中国工艺美术学会理事、广东省工艺美术学会顾问、佛山市文联副主席。曾任省人大代表、省政协委员、中国美术家协会理事、佛山美术家协会主席。

[136] 龚玉璋（1884—1966），竹编艺术家，四川自贡市沿滩区仲权镇人。其父龚寀五善编竹丝扇，俗称“龚扇子”，光绪时曾进贡清廷，得钦赐金牌一枚并赐名“宫扇”。1894年起随父学艺，15岁开始独立创作。1927年寄宿贡井盐商余述怀家，为其编扇，此间潜心钻研，技艺、工具、原料、手法均超越父辈。1932年4月在成都举办的四川第11次业会上所编的“竹纱山水”“竹纱团扇”获特等奖。1937年4月，作品入展四川建设厅主办的物产展览会。1944年，盐商余述怀奉蒋介石召见赴重庆，赠送龚编“山水竹丝扇”，蒋介石视为珍宝，带回庐山珍藏。1952年，参加德国莱比锡国际博览会展获奖。1959年1月与拔染艺人张宇仲合作，编织出四川第一把彩色竹丝扇，誉为“竹锦”。名扇“仙山古柏”被国家轻工业部列入民间工艺美术品永久收藏。1962年被自贡市人民政府命名为“能工巧匠”。曾任四川省自贡市工艺美术服务部副经理。

[137] 杨士惠（1911—1987），北京市人，字润生。出身北京的一个手工艺人家庭，12岁随叔祖父杨启元学习木雕。后来，又拜王彬为师，专攻象牙雕刻，17岁便能独立从艺。独立创作了第一件立体牙雕作品《猫蝶富贵花篮》。1942年，创作《蝈蝈白菜》一举成名。1956年，大型牙雕《北海公园》赴英国展出，后被作为国礼赠给了外国元首。1985年加入中国共产党。代表作有《猫蝶富贵花筐》《花卉薄胎大瓶》《贵妃出浴》《晨装》《孟浩然》《泰山》等。

[138] 张景祜（1892—1967），现代工艺家、雕塑家，字培承，天津人。9岁入私塾读书，并随同祖父张长林（“泥人张”第一代），父亲张继荣、伯父张玉亭（第二代）学做彩塑。在几十年的艺术实践中，广泛吸收民间泥塑传统的特点。1949年后，作为第三代“泥人张”传人受聘于中央美术学院、中央工艺美术学院任教。同时，负责在天津建立“泥人张”彩塑工作室，先后招收五批学员，为国家培养了一大批彩塑艺术专门人才。曾任中国文联全国委员、中国美术家协会常务理事。代表作有《惜春作画》《将相和》等。

[139] 潘雨辰（1918—2008），别名震辰，浙江文成县潘山村人。13岁拜师朱云明学青田石雕。1952年在中央美术学院华东分院民间美术创作室从事创作研究及教学工作，创作了大量优秀的作品，《幸福时代的小朋友》被浙江省人民政府作为礼品赠送给苏联最高苏维埃主席团主席伏罗希洛夫。1962年年底，被调到浙江省工艺美术研究所工作。许多作品曾参加全国美术展览，分别为鲁迅博物馆、中国军事博物馆收藏。

历任中国美术家协会会员、中国工艺美术学会会员，浙江省文联委员、浙江美术家学会理事、浙江工艺学会常务理事。代表作有《罗盛教》《故乡人物图》《葡萄丰收》等。同时，对青田石雕技法理论也深有研究，其《玉石雕刻技艺杂谈》一文曾获浙江省优秀论文二等奖。

[140] 汤子博（1882—1971），北京通州南关人，面塑大师，原名有彝，艺名面人汤。幼年语迟但心灵手巧，尤喜绘画，入私塾业余学画常废寝忘食，辍学后爱到画店观摩。曾向通州画匠田凤鸣学习写意画和工笔画，后又到北京向张竹轩、胡竹溪学习，涉猎金石、泥、面、木、油、漆、彩、画、糊等多门造型艺术和实用美术。将塑佛像、画壁画、画窗帘、画灯笼片子等多种技艺融为一体。其面塑题材涉及古今中外、男女老少、五行八作，十分广泛，极受推崇。1922年，在北京怀幼学校任教及在天津三益公司、北京矿冶实验所窑业科作事时创作的作品，曾荣获巴拿马赛金奖和津埠手工艺奖。1923年，为研究京服饰图案，迁居永定门外后村，向绣工学习。1937年，日本侵略军侵占北京，暗无天日，其所塑明代抗倭英雄郑成功、张千斤、李八百等像以示爱国胸襟。由于生活艰辛，有人介绍赴日本去卖艺，遭严词拒绝，含泪变卖藏书贴补家用。民国年间，曾为总统黎元洪、京剧大师梅兰芳及作家周作人等社会名流、官宦仁绅塑制作品。清华大学刘文典教授书赠“艺术惠之”条幅，北京大学刘半农教授为其赋诗。1950年，应邀到黑龙江参加省农展馆创作。1951年，为亚洲及太平洋区域和平大会主席团制作多件面塑礼品。1952年，其作品参加全国第一届民间雕塑展览。1953年，被文化部调到中央美术学院工艺美术系创作。1956年，中央工艺美术学院成立汤子博面塑艺术工作室，次子汤夙国陪同工作。1971年5月在北京逝世。曾为政协北京市委员会委员、中国美术家协会会员。代表作有《独钓寒江》《竹林七贤》《敬老院读报组》《新嫦娥奔月》等，不少作品作为国家礼品赠送外国友人。

[141] 陈之佛（1896—1962），浙江余姚人，现代美术教育家、工艺美术家、画家。1915年毕业于浙江省工业专门学校染织科机织专业，后留校教图案课。1918年留学日本，学习图案，次年入东京美术学校工艺图案科。1923年回国，创办上海图案馆，并为《东方杂志》等书刊担任装帧设计工作。曾任教于上海美术专科学校及中央大学（今南京大学）艺术系，任国立艺术专科学校校长、教授兼图案科主任，上海艺术大学教授，广州市立美术专科学校图案科主任，上海美术专科学校、中央大学艺术科教授，《中国杂志》编委。1949年后曾任南京大学艺术系教授、南京师范学院艺术系主任、江苏省国画院画师兼副院长、南京艺术学院副院长、中国美术家协会理事等职。1962年1月15日病逝。出版有《图案ABC》《图案构成法》《中国陶瓷图案概观》《西洋美术概论》《中国工艺美术史》《表号图案》《图案教材》《艺术人体解剖学》《西洋美术概论》《陈之佛画集》《陈之佛画选》等。

[142] 沈福文（1906—2000），福建诏安太平镇科下村人，擅漆器工艺，老一辈革命艺术家，中国漆器艺术家。1926年在厦门集美师范学校学习，1928年考入国立杭州艺专，1931年考入北平大学艺术学院。1930年受左翼文艺思潮的影响，与陈卓坤、胡一川、李可染等人组建“一八艺社”。1932年与王启民、杨澹生等创立平津木刻研究会。1931年，参加一八艺社在上海首次公

开举办的美术习作展。1932 年考入北平大学艺术学院。1933 年任北平美专教授兼教务长，参与举办“平津木刻大展”。1935 年留日入松田艺术研究所。1937 年年底归国后，任国立艺专教授。1938 年任湖南沅陵油漆学校教师、国立艺专实用美术系教授。1938 年归国任国立艺专教授。1939 年同李有行教授等创办四川省立高级工艺职业学校，1940 年更名为四川省立艺术专科学校，并任该校教授兼应用艺术科主任。1942 年年初，以精心制作的“脱胎器花瓶”“双耳花瓶”“金鱼盘”及“二十四角脱胎大盘”等参加国民政府教育部在重庆举办的首次美术大奖赛，与吴作人的油画、刘开渠的雕塑同获美术最高奖二等奖。1943 年 12 月在成都举办个展，后又多次举办个展，作品被英美博物馆收藏。1946 年到敦煌考察壁画艺术。1947 年在成都等地举办“沈福文教授敦煌图案漆艺全国大展”，受到徐悲鸿等大师高度评价。1951 年，多件漆器作品赴苏联展出，八件作品被莫斯科东方美术博物馆和列宁格勒博物馆收藏，后又被文化部选送部分作品赴越南及日本展出并被收藏。1953 年创作了第一幅毛泽东主席漆画像，被外交部作为贵重礼物赠送给朝鲜。四川美术学院成立后，任实用美术系主任。1979 年出任四川美术学院院长，1981 年任名誉院长、顾问。曾任中国美术协会顾问、中国美术家协会常务理事、中国工艺美术学会理事、美协四川分会副主席、四川工艺美术学会理事长、中国工艺美术大师评审委员。主要作品有《晨曦盘》《松鹤太阳盘》《金鱼大漆盘》《长江三峡神女峰下》《六蝉堆漆绿彩嵌金花瓶》《堆漆金鱼》等。著有《中国髹漆工艺美术简史》《漆器工艺技法撷要》《中国漆艺美术史》等。

［143］祝大年（1916—1995），当代著名陶艺家、壁画家、工笔重彩画家、工艺美术教育家。浙江省诸暨市枫桥镇人。早年在杭州国立西湖艺专和北平同立艺术专门学校学习。1934 年赴日本，在东京帝国美术专科学校攻读陶瓷美术，并在星冈窑厂实习。回国后，先后在重庆中央工业试验所和上海红叶陶瓷厂任工程师、总工程师。1949 年后在轻工业部工作，以后调中央美术学院、中央工艺美术学院任副教授、系主任、教授。1952 年为制作新中国成立纪念瓷，和景德镇老艺人合作，设计制作各种传统日用餐具和陈设瓷，参加国内外展览。1960 年后，主要从事工笔重彩教学和壁画创作。1979 年为首都机场创作陶瓷壁画《森林之歌》。1985 年创作陶瓷壁画《桂林山水》《玉兰花开》等，赴美展览。1987 年在中国香港举办个人画展。1994 年在中国美术馆举办“祝大年美术作品展”。1995 年在北京病逝，享年 79 岁。历任中央美术学院副教授、实用美术系陶瓷科主任；后任中央工艺美术学院教授、陶瓷系主任，中国陶艺学会理事长，中国壁画协会副主任，中国工笔重彩画会顾问，中国工业设计学会理事，中国工艺美术大师评审委员会委员等。著有《祝大年画选》。

［144］郑可（1906—1987），广东新会县人（今广东省江门市新会区），工艺美术家，中国工业设计奠基人。曾就读于广州圣心中学。1927—1934 年，求学于法国国立美术学院和巴黎工艺美术学院，学习雕塑和工艺美术。回国后担任勷勤大学建筑系室内装饰教授，同时在广州美专兼雕塑课。1936 年，去法国参加世界博览会的设计。随后在新加坡和中国香港地区创办实业。1951 年，响应中华人民共和国的号召，应廖承志同志邀请，毅然卖掉在中国香港的工厂回到北京，在中国青年艺术剧院工作。

1956年，由徐悲鸿、江丰、张仃推荐到中央美术学院陶艺系任教授。1957年，成功研究电脉冲雕刻钢模等先进工艺。未久，被打成右派，进行劳动改造。1977年，应财政部邀请，为国家培养金币设计人员。历任中央工艺美术学院教授、中国美术家协会顾问、科协全国委员会委员。代表作有巨幅陶瓷浮雕《女娲传说》等。

[145] 同132。

[146] 蔡若虹（1910—2002），中华人民共和国美术奠基人之一，著名美术家、社会活动家、画家、美术评论家，江西九江人。原名蔡雍，笔名雷萌、张再学。1931年毕业于上海美术专科学校西画系，同年参加中国左翼美术家联盟，后在上海从事漫画创作。1939年后任延安鲁艺教员、美术系主任。1940年加入中国共产党。1946年后任《晋察冀日报》美术编辑。1949年后，历任《人民日报》美术编辑、文化部艺术局副局长、中国画研究院副院长、中国文联第一至四届委员、中国美协第一至四届副主席，是第三、五、六届全国人大代表。因病于2002年5月2日凌晨去世，享年92岁。有画集《苦从何来》、诗画集《若虹诗画》和《蔡若虹美术论文集》，回忆录《上海亭子间时代风习》及《赤脚天堂》等。

[147] 张文俊（1919—），山东省临沂县付家庄村（今属临沂市罗庄区付庄街道）人。1925年（8岁）开始读私塾，1929—1933年读初小（从四年级学起）、高小，1934—1936年在临沂读师范讲习所。1937年12月由徐州随军至河南潢川，在第五战区、战敌青年军团受训。1937年秋，在山东省立第三乡村师范读书。1938年5月参加民族解放先锋队。1938年8月因病离开军团去湖北均县湖北中学读书，10月随校到四川梓潼国立六中一分校读书。1939年5月加入中国共产党，11月因组织参加学生运动，被学校开除学籍。1940年失业、失学，后在成都南区贫儿寄托所教书。1941年8月由中共地下党介绍在四川洪雅中山乡小学教书。1942年1月15日在洪雅被捕，至1944年夏先后被囚禁于成都、重庆歇马场五云山集中营。1944年秋考入重庆国立艺术专科学校，学习中国画，师从李可染。1946年随校迁至杭州，1947年毕业于杭州国立艺专。1949年4月南京解放，任南京文工团美术组组长。同年，作为文学艺术界南方第二代表团代表，于6月下旬在北京怀仁堂参加第一次全国文代会，与李可染老师相会。1950年任南京军管会文艺处美术供应社副主任、秘书处副处长，江苏文化局美术创作组副组长，江苏美术工作室副主任，江苏省文化局艺术处副处长，负责筹办成立江苏省国画院。1954年，国画《江苏水乡》获江苏省美展三等奖。1958年创作国画《梅山水库》入选社会主义国家造型艺术展览。1958年任江苏省国画院办公室主任。20世纪50年代与钱松喦合作，为人民大会堂作国画《太湖新貌》。1977年秋调入南京艺术学院任教，1979年任该院美术系副主任。1980年5月应文化部中国画创作组之邀，赴北京作画，创作国画《海上升明月》，参加了中国画研究画展。1984年作品《江山旭日》参加全国六届美展，并获优秀奖，由中国美术馆收藏。1985年临沂成立画院，被聘为画院名誉院长。1988年出席第五届文代会。1991年为中南海创作国画《海上升明月》《峡江秋光》。1992年作品《山高水长》被毛主席纪念堂收藏，作品《东海扬波》被选入九年义务教育美术教材。历任江苏文联常委、江苏美协副秘书长、江苏书法印章研究会副秘书长，现为中国美协会员、江苏

美协副主席、南京艺术学院教授、江苏省美术馆艺术顾问、江苏省国际文化交流中心理事。

[148] 张仃（1917—2010），号它山，辽宁黑山人，中国当代著名国画家、漫画家、壁画家、书法家、工艺美术家、美术教育家、美术理论家。1923年，入芳山镇北学堂读书。1928年，家迁朝阳县，转入县立完全小学。1931年完小毕业，入辽宁锦县东关育贤中学。1932年，流亡北平，进入北平美术专科学校国画系就读。1934年，筹建北平北翼美术家联盟，为地下进步刊物《潮水》编排设计。1936年春到南京，经校长张恨水介绍在《中国日报》《扶轮日报》发表漫画。1937年，抗战爆发，他加入"漫画宣传队"。同年，全国漫画界抗敌协会战时工作委员会在武汉成立，其为15名成员之一。是年冬，组成抗日艺术队，被推选为领队，代表全国漫画界抗敌协会到西安筹建西北分会。在西安出版《抗敌画报》，并主持漫画训练班。1938年秋到延安，经毛泽东特批，在鲁迅艺术学院美术系任教。1940年，从延安到重庆，与张光宇计划出版《新美术》杂志，因皖南事变，未能实现。1941年，经周恩来安排，自重庆回到延安，被聘为鲁迅研究会美术顾问。1942年，参加延安文艺座谈会。1945年，随军北上。1946年，随军到张家口，任华北大学三部美术系平、津学生班班主任。到哈尔滨任东北画报社总编辑。1947年，在哈尔滨郊区靠山屯主持召开年画座谈会，征来农民意见。1949年夏，奉命进关，在京郊香山编辑《三年解放战争》大画册。1949年7月，出席中华全国文学艺术工作者代表大会。同月，中华全国美术工作者协会成立，为41名全国委员会成员之一。与胡一川、王朝闻、罗工柳、王式廓组成"五人接管小组"，接管旧国立北平艺专。1950年，中央美术学院建立，任实用美术系主任、教授。1952年，为德国莱比锡国际博览会中国馆，捷克、波兰中国博览会与苏联"中国经济政治文化展览会"总设计师。1953年9月，中华全国美术工作者协会全国委员会扩大会议在北京召开，协会改名为中国美术家协会，当选为理事。1954年，调任中央美院中国画系党支部书记。1956年，任巴黎国际博览会中国馆总设计师。1957年，调任中央工艺美术学院教授、第一副院长兼党委委员。1960年，当选为中国美术家协会第二届理事会常务理事、书记处书记。1970—1973年，下放在河北石家庄获鹿县小壁村部队农场劳动改造。1974年，因病获准回京，借香山农舍养病，偷偷开始焦墨写生。1978年，中央工艺美术学院恢复招生，复任第一副院长、教授、党委委员。1979年9月，主持首都国际机场大型壁画群落成。创作壁画《哪吒闹海》；10月，第四次文代会在京召开，当选为全国文联委员；11月，第三次美代会在京开幕，当选为常务理事、书记处常务书记。1981年，任中央工艺美术学院院长；12月，当选为中国工艺美术学会副理事长。1982年12月，被聘为文化部艺术委员会委员。1983年12月，中国工艺美术学会民间工艺美术委员会在佛山成立，为副主任委员。1984年离休。1985年，被聘为国务院学位委员会第二届学科评议组（艺术学分组）成员。1989年11月，被聘任为全国艺术学科第四批硕士授权单位评审委员。2004年获中国老教授协会颁发的终身成就奖。

[149] 叶又新（1917—1988），江苏吴县人，擅长工艺美术。历任青岛美术专科学校教务主任，山东省美术工作室副主任，山东省群众艺术馆副馆长，山东工艺美术研究所

副所长、工艺美术师，并任中国美协山东分会常务理事，中国工艺美术学会民间工艺委员会委员，中国民间剪纸学会顾问，山东省剪纸研究会会长。1954年编辑出版《胶东窗花》。1959年编辑出版《山东民间剪纸》，并积极筹备编辑《山东民间工艺美术》。论著有《山东民间蓝印花布》《曲阜及其附近的汉画像石》等。曾应邀赴美作“山东民间剪纸、年画”等学术演讲。

[150] 张福永（1903—1961），织锦艺术家，南京人，擅长云锦图案设计和挑花。出身挑花世家，祖父张长荣、父亲张惠梁都是清代江宁（今南京）织局挑花堂管事。17岁学艺，师承伯父。经长期艺术实践，他挑出的花本能为画工传神；由于熟悉挑花技艺，他设计的图案更符合生产工艺要求。两者相互促进，相得益彰，被称为“张挑花”。1949年后，在南京云锦研究所工作，在美术工作者协助下，共整理2400多份云锦传统图案资料，加以注释。同时，结合自己艺术实践经验，总结了云锦图案的创作规律和方法。对云锦技艺的承前启后，尤其对云锦传统的继承做出了积极贡献。1959年，出席全国文教群英会。曾为江苏省政协委员、中国美术家协会会员。

[151] 吉干臣（1892—1976），民间艺人，南京人。20岁开始自学挑花技艺，28岁起公开操业，为云锦生产厂家挑花结本。其挑花技艺娴熟，倒花、拼花运用自如，对织物组织、织造也有较深研究。1949年后，对传统品种的恢复、新品种的设计试制，在技术上做出了较大贡献。如江苏大宗出口的天鹅绒毯，就是在其研究指导下，运用传统品种彩花绒织造技艺，首先研制成功。改革了挑花绷，使云锦挑花简便易学，更加精确严密。著有《云锦挑花结本基本方法》一书，是研究中国古代丝织提花技术的重要资料。曾任江苏省第三届人大代表。

[152] 何燕明（1926—2013），江苏南京人，别名晏鸣。1942—1944年就读于广东省立艺专美术师范科，1945—1948年就读于杭州国立艺专本科雕塑系，擅工艺、雕塑。1942—1948年先后在广东艺专、杭州国立艺专学习雕塑。1949年后历任南京文联美术部副总干事、南京市文化局美术工作室负责人。1956年调中央美术学院，后转入新成立的中央工艺美术学院，担任学院业务秘书，并作为庞薰琹先生的助手主持中央工艺美术科学研究所日常工作。1957年蒙冤成右派。经廿余年苦难，20世纪80年代复出执教，并担任《装饰》杂志主编，为杂志的发展呕心沥血，做出了巨大的贡献。2013年8月9日，因病医治无效，在北京逝世，享年88岁。著有《南京剪纸》《云锦图案》，主编《工艺美术辞典》等。

[153] 刘海粟（1896—1994），江苏省武进县青云坊村人，名槃，字季芳，号海翁，现代杰出画家、美术教育家。6岁读私塾，酷爱书画。14岁到上海，入画家周湘主持的背景画传习所学西洋画。1910年在乡里办图画传习所。1912年与乌始光、张聿光等创办上海图画美术院，后改为上海美术专科学校，1914年秋始任副校长，1919年7月始任校长。1918年到北京大学讲学，并第一次举办个人画展。1919年到日本考察美术教育，回国后创办天马会。1920年10月赴日本出席帝国美术学院开幕大典，回国后著《米勒传》《塞尚传》等介绍西洋艺术。1929年赴法国、瑞士，油画《森林》《夜月》等应邀于巴黎蒂拉里沙龙展出。国画《九溪十八涧》获得国际展览会荣誉奖状。1931年在德国法兰克福大学中国学院讲授中国绘画“六法论”，举办刘氏国画展览会。1938年应中华书局之约，

写成八十万言的巨著“海粟丛书”六卷。1940 年主持中国现代名画筹赈展览会，并在雅加达、吉隆坡等地展出。1952 年上海美专改为华东艺术专科学校（后改为南京艺术学院），任校长。1966—1976 年受到不公正待遇。1979 年后复任南京艺术学院院长、名誉院长。1981 年意大利国家艺术学院聘任为院士，并颁赠金质奖章。1988 年在上海美术馆举办“刘海粟十上黄山画展”。历任南京艺术学院一级教授、院长、名誉院长，上海美术家协会名誉主席，中国美术家协会顾问。英国剑桥国际传略中心授予“杰出成就奖”，意大利欧洲学院授予“欧洲棕榈金奖”。曾任第一届江苏省政协委员，第三、四、五、六届上海市政协委员，第三、四、五、八届全国政协委员，第六、七届全国政协常委。

[154] 臧云远（1913—1991），山东蓬莱人，笔名季沅、辛苑。早期就读于青岛胶东中学（崇德中学）。中共党员，大学毕业。1932 年参加中国作家左翼联盟。在日本曾任东京《杂文》《质文》文艺刊物编委。回国后任汉口《自由中国》主编、重庆全国文协及文工会研究员及创作员，中国作家协会会员，济南华东大学教授、艺术系主任，青岛山东大学教授兼艺术系主任。1947 年去往解放区，到解放区以后任教于华东大学。1950 年，华东大学迁来青岛，任艺术系主任。1950 年年底，华东大学与山东大学合并，任艺术系主任。1952 年，加入中国作家协会。全国高等学校院系大调整，艺术系的美术、音乐专业与苏州艺专、无锡艺专合并，成立了华东艺专，后改为南京艺术学院，任南京艺术学院副院长、党委成员。江苏省政协委员。著有诗集《炉边》《云远诗草》，诗剧《苗家月》，长诗《静默的雪山》，组诗《延安灯火》等。译著有《质文》《艺术史的问题》等。

[155] 杨秋人（1907—1983），广西桂林人，又名杨工白，油画家。1928 年考入上海美术专科学校，1930 年转学上海艺术专科学校，1931 年毕业于上海艺术专科学校研究科。1929 年在上海参加组织八一艺社，1932 年参加决澜社及美展。1939 年“八一三”沪战爆发后南返广西，从事抗日救亡文化活动。1940 年代，曾先后任桂林美术专科学校、广东省艺术专科学校、广州市艺术专科学校教授。1950 年代起至 1980 年代，历任华南文艺学院教务主任、美术部教授，中南美术专科学校副校长、教授，广州美术学院副院长、教授。曾当选为广东省第一、二届人大代表，中国美术家协会会员，美协广东分会常务理事，广东省文联委员，广东省文物管理委员会委员。1983 年 1 月 7 日，因病在广州逝世，终年 75 岁。作品有《清道工人》《缝征衣》《水电站工地之晨》《人群的洪流》《漓江晨渡》《剑麻山》等。出版有《访苏风景写生》《访问朝鲜写生》《杨秋人油画集》。

[156] 蔡迪支（1918-？），广东顺德人，擅长中国画、版画。1939 年参加中华全国木刻界抗敌协会，1944 年任教于广西艺专、广西艺术馆，1950 年任华南文艺学院副教授。历任广东画院副院长、中国美术家协会广东分会副主席。作品有《桂林紧急疏散》《南海渔人》《在河滩上》等，出版有《蔡迪支抗战时期绘画木刻选》等。

[157] 杨纳维（1912—1982），广西藤县人，擅长版画。1935 年任广西梧州中学教师。1937 年开始自学版画，历任广西《梧州日报》《贵县日报》编辑、总编辑，《广西日报》编辑主任，编辑《桂平日报》副刊《紫荆・木艺》，举办木刻展，推动木刻运动，中国香港“人间画会”成员。1949 年进入

东江游击区，解放广州。历任华南文艺学院美术部教授，中国美术家协会广东分会秘书长、副主席。代表作品有《抢救河堤决口》《新闺怨》《沉默的抗议》《失踪后的下落》《广州起义组画》等。出版有《怒向刀丛觅小诗》《杨纳维作品选集》。

[158] 王履祥（1925—2013），生于河北省遵化县，祖籍安徽省巢县，字吕翔。1945年毕业于北京师范大学美术系，其后在京、津等地任美术教师。1949年进入华北大学政治研究所学习。1950年起在西安美术学院任教，直至1987年离休。2013年病逝，终年89岁。生前为西安美术学院教授、中国美术家协会会员、陕西省文史研究馆馆员等。出版有《王履祥画集》。

[159] 白如冰（1912—1994），陕西清涧高杰村乡袁家沟村人。原名白树勋，化名高超。1925年参加革命工作，高中文化。1927年11月加入中国共产主义青年团，1928年6月转为中国共产党党员。1929年2月入陕西绥德省立第四师范学校学习，兼任学校党支部书记。1931年回乡，任清涧县解家沟村小学教员、特支书记、东区区委书记。1933年任中共安定县安定区委宣传部部长、中共清涧县清涧区委书记。1933年12月任中共清涧县委宣传部部长兼秘书长。1934年3月任中共陕北特委候补委员、特派员，中共横山县委书记、延长县委书记，中共西北工作委员会特派员兼延长县委书记，陕甘晋军区供给部代部长。1935年11月任中华苏维埃西北革命军事委员会供给部副部长兼后方供给部部长。1936—1937年春，任中华苏维埃人民共和国中央革命军事委员会总供给部副部长。抗战时期，任中共陕甘宁边区三边（定边、安边、靖边）特区委书记兼蒙民部部长。1938年4月改为中共陕甘宁边区蒙古工作委员会书记。1938年5月改中共绥蒙工作委员会书记、八路军绥蒙游击司令部政委。1938年11月任中共绥远省委书记兼省委蒙民部部长。1940年4月改晋绥区党委书记兼八路军120师绥察独立第2支队政委。同年冬任晋西北区党委常委兼财经委员会副书记、晋绥办事处主任、陕甘宁边区西北财经办事处秘书长。1945年作为晋绥边区代表出席中共七大。解放战争时期，任陕甘宁晋绥联防军后勤部部长、供给部部长，陕甘宁边区政府委员、财政厅厅长。1949年后历任西北军政委员会委员、西北行政委员会委员，西北军政委员会财政部部长，西北总工会主席，中共中央西北局职工工作委员会书记，西北财政经济委员会副主任，党组副书记，政务院中央手工业管理局局长，中华全国手工业合作总社主任，山东省省长，中共山东省委第一书记兼山东省革命委员会主任，山东省政协主席，第二至五届全国人大代表，第二届全国政协委员，中共七、八大代表，第十、十一届中央委员，党的十二大、十三大当选为中共中央顾问委员会委员。1994年4月8日在济南逝世，享年83岁。

[160] 毛泽东《加快手工业的社会主义改造》，中共中央文献研究室编《毛泽东文集》第七卷，北京：人民出版社，1999年6月，第12页。

[161] 范珮玲《浙江省博物馆建立民俗陈列室刍议》，中国民间文艺研究会浙江分会民俗学研究组编《浙江民俗》1986年12月第1期，第7页。

[162] 曾昭燏《南京博物院十二年远景规划（草案）》，南京博物院编《曾昭燏文集》，北京：文物出版社，1999年9月，第299页。

[163] 陈克猷（1927—2010），四川人，曾在西南联大学习，主修文博考古专业，后到南

京博物院民族部搞研究工作。20 世纪 60 年代下放到高邮三垛中学，后调到高邮师范当老师。著有《藏民的婚姻与家庭》《彝族及其阶级制度》等。

[164] 吴有常，生卒年不详，南京人。在南京博物院工作多年，早年从事民族学调查工作，后任图书室负责人，合著有《博物馆学文物保护学文献目录》等。

[165] 马曜《记建国初期云南民族调查》，郝时远主编《田野调查实录——民族调查回忆》，北京：社会科学文献出版社，1999 年 9 月，第 7 页。

[166] 郝时远《田野调查实录·前言》，郝时远主编《田野调查实录——民族调查回忆》，北京：社会科学文献出版社，1999 年 9 月，第 2 页。

[167] 宋兆麟《边疆访古忆往昔》，郝时远主编《田野调查实录——民族调查回忆》，北京：社会科学文献出版社，1999 年 9 月，第 579 页。

[168] 宋兆麟《边疆访古忆往昔》，郝时远主编《田野调查实录——民族调查回忆》，北京：社会科学文献出版社，1999 年 9 月，第 581 页。

[169] 宋兆麟《边疆访古忆往昔》，郝时远主编《田野调查实录——民族调查回忆》，北京：社会科学文献出版社，1999 年 9 月，第 582 页。

[170] 毛泽东《社会主义革命的目的是解放生产力》，中共中央文献研究室编《毛泽东文集》第七卷，北京：人民出版社，1999 年 6 月，第 3 页

[171] 潘光旦（1899—1967），江苏省宝山县罗店镇（今上海市宝山区）人，字仲昂，原名光亶（后因亶字笔画多，取其下半改为光旦），又名保同，笔名光旦，西名 Quentin Pan，社会学家，优生学家，民族学家。1913 年，江苏省政府咨送北京清华学校。1922 年，毕业赴美留学，入达特茅斯学院，1924 年获学士学位；同年入哥伦比亚大学研究院，获理学硕士学位。1926 年回国后至 1952 年，先后在上海、长沙、昆明和北京等地多所大学任教授，并兼任清华大学及西南联大教务长、社会系主任以及清华大学图书馆馆长等职。1927 年参与筹设新月书店。1941 年加入中国民主同盟，历任民盟第一、二届中央常委，第三届中央委员。1952 年全国院系调整，社会系学科撤销后，调入中央民族学院，主要从事少数民族历史的研究。1957 年反右派斗争中被错划为右派分子，是人类学、民族学界著名五大右派（吴泽霖、潘光旦、黄现璠、吴文藻、费孝通）之一。1967 年 6 月 10 日逝世。1979 年，右派问题获得平反。1949 年后，先后担任政务院文化教育委员会委员，政务院文化委员会名词统一委员会委员，全国政协第二、三、四届委员。著有《优生学》《人文生物学论丛》《中国之家庭问题》等。另有译著《性心理学》等。

[172] 吴文藻（1901—1985），江苏江阴人，社会学家、人类学家、民族学家。1917 年考入清华学堂。1923 年赴美国留学，进入达特茅斯学院社会学系，获学士学位后又进入纽约哥伦比亚大学系，获博士学位，并荣获校方颁发的“最近十年内最优秀的外国留学生”奖状。1929 年 6 月与冰心（谢婉莹）结婚，任燕京大学教授。1938 年在云南大学任教。1939 年创立社会学系，并建立了燕京大学和云南大学合作的实地调查站。1940 年在国防最高委员会参事室工作，对边疆民族的宗教和教育问题进行研究。1946 年，赴日本任中国驻日代表团政治组组长并兼任出席盟国对日委员会中国代表顾问。1951 年回国。1953 年任中央民族学院教授、研究部国内少数民族情况教研室主任和历史系民族志教研室主任。1959 年后从事编译工作。1979 年被聘为

中国社会学研究会顾问。1980年被聘为第一届中国民族学学会顾问。1985年9月24日病逝。经冰心努力，中央民族大学从1996年开始设立“吴文藻文化人类学”奖学金以奖励后进。著有《社会科学与社会政治》《中国少数民族情况》《见于英国舆论与行动中的中国鸦片问题》《现代法国社会学》《德国系统社会学》《功能派社会人类学的由来与现状》《现代社区研究的意义和功能》《中国社区研究的西洋影响与国内近况》《社区的意义与社区研究的近今趋势》《社会制度的性质与范围》《社会学与现代化》《英国功能学派人类学今昔》《战后西方民族学的变迁》《吴文藻人类学社会学研究文集》等。

[173] 潘光旦、吴文藻、杨成志《中国民俗学十二年远景规划》，苑利主编《二十世纪中国民俗学经典·学术史卷》，北京：社会科学文献出版社，2002年3月，第314页。

[174] 陶阳《保护和抢救民族民间文学艺术遗产》，《民间文学》1957年2月号，第4页。

[175] 毛泽东《同音乐工作者的谈话》，中共中央文献研究室编《毛泽东文集》第七卷，北京：人民出版社，1999年6月，第79、82页。

[176] 同174。

[177] 社论《重视民间艺人》，《人民日报》1956年10月2日，第1版。

[178] 社论《加强民间文艺工作》，《人民日报》1958年8月2日，第3版。

[179] 季龙主编《当代中国的工艺美术》，北京：中国社会科学出版社，1984年12月，第82页。

[180] 同179。

[181] 《美术创作问题座谈会摘编》，《美术》1980年第8期，第4页。

[182] 郎绍君《两条借鉴之路——试谈中国画的出新》，《美术》1982年第7期，第15页。

[183] 王克庆《乡土气息浓郁的贵州木雕艺术》，《美术》1982年第10期，第19页。

[184] 廉晓春（1932—1987），中国当代从事民间工艺美术研究的理论家和活动家。毕业于中央工艺美术学院，在轻工业部工艺美术局（总公司）长期从事工艺美术的艺术指导工作。《中国民间工艺》杂志主要创办者之一。

[185] 曾永义等《台湾的民俗技艺》，台北：台湾学生书局，1989年7月，第7页。

[186] 郭振昌《台湾传统手工艺发展小史》，台湾《时报新闻周刊》1986年6月29日。

[187] 余英时《培养趣味，提高文化境界》，台湾《联合报》1985年3月4日。

[188] 许常惠（1929—2001），台湾省彰化县人，1953年毕业于台湾师范大学音乐系，1954—1959年间留学巴黎，随夏野教授学习乐史，并从岳礼维教授学习作曲。自其巴黎归来后，在作曲上创作了上百首作品，包括独唱与合唱曲、独奏与室内乐曲（包括中西乐器）、管弦乐、歌剧、舞剧、清唱剧，并创立制乐小集（1961）、现代音乐研究会（1969）、亚洲作曲家联盟（1973）、台湾作曲家协会（1989）等组织，致力及领导以传统音乐为源泉的现代音乐创作。在民族音乐研究上，从未间断过田野采集的工作，在台湾全省的山野与平地做全面的民俗音乐调查、采集、整理和研究工作，发表论文数十篇，各式音乐相关文章逾百。发起并成立中国民族音乐研究中心（1967）、中华民俗艺术基金会（1975）、台湾民族音乐学会（1991）及亚太民族音乐协会（1994）等机构。曾任教于台湾师范大学、台湾艺术专科学校、台湾艺术学院、东吴大学、文化大学等音乐科系，担任理论作曲与音乐学的课程，教导学生无数，尤其是作曲及民族音乐学方面。历任

台湾作曲家协会理事长、台湾民族音乐学会理事长、台湾师范大学音乐系主任兼研究所所长、“总统府”国策顾问、中华民俗艺术基金会董事长、亚洲作曲家联盟主席及亚太民族音乐学会主席等职务。

［189］曾永义等《台湾的民俗技艺》，台北：学生书局，1989 年 7 月，第 12 页。

［190］张士增《农村民间美术的复苏》，《美术》1983 年第 8 期，第 17 页。

［191］《劳动人民的美的创造——民间美术学术讨论会纪要》，《美术史论》1984 年第 1 期，天津：天津美术出版社，第 2~5 页。

［192］《中国工艺美术学会民间工艺美术委员会成立大会纪要》，《民间工艺》1984 年创刊号，第 101 页。

［193］《劳动人民的美的创造——民间美术学术讨论会纪要》，《美术史论》1984 年第 1 期，天津：天津美术出版社，第 5~6 页。

［194］民间美术学院筹备委员会《创办民间美术学院发起书》印本，1985 年 10 月，第 2 页。

［195］刘秉彦（1915—1998），河北省蠡县人，中华人民共和国开国少将。1932 年加入中国左翼作家联盟。1934 年，在北京大学学习，参加了“一二·九”运动；10 月，参加人民自卫军。1937 年加入中国共产党，同年入伍。参加了土地革命、抗日战争、解放战争等。1949 年后，担任过国防部五院副院长、第三机械工业部副部长兼导弹总局局长、第七机械工业部副部长、第八机械工业部常务副部长、党组副书记，河北省委书记、河北省省长、省人大常委会主任，是政协七届全国委员会常务委员。历任第一、五、六届全国人民代表大会代表，中国共产党第十二次全国代表大会代表，中国人民政治协商会议第七届全国委员会常务委员。1955 年被授予少将军衔。1998 年 7 月 21 日，在石家庄逝世，享年 83 岁。著有《抗日战争中的战术问题》《京津保三角地带的斗争策略问题》等。

［196］民间美术学院筹备委员会的发起人为：原河北省人大常委会主任刘秉彦，中共安徽省委宣传部顾问（原副部长）戴岳，中国版画家协会主席、中央美术学院教授李桦，中国美术家协会顾问、中央工艺美术学院教授（原院长）张仃，中国美术家协会广西分会主席、广西文联副主席、教授涂克，中国美术家协会副主席、天津分会主席、天津画院院长、教授秦征，中国工艺美术学会民间工艺美术委员会秘书长廉晓春，西安美术学院副院长、副教授、中国美术协会常务理事、陕西分会副院长主席刘文西，鲁迅美术学院教务长、副教授李福来，广州美术学院一〇五画室主任、中国人本心理学学会会长李正天，四川美术学院副教授钟茂兰，共青团河北省委常委、河北省学联秘书长王希文，内蒙古师大美术系副院长教授、中国美术家协会常务理事妥木斯，中国美术家协会副院长主席周思聪，安徽省文学艺术研究所所长、安徽省美学学会副会长郭因，河北师范大学素描教研室主任线天长，河北师范大学油画教研室主任齐梦慧，河北师范大学雕塑教研室主任阎明奎，中央美术学院年画、连环画系副主任胡勃，中国画研究院画家王迎春，《河北艺术》杂志主编郝华，中国美术家协会河北分会秘书长钟志宏，中国美术家协会陕西分会副主席靳之林，景德镇陶瓷学院副教授梁任生，华北石油勘探二公司原副院长经理王文明，华北石油教育学院美术科教师师恩钊，华北石油教育学院美术科教师于永昌。共 27 人。

［197］民间美术学院筹备委员会《民间美术学院筹建方案》印本，1985 年 10 月，第 1 页。

[198] 伍精华（1931—2007），彝族，四川省冕宁县人。1949年9月参加革命工作，同年11月加入中国共产党。先后担任中共普雄县工委委员，普格县委副书记、县长，昭觉县委第一书记，凉山彝族自治州州委书记处书记、副州长，四川省民委副主任，四川省委常委、省人大常委会副主任，国家民委副主任、党组副书记，西藏自治区党委书记、西藏军区政委、西藏军区党委第一书记等职。曾任中共八大、十二大、十三大、十四大代表，第十二届、十三届中央委员，第七届全国人大代表，第八届委员、全国人大民族委员会副主任委员，第九届全国人大常委会委员、全国人大农业与农村委员会副主任委员。2007年10月19日在北京病逝，享年76岁。

[199] 伍精华《全国少数民族文物工作会议开幕词》，中国民族博物馆筹备组编《民族文物工作通讯》第1期，1985年1月5日，第3页。

[200] 马寅《加强对民族文物的保护和研究工作》，中国民族博物馆筹备组编《民族文物工作通讯》第1期，1985年1月5日，第9页。

[201] 《全国少数民族文物工作会议呼吁书》，中国民族博物馆筹备组编《民族文物工作通讯》第1期，1985年1月5日，第14页。

[202] 《民族文博培训班在京举行开学典礼》，中国民族博物馆筹备组编《民族文物工作通讯》第2期，1985年4月，第8页。

[203] 张声震《序言》，广西壮族自治区民族研究所编《广西左江流域岩壁画考察与研究》，南宁：广西民族出版社，1987年1月，第1页。

[204] 吴正光《贵州省人大常委会公布文物保护管理办法》，《文物报》1986年11月14日第1版。

[205] 穆烜（1924—），曾名穆德辉，汉族，笔名有吕循逸、展一真、蒋逸真、闻之清、吴哲人、默熊、姚钝、骆郇、徐穆、李雷、木生、暄等。共产党员。1924年生于南通姚港一个小商人的家庭。1944年毕业于南通中学。新中国成立前曾参加共产党领导的城市秘密工作。1949年后，先后在中共南通市委宣传部、南通市报社、市委革命史料编辑室和市文联工作。"文革"中因研究张謇、收集民歌和编著《南通惨案》而受迫害。"文革"后期一度在和平桥粮站当营业员，后借调市创作办公室。1972年调南通博物苑工作，直到退休。著有《亦畅居集》《亦畅居集续编》等。

[206] 王文宝《中国民俗学史》，成都：巴蜀书社，1995年9月，第366页。

[207] 董晓萍《钟敬文教授谈如何办好地方民俗博物馆》，《文汇报》1987年5月26日，第3版。

[208] 庄敏（1928—1995），上海松江人，毕业于松江县第一中学。1952年参加由北京大学、科学院考古所、中央文化部文物局联合主办的"第一届全国考古工作人员训练班"学习及考古实习。历任《文物》杂志主编，中国文物学会副会长、国家文物局副局长，研究馆员，考古学家。

[209] 仲骥《国家文物局在四川成都召开博物馆民俗文物工作座谈会》,《中国博物馆通讯》1987年第9期，第20~21页。

[210] 焦勇夫《在全国民间美术工作会议上的讲话》，安徽省阜阳地区民间美术研究室编《民间美术》第6期，1988年12月，第2~3页。

[211] 祖国传统工艺保护开发研究组《祖国传统工艺保护开发实施方案》印本，1989年8月，第1页。

[212] 王树村（1923—2009），天津人，擅长中国画，民间美术理论家。天津市立美术学校毕业后入华北大学美术科，1952—1955

年在中央美术学院专修美术史论。先后在北京美术工作室、《美术》编辑部、中国美术研究所、中国艺术研究院从事创作、编辑、研究工作。中国民间美术协会副会长，中国民间工艺美术委员会副主任委员，中国民俗学会理事、顾问、研究员，中国木版年画出版研究会理事长等。20 世纪 50 年代起先后在中央美院、中国画院等单位作民间美术专题讲座，曾应邀到澳大利亚、苏联讲学及作艺术品鉴定。1992 年起享受政府特殊津贴。在国内外出版书籍 60 余部。其中，《杨柳青年画资料集》获德国莱比锡书展银奖，《中国美术全集·石刻线画、民间年画》获国家出版金质奖，《中国民间四百宝相》获第十一届图书奖，《戏出年画》获中国艺术研究院二等奖。

[213] 王朝闻（1909—2004），雕塑家、文艺理论家、美学家，四川省合江县人。别名王昭文，后取《论语·里仁》中"朝闻道，夕死可矣"语义，更名王朝闻，笔名汶石、廖化、席斯珂。1926 年在成都艺专等校学美术，1932 年在杭州国立艺专学雕塑。1937 年参加浙江抗敌后援会所属的浙江流动剧团和五路军战地服务队，从事抗日文艺宣传活动，同年加入中国共产党。1939 年在成都私立南虹艺专等校教书，任成都民众教育馆美术部主任。1940 年 12 月赴延安后，曾在鲁迅艺术文学院美术系任教。1941 年为延安中央党校大礼堂创作的大型毛泽东浮雕像，被称为解放区美术作品的代表作。1949 年后，曾在中宣部文艺处等部门工作。历任中央美术学院副教务长，《美术》杂志主编、顾问，中国美术家协会副主席、顾问，中国艺术研究院副院长，中华美学学会会长、名誉会长，中国作家协会顾问，国务院学位委员会第一届学科评议组成员，全国政协第三、四、五、六届委员等。2004 年 11 月 11 日因病在北京逝世，享年 96 岁。在 70 余年的艺术与学术活动生涯中，横跨美术、文学、戏剧、电影、曲艺、民间文艺、摄影等领域，先后出版了专著和论文集 40 余种，近千万言。

[214] "中国民间美术基础理论丛书"由邓福星主编，江苏美术出版社出版。已出版的有《中国民间美术观念》（吕品田）、《中国民间美术发展史》（刘道广）、《中国民间美术社会学》（王海霞）、《中国民间美术工艺学》（潘鲁生），待出版的有《中国民间美术引论》（徐艺乙）、《中国民间美术造型与色彩》（邓福星）、《中国民间美术与民俗》（孙建君）、《中国民间美术比较研究》（陈绶祥）。

[215] "云南物质文化丛书"由尹绍亭、何学惠主编，云南教育出版社出版。已出版的有《农耕卷（上·下）》（尹绍亭）、《采集渔猎卷》（罗珏）、《生活技术卷》（唐立，Christian Daniels）、《纺织卷》（罗珏、钟秋）、《少数民族服饰工艺卷》（孙琦）。

[216] 为全国唯一的一所设在博物馆中的民俗学研究所，成立于 1993 年 6 月，其前身为南京博物院民族部，最早为中央博物院民族组、南京博物院民俗组，于 1996 年 8 月更名为"南京博物院民族民俗研究所"，设有文化人类学研究室、民族民间文化研究室、传统手工艺研究室、民族民俗文物图片资料中心。

[217] 两岸民俗文化学术研讨会于 1999 年 4 月 29—30 日在台湾图书馆国际会议厅举行，大陆地区学者发表的论文有《世纪之交的民族文物》（宋兆麟）、《村寨博物馆：民俗文化展示的突破与问题》（周星）、《村落庙会与公共生活秩序》（刘铁梁）、《老北京的民俗与民俗文物》（郭子昇）、《闽南民俗文物的保护与利用》（黄炳元）、

《云南少数民族艺术文物的调查与研究》（杨德鋆）、《丰富多彩的藏族文物——试论藏族文物的特点及保护》（徐斌）、《特区开发对黎族文物的冲击——三访海南黎村》（李露露）、《吉祥图艺术三题》（徐艺乙）、《纸马艺术的发展及其他》（王树村），台湾地区学者发表的论文有《从两岸关系和台湾的民俗文物维护生态》（庄伯和）、《海峡两岸文化资产维护管理与保存科技人才培育的比较研究》（陈木杉）、《台湾民俗文物分类架构与登录作业系统研究》（江韶莹）、《台闽建屋工匠习俗》（李乾朗）、《试论台湾排湾族传统技艺的保存与再发扬——一个以自给自足为目标的〈排湾艺术学苑〉新构想》（高业荣）、《台湾移民与建筑文化的传承现象》（阎亚宁）、《大溪齐明寺的人文探索》（林明德）、《动植物与民俗》（阮昌锐）、《妇女与民俗文化》（吴福莲）、《民间彩绘演变刍论》（李汉卿）、《台湾民俗文物款识之整理》（黄志农）、《宋江阵的传台与发展》（吴腾达）、《秧歌戏音乐之探讨》（施德玉）、《台湾宗教文物的分类架构》（李丰楙）。

［218］赓修明《中国傩学研究的回顾与展望——兼论"中国地方戏与仪式之研究"与贵州傩戏傩文化》，《汉学研究通讯》第22卷第1期，2003年2月，第3页。

［219］赵耀新《提高民间艺人地位，扩大民族文化影响——云南省开展民族民间艺人命名调查工作》，李绵璐主编《有形与无形——中国民间文化艺术论集》，武汉：湖北美术出版社，2003年10月，第593~598页。

［220］参见日本民艺馆出版的《中国民间版画国际学术研讨会论文集》：《封印を解かれた中国民間版画》（1997）、《世界から見た中国民間版画》（1998）、《世界から見た中国民間版画Ⅱ》（1999）。

［221］徐艺乙《从"铲地皮"说起》，《装饰》1999年第3期第3页；谢念《民族文物谁来保护》，《中国青年报》2001年11月23日。

［222］1997年5月20日中华人民共和国国务院令第217号发布，自发布之日起施行。

［223］李宣化（1922—2018），河南杞县人。1938年参加新四军，1939年加入中国共产党，1957年毕业于解放军政治学院。历任青先队员、干事，政治指导员、政治教导员、股长，团政治处副主任、政治处主任、副政治委员、政治委员，师政治部副主任、主任，军委装甲兵政治部秘书处处长、宣传部部长，师政治委员，北京军区装甲兵政治部主任、政治委员，北京军区政治部副主任、乌鲁木齐军区政治部主任等职。中国共产党第十三次全国代表大会代表，第六届全国人民代表大会代表、第七届全国人大常务委员会委员、第八届全国人大教科文卫委员会顾问。1955年被授予上校军衔，1988年9月被授予中将军衔。曾荣获三级独立自由勋章、三级解放勋章和独立功勋荣誉章。

［224］何洪《全国人大教科文卫委员会召开少数民族文物保护座谈会》，《中国文物报》1997年7月27日，第1版。

［225］国家文物局、国家民族事务委员会文件（文物博发[1998]54号）"国家民委、国家文物局关于印发《加强少数民族文物工作意见》的通知"之附件，1998年9月29日印发。

［226］《中国将立法保护民族民间文化遗产》，中国新闻网（http://www.chinanews.com.cn/2000-11-08/26/54845.html），2000年11月8日。

［227］由文化部、全国人大教科文卫委员会、国

家文物局共同举办的“民族民间文化保护与立法国际研讨会”于2001年12月18—20日在北京召开。详细情况请参见中外文化交流中心编《共同守护我们的精神家园——民族民间文化保护与立法国际研讨会论文集》，2001年12月印本。

[228] 谢晋（1923—2008），汉族，中共党员，浙江省上虞县人。电影导演、编剧，毕业于南京国立戏剧专科学校导演系。1950年，在爱情电影《哑妻》中担任副导演。1954年，独立执导淮剧短片《蓝桥会》，从而开启导演生涯。1957年，执导彩色体育电影《女篮五号》，该片获得第6届世界青年联欢节举办的国际电影节银质奖章、墨西哥国际电影节银帽奖。1960年，凭借战争电影《红色娘子军》获得第1届大众百花奖最佳导演奖。1965年，执导的剧情电影《舞台姐妹》获得第24届伦敦国际电影节英国电影学会年度奖、第12届菲格拉达福兹国际电影节评委奖。1975年，与颜碧丽、梁廷铎联合执导剧情电影《春苗》。1981年，凭借剧情电影《天云山传奇》获得第1届中国电影金鸡奖最佳导演奖。1986年，执导的剧情电影《芙蓉镇》获得第7届中国电影金鸡奖最佳故事片奖、第10届大众百花奖最佳故事片奖。1988年，执导剧情电影《最后的贵族》，该片获得第1届中国电影节荣誉奖。1993年，执导的剧情电影《老人与狗》获得上海电影评论学会“十佳影片奖”。1997年，获得第2届釜山国际电影节荣誉奖。1998年，获得香港（海外）文学艺术家协会颁发的中华文学及艺术家金龙奖“当代电影大师”称号，并获得上海市文学艺术杰出贡献奖。2005年，获第25届中国电影金鸡奖终身成就奖。2007年，获得第10届上海国际电影节华语电影杰出艺术成就奖。2008年10月18日，在浙江上虞下榻的酒店辞世，享年85岁。

[229] 参见文化部(文政法函[2002]1579号)文件。

[230] 中国共产党第十六次全国代表大会于2002年11月8日在北京举行，江泽民代表中国共产党第十五届中央委员会向大会作报告。

[231] 文化部、财政部《中国民族民间文化保护工程实施方案》，《中国文化报》2004年4月29日，第6版。

[232] 徐涟《中国民族民间文化保护工程开始试点工作》，《中国文化报》2003年10月28日，第1版。

[233] 刘玉琴《中国民族民间文化保护试点工作全面展开》，《人民日报》2003年10月29日，第9版。

[234] 中国民族民间文化保护工程第一批公布的试点项目有10个。其中，综合性试点3个：云南省、浙江省、湖北省宜昌市；专业性试点7个：河北省武强年画、广西壮族自治区红水河流域铜鼓艺术、海南省黎族传统棉纺织工艺、贵州省黎平县肇兴侗族民族民间文化保护区、西藏自治区日喀则地区昂仁县迥巴藏戏、甘肃省庆阳市环县道情皮影、新疆维吾尔自治区维吾尔木卡姆。

[235] 中国民族民间文化保护工程第二批公布的试点项目有29个，包括综合性试点3个：江苏省苏州市、福建省泉州市、湖南省湘西土家族苗族自治州；专业性试点26个：北京市民间音乐——京西古幡乐、天津市杨柳青木版年画、山西省地方戏曲——耍孩儿、内蒙古自治区蒙古族服饰艺术、辽宁省凌源皮影艺术、吉林省满族口头遗产——传统说部、黑龙江省赫哲族传统渔猎文化、上海市民间曲艺——锣鼓书、安徽省民间歌舞——花鼓灯、江西省地方戏曲——弋阳腔、山东省杨家埠木版年画、河南省传统庙会文化（浚县、淮阳县）、

广东省民间工艺——雷州石狗、重庆市铜梁龙舞艺术、四川省民间歌舞——卡斯达温、陕西省西安古乐、青海省热贡艺术（同仁县）、宁夏回族自治区民间歌舞——回族踏脚、中国艺术研究院——民间艺术音像档案抢救、文化部民族民间文艺发展中心——民间音乐舞蹈戏曲艺术遗产目录、国家民委文宣司少数民族语言文字工作办公室——少数民族濒危语言抢救（鄂伦春族、裕固族等）、中央美术学院非物质遗产研究中心——陕北小程村黄河原生态文化、中国陶瓷工业协会——耀州窑传统工艺、中国农业博物馆——农业文化遗产（贵州从江、威宁）、北京市民俗博物馆——老北京商业习俗、陈哲工作室——普米族传统文化传习小组。

[236] 宋兆麟《要把抢救民俗文物的行为变成国家行为》，中国民族民间文化保护工程国家中心编印《中国民族民间文化保护工程工作简报》第3期，2004年5月31日，第7页。

[237] 见国家文物局（文物博发[2003]38号）通知。

第六章　民俗文物的调查与征集

由于民俗文物与民间物质文化的研究工作是以“物”为具体工作对象的，而这样的“物”目前尚有相当的品类和数量还没有完全退出人们的生活，有的即使已经远离了人们的社会生活，但其制作者和使用者还健在，在他们的记忆中仍然保留着关于这些“物”的制作和功能、用途等知识。因此，以民俗文物与民间物质文化为具体对象而进行的调查与征集，便是民俗文物与民间物质文化研究所必须进行的基础工作。

就一般程序而言，进行民俗文物与民间物质文化的调查和征集工作，首先需要对民俗文物与民间物质文化的分布状况和生存状态进行认真的调查及客观的记录，并对具有典型意义和特别重要价值的民俗文物及相关物品进行征集，尔后才能根据征集地点、年代、制作者、所有者、使用者以及材料、工艺、造型、结构、尺度、髹饰、功能等要素，按照具体的分类要求对征集到的民俗文物及相关物品进行整理，再依据民俗文物及相关物品的质地、工艺和现存实际状况进行保护。在这里，调查与征集是前期的基础工作，整理与保护则是后期的基础工作。然而，在实际工作中，这几项基础工作既可以分单元进行，也可以同时进行。若是带有抢救性质的征集工作，还可以先进行征集、整理和保护等项目，再补做调查和记录。

对民俗文物及相关物品进行调查和征集，既是民俗文物与民间物质文化研究的有机组成部分，也是极为重要的基础工作。其工作的质量将会直接影响到民俗文物与民间物质文化研究工作及成果的质量，因此在一般情况下，必须按照规范程序进行。

第一节
民俗文物的调查

调查工作是研究工作的基础，研究民俗文物和民间物质文化也不能例外。由于其“物”的特性，以民俗文物及其相关物品为主要对象的调查工作成为民俗文物与民间物质文化研究的重要组成部分。虽然民俗文物与民间物质文化的研究也可以通过民俗学或文物学来进行，但其作为一个独立的新兴研究领域，基本上还处于空白状态，在调查和研究的方式方法上尚无成例可循，亦无前例可援，目前只能通过借鉴其他学科的规范和模式，并结合民俗文物及其相关物品的特点来进行。新的规范和模式只有在民俗文物与民间物质文化调查的实践过程中摸索，通过不断总结才能形成。

1. 民俗文物调查的准备工作

由于民俗文物与民间物质文化的研究本身所具备的既不同于民俗学又不同于文物学的某些特性，作为研究之基础的民俗文物与民间物质文化调查在进行之前要开展一系列不同于其他学科的准备工作。民俗文物与民间物质文化的田野调查大体上包含这样几方面的准备工作：确定调查的对象、调查的区域，了解调查区域内民俗文物与民间物质文化的历史、生产和使用的状况，了解调查区域内的历史、地理、环境、气候、风土人情、风俗习惯，以及食宿、交通的保障、器材的准备及其维修保障等。只有这样，才能够在进行民俗文物与民间物质文化的调查作业时确切地把握调查对象、调查要点和调查区域内的实际情况，使调查任务顺利、圆满地完成。

确定民俗文物与民间物质文化的调查对象，实际上是完成调查任务的第一步，其关键在于所选调查对象是否具有一定的广泛性和典型示范意义。在

高山族（雅美人）彩绘木雕渔船　20 世纪下半叶　台湾兰屿　上海博物馆藏

同一地域内生活的人们，无论是民俗文物的创造者还是其使用者，由于长期以来共同的社会生活，他们的生活和审美习惯基本上趋于同一，所以在该地域内流传的数量很大的同一品类的民俗文物及其相关物品，在材料、工艺、造型、结构、尺度、髹饰等方面应当有着很多的共同点，这就是其广泛性的基础。同样，作为调查对象的民俗文物及其相关物品，无论是生产工具还是生活用品，虽然从总体上看品类和数量很多，然而就其个体来说，由于是出自不同地区、作坊（工场）、工匠之手的产品，又是由若干个家庭或个人所拥有，作为与其同类的、造型大体相似的单件民俗文物，在质量上还是有着很大的差异。即使同一个家庭中使用的同一种类的民俗文物及其相关物品，也可能会在材料、工艺、造型、结构、尺度、髹饰等方面存在差异，这是由其手工制作的特性决定的。在这里，就需要在同一品类或种类的民俗文物及其相关物品中比较、对照，从而选择最具典型示范意义的民俗文物及其相关物品作为调查对象。

所选定的调查对象，除民俗文物及其相关物品之外，还应当包括拥有该项民俗文物及其相关物品的个人、家庭或单位、组织等其他所有者。调查时，要尽量优先选择那些拥有已被确定为调查对象的民俗文物及其相关物品的个人或家庭所有者。一般情况下，工具、器物等日常生活的生产资料和消费资料的数量和质量，往往是由被调查者的家庭常住人口及其经济状况等因素决定，所以正式调查前，调查者需要访问、评价和选择多个在不同生活环境中长大的个人与具有不同生活质量基准的家庭。通常存有较为丰富的民俗文物及其相关物品的家庭，也会在不同类型的民俗文物及其相关物品的购置、使用、整理、保管等方面积累起丰富的经验。对此，只需通过对其服饰、住房及室内陈设等外在事象的观察，就可以对作为调查对象的个人及其家庭进行初步的比较、选择和确定。选择作为调查对象的民俗文物及相关物品的拥有者时，最好是选择具有长期实际使用经验的人，一般在调查地域内永久居住的经验丰富的老者是最佳人选。同时，还要注意到男女性别的家庭分工和社会分工的角色特征：在调查与服饰、饮食等相关的民俗文物及相关物品时，以女性对象为宜；在调查工具和器具等制作、购买、使用的情况时，以男性对象为多。在对众多备选的民俗文物及相关物品的调查对象进行取舍时，不仅要听取调查对象的所有者的意见，还要听取民俗文物及相关物品所有者家族成员及周围邻居的想法，这样才能全面掌握情况，避免在选择的过程中出现偏颇。

中央美术学院非物质文化研究中心工作人员在贵州苗族地区调研　1998　乔晓光提供

选择民俗文物及相关物品的调查区域，既可以依据某项民俗文物及相关物品的流传区域来确定，也可以以某个品类的民俗文物及相关物品的材料产地为中心划出一定范围的区域，或是以某个品类的民俗文物及相关物品的加工工艺为中心划出一定范围的区域。例如，对中国民间流传的竹器工艺制品

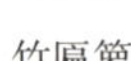

竹匾箩

印糕模　近代　边长 37 cm　江苏省高淳县
印糕为清明时的节令食品

进行调查，若是在其流传领域进行，长江以南的江西、安徽、福建、四川等大量使用竹制器具的广大地区均可以作为竹器工艺制品专题的调查地域。竹器工艺制品的原材料可以根据竹材的品种来分，若是以毛竹为材料，盛产毛竹的江西、安徽、湖南、福建、浙江等省便是调查地域的备选对象。竹器制品又有用具、家具和农具之分，用具的制作工艺以浙江、福建、广东为上，家具的制作工艺以安徽、江西、四川、湖南为佳，农具的造型和制作工艺则因地域内的风俗习惯而异，这些均可以作为以竹制器具的加工工艺为首要条件来选择调查地域的依据。

一般而论，在某个地域内存在并流传着的民俗文物与民间物质文化和该地域内的自然物产、文化传统、风俗习惯、风土人情等因素有着密切的关系。因此，进行民俗文物与民间物质文化调查的准备工作时，首先就是要了解调查地域内民间社会生活的基本情况。为了能够对某个调查地域内的历史、地理、物产等状况有具体、综合的判断，可以依据历史文献、统计资料、交通地图和旅游指南等记述和数据进行综合分析，并据此制作较为详尽的民俗文物及相关物品的调查地域概貌概况图和反映该调查地域内社会生活、经济状况、文化传统等一览表。在地域概貌概况图上，住宅、街巷、耕地、树林、河渠、道路以及宗祠、墓地、学校、村镇企业等设施均要用醒目的记号标出，树木等自然物产则用另外的记号标出。在关于调查地域内社会生活、经济状况、文化传统等一览表中，要将该调查地域内的宗族情况、亲戚关系、副业（包括手工业等）生产、年节仪式等情况详细反映出来。宗族情况、亲戚关系可以按世系列出，并注明拥有族谱、宗族世系图的家族；副业生产要分门别类列出该地域内各种生产的情况，同时注明各种生产技艺的拥有者及其产品的种类和属性；年节仪式要按月、日排列，并重点列出不同仪式活动中的民间文艺形式及其使用的主要道具。

进行民俗文物与民间物质文化田野调查作业前期准备工作的同时，还应当制订一份比较详细的田野调查作业工作方案，报送有关部门和抄送相关单位。这样的工作方案既是民俗文物与民间物质文化田野调查项目及其经费的申请报告，又是实施田野调查作业的工作计划。作为民俗文物与民间物质文化田野调查作业的工作方案，在阐述某个调查项目的理论意义或现实意义以及可行性的同时，还应当包括下列主要内容：调查的对象（单项或多项综合）、调查的地点（即调查对象所在的区域）、调查的时间、调查的进度和调查的预期成果。在工作方案中，还要对参加民俗文物与民间物质文化田野调查作业人员的基本情况（包括专业与身体的状况）、财务预算情况和器材配备情况等进行说明。在田野调查作业工作方案的附件中，要列出所有参加田野调查作业工作人员的联络方式，田野调查作业地点附近的政府机构和医疗、交通、公安设施等分布情况，以便遇到突发事件时能够迅速开展救援工作。

为了确保民俗文物与民间物质文化田野调查工作的顺利实施，完成上述准备工作的同时，还必须准备和落实参加田野调查作业工作人员的食宿交通事项，所谓“兵马未动，粮草先行”。由于民俗文物与民间物质文化的田野调查工作对象所在地多数处于社会经济欠发达地区，所以出发进行田野调查工作之前，必须与调查区域内的有关部门联络洽谈，争取多方面的支持和理解，以便民俗文物与民间物质文化田野调查工作的开展。在条件许可的情况下，调查人员应当驻扎在距离调查对象最近的地方。在田野调查作业区域内选择驻扎地点时，应当优先考虑通信联络、交通、卫生、公安、救援、食宿等设施条件相对较好的地方，必要时可以考虑在田野调查作业点或距离田野调查作业点不远的地方建立长期或短期的工作基地。工作基地的主要功能是供田野工作人员进行短期修整、储存设备、初步处理和临时保管征集的标本等。另外，还要在田野调查作业所在地的有关部门和有关人员的协助下排出合适的田野调查工作进度时间表，通过与田野调查作业区域内有关人员的会见了解调查对象的情况，以确定问卷记录和摄影摄像、测量绘图的日期和时间。

当然，这样按部就班的田野调查作业准备工作只能在平时进行，抢救性的民俗文物与民间物质文化田野调查工作不在此列。

2. 民俗文物调查的人员组织和配备

明确了民俗文物与民间物质文化田野调查工作的任务和对象之后，调查人员的组织和配备便是一项关键性的工作。其人员之构成、调配之是否合理直接关系到田野调查作业的质量，同样是一项重要的准备工作。

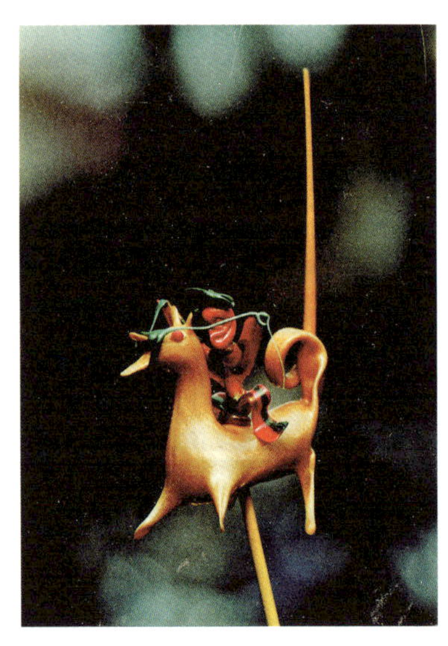

糖人

一般性的民俗文物与民间物质文化田野调查作业，若是以个人为单位实施则有着很大的局限性，最好是组成两人以上的田野调查工作小组来进行，从工作的角度出发最好是组织一个田野调查工作队，以综合调查的方式完成任务。比较理想的情况是，民俗文物与民间物质文化田野调查工作队可以由 3 至 7 位具有不同专业技术和他项专长的同一专业方向或相关专业方

檀香扇　江苏省苏州市

向的专家组成。这样无论是从效率或从管理的角度来讲都是最为经济的。比如，要组建一个南京云锦[1]织机及其织造工艺的田野调查工作队，其最佳的组合为：传统工艺历史或民间纺织历史专家一人、传统纺织机械专家一人、民间织锦工艺专家一人、民间文学或民间音乐专家一人。这样在实施田野调查作业时，传统工艺历史或民间纺织历史的专家可以重点调查南京云锦织机的文献资料、传承地域和南京云锦产品的流传区域；传统纺织机械的专家可以重点调查南京云锦织机的结构特点，并进行影像纪录和实物测量；民间织锦工艺的专家可以重点调查南京云锦织造工艺的规范程序和技巧以及特殊要求的处理手法；民间文学或民间音乐的专家可以重点调查南京云锦机械的相关传说故事和织锦艺人织造时吟唱的白局[2]歌谣等。

在民俗文物与民间物质文化田野调查作业的进程中，能否充分发挥每一位专家的特长和能量，对田野调查作业最终成果的整体质量有着决定性的作用。在对民俗文物与民间物质文化进行调查的田野作业中，具体调查对象的选择、取舍、测量、记录、摄影、谈话等，都可以由田野调查工作队中的某位具有此项特长的专家来完成。因此，在由田野调查工作队实施的民俗文物与民间物质文化的田野调查作业中，田野调查工作队中的每个成员都必须与全体人员充分协调、相互默契、多方合作，才能取得最佳成果，这一点非常

金地缂丝灯笼仕女袍料
长 179 cm　宽 133 cm　清初

重要。尤其是在对处于动态中的民俗文物及相关物品进行田野调查作业时，田野调查工作队员的有机配合更为重要。

作为民俗文物与民间物质文化田野调查的工作人员，除了要熟悉田野调查工作的规范程序之外，还有其他方面的要求。主要有两个方面：一是调查人员的理论素养，二是调查人员的操作技能。一般情况下，参与民俗文物与民间物质文化田野调查工作的多是从事民俗文物与民间物质文化的专业工作人员或相关领域的研究者，均有着一项或多项的专业特长，但在民俗文物与民间物质文化田野调查作业的工作实践中仅有这样的专业特长则是远远不够的。一个称职的民俗文物与民间物质文化田野调查作业的专业人员应当具备历史学、考古学、民俗学、文物学、文献学和美术学等方面的专业知识和自然科学方面的基本知识，还要掌握田野调查工作的各项技能、技巧及其知识，如野外生存、通信联络、电脑操作、摄影摄像、录音录像、记录绘画等。另外，对与民俗文物与民间物质文化田野调查工作有关的知识，如社会学、经济学、人类学、法学以及地理、物产、气象等方面，都要有所了解和掌握。

由数位具有不同专业特长和学术背景的专家组成的民俗文物与民间物质文化田野调查工作队，个人的作用和义务是由其专业素质决定的，每个人的专业特长和学术背景将决定其学术立场以及个人在田野调查作业活动中的价值取向与观察角度。当这些人组织成一个田野调查工作队时，队长的作用就显得尤为重要。作为民俗文物与民间物质文化田野调查工作队的队长，除了要安排好各项工作、协调好全体成员间的合作关系、与调查地域内行政机构和各类组织团体以及个人建立良好的沟通、掌握田野调查工作进度节奏之外，一个更重要的任务就是在民俗文物与民间物质文化田野调查工作中引导、培育全体成员对所调查的问题在学术理念上基本达成共识。另外，在民俗文物与民间物质文化田野调查工作队中，除财务、器材、资料、标本的管理等特殊工作是由专人负责之外，队长还应当定期安排队员轮换工作，组织队员相互交换信息。这样做的作用是：一方面，可以让每个队员适应多种场合下的田野调查工作需要；另一方面，还可以使队员了解整个田野调查工作的进程和不同专业背景队员对某个问题的不同认识，从而在一定程度上达成对某个问题的共识。

由田野调查工作队实施的民俗文物与民间物质文化田野调查工作，在作业时还可以分成小组来进行。主要有两种方式：一种是根据田野调查工作的项目分编成组，另一种是根据田野调查工作的区域分编成组。前一种方式多在有着较高学术性要求的民俗文物与民间物质文化的田野调查工作中使用，编组时要顾及田野调查作业项目的各个方面来配备相关专业的专家，这种方式的好处是田野调查项目的各个方面都会有详尽的调查结果。后一种方式是将田野调查工作的地域分成若干块，而后将民俗文物与民间物质文化田野调查工作的项目在各个分块区域内同步推开作业，这样做的前提是各小组田野调查工作人员对所要调查的问题已经取得某种程度的共识，也兼有训练缺乏经验的田野调查工作者团队意识的意义。这一方式的长处是能够迅速地了解与掌握整个作业区域内的全部情况，收集到的民俗文物与民间物质文化的资料比较整齐、翔实。

3. 民俗文物调查的方法

民俗文物与民间物质文化的调查主要采用田野作业的方式，有实地调查（直接调查）、间接调查和文献调查三种基本方法。

实地调查，是指由田野调查作业者直接在原则上不可移动，或因某种原因暂时无法移动的民俗文物与民间物质文化的遗存所在地，或者是在可以移动（流传、流通）的民俗文物与民间物质文化的生产地及其分布、流传领域内进行的各种类型的田野调查作业的方法。间接调查，是指调查工作者由于经费、交通和时间等方面影响，采用邮寄问卷、电话采访以及通过委托第三方采集数据和标本并记录的作业方式，对原则上不可移动的民俗文物与民间物质文化的遗存或者是可以移动的民俗文物与民间物质文化的生产地及其分布、流传领域进行调查的方法。文献调查，是指通过查阅过去的历史文献[3]、绘画图卷、专题影片、照片等素材，对相关专题的民俗文物与民间物质文化进行书面调查的方法，通常也被叫作“案头工作”或是“案头准备”。有田野调查作业经验者往往会在前往调查作业地之前着手进行相关文献的调查，力图更多地了解与田野调查作业对象有关的历史、地理、环境、气候以及风土人情、风俗习惯等方面的知识。尤其是调查对象所在地区的地方档案、图书、报刊、图片、绘画、手稿和影像资料等文献，其中记述的资料往往是在其他地方不易找到的。

景泰蓝梅竹水烟袋
高 38 cm　清代・山西省
《中国民俗艺术品鉴赏・器用卷》
山东科学技术出版社　2001

在民俗文物与民间物质文化的田野调查工作中，至少要采用两项以上的基本方法，并使之相辅相成才能圆满完成任务。这是由民俗文物与民间物质文化田野调查作业对象的特殊性决定的。若是单独使用其中任何一种基本方法，都有可能导致调查和研究工作的片面化。民俗文物与民间物质文化是以物质形态存在于社会生活中的，其自身的造型尺度和纹样装饰以及与人和物的关系是在长期的生活实践中形成的，其制作工艺和使用方式亦有着悠久的历史。因此，在对某项民俗文物与民间物质文化进行田野调查作业中，既要注重其材料、工艺、造型、结构、尺度、髹饰和流通范围、销售价格、使用途径、保养方法等方面的情况，也要注意与之相关的历史实物和文献中的相关记载，通过多方面的比对找出异同，从而了解某项民俗文物与民间物质文化的历史发展轨迹和在近代社会生活中的真实状态。

通常，在对某地某项民俗文物进行实地调查之前，需要查阅历史文献，进行必要的案头准备工作。如果在此之前进行过有关的调查作业，则要将此前包括图片、影像资料在内的调查报告浏览一下，有条件的话最好再调看一下已经征集到的同类民俗文物及相关物品和登记卡片。总之，要充分了解和掌握已有的田野调查成果资料，这样才能对当前进行的民俗文物与民间物质文化田野调查作业中的若干问题有恰如其分的总体把握，这一点非常重要。同时，在民俗文物与民间物质文化田野调查作业中的各个阶段也要随时进行工作记录，有条件的要做成调查卡片或表格，以便排列出问题点和检查进度。另外，在民俗文物与民间物质文化田野调查作业中，也要注意搜集、掌握不同类型和学术背景的学者在不同年代、不同地区的各种田野调查报告与图像资料以及留存的相关实物资料，随时用来与现在的调查作业对象进行类型、结构、造型的比对，这样才能够使最后的田野调查作业结论更加科学和全面。

与一般的民俗学调查和社会学、文化人类学、考古学等学科的田野调查作业类似，对民俗文物与民间物质文化的实地调查要以田野作业方法为基础，这也是最根本的调查方式之一。由于民俗文物与民间物质文化的“物”之特性，对其进行实地田野调查作业的方法主要有观察测量、参与体验和问卷记录等。

制瓦工具　江苏省宜兴市

观察测量，是从多个角度、层面

浙江省民族民间文化保护中心的工作人员在温州调研　2005　郭艺提供

对单件或多个的民俗文物及其相关物品进行考察、测量、摄影、绘画等，是对民俗文物与民间物质文化个案最直接的基本调查作业手段。在考察的过程中，又有动态考察和静态考察两种方式。动态考察是指对处于制作、使用状态中的民俗文物及其相关物品进行观察和记录，记录的方式有摄影、录像和文字描述。静态考察所注重的是具体的民俗文物及相关物品本身的功能、结构、造型、装饰的形态，既可以在田野调查作业中进行实地观察和测绘，也可以在民俗文物及相关物品征集入藏后再从容进行观察和测绘。测绘的内容有外形、结构和零部件等，测绘的方式有手工测绘[4]和计算机辅助测绘[5]等。

参与体验，是指由田野调查工作者本人积极地参与到制作和使用民俗文物及相关物品的过程中，从而全面了解和记录民俗文物及相关物品的制作过程与使用功能所具有的文化意义的考察方法。在这一过程中，应当重点考察单件的民俗文物及相关物品的材质、工艺、造型、结构、尺度、髹饰和储存、流通、销售、使用以及围绕单件民俗文物及相关物品产生的工艺和功能性的行为方式，还有由相互之间有着某种连带、互补、映衬、依附关系的多个单件的民俗文物及相关物品组成的“套件”的数量、尺度、颜色、构成、关系、时间、用途、传承以及在此过程中产生的审美和规范性的行为方式。所以，参与体验的方法是以亲身体验民俗文物及相关物品的制作和使用为手段的、与民俗文物及相关物品关系最密切的考察方法。

问卷记录，是指田野调查工作者在田野调查作业地域内选择身份、职业、年龄均为恰当的对象，通过对话来调查某一品种或某一类型的民俗文物及相关物品的制作工艺、使用方法和传承方式的方法。实施田野调查作业中，不仅要调查民俗文物及相关物品本身的生产年代、结构、材料、质地、装饰等，还要调查当地一般风俗习惯中的民俗文物及相关物品的制作、使用、传承等情况。通过调查，可以完全明晰某一品种或某一类型的民俗文物及相关物品的整体情况，不仅要注重现存的民俗文物及相关物品，还有必要将过去的民俗文物及相关物品（指时下业已消亡但在过去曾经存在、现在却已留在记忆中的器物，或者是在年节仪式时专门为特别礼仪的需要而临时制作、使用的用品）记录下来。另外，问卷记录时，要尽量使用直白的语言和简明的文字，避免使用难以理解的词语和生僻的文字。如果必须使用，要进行注释和说明。同时，还要善于在当地人们的闲聊或是谈天说地时发现可供调查的民俗文物及相关物品的有关线索。

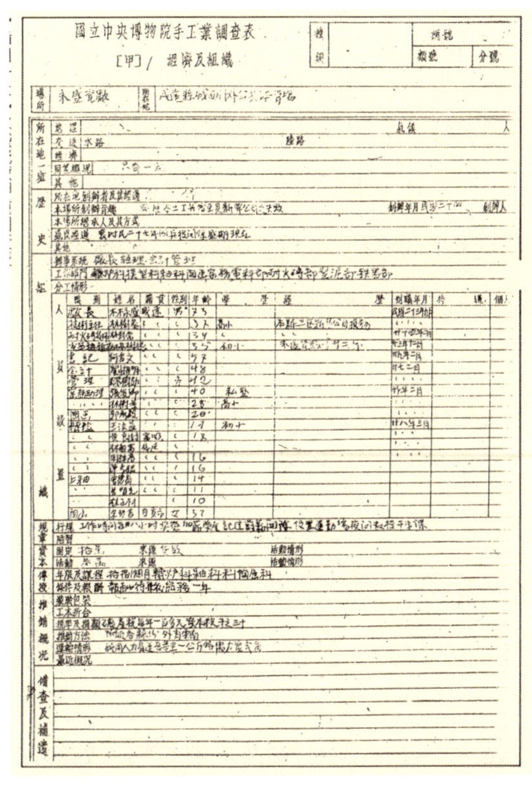

國立中央博物院手工業調查表

[甲] 經濟及組織

標識　總號　類號　分號

場所：永盛瓷廠

所在地一般：地理　交通 水路 陸路　經濟　同業概況 只有一家　其他

歷史：所在地創辦者及其經過　本場所創辦旨趣　創辦年月　創辦人　本場所繼承人及其方式　最近經過　其他

組織：辦事系統 廠長 經理 會計 管理　工作部門　分工情形

人員設置：職別　姓名　籍貫　性別　年齡　學歷　經歷　到職年月　待遇

規章：行規　陋習

資本：固定　來源　流動　活動情形

傳授：年限及課程　條件及報酬

推銷概況：裝璜包裝　工本折合　運銷方法　運輸情形　最近概況

備查及補遺

永盛瓷厂甲种调查表

问卷记录时，还需要将田野调查作业地域内过去和现在使用的民俗文物及相关物品制作成目录，注明现存、有无以及制作者、所有者等情况，有条件的还可以利用计算机软件对已经不复存在的民俗文物及相关物品进行三维立体图像复原。若是条件不允许，也可以当场采用速写示意图或绘线描图的方式记录。这样利用观察测量中获得的问题构成关于民俗文物与民间物质文化的问卷，再通过问卷记录进行考察确认，反反复复，才能充分了解田野调查作业地域内民俗文物与民间物质文化的历史全貌。在对某一品种或某一类型的民俗文物及相关物品进行田野调查作业的过程中，必须将对象物的任何一个信息、要素都记录在案，以方便将来使用。至于田野调查登记表格，要与调查记录的问卷有所区别。

作为上述田野调查工作方法的补充，还需要设计制作一张能够将民俗文物及相关物品的局部、结构线描图和照片以及问题事项记录在一起的调查表格或卡片[6]。在这张调查表格或卡片上，要设计合理的项目和栏目，能够将田野调查作业地域内的人讲述的与民俗文物及相关物品有关的内容客观而又简要地记录下来。这样他人在使用时，只需通过翻阅调查表格或卡片，即可以便捷地把握某个田野调查作业地域内某一品种或某一类型的民俗文物及相关物品的结构、造型、质地、功能等要素特性。对于基层的民俗文物与民间物质文化研究工作者来说，尤其要掌握这一行之有效的工作方式。

4. 民俗文物调查的要点

在某个地域进行的以民俗文物与民间物质文化为调查对象的田野调查作业，因为调查对象的类型不同，需要注意的重点和要求亦不相同。由于民俗文物与民间物质文化的田野调查作业是将某一具体的品类或品种的民俗文物及相关物品放在更为广泛的民俗学范围内进行调查，因此，深入细致地体验和把握田野调查作业地域内的民间社会生活就有着非同寻常的意义。这样做，也是为了对与民众社会生活有密切关联的民俗文物及相关物品进行的系统田野调查作业最终成果质量有所保证。

通常，田野调查作业人员以第三者的身份进入调查地域，若是要摸清调查地域内民间社会生活的基本情况，就必须在一定程度上直接参与地域内的社会生活调查，了解地方的风土人情。田野调查作业人员在面对具体的调查对象时会产生多种印象，这是很正常的，但在记录时依然要从实际出发，客观记录，不能单纯依从调查者单方面的思路。同时，田野调查作业的目的也不应当为调查地域内居民的好恶左右。在某种情况下，田野调查作业人员还要了解当地方言的音韵特征和构词方式，这样在对具体的调查对象进行记录时才能够做到全面、客观。如浙江省温州市苍南县的夹缬工艺[7]，当地人称之为“敲花布”，而对其产品则叫作“百子被”“龙凤被”“状元被”等。“夹缬”是专业研究人员根据其工艺特征和文献记载所做的认定，“敲花布”则是当地人对这种工艺的通俗叫法，带有方言的性质。因为在夹缬制作工艺进行过程中，必须敲紧夹具才能使夹缬花布的质量得到保证。夹缬花版与坯布夹得愈紧，染成后的花纹便愈清晰，其敲击力量的控制、花版与坯布之间的压力平衡等技巧需要长期经验的支持，因此

夹缬版　双喜童子
浙江省温州市苍南县

火镰　清代・内蒙古自治区
引自《中国民俗艺术品鉴赏・器用卷》
山东科技出版社　2001

“敲”的技术极为关键。至于“百子被”“龙凤被”“状元被”等，则是依据夹缬花布题材内容而采用的名称。山东省临沂地区的车木玩具是将木料夹在车床上经车削成形、略施以彩绘完成的，专业研究人员一般将其称为“车木玩具”或“旋木玩具”，当地人则将其叫作“木旋玩具”，是由当地方言的构词方式而形成的名称。因此，进行田野调查作业时，要把对象物的既定名称和当地流传的名称及其成因完全记录下来，并且要用国际音标注出方言的读音。

由于民俗文物与民间物质文化的田野调查作业多是按照调查者一方的学术观念来设计和实施的调查计划，从表面上看，其调查对象与调查地域内的人们似乎没有直接的关系，但其内在的联系却客观存在。因此，在民俗文物与民间物质文化的调查过程中，要正确对待人与物的相互关系，充分理解和尊重调查对象相关者之立场。在民俗文物与民间物质文化田野调查作业的过程中，尤其不能无视民俗文物及相关物品的制作者和使用者，若是这样则有百害而无一利，对此要有充分的认识。在与年龄较大的民俗文物及相关物品的制作者或使用者交谈时，对其个人的体力状况、生活状态和人文背景要有所了解。在问卷调查之前，要预先设计好简明扼要的问题，不能使调查成为民俗文物及相关物品的相关者和地方协助人员的负担。有时候，田野调查作业的结果往往会由于调查人员的经验不足或地方协助人员的协助不当而出现偏差，甚至避重就轻而遗漏记录，以至于再次调查时才能够发现贵重的资料。因此，一般情况下，还要安排田野调查小组的其他成员对调查工作记录进行复查，发现遗漏应当及时纠正。

民俗文物与民间物质文化的田野调查作业大致有两种类型。其一，进行某个特定的课题——如以织机或者竹编背篓为对象进行非常具体的研究时，作为附属于该项研究课题的调查计划，其田野调查作业可以按照该项课题的要求依循事先设定的途径去进行。但其田野调查作业的成果只能为该项课题的研究者使用，大多数人无缘亦无法直接利用。其二，研究在某个区域内广为流传的所有品类的民俗文物与民间物质文化，也可以是以举办地域性的社会生活展览或以说明历史民俗文化为目的而进行的民俗文物与民间物质文化的田野调查作业。这样的田野调查作业是将调查地域内所有的民俗文物及相关物品视为整体对象来展开调查，在此必须注意的是要把握住各类民俗文物及相关物品的特点以及它们之间的有机关联，进而总结出该调查地域内民俗文物与民间物质文化的地域特色。

一般情况下，民俗文物与民间物质文化的地域特色多表现在材料、工艺、造型、装饰和使用的行为方式等方面，因此，对各个品类的民俗文物及相关物品的形态学研究，也是民俗文物与民间物质文化研究的主要任务之一。不仅如此，对民俗文物与民间物质文化的形态学研究也有重要的文化学意义。随着民俗文物及相关物品的多项功能被人们重新认识，民俗文物与民间物质文化在中国传统民族文化中的地位日趋上升。民俗文物及相关物品的形态是物质的，但所反映出来的信息却有许多带有历史和文化性质的。事实上，过去的民俗文物及相关物品作为某个时代历史文化的“物化”物，所固化、沉淀的历史文化因素是多方面的，极为丰富。通过对某个地域中的民俗文物与民间物质文化进行系统的调查研究，可以使具体的民俗文物及相关物品成为诠释某种地域文化最形象的证据。在许多方面，亦可通过某种特定的民俗文物及相关物品的时代变迁以及传播的历史来诠释某种文化的变迁与传播的途径。

有着形态学意义的民俗文物及相关物品，仅通过观察其外表，是无法全面正确地描述的。换句话说，仅对民俗文物及其相关物品的外表进行描述的田野调查报告，应用时有着很大的局限性。必须充分认识到：各种类型的民俗文物及相关物品是在某个地域特定的生活环境中，根据过去生活经验的积累而被制作和使用的实物。对单个或多个民俗文物及相关物品进行详细的观察、对照和摄影、测量、绘图，就能够看出不同民俗文物及相关物品所具备的精微特征和差异之处，以及反映的某个区域社会生活的特质。清代末年，苏州阊门外的南纸店和成都东门的南纸店都曾大量出产印制蓝印花布纹样的纸版，两地南纸店都有各自广泛的销售圈，主要供应给当地一些走乡串户的“挑花担”匠人使用。进行相关的田野调查作业时，通过对两地不同题材、类型印花纸版的统计，就能够基本了解两地民间的审美趣味和日常生活差异，进而了解两地对蓝印花布制品的使用状况等具体的社会生活特性。在此，民俗文物及相关物品就不再是单一性的，而是多元性的事物。多数情况下，围绕主要调查对象——民俗文物及相关物品进行的事象及其演化过程的调查往往会被忽视或省略，因而导致错误的结论，这是不可取的。

调查者在民俗文物与民间物质文化的田野调查作业过程中，必须随时整理工作笔记，将已经解决的问题和新发现的问题分别列出，使田野调查者能够在工作进程中随时调整方向。民俗文物与民间物质文化田野调查作业小组的成员之间需要经常交换情况，以便田野调查小组的每个成员都能掌握田野调查作业的整体进度，从而在分头进行田野调查作业时避免重复劳动。最后，在民俗文物与民间物质文化的田野调查报告中，对调查地域的地理位置、自然状况、社会经济、文化传统以及作为调查对象的单件或多个民俗文物及相关物品进行基本的叙述是必不可少的内容，描述要客观真实，避免使用空洞或是花哨的语言。调查报告在重点叙述作为民俗文物与民间物质文化调查对象的实物本身的历史、用途、区域和材料、工艺、造型、结构、尺度、髹饰等状况的同时，还要附有作为调查实物标本的民俗文物及相关物品的照片、三视图和结构图，要尽量地列出测量数据。在发表民俗文物与民间物质文化的田野调查报告之前，还必须根据相关法律法规，将田野调查报告涉及的包括文字、图片、测量图在内的内容和实物的著作权、所有权、使用权等事项予以明确，以免引起不必要的麻烦。

第二节

民俗文物的征集

征集民俗文物及相关物品，是民俗文物与民间物质文化田野调查作业的有机组成部分，也是一般博物馆和有关展览单位等专业部门的日常工作。然而，由于工作目标和性质的差异，虽然都是在进行民俗文物的征集工作，但在具体的操作过程中还是各有侧重，对所征集的民俗文物及相关物品亦有不同的要求。作为研究资料的民俗文物，其材料、工艺、造型、结构、尺度、髹饰、用途等方面只要有一点可取之处，具备特殊的典型意义，就可以将其征集入藏。这样的民俗文物除了用作研究的范本之外，还可以作为教学、观摩的标本。博物馆和相关展览单位等专业部门征集的民俗文物及相关物品，除了用于研究之外，主要是用来布置某个专题展览的展品，因此在整体上要求被征集的民俗文物及相关物品须具有历史、科学、艺术的重要价值和典型意义，并且对单件的民俗文物在其体系、质地和品相等方面有着近乎苛刻的要求。虽然各自的要求和侧重相异，但由于都是围绕民俗文物与民间物质文化的研究而展开的工作，因而在实践的过程中程序大致相通，可以相互兼顾、协同进行工作。

1. 民俗文物的征集计划

民俗文物的征集工作既是民俗文物与民间物质文化研究工作的有机组成部分，也是博物馆和相关展览单位的日常工作。多数情况下，无论是制订民俗文物与民间物质文化田野调查作业的总体计划，或是制订博物馆和相关展览单位的年度工作计划，均应当予以充分考虑，并在实际工作中按计划执行。事实上，无论是作为某一研究计划的标本，或是某一专题展览的陈列品、某一品类的博物馆藏品，还是根据个人爱好收集的私人藏品，就民俗文物的征集工作本身而言，都是有目的的行为，需要按照一定的计划执行。

通常，在民俗文物与民间物质文化的田野调查项目计划书中，应当将民俗文物或相关物品的征集工作列入其内，并且在人员、经费和时间等方面予以安排。也有的是将民俗文物的征集做成专项工作计划书单列，或是作为重要附录文件放在民俗文物与民间物质文化的田野调查项目计划书之后。可以根据民俗文物与民间物质文化田野调查作业目标任务的不同类型，来制订具有不同要求的民俗文物征集计划。博物馆和相关展览单位的民俗文物征集工作，多是在相关调查工作基础上进行的单项专门工作，其目标任务是明确的，即便如此，也需要事先制订民俗文物征集计划，以保证征集工作的顺利进行和民俗文物的质量。另外，抢救性的民俗文物征集工作也是博物馆和相关展览单位等专业部门的一项重要工作任务。近年来，随着社会经济建设的飞速发展，一部分地区的城乡建设步伐正在加快，由于各种原因，在这些地区存在的民俗文物及相关物品并未得到有效的保护，许多有价值的民俗文物正在流散，甚至流失到海外，所带来的损失无法估量。在这样的情况下，各省、市、县以及地方的博物馆和相关展览单位等专业部门有责任进行抢救性的征集工

竹根饭盒　近代　高 31 cm
直径 22 cm　云南省景洪地区

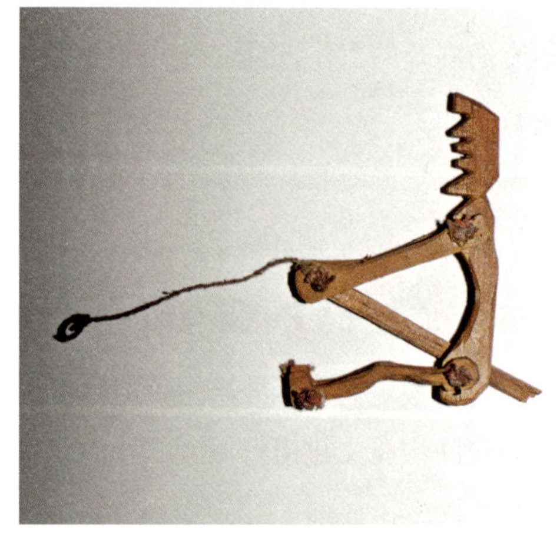

玩具　木猴　西藏自治区

作。鉴于抢救性的民俗文物征集工作具有突发性、不可预见性等特点，可以在各级博物馆和相关展览单位的年度工作计划中预留空间，在经费、人员等方面事先做好应急预案。

带有普查性质的民俗文物与民间物质文化的田野调查作业，因其民俗文物的征集目标在事前不太明确，故在制订民俗文物征集计划时，可以根据相关文献资料分析，大致列出需要征集的民俗文物的品类、名称以及数量，并且根据现时物价估算出当次征集民俗文物所需费用的金额。需要说明的是，这样的民俗文物征集计划因为是事先制订的，必然会和民俗文物与民间物质文化田野调查作业区域的实际状况有一定的距离。如果差距不是太大，便可以在田野调查作业的过程中根据实际情况随时修订。若是差距很大，则可以先在该地进行民俗文物与民间物质文化的田野调查作业，在取得阶段性成果的基础上再安排专门时间对原来的民俗文物征集计划进行修订，或者是重新制订新的民俗文物征集计划，以保证当次民俗文物征集工作科学、有序地进行。

作为科学研究的民俗文物与民间物质文化的田野调查作业，其目的和任务比较明确，所征集的民俗文物亦多用作研究的标本。因此，在制订计划书时，需要征集的民俗文物之品类、名称和数量及经费基本上可以在事先确定。但是，估算民俗文物征集经费的金额时，应当预留一定的比例（通常为该项目经费的 10%~20%），因为田野调查作业时，往往会发现一些在材料、结构、工艺、装饰等单个方面有特点或者是在某个方面有变异的民俗文物，这些具有重要科学研究价值的民俗文物有可能不在事先制订的征集计划之列，而且在未来的研究工作中可能会对之进行破坏性的实验，对此类民俗文物的征集亦需要专门安排经费。

有计划地征集民俗文物及相关物品，是博物馆和有关展览单位等专业部门的日常工作。其目的主要有：丰富博物馆和相关展览单位的藏品种类，筹备民俗、民间艺术或社会文化等方面的专项展览，为长期陈列的历史文化等方面的展览提供展品，为各有关研究单位或个人提供相关研究资料。因此，在制订民俗文物及相关物品的征集计划时，要对已经入藏的民俗文物及相关物品进行研究，对其现状有所了解，在此基础上才能对需要征集、充实的民俗文物及相关物品做到心中有数。同时，还要充分了解博物馆和有关展览单位等专业部门在目前和今后一个时期内的陈列、研究的重点及发展趋势，了解并掌握陈列展览所需要的民俗文物及相关物品的大致范围，制订出能够充分体现博物馆和有关展览单位等专业部门的性质、特点与要求的，具有系统性、科学性与完整性的，合理的、可行的民俗文物及相关物品的征集计划。

博物馆和相关展览单位对征集的民俗文物在品类、品种和品质等方面均有很高的要求，对此要有充分的认识，制订民俗文物征集计划时要有充分的考虑。征集民俗文物虽然是博物馆和相关展览单位的日常工作，已经列入年度工作计划，但在进行民俗文物的专项工作时仍然需要制订详细又具体的工作计划。作为博物馆和相关展览单位民俗文物的征集工作计划，应当包括征集的目的、品类（或品种）、时间、方式、经费和所征集民俗文物的现场保护处理、包装、运输的方式和方法，以及工作人员的专业配备、生活保障、通信联络和紧急救援的方式等。

细纹剪纸　《剑舞》　浙江省乐清市

在博物馆和相关展览单位等专业部门的民俗文物征集计划书中，对征集民俗文物的目的应当进行简要说明。这对将要征集到的民俗文物及相关物品在归类、入藏、编目、保护、使用等方面的工作有很大的帮助。所征集的民俗文物及相关物品的品类（或品种）应当在征集计划书中详细列出，并进行说明：如果是对已有藏品的补缺和更新，则应对已有藏品做简单的说明和评价（必要时可以将已有藏品及其评价列出清单附在计划书后），同时列出具体的需要征集和更新的民俗文物名称及数量；若是打算建立新的民俗文物藏品系列，有必要在计划书中对之进行简要的介绍和评价，并列出具体民俗文物的名称及数量。多数民俗文物的生产和使用是有时间性的，尤其是用于节令的民俗文物时间性更强，因此在征集计划书中必须确定民俗文物的征集时间和期限。比如征集民间剪纸，最好的时间是在农历春节前后。春节是中华民族最重要的节日，在中国的大部分地区从腊月就要开始着手准备过节，用于春节的剪纸窗花、门笺等饰物的制作都在这一时期进行，有的是专业艺人创作，有的则出自农民之手，品类繁多而又各具特色。在此时段收集，可供甄选的余地很大，可以保质保量地完成任务。

一般情况下，博物馆和有关展览单位等专业部门征集民俗文物的方式有多种，主要有实地征集和接受社会收藏单位或个人收藏家藏品的整体转让两种方式。实地征集的民俗文物及相关物品，其原真性[8]是不用怀疑的，但所征集的民俗文物及相关物品必须是在众多的同一品类或种类之中甄选出来的具有典型的科学、历史、文化意义的个体，并且要保持完整性。一般情况下，由社会收藏单位或个人收藏的民俗文物及相关物品的质量基本上是有保证的。若是接受社会收藏单位或个人收藏家的藏品，则需要事先进行包括完整性、原真性的认定或鉴定程序在内的价值评估，提交相关评估报告。采用何种征集方式要在征集计划书中有所说明。博物馆和有关展览单位等专业部门的专项征集经费相对比较紧张，必须用在最需要的地方，因此，民俗文物及相关物品的征集经费预算便是征集计划书中较为重要的内容之一。实地征集民俗文物及其相关物品需要的经费，可以通过参照类似物品的价格来估算和测算，必要时可以先期到征集地进行民俗文物及相关物品的价格调研，尽可能使之准确、真实。如果是接受社会收藏单位或个人收藏家的民俗文物及相关物品的系列藏品，应当在价值评估的基础上与对方协商，从而确定所需要的征集经费数额。如果所接受的民俗文物藏品为社会收藏单位或个人收藏家捐赠，亦应当在价值评估的基础上确定奖金的数额，并在征集计划书中说明。另外，征集的民俗文物及相关物品的现场保护处理、包装、运输的方式和方法应当在征集计划书中列出专项进行说明；工作人员的专业配备、生活保障、通信联络和紧急救援等方式方法也要在征集计划书中列出专项，其要求和民俗文物与民间物质文化田野调查作业工作方案类似。

由于民俗文物及相关物品的征集是一项专业性很强的工作，在征集地对民俗文物及相关物品进行甄选、估价、购买、现场处理、包装、运输等均有着较高的专业要求。因此，在民俗文物与民间物质文化田野调查作业中，应当尽量安排有经验的专业人员来主持民俗文物的征集工作。作为基本合格的从事民俗文物及相关物品征集的工作人员，应当具备比较全面的民俗文物与民间物质文化的基础知识，掌握一定的历史学、民族学、文献学、经济学、美术学和文物保护、物品包装、商品储运等方面的知识。最好是有过相关工作经历的专业人员，也可以通过一定科目的培训和实践的演练培养这方面的专业人员。培训工作应当列入博物馆和有关展览单位等专业部门的年度工作计划，并安排一定的经费预算。若是进行民俗文物及相关物品的专项征集工作而需要进行有关工作人员的专门培训，也应当列入当次征集计划书，并对有关问题做出简要说明。

剪纸 《昆仑关·狄青》 王老赏

近年来，随着人民生活水平的提高，民间收藏的范围有了很大的拓展，许多有实力的收藏家和个人爱好者对民俗文物及相关物品进行了专项收藏，如服装、首饰、纽扣、刺绣、织锦、荷包、茶具、酒具、烟具、筷子、刀具、工具、农具、家具、钟表、年画、剪纸、木雕、石刻等，均取得了较大的成绩，有的还在此基础上成立了各种形式的专题博物馆和陈列室。他们的业绩吸引了更多的人投身其中。作为民间的收藏，无论是出于爱好，还是将其作为投资手段，或是有其他的目的，均需要有计划地循序渐进，尤其是民俗文物及相关物品的专项收藏，更需要有切实可行的计划。制订这样的计划应当包含学习和实践两方面。因为种种原因，多数的民间收藏者存在不同程度的先天不足。首先是知识准备不足。民俗文物及相关物品虽然大部分是生活中的器具和物品，但要对之进行收藏还是有着一定的要求和准备的。比如对剪纸的征集和收藏，最好事先阅读一些与剪纸有关的理论历史书籍和画册，通过阅读了解剪纸艺术的特点和各地剪纸的特色，必要的则须做一些笔记，以便随时查阅对照。阅读时还要重点注意著名剪纸艺人和传统剪纸产区的资料，对于收藏者来说，这非常重要。随着时间的推移，许多著名剪纸艺人先后过世，他们的作品（尤其是代表作）的收藏价值会越来越高。而且，随着剪纸作品进入艺术品市场，其经济价值也会不菲。另外，还要注意报刊上与剪纸有关的报道。近年来，随着人们对民间文化认识的加深，非物质文化、民俗、文艺工作者深入基层发掘出许多过去鲜为人知的剪纸作品和艺人，对此要随时剪辑、摘录并加以分类，作为今后调查和征集的线索。

其次，民间收藏者还要制订出具体的、可操作的征集和收藏的计划。对于民间收藏者来说，由于知识结构、经济实力和信息、时间等方面的制约，在民俗文物及相关物品征集的具体实践中将会面临许多意想不到的困难，需要更多的努力。专项的民俗文物及相关物品的收藏是一项长期的工作，尤其是某一专项的系列收藏，需要民间收藏者长时间地寻觅才能逐渐趋于完备，因此更加需要从长计议，做好安排。民间的收藏多数是在业余时间进行，民间收藏者在时间上应当予以考虑和安排，可以在长期计划的框架内，根据实际情况再列出短期的时间安排计划。

2. 民俗文物的甄选

与古代的历史文物相比较，近代以来的民俗文物及相关物品的社会存有量相当大。因此，在征集民俗文物及相关物品的工作中，无论是实地征集，还是民间收藏者的整体转让，都必须按照一定的标准对需要征集的民俗文物及相关物品进行甄选，这样才能保证征集到的民俗文物及相关物品的整体水平和质量。

然而，在民俗文物及相关物品的征集工作中，以怎样的标准去评价民俗文物及相关物品的价值，确定其范围并进行甄选，在现行的文物法律、法规以及国家有关行政部门颁发的相关政策、标准中尚无明确的规定，在国家文物主管部门以及博物馆和有关展览单位、研究单位等专业部门中亦无行业标准。鉴于此种状况，目前在民俗文物及相关物品征集过程中进行的评价、确定和甄选，只有比照相近的文物方面的法律、法规或标准来执行，并在征集民俗文物及相关物品的实践中予以修正，而后逐步形成适用于一般民俗文物及相关物品征集的工作标准。

国家的《文物藏品定级标准》[9]规定："文物藏品分为珍贵文物和一般文物。珍贵文物分为一、二、三级。具有特别重要历史、艺术、科学价值的代表性文物为一级文物，具有重要历史、艺术、科学价值的为二级文物，具有比较重要历史、艺术、科学价值的为三级文物。具有一定历史、艺术、科学价值的为一般文物。"与其他种类的文物一样，民俗文物同样具有历史、艺术、科学的价值，应当可以建立起相关评价体系。话虽如此说，但是在征集民俗文物的实践中，如何将文物的历史、艺术、科学价值具体落实、演绎成为行之有效的民俗文物及相关物品的评价体系和标准，还有许多理论和实践的工作要做。

被视为"广大民众所创造、享用和传承的民间生活文化中的物质文化遗存和精神文化的物化遗存"的民俗文物及相关物品，虽然源于古老的中华传统造物文化，但多数是在近代以来的民间社会生活中产生和使用的，其中的

青年妇女常服　江苏省吴县前戴村

“三松”款雕竹仕女笔筒　清　高 15.7 cm
最大外径 13.5 cm　台北故宫博物院藏
引自《故宫文物月刊》　1999

一部分已经完全退出人们的生活，一部分正在或即将退出人们的生活但已经处于生活的边缘。由此可见，若是根据时间来划分，民俗文物应当属于近现代文物，并具有一定的现代性和当代性意义。就其样式而言，大部分民俗文物及相关物品是民间社会生活中使用的工具和器具，这些物品无论装饰与否，其本体的结构与造型均体现着中国人传统的审美观念和艺术标准。在中国民间广为流传的年画、剪纸、皮影、风筝、雕刻、蜡染、服饰、刺绣等民间工艺美术品，则更为直接地反映了民众的艺术创造力及其多方面的价值。民俗文物及相关物品的材料选择、制作工艺以及使用的规范和要求，具体反映了中国老百姓的传统世界观；在材料处理、结构设计、造型处理和制作手法以及日常使用过程中显现出来的智慧，使得民俗文物及相关物品具备了极高的科学价值。由此可见，民俗文物及相关物品的历史、艺术、科学价值是客观存在着的。

因此，在民俗文物及相关物品的征集工作中，对具体的民俗物品进行评价也可以依据其品类或品种本身的历史、艺术、科学价值来确定。一般情况下，民俗文物及相关物品甄选的通用标准，应当包含能够将历史、艺术、科学价值具体体现出来的若干方面：（1）历史价值。所要征集的民俗文物及相关物品应当具有悠久的历史，其中的多数应当是在1840年之后生产的；在一定的范围内有着广泛的影响和较高的知名度，尤其要注意那些曾经在各个时期的民间社会生活中留下鲜明印记的典型器具，同时要注意出自名匠之手或名店之门的典型产品；还要兼顾现代和当代民间社会生活中的典型物品，具有特别重要历史意义的民俗文物及相关物品可在时限上适当放宽，但数量不宜太多。（2）艺术价值。民俗文物及相关物品的外形要完整，具有一定的美感，其艺术价值主要表现在器物科学合理的结构、合乎比例的尺度、方圆适意的造型和简洁大方的装饰等方面，特别是对一些能够体现传统手工艺精妙之处的物品尤其应当加以注意。（3）科学价值。民俗文物及相关物品的科学价值主要体现在器物本身制作过程中的"因材施艺""以质求量"等原则的实施，表现人与物、物与物、物与环境的和谐关系，以及在其结构、造型和制作、使用过程中运用的科学与技术原理等方面，尤其要注意那些结构灵巧、使用方便、合乎科学原理的手工工具、农业用具和各类生活用品。必须加以说明的是，以上列出的民俗文物及相关物品的甄选标准，只能看作原则性的通用标准，在征集民俗文物及相关物品的过程中应当根据实际情况和征集计划要求进行增补和细化，并在甄选的实践过程中予以检验和校正。

当民俗文物及相关物品的评价标准基本确定之后，接踵而来的问题便是在多大的范围内对需要征集的民俗文物及相关物品进行甄选，使之成为合乎规范的博物馆和有关展览单位等专业部门的藏品。在大多数综合性的博物馆和有关展览单位等专业部门的藏品系列中，民俗文物及相关物品的系列收藏应当是其重要的有机组成部分。但由于民俗文物与民间物质文化的研究工作起步较迟，包括基本理论在内的许多基础工作尚未进行或正在进行，因此，许多博物馆和有关展览单位等专业部门的民俗文物藏品在品类与品种上有着很大的差异。究其原因，是民俗文物与民间物质文化的基本理论和应用理论缺失，虽然不同的博物馆和有关展览单位等专业部门征集的民俗文物及相关物品的名目相似，但由于征集范围不同，甄选的结果大相径庭。由此可见，是人们对民俗文物与民间物质文化在理论上的认识差异直接导致了实际工作的偏差。

关于民俗文物及相关物品的征集范围，是民俗文物及相关物品甄选工作实践无法回避的问题，引起了专业人员和文物主管部门的重视。长期以来，许多研究者对之进行了有益的探讨和一定范围内的实践。在文物主管部门出台的相关文件中，也将有关内容列入其内。在2003年颁布的《近现代文物征集参考范围》[10]中，其第四款内容为“反映中国近现代各民族的生产活动、生活习俗、文化艺术和宗教信仰等方面的文物”，即“各民族有代表性的生产工具、生活用品和有关宗教信仰的典型物品”及“各民族有代表性的年画、剪纸、风筝、皮影、雕刻、漆器、壁画、蜡染、服饰、头饰、刺绣、地毯等民间艺术品、工艺品”。应当承认，这样的表述所指与民俗文物及相关物品的实体近似，但却不是完整的真正意义上的民俗文物与民间物质文化。

根据相对科学的民俗文物与民间物质文化的分类[11]，民俗文物及其相关物品的征集范围大致可以认定为生产工具、生活器具、民居建筑、服饰穿

皮影 《猴王出行》 山西省侯马市

铜凿剪纸 《金鱼》 广东省佛山市

鱼龙墨斗　江苏省南京市高淳县

砂锅　现代　长 26 cm　贵州省贵阳市

戴、仪仗用具、游艺道具等方面。其中，生产工具是指各地区社会生产所使用的各类农具、手工工具、交通运输工具及各类辅助工具；生活器具是指各地区民众在日常生活中使用的茶具、酒具、烟具、食具、炊具、灯具、卧具、暖具、妆具、文具、女红用品等器物；民居建筑是指各地区不同样式的宅居和村落周围的牌楼、戏台、桥梁、祠堂、陵墓建筑，以及这些建筑附属的各种石、砖、木雕刻和泥灰塑作、彩绘装饰、室内陈设、各式家具等；服饰穿戴是指不同地区各民族群众使用的服装、鞋帽、面料、染织和首饰、佩饰等；仪仗用具是指各地区民间各种祭祀活动中的神像、供物、礼仪用具等供奉品和人生礼仪、节庆仪式等各类活动中的装饰艺术品与道具；游艺道具是指各地区民间流传的各种绘画、雕刻、扎作、脸谱、面具、木偶、皮影、抬阁、旱船、泥人、陶哨、空竹、弹弓、棋牌、风筝、陀螺、竹马等各类器材、道具等。如此罗列的征集范围只是原则性、概略性的，在实地征集民俗文物及相关物品时可以根据实际情况和征集计划要求进行取舍和细化。

一般情况下，甄选民俗文物及相关物品时，应当按照事先制订的征集计划书的要求执行。综合性的博物馆和有关展览单位等专业部门在征集民俗文物及相关物品时，要注意藏品种类的全面性和藏品配套的完整性，使征集到的民俗文物能够形成藏品系列，从而更好地为研究、陈列提供便利。在征集单件的民俗文物及相关物品时，应当遵循“一般选好，好中选优”的原则，在符合一般标准的基础上，外形完整、质地优良并具有典型意义的单件民俗文物及相关物品在甄选时应当优先列入备选物品的行列。专项博物馆及其有关展览单位在征集民俗文物及相关物品时，除了要注重本系列民俗文物及相关物品的品种的完整性和藏品配套的完整性之外，还要注意收集与本系列民俗文物及相关物品有关的非本系列的民俗文物及相关物品和文献资料。以科学研究为目的的民俗文物与民间物质文化的田野调查作业中的民俗文物及相关物品征集范围和甄选标准，可以在博物馆和有关展览单位征集范围和甄选标准的基础上，结合当次田野调查作业计划书的要求重新制订。

彝族吞口　四川省

鉴于文物的不可再生性，应当在经费和仓储等条件许可的前提下，尽量在同一种类的民俗文物及相关物品中甄选若干数量的备品进行征集，以满足今后长期的多个方面的需要。

3. 民俗文物的现场处理与包装

无论是进行研究，还是为了筹备展览、充实藏品，经过严格甄选的民俗文物及相关物品在办理征集手续之后，一般情况下需要在征集地进行简单的、应急性的文物保护现场处理，然后才能运回征集单位。因为在完成了甄选、征集、交接等手续之后，民俗文物及相关物品的所有权便完全脱离了原持有者，也基本脱离了原来的动态环境，而成为相对静态的准文物藏品。

所谓“流水不腐，户枢不蠹”[12]，是说流动的水不会发臭，经常转动的门轴亦不会被虫所蛀，意喻经常运动的物体不易受到侵蚀。以生产工具、生活器具、民居建筑、服饰穿戴、仪仗用具、游艺道具等样式存在于民间社会生活中的民俗文物及相关物品，其使用的材料多数为棉、麻、丝绸、毛发、纸、竹、木、藤、草、生漆、皮革、角、骨、象牙等有机物[13]，还有相当一部分是土、石、金属以及陶瓷、玻璃等无机物[14]。处于自然环境中的民俗文物及相关物品虽然也会沾上灰尘、污垢、虫卵、霉菌等有害物质，但却会因使用者在日常生活中的精心维护而处于最佳状态。长期使用中的民俗文物及相关物品一旦离开了民间的社会生活，由于不再被使用、维护而处于相对静态，就会与其他事物一样，非常容易受到各种有害物质的侵蚀，并且会很快失去原貌，因此必须及时予以处理。

由于种种条件的限制，在征集地对民俗文物及相关物品只能进行应急性的、简单的现场保护处理，主要是对征集到的民俗文物及相关物品进行表面和品质的目测，除去表面沾上的灰尘、污垢、虫卵以及霉菌等有害物质，采用简单措施来解除或隔离大气中的粉尘、含硫化合物等污染源。一般情况下，在征集地对民俗文物及相关物品进行简单的现场保护处理作业，最好是在当地租用房屋做专门的工作间，以两三间为宜，其中一间用作工作室，一间用作民俗文物及相关物品的周转房，一间则用作临时库房。工作间以地势较高、通风透气、门窗紧密的房屋为宜，如果地面为泥土地，最好铺一层塑料地板或厚塑料纸，然后将准备好的现场保护处理用的工具、用品和药剂[15]放到工作间里，便可以开始工作了。

无论是大宗的综合性征集，还是小批量的专项征集，在对征集到的民俗文物及相关物品进行现场保护处理时，应当按照不同的质地分批进行，以提高现场保护处理工作的效率和质量。当条件允许时，还可以将现场保护处理与包装结合起来进行。对民俗文物及相关物品进行现场保护处理时，使用的现场保护方法可以根据其现存状况来确定，如果情况复杂而在现场无法保护处理的，可以在运回征集单位之后再进行保护处理。使用的现场保护处理的方法、手段和步骤及效果应当以文字和图片的方式记录在案[16]，以便运回征集单位后做进一步保护处理时用作参考。

民间传世的丝、毛、棉、麻质地的服装和染织品以及刺绣等物的基本材料一般是天然纤维，经过漫长时间的穿着使用，其多数已经老化，有的虽然看上去色彩鲜艳如新，但其纤维的化学结构和物理性能已经大大削弱。由于条件所限，在对之进行现场保护处理时只能采用清洗除污、密封隔绝和水封冷藏等简单易行且有效的方法。清洗除污是以天然纤维为基本材料的民俗文物及相关物品进行现场保护处理时最常用的方法，有湿法清洗和干法清洗两种。干法清洗一般不提倡在现场保护处理中使用。湿法清洗适用于质地较好的丝、毛、棉、麻质地的服装和染织品等物，作业时采用品质纯净的天然水或经过净化处理的河水、井水、蒸馏水等软质水反复浸泡，或是用毛刷排笔蘸水在被污染的地方来回涂抹、刷洗，使之除去表面的泥土、杂质和气味。清洗后的丝、毛、棉、麻质地的服装和染织品等物应当平放在竹帘上，尤其是服装和染织品要注意理顺织物的经纬方向防止变形，然后将竹帘放在阴凉通风处晾干。收取时尽量不要折叠而使之平放，以免物品受到机械性的损伤。若是碰到血迹、汗斑、果汁、油渍等污渍时，如果不能清洗干净，可以先行晾干并对其问题进行记录，等运回征集单位后再做完全的清洗处理。有时候，

瓜瓞绵绵包袱布　湖南省湘西地区

白族扎染　云南省大理州

《二十四孝》汴绣（全幅） 清光绪 引自《中国历代织绣图录》

征集到的某些丝、毛、棉、麻质地的服装和染织品以及刺绣等物是原持有人秘而不宣的箱底之物，经征集移交之后，原有的保存环境不复存在，温度、湿度、光线、空气和气流等情况有了很大的变化，此时就需要采用密封隔绝的方法迅速地对之进行密封处理后装入塑料箱，并要对原来的保存环境进行记录。如果是从近代的墓葬里出土的保存较好的丝、毛、棉、麻质地的服装和染织品以及刺绣等物，由于长期浸泡在水里或棺液中而显得情况复杂，需要带回征集单位才能进行完全的保护处理。此时，可先在征集地用清洗除污的方法除去杂质和气味，然后换成蒸馏水浸泡并使之相对密封，放置在阴凉的地方，这就是水封冷藏的方法。

纸质的民俗文物及相关物品主要包括民间的文献档案、版印书籍和民间年画、剪纸等种类，在民间的存有量相当大。纸质材料虽然看上去单一，但由于制作年代不一、制作方法不同以及其本身成分的多元和复杂，加之使用方式和保存环境的差别，经过岁月的洗礼之后，纸质民俗文物及相关物品的化学结构、物理状况会有很大的改变，有的表面被污染，有的被霉菌和微生物所侵害，有的则因其本身所含的酸性变质，纸张变得相当脆弱。对纸质民俗文物及相关物品进行全面保护，需要专门的技术和设备、药物。因此，在征集地进行现场保护处理时，主要是对其进行清洗、加固和防潮，以防止其性能的进一步减弱。在日常生活中，纸质民俗文物及相关物品非常容易被泥土、霉斑、墨水、油脂等污染，可以在通风的地方用软毛笔或软毛刷轻轻地刷去浮在纸张表面的灰尘、泥垢和霉菌等物，对霉斑、虫斑或墨水、油渍等不易除去的斑迹，不主张在现场处理，只需进行目测记录，等带回征集单位再做处理。对于因酸性变质、发脆的纸张或书籍资料，可以在初步清理之后对之加固，方法如下：一是用两块比原物略大的三夹板前后夹紧，并用细绳捆扎；二是用折叠的厚纸板将原物夹于其中，原物与厚纸板之间要用塑料纸隔开，防止厚纸板的酸性物质污染原物。由于纸质民俗文物及相关物品易于吸水，时间长了，一般都可能有残留水分，而过量的水分将会导致物品性能减弱，因此需要对其进行现场防潮处理。可在风和日丽的晴天，将需要处理的纸质民俗文物及相关物品于背阴处摊平晾晒。一些文献或年画的表面若所用墨汁、彩色是矿物质颜料，便可多晾一些时候；若所用的墨汁、彩色是水性颜料，便不能晾挂太长时间，以防颜料氧化后分解褪色，一般情况下以 2 小时左右为宜。如果一次不能干透，可以多晾晒几次。最后用软毛刷轻轻拂去其表面的浮灰，装入事先准备好的塑料袋内。如果要在征集地存放较长的时间，需要在塑料袋内放入防虫、防霉的药物和干燥剂。

竹、木、藤、草和漆质地的民俗文物及相关物品的现场保护处理措施主要是除尘、防虫、去污。竹、木、藤、草的材质容易吸湿，表面亦容易沾上泥土以及各种污渍，其成分中所含的纤维素、木质素等又是害虫、病菌等微生物生长的养料。一般情况下，可以用抹布擦拭灰尘，用硬毛刷或其他工具剔除虫卵，再用干净水冲洗污渍，然后摆放在阴凉处晾干，尽量使之干燥。因为处于社会生活中的竹、木、藤、草质地的民俗文物及相关物品，如工具、器具等物在使用时还是需要含有适量的水分的，也有利于日常的维护，若是脱离了动态的环境，适量的水分就会从有益转化为有害。在目测中若是发现被虫侵害，可以用杀虫剂除虫；若是目前侵害状况没有发展，可以先记录下来再做处理。长时间不用的工具和器具等物由于长期受到湿气侵袭和微生物的腐蚀，其多数已经饱吸水分或腐朽变质。对此，可以先除去浮在表面的尘土和污渍，然后用湿布或湿泡沫将其包裹起来，使之保持原来的状态。否则，就会因失去水分而收缩变形和开裂，最终将会失去原状而报废。如果是以藤、

景颇族竹酒壶　近代
云南省德洪州
取生长三年以上的竹竿制成，竹青剥去，米酒或果酒装入其中，有竹之清香

车制素木碗　高 6 cm　口径 11 cm　现代
云南省迪庆州中甸县 采用杜鹃花的根木制作，为藏族等少数民族民众喝酥油茶、饮青稞酒和拌青稞面的器具

草为材料的民俗文物及相关物品，可以在除尘处理之后装入盒中，并在其周围用泡沫塑料衬托固定，防止其滑动变形，等运回征集单位后再做进一步的保护处理。

与历史上的漆器一样，民间使用的漆质地的民俗文物及相关物品也是多种材料的复合体，其胎骨与漆层的性能各异，品性脆弱，一旦离开了原有的生活环境，就会因自然干燥而器形收缩、变形和开裂。一般在除尘处理之后，将其包好放入塑料袋内，放置在阴凉处，防止高温烘烤导致脱水。民俗文物及相关物品中的皮革制品，其材料的主要成分是呈网状组织的蛋白质纤维以及水和油脂等物质。在长期的使用过程中，皮革制品中的水和油脂等物质会自然失去，从而不再具有弹性而变得僵硬、易脆、易裂。在进行现场保护时要视其保存状况来决定处理的方法，首先对其除尘；如果显得过分潮湿则容易霉变腐败，可放在通风的阴凉处晾干；若是已经发干、变硬、变脆，可以用甘油擦拭，然后用塑料布包裹起来。另外，对征集到的角、骨、象牙类的民俗文物及相关物品，在完成除尘、去污等程序之后，应当迅速用质地柔软的纸张将其包装起来放入塑料袋中封存，以免在不同的环境中发生老化变脆或折断、破碎的状况。

《柳岸垂钓图》　铁画灯　清
高 71 cm　宽 69.5 cm

近代以来在民间流传的土、石、金属以及陶瓷、玻璃等无机材料的民俗文物及相关物品，因其材料的性质，在进行现场保护处理时应当采用不同的方法。以土为材料的民俗文物及相关物品中泥玩具最多，且多保存不善，时间长的已经近似酥散状态，在进行现场保护处理时应当考虑到这些因素，宜用质地柔软的纸张将其单个包裹，包裹时要采取同一方式，以便入藏时解除包装。石质的民俗文物及相关物品如果经目测没有粉化、变色、生霉、起甲、酥碱、劈裂、蚀空等现象，可以用湿抹布擦拭除尘或是用净水冲洗除污，晾干后即可。民俗文物及相关物品中的金属制品，所用材料有金、银、铜、铁、锡等，又以铜、铁、锡制成的物品为多，在长期的使用中受外部环境影响，容易产生各种各样的问题，但在现场保护处理的过程中只能对其进行表面的除尘、去污，其他问题应当带回征集单位在专门的实验室中处理。陶瓷和玻璃的性质相对较为稳定，对其表面的污垢可用洗涤剂清除。砖、瓦等陶质器物严禁用水洗涤，在现场保护处理时只能用软毛刷清除其表面的灰尘，并用纸张进行单件包装。

对已经完成征集程序的民俗文物及相关物品，经过现场保护处理之后，应当尽快将其运回征集单位。启运之前，要对所有民俗文物及相关物品进行包装。包装时，首先应当从民俗文物及相关物品的整体安全考虑，一些质地脆弱容易损坏的要用抗压的纸箱或塑料箱单独装箱，材料性质相近的物品可以装在同一箱内，装箱的物品要登记并做成清单[17]。清单一式两份，箱内一份于封箱前放入，一份用于交接。大件的物品在包装时，在易于碰撞的地方要用泡沫塑料纸或厚纸板衬垫，大型工具、家具等框架类的物品在运输条件许可时应当整体装运，包装时要在其框架外用木条、绳索进行结构性的捆扎加固。如果运输物超大超长，可以对之编号拆卸，包装好再运回征集单位。对于在现场处理时浸泡在水中的物品，可以连同浸泡容器一同装运，但要单独装运，以免容器中的水渗出而对其他民俗文物及相关物品造成损坏。

注释

[1] 南京云锦，传统织锦之一。因其用料讲究、织造工精、富丽华贵、灿若云霞而得名。相传起源于元代末年，明清时期设江宁织造局为宫廷生产御用丝织物。清代末年，南京民间的丝织作坊中，生产"素缎"（无花织物）的称为"缎业"，织造"花缎"（提花织物）的叫作"锦缎业"或"云锦业"，"云锦"之名始于此时。其主要品种有妆花、金宝地、织金、库缎、织锦等。

[2] 白局，南京方言说唱的曲艺。明清时期，织锦工人在机房内用南京方言吟唱俗曲、小调、民歌以自娱，逐步发展成为曲艺曲种。清代中期开始有白局艺人，演唱曲牌增多，但不取报酬，常谓"白摆一回唱局"，故称"白局"。白局以"南京调"为古腔本调，又称"数板"或"新闻腔"。常用曲牌有《满江红》《银纽丝》《穿心调》《数板》《梳妆台》《剪剪花》《下河调》《汉阳调》等，形成了曲牌联缀体。曲目有近百个，以反映现实生活的内容为主。1949年后，曾成立专业剧团演出，现在仅剩下少数业余演唱者。

[3] 指古代史籍、文人笔记、地方志、近代游记中的相关文字以及近代以来的各类报告、报表等。

[4] 手工测绘，指采用手工方式对器物进行测量、绘图的方法。具体操作可以参照张孝光、郭义孚、张心石、张广立、曹继秀、曹国鉴《考古绘图》，中国社会科学院考古研究所编《考古工作手册》，北京：文物出版社，1982年12月，第237~301页。

[5] 计算机辅助测绘，主要有两种方法：一种是利用编制好的绘图程序将测得的器物数据信息输入电子计算机，经过处理后发出指令，使绘图仪能够自动画出所需的图形，或在图形显示仪上产生器物的图像；另一种是直接采用3DSS（three dimensional sensing system）便携式三维照相测量仪进行作业。3DSS是一种结合结构光技术、相位测量技术、计算机视觉技术的复合三维非接触式测量技术的非接触测量设备，能对任何材料的物体表面进行数字化测量，可以在田野调查作业现场快速处理相关数据。

[6] 见附录三《民俗文物调查登记表》。

[7] 参见张琴《薛勋郎的夹缬作坊》，《南方周末·城市地理》，2004年10月28日第1081期。

[8] 原真性，译自英文名词"authenticity"，其英文本义是表示真的而非假的、原本的而非复制的、忠实的而非虚伪的、神圣的而非亵渎的含义。作为一个术语，所涉及的对象不仅是有关文物建筑等历史遗产，更扩展到自然与人工环境、艺术与创作、宗教与传说等方面。"原真性"起源于中世纪的欧洲，"authenticity"来自拉丁语"权威的"（authoritative）和"起源的"（original）两词。参见徐嵩龄《文化遗产保护中的"原真性"概念》，徐嵩龄《第三国策：论中国文化与自然遗产保护》，北京：科学出版社，2005年10月，第101~124页。

[9] 参见文化部于2001年5月10日颁布实施的《文物藏品定级标准》。

[10] 参见国家文物局2003年5月13日印发的《近现代文物征集参考范围》。

[11] 参见附录《中国民俗文物与民间物质文化分类参考目录》。

[12] [春秋]吕不韦《吕氏春秋·季春纪·尽数》篇。

[13] 有机物是有机化合物的简称，通常指含碳元素的化合物（除碳的氧化物、碳酸、碳酸盐、氰、氰化物、氧氰、氰酸盐、硫氰、金属碳化物等以外），或碳氢化合物及其衍生物。目前已知的有机物达900多万种，数量远远超过无机物。

[14] 无机物是无机化合物的简称，一般指除碳以外的各种元素的化合物（也包括少数的含碳氧化物及碳酸盐等）。目前已发现的无机物约有20万种。通常分为酸、碱、盐、氧化物以及各种金属和非金属单质。

[15] 参见附录二《民俗文物与民间物质文化调查必备的用具》。

[16] 参见附录四《民俗文物现场保护处理记录表》。

[17] 参见附录五《民俗文物装箱清单》。

第七章　民俗文物的认定与鉴定

对民俗文物及相关物品进行认定和鉴定，是民俗文物与民间物质文化研究工作的重要组成部分和基本方法，也是专业性的博物馆和有关展览单位的重要业务工作。在这里，认定是指对民俗文物及相关物品的价值的认定，鉴定是指对民俗文物及相关物品之真伪的鉴定。认定过程中所获取的信息和数据能够为民俗文物及相关物品的鉴定提供具有标本意义的参考指标，鉴定过程中的一些典型案例也能够为民俗文物及相关物品的认定提供可资参考的经验和教训。在实际工作中，认定的方法多适用于田野调查作业的工作现场或征集地，于当时、当地所征集的民俗文物及相关物品；鉴定的方法则适用于流散在社会上的民俗文物及相关物品。

民俗文物及相关物品的认定和鉴定工作质量之高下，直接关系到文物藏品的质量以及作用之发挥和安全与否，关系到博物馆和有关展览单位的综合业务水平之评价。一般情况下，各种类型与级别的专业博物馆和有关展览单位的业务工作，大多是围绕着民俗文物及相关物品来进行的，无论是征集和收藏，还是研究和展出，以及分级核定历史遗迹、文物出入境管理、打击文物走私等工作，都需要科学的依据，都是以民俗文物及相关物品的认定和鉴定工作为基础的。

征集具有重要的历史、艺术和科学价值或者是在民间社会生活中具有典型意义的民俗文物及相关物品，是民俗文物与民间物质文化田野调查作业工作的重要组成部分。因此，依据一定的参照标准或参考指标，对民俗文物及相关物品进行价值认定的衡量和评估，是民俗文物及相关物品征集工作的重要环节，有着特殊的意义。所征集的民俗文物及相关物品在被确定为“文物”之前，需要通过一定的程序来判定其是否具有历史、艺术和科学的价值。如果不具备相当的价值，便不能认定其为“文物”，只能视为参考品；一旦被确定为“文物”，还需要依据认定或鉴定过程中取得的信息和数据来判定其历史、艺术及科学价值之高低，为以后的文物定级[1]做好准备。

参照一定的评价体系、标准和方法，对民俗文物及相关物品进行认定和鉴定，是一项责任重大而又严肃的专业技术工作，对从业人员的道德素养、知识结构和判断尺度之把握亦有着较高的要求，需要长期不断的实践和总结经验。民俗文物及相关物品的多数是过去寻常的生活用品，是人们极为熟悉却又不大容易注意到的；还有一些由于流传、使用的时间较长，虽然数代人都在习惯性地使用，但已经是知其然而不知其所以然了。所以，对民俗文物及相关物品认定和鉴定的过程，也是专业人员最好的学习和总结的机会。

第一节
民俗文物的价值标准

作为一个国家或民族中广大民众所创造、享用与传承的民间生活文化中的物质文化遗存和精神文化的物化遗存，民俗文物及相关物品的价值是多方面的，往往通过其本身的材料、工艺、结构、造型、装饰、风格以及功能和用途等方面体现出来。在众多的价值中，一些只能用文字语言来描述，从而给人们留下一定的想象和发挥的空间；一些则能够在一定尺度上分解成为定性、定量的相对标准，因而能够在一定范围的实际工作中参照运用。

在民俗文物及相关物品的认定和鉴定过程中，所依据的价值判定参照标准除了一般文物共同具备的历史、艺术、科学的价值标准，还应当有其具体的与民俗文物及相关物品的特质相适应的、能够操作的衡量和评估标准，如此才能在进行认定和鉴定工作时基本上做到有所依据，使结论准确无误。

与其他类型的文物一样，民俗文物及相关物品也是中华文明的产物，同样具备历史、艺术和科学价值。在中国文物、博物馆的工作规范中，认为多数的民俗文物及相关物品属于近现代文物[2]，主要是指1840年以降的文物[3]，其历史价值判定的参照标准除时间界限外，还应当有以下几方面的内容。

1. 在样式上反映风俗习惯之历史传承与内容。如带有农历节气或农事口诀的民间木版年画，以民众喜闻乐见的样式直接反映了中国农村中生产民俗的历史传承。

2. 具有地方特色，证明社会生活或风俗习惯发生变迁的内容。如各地区民间使用的造型各异的煤油灯[4]，就是近代以来照明习俗变迁和民间照明习惯演变的见证。

3. 对某项历史或民俗的事件具有纪念的意义。如太湖流域及周边地区居

煤油灯

杭州“王星记”的扇子

造型极为精美的花梨木博古架

民家中常见的陶制筷笼，虽然其装饰图案多数是传统题材，但在上端正面模印有“共和万岁”的文字，说明这个筷笼的生产时间可能是在1915年前后，是当时护国运动[5]的见证。

4. 近现代以来的著名匠师和艺人以及作坊和店铺（老字号）的代表性作品或产品。如浙江杭州“王星记”[6]的扇子、“张小泉”[7]的剪刀，均是老字号，是按照严格的特殊制作工艺生产的典型产品。

这些由具体民俗文物及相关物品所体现的因素，都是制订衡量和评估民俗文物及相关物品历史价值参照标准的重要依据。

判定民俗文物及相关物品的艺术价值，其参照标准大致应当包括这样几个方面。

1. 物品的造型或装饰具有重要的审美意义。如民间流传的明式家具[8]的造型及装饰，以简洁的结构、紧凑的画面和精致的雕刻工艺表现出中国传统的审美趣味，代表着很高的艺术成就。

2. 在民间艺术或传统造型艺术史上具有重要的意义与地位。如江苏苏州桃花坞木版年画[9]，其艺术的表现形式和丰富的内容以及本身的风格流变在中国民间艺术史上有着重要的地位。其印刷技艺传播到日本后，对浮世绘[10]的艺术产生了重大影响[11]，也是值得重视的。

石刻拴马桩

3. 在传统造型艺术领域中有着鲜明的地域风格或流派特色。如在陕西关中、渭北等地区的村落中常见的石刻拴马桩[12]及其装饰，桩体雕刻的粗犷的造型风格与西北地区的汉唐雕刻艺术一脉相承，有着浓郁的地方特色。

4. 在岁时风俗和节庆活动以及民间信仰等仪式中使用并具有一定的审美意义。如云南纳西族东巴祭祀仪式中使用的木牌画[13]等物，简洁而流畅的线条和数种浓烈色彩构成的画面，既符合艺术的规律，所表现的内容亦能够给人以震撼。

5. 以造型或装饰的方式表现或反映民间社会生活的形态或类型。如各地区民间广为流传的各种样式的民间剪纸和各种材质的民间绘画，多以较高的艺术技巧表现出各地区民间日常生活和各种娱乐的内容。

民俗文物及相关物品科学价值之参照标准，主要体现在如下几个方面。

1. 在民间社会生活中具有特殊的文化意义。如民间流传的测量工具罗盘[14]，既可以用于堪舆，也可以用于民间各类建筑物的测量与定位。其盘面的构造样式和内容，则反映了中国人对宇宙和自然的认识与态度。

2. 在物品的结构、功能或造型上以一定方式表现出民众的智慧。如南京市民俗博物馆收藏的四方倭角温酒提梁壶，是清末至民国年间百姓家中常见的温酒器具，造型简洁朴实，无任何纹饰。壶体由内、外两壶构成，内壶圆形用以贮酒，外壶方形可蓄开水。外壶抱内壶便能够使内壶中的酒温热，方

四方倭角温酒提梁壶

四方倭角温酒提梁壶的内、外壶

便冬日饮用。

3. 在使用或娱乐的过程中能够传承知识或训练思维能力。如各种质地的七巧板[15]，由一块正方形分解成七块特定的形状，可以通过不同的组合拼成不同形态的人物、动物、花卉、建筑、文字等图形，是民间老少咸宜的益智玩具。

4. 表现传统造型艺术之技术的方法或手法特别优秀。如民间刺绣画面的设色和针法的排列，充分利用了丝线的光泽来表现色彩的丰富，并应用粗细不一的丝线或排列、交叉的复杂针法来体现画面内容的品质，是人的智慧和手之技能发挥到极致程度的证明。

5. 引进技术使之本土化并在制作技术上达到相当程度。如辛亥革命时期鼎盛一时的南京钟[16]，虽然其基本技术源于西方，但经过一定时间的引进、消化和技术改造，成为地地道道的“中国造”。南京钟在结构、造型、装饰及工艺等方面体现的具有本土化特征的高超技术，亦为外国人所佩服。

应当认识到，民俗文物或与民间社会生活相关的典型物品的认定和鉴定是一项实践性非常强的工作，在实际工作中的复杂程度往往超出人们的想象。因此，能够具体体现民俗文物及相关物品历史、艺术和科学价值的参照标准，也应当在认定和鉴定的实践过程中不断地修订和完善，尽可能增强规范性，增加定性标准和定量指标，方便从业人员理解和具体操作，从而在最大限度

南京本钟

上减少操作过程中的随意性，使具有重要历史、艺术和科学价值的民俗文物和在民间社会生活中具有典型意义的物品的征集、收藏、研究、维护、展览、交换、调拨和利用的工作能够有序进行。

第二节
民俗文物及相关物品的认定

在田野调查作业的工作现场，对即将征集的民俗文物与社会生活中的典型物品进行历史、艺术和科学的价值认定，是最为直接和便捷的工作方式。由于是在田野作业的工作现场直接从民俗文物及相关物品的所有者那里征集，因而最大限度地保障了民俗文物及相关物品的原真性，还可以参照认定的标准和要求，从民俗文物及相关物品的所有者那里得到最直接的、有价值的相关信息和数据。如果发现田野调查作业取得的信息和数据不足以为认定工作提供有效的证明，还可以就地进行专门的补充考察和调研，从而使认定结果有比较高的可靠性。

一件具体的民俗文物或与民间社会生活相关的典型物品，是否具有历史、艺术和科学的价值，可以通过比对一定的参照标准或参考指标来衡量或评估，在实际操作时则可以分解为若干项具体的程序实施。在民俗文物与民间物质文化田野调查作业的工作现场，对在当地征集到的民俗文物及相关物品进行价值认定的工作过程，主要是通过对单件或单套的民俗文物及相关物品本体认定、功能认定、属地认定、文献比对认定、款识认定等工作程序来实施。多数情况下，上述工作程序的实施可以单个进行，也可以交叉进行，互为补充，具体的实施应当根据田野调查作业工作现场的实际情况和工作进度安排以及专业人员的配置情况来确定。如果田野调查作业工作现场的学术环境条件比较简陋，致使一些必要的文献资料难以查核，无法形成最终的认定结果，那么，文献比对认定的程序可以在另外的学术条件许可的地方继续进行，但其他可行的认定工作程序还是要在田野调查作业的工作现场完成。因为田野调查作业工作现场有着其他环境不具备的各种便利条件，进行认定工作的过程中可以节省很多时间。

通常，依据一定的参照标准或参考指标来衡量或评估的民俗文物及相关物品历史、艺术和科学价值的认定工作程序，多是从民俗文物及相关物品的本体认定开始实施的。本体认定的主要内容有形态、材料和工艺等。面对某一件具体的民俗文物或与民间社会生活相关的典型物品时，首先接触到的是其形态，即造型及状态，因此，本体认定也须从造型及状态开始。民俗文物及相关物品的造型是实在的、直观的、可接触的，通过观测能够体察到大小、粗细、厚薄、长短、方圆等体量，会意到厚重、粗犷、朴实、简洁、高雅、精致、玲珑、灵巧、温暖、冷峻等风格，感受到粗糙、细腻、迟滞、平滑、圆润、弹性、凝重等品质。一件具体的民俗文物或与民间社会生活相关的典型物品体量之尺度、风格之表现和品质的彰显，可以认为是民间社会生活中各种因素影响之和，由此亦可以看出民众的创造力、审美观和趣味性的大体倾向，还可以辨认出地方经济、文化和历史发展进程中的若干环节与时代因素的影响。民俗文物及相关物品造型之状态，主要是指如此造型在社会生活中与人的关系、与事的关系、与环境的关系，以及在某一空间内与其他民俗文物及相关物品造型之间的关系，这些关系所反映的状态是客观的、真实的。随着对民俗文物及相关物品造型与形态观察之深入，接踵而至的便是材料和工艺的问题。按理说，大自然中的所有产物如泥、土、石、竹、木、藤、丝、毛、棉、麻和金属、皮革、布帛、纸张之类，都有可能成为人们造物所取用的材料，但是用于民俗文物及相关物品之本体的材料还是有所选择的。这样的选择能够在一定程度上体现制作者和使用者对自然物的认识，也是传统中国人处理事物的智慧。从某种意义上讲，材料的价值可能是确定民俗文物及相关物品价值的主要因素之一，但却不是决定性的因素。因为材料仅仅只是材料，从材料变成物品，需要人的智慧和手的加工创造，这样的加工创造过程即是工艺。用规范的语言来说，即对某种（或多种）材料施以某种（或多种）手段使之改变形态的过程谓之“工艺”。工艺通过人的手来实施，是人的智慧的创造性的符合尺度的物化；工艺的尺度是通过人手之感觉来控制的，是手脑并用的劳作，更是手工劳动的最高境界。匠人们常挂嘴边的“因材施艺”是中国人所重视的工艺传统，雕、塑、刻、染、织、绣、研、磨、冶、削、剪、绘、拼、贴、粘、镶、嵌等传统工艺技术，都有着众多与之相适应的材料。材料通过选择能够达到“材美”之要求，工艺则由于精益求精方能做到“工巧”之极致。因而，通过对民俗文物及相关物品本体的考察，可以从形态、材料和工艺等方面得到大量的信息和数据，以此为基础，按照历史、艺术和科学价值之参照标准或参考指标来进行综合性的衡量与评估，从而能够得到相对准确的本体认定结果。

功能认定是民俗文物及相关物品价值衡量或评估过程中的重要环节。每一件民俗文物或与民间社会生活相关的典型物品都有其具体的功能，这些功能中又有主要功能和次要功能之分。有些器物还具备延伸功能、派生功能和转换功能，这些方面的因素在衡量或评估时都不能疏漏和忽视。通常，在田野调查作业的工作现场通过考察对民俗文物及相关物品的种种功能进行认定应当非常方便，这样的认定主要是通过对其用途的考察来实施的。在日常生活中，照明是灯的主要功能，但是在各地民间节庆活动中，多使用各种花灯来烘托气氛。在这里，花灯的装饰功能就成为主要功能，原来的照明功能则退居次位，享有盛誉的泉州花灯[17]便是如此。泉州花灯是闽南地区有着悠久历史的民间艺术品，在当地的春节活动中是必不可少的民俗文化用品。据明代谢肇淛[18]《五杂俎·天部二》载，“天下上元灯烛之盛，无逾闽中者”，每年的正月，“自十一夜已有燃灯者，至十三则家家灯火，照耀如同白日。富贵之家，曲房燕寝，无不张设，殆以千计。重门洞开，纵人游玩。市上则每家门首，悬灯二架，十家则一彩棚。其灯，上自彩珠，下至纸画，鱼龙果树，无所不有”。花灯上多制有灯谜让人竞猜，所谓“擎出鳌山五夜时，偏题隐语费寻思。聪明绝顶先铺著，笑问旁人知不知”[19]，从而使花灯又延伸出益智和教育的功能。在泉州的部分地区还有一些特殊的风俗，“宫灯是去年结婚的新郎提前准备的，故观赏宫灯时，有心的老年人会默数宫灯数字，看看比前一年增加多少。东石男人大都长年航海在外，通过数宫灯，可使那些回家过春节的航海者了解家乡人丁情况。在永春，有的宗族规定，凡族人前一年出生男孩，须添纸灯一个，俗称添丁，上元夜集中悬挂于祖宇门口”[20]。通过花灯的数量来了解家乡的家庭人口变化，便是泉州花灯的派生功能。另外，泉州花灯还是当地多种歌舞节目的主要道具，这也是泉州花灯的另一种转换功能。在田野调查作业的工作现场，通过考察认定民俗文物及相关物品的功能，能够得到众多的资料和数据，是衡量和评估民俗文物及相关物品历

泉州花灯

史、艺术和科学价值的重要依据。

属地认定主要通过对民俗文物及相关物品的生产及流传状况之考察来实施，基本内容有原产地认定、使用地认定和收藏地认定，这些认定大都建立在民俗文物与民间物质文化田野调查作业的基础之上。当民俗文物及相关物品中的某一种或某一类产品于一个相当长的时间在同一个地方制作，这个制作产品的地方就能够被认定是产品的原产地，而“一个相当长的时间”则可以认定是其制作的历史。当这样的产品在充分满足了本地区民众社会生活的需求之后，又因其质优、耐用、价廉等特点受到其他地方民众的欢迎，成为其他地方民众社会生活中的必需品或必备品，这里的“本地区”和“其他地方”所指的区域就能够被认定是产品的使用地。使用地可以是某一个区域，也可以是地处不同区域的多个地方；使用地的区域越大、范围越广、地方越多，就越能够说明产品的覆盖程度之大和影响力之深远，也证明了某一种或某一类产品及其因使用而产生的民间习俗的传播途径和流传范围。以青花、浅绛彩、粉彩等手法绘制的瓷板画[21]多出自江西省景德镇和高安两地的匠人之手，根据文献记载和传世实物的名款，可以大致确定瓷板画的生产自明代以来已经有了五百多年的历史，瓷板生产和绘画技艺流传有序，谱系清晰，至今仍有一定规模的制作，由此可以基本认定景德镇和高安两地为瓷板画的原产地。瓷板画在民国年间曾流传到各地，在江苏、浙江、上海、安徽、山东、河北、北京、天津、四川、湖南、山西等省、市商贸发达的县、镇，是达官、名流、商贸、士绅家中的必备之物。这些省份的县、镇就可以被基本认定为

彩绘花鸟瓷挂屏　高 17 cm　宽 25 cm

瓷板画的使用地。20世纪50年代以后，曾经作为达官、名流、商贸、士绅家中必备之物的瓷板画，除了一部分进入艺术品收藏市场交易外，多数精品已被当地专业性的博物馆或有关展览单位收藏，这些专业性的博物馆或有关展览单位的所在地区就可以被基本认定为收藏地。对民俗文物及相关物品中某一种或某一类产品的收藏地认定，又能够从另一个角度对某一种或某一类产品的传播途径和流传范围提供辅助证明。多数情况下，被基本认定的使用地和收藏地在很大程度上是重合的。

历史文献比对认定，也是民俗文物及相关物品价值衡量或评估工作中的重要方面。通过查阅历史文献以及传世实物的相关记录，并以此与民俗文物及相关物品的现状进行比对，从中找出某一种或某一类物品在造型、尺度、品质、风格、工艺和使用方式、流传范围等方面的差异，可以为衡量与评估其历史、艺术和科学的价值提供翔实的依据及参考。还可以将某一种或某一类物品的源起、发展、流传、现状以及著名艺人、典型作品等基本历史情况了解清楚，从而在民俗文物与民间物质文化的田野调查作业过程中做到心中有数，于整体上把握调研、征集和认定工作的方向与重点。如在浙江省南部地区广为流传的夹缬[22]蓝染工艺是有着悠久历史的传统印染工艺，“秦汉间始有之，不知何人所造”[23]。传世的实物多为唐宋时期的遗物，“如敦煌彩塑菩萨所着的夹缬彩装，英国大英博物馆收藏的西域出土夹缬残片，以及日本正仓院保存的唐皇赠送遣唐使和高僧东渡所携之物等。从这些实物中可知当时的夹缬属彩色印染，织物质地为丝”[24]，与现在的棉布单色印染有着很大的差别，但其工艺技术当是一脉相承的。通过田野调查作业发现，现在艺人制靛的技术与古代文献中的记述亦有些小的差别。[25]其产品虽然主要是用作被面，但流传范围却能覆盖整个浙江南部和福建省的部分地区，直至20世纪60年代还是这些地方民间婚嫁的必备之物。其图案表现的内容有戏曲人物、吉祥纹样、花鸟图案和文字图案等与古代传世的实物资料大体相近。通过与历史文献和传世实物资料的比对，所获取的相关信息及数据将

夹缬花布版

夹缬花布被面

以其真实性和权威性，在对夹缬印染工艺制品价值进行衡量和评估的过程中发挥着不可替代的作用。

在民间社会生活中，带有款识的民俗文物及相关物品非常普遍，多数是某一行业的名品或某个地区的特产。随着时间的推移，这些过去的名品或特产除了文物具备的历史、艺术和科学的价值之外，一般情况下还具有较高的经济价值。因此，通过对器物上的款识认定开展民俗文物及相关物品的价值认定工作不失为一条极为便利的途径。“民俗文物的款识，可以归纳为名款、年款、地域款识、记事款识、工艺款识与其他等六大类，每大类包含若干小类。”[26]如名款就有制作者名款、贩卖者名款、使用者名款、赠予者名款、持有者名款和物名款识等种类，年款则有朝代年款、干支年款、纪念年款、混合年款等样式。过去铜手炉上的“光绪年制”款、佛山狮头上的“德泰祥”款、广州贝雕上的“粤东省濠畔街吴和昌造”款、杭州雕刻木器上的“王盛记”款等不同类型的款识，以雕刻、嵌镶、髹饰、铸造、错金银、描绘、粘贴等形式表现在器物上，所携带的信息极为丰富，但又非常直观，可以通过查阅文献资料确认，从而为民俗文物及相关物品的鉴定提供依据。

需要说明的是，一般情况下对民俗文物及相关物品进行价值认定的程序，多是在民俗文物与民间物质文化田野调查作业的现场进行的。但也可以在将

光绪年制铜手炉

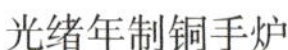

铜手炉光绪年制款

征集的民俗文物及相关物品运回到博物馆或有关展览单位后再进行，只是时间不要间隔太长，最好是在民俗文物与民间物质文化田野调查作业或是价值认定工作基本完成后的10天内进行。若有特殊情况需要延迟，最好不要超过30天。这样可以基本保证田野调查作业工作现场获取的信息和数据的完整性、即时性，从而确保民俗文物及相关物品认定工作的质量。

第三节
民俗文物及相关物品的鉴定

就一般的博物馆和专业展览单位而言，收藏各类民俗文物及相关物品的途径，除了通过民俗文物与民间物质文化的田野调查作业征集之外，还可以通过捐赠、收购、赎买、拍卖等方式，对流散在社会上的各类民俗文物和社会生活中的典型物品进行征集。通过民俗文物与民间物质文化的田野调查作业征集到的民俗文物及相关物品，由于是在其生产地或使用地直接从物品的所有人手中征集到的，多数并不存在真伪的问题，因而无须鉴定。通过捐赠、收购、赎买、拍卖等方式从社会上征集的民俗文物和民间社会生活中的典型物品，在征集、入藏之前首先面临的就是物品的真伪问题，为此需要通过一定的工作程序进行甄别，这样的甄别工作便是文物鉴定。从专业分工的角度来讲，文物鉴定是一项“运用科学方法分析，辨识文物年代、真伪、质地、用途和价值的工作”[27]，民俗文物及相关物品鉴定工作的性质基本上也是如此。

鉴定民俗文物及相关物品的基本方法，有传统的目测鉴定法和现代的科学技术分析测定法。在一般的古代文物鉴定工作实践中，这两种方法既可以单独使用，也可以配合使用，相辅相成，所取得的信息和数据互为映证和补充，从而能够在多个方面对文物进行去伪存真的分析，是今后文物鉴定工作的主要发展方向。在民俗文物及相关物品的鉴定工作中，使用较多的还是传统的目测鉴定法，较少利用依赖仪器的现代科学技术分析测定的方法。之所以如此，是因为在一般的古代文物鉴定工作中所采用的现代科学技术分析测定的方法多是用来测定对象物的年代，主要有拉曼光谱法[28]、电子能谱分析法[29]、铀系法[30]、古地磁法[31]、碳-14测定法[32]、骨化石含氟量测定法[33]、钾-氩法[34]、热释光法[35]等。实践证明，这些利用仪器进行分析测定的现代科学技术方法受其自身工作原理或功能设计的限制，在测定远古时期遗迹和古代文物的年代时相对比较准确，而在测定近现代文物的年代时往往有较大的误差，因为多数民俗文物和民间社会生活中典型物品的年份较短，不符合仪器测定的要求。而且，利用仪器进行分析测定的现代科学技术方法实施鉴定的成本相对较高，并且需要一定的环境条件。相比之下，采用传统的目测鉴定法对民俗文物及相关物品实施鉴定比较符合当前的实际情况。当然，在各方面条件许可的前提下，也可以利用现代科学技术的方法对目测鉴定结果进行验证。

与其他类型的文物一样，民俗文物及相关物品也是一定历史环境的产物，在使用和传播的进程中会产生各种痕迹和变化。随着时间的推移，其初始的形态与后来的样式大相径庭，最早的用途和现在的功能也有所不同，其文化价值则逐渐被隐藏和沉淀到物品本体的背后，从而使人们无法全面认识。近年来，随着中国社会对传统民间文化和非物质文化遗产认识之深化，民俗文物和民间社会生活中典型物品的多方面价值开始凸显出来，一些从事艺术品投资的人群亦对之普遍看好。经济价值的日益攀升，驱使一些人以盈利为目的来伪造或仿造经济价值较高的民俗文物或与民间社会生活相关的典型物品。这些采取各种手段伪造或仿造出来的几可乱真的假古董，通过种种途径在一定范围内流传，使得人们真假难辨，给当前的文化遗产保护工作带来了很多问题。因此，通过鉴定的程序来辨识流散在社会上的民俗文物及相关物品的真伪，为文化遗产的保护和管理提供实际的支持，就成为当下文物鉴定的重要任务之一。

材质不一、品类众多的民俗文物及相关物品，涉及民间社会生活的多个方面，对其进行鉴定是一项细致、繁杂、琐碎的工作，需要历史学、艺术学、文献学、地理学、文化人类学、物理学、化学、材料学和技术学等学科知识和生活常识的支持。对民俗文物及相关物品进行目测鉴定的主要程序大致有辨识真伪、判明年代、评定价值、确定名称等方面，每项程序又有若干分项的具体要求，需要在操作时认真对待。

如同传世的古代文物的情况一般，流散在社会上的民俗文物及相关物品也普遍存在真伪问题。因此，对民俗文物及相关物品辨识真伪至关重要，其结果将会影响到后面的一系列工作。在实际操作中，可以参考和借鉴古代文物在辨识真伪工作中的经验及教训，根据对象物的材料、工艺、造型和装饰等形态特点，参照实施民俗文物与民间物质文化的田野调查作业时通过价值认定获取的信息和数据，选择采用一种或多种方法、技术进行民俗文物及相关物品的辨识真伪工作。某一种或某一类的物品在某个具体地点、具体时间生产制作，所采用的材料、工艺、造型和装饰等因素便自然而然地形成某种连带关系。这样的关系基本上是既定的、稳定的，因而无法更改。与明代上海露香园刺绣技艺一脉相承的苏州刺绣，在清代已经形成平、齐、细、密、和、光、顺、匀[36]的工艺特色。清末时，因为涉外交易的需要，曾一度创造了一些结合海外日常生活的图案和样式，并在刺绣画面的背后衬一块砖红色的棉布，将其称为绣片出售，谓之“洋庄货”[37]。近年来，随着民俗文物及相关物品的增值，在艺术品市场上出现了一大批貌似洋庄货的苏州绣片，大致看过去是不错的，只是细细一看就会发现问题：刺绣画面所用的丝线比较粗，针脚多处不均匀，画面的人物、动物和植物的绣制技艺水平不一，似乎是多人的流水作业。更为明显的是，其背面的衬布虽然表面看去质感差不多，却是化纤质地。根据以上分析，可以基本判断这些苏州绣片为现代的仿制品。

洋庄货绣片

判明物品的年代亦是对民俗文物及相关物品进行鉴定的主要工作内容。民俗文物及相关物品的年代一旦确定，便可以为研究近现代历史提供精确的物证，为传统民间文化的研究提供客观的标本，为造物艺术的研究提供实在的个案，从而可以在更大范围内发挥多方面的作用。在民俗文物及相关物品的鉴定过程中，判明年代的主要手段有参照比对、文献检索、款识认定等。参照比对是利用已经知道年份的标准器物或事物作为参照物，使未知时期的民俗文物及相关物品通过比对参照物来判明年代。实际操作时，待判明年代的物品往往与参照物有一定的差距，不能完全吻合，此时不妨将参照物的材料、工艺、造型、尺度和装饰作为 5 项参考指标。如果待判明年代的物品有 3 项以上的指标能够与之基本相符，再参照其他方面的信息和数据，就能够得出相对准确的结论。文献检索是通过查对历史上遗留下来的文字材料和影像图画资料，对未知时期的民俗文物及相关物品的年代进行判明。在这里，影像图画资料比文字资料的作用更为关键，因为影像图画资料能够提供更加

光明眼药瓶

金庆泰和生
（光明眼药瓶背面）

直观的参考信息。近年来，一大批由不同身份的外国人于两百年前在中国拍摄的照片通过文化交流的渠道回归中国，这些反映各地民间社会生活的照片能够为民俗文物及相关物品的认定和鉴定提供影像参考。同时，近代以来各个历史阶段在各地印制的带有插图的蒙学课本以及历书、报刊、小说等也能够提供具有重要参考价值的图像，应当予以重视。款识认定可以通过器物上的年款直接判明年代，因而有着其他方式不具备的优点和便利。

评定物品的价值是民俗文物及相关物品鉴定工作中必须进行的程序。在文物的征集和收藏过程中，价值的认定和鉴定是最为关键的基础工作，其结果是博物馆和有关展览单位确定文物是否征集入藏及分级管理的重要依据。对于某一件具体的物品，如果不具备一定的历史、艺术和科学的价值，就不能称其为文物，民俗文物及相关物品也不能例外。因此，在价值未经判明的物品被确认为文物之前，需要经过一定的程序对其进行研究和鉴定，参照相关标准和要求来评定是否具有一定的历史、艺术和科学的价值。在确认为文物之后，更要进行深入研究，并参照具体的标准和要求[38]来评定文物具有的历史、艺术、科学价值之高低。流散文物[39]的特殊性，使得民俗文物及相关物品的鉴定工作在程序上比认定工作更为复杂、要求更高，需要谨慎从事。在这里，民俗文物与民间文化田野调查作业过程中的认定工作已经获取的信息和数据，以及在此过程中得到的经验和教训，为民俗文物及相关物品的鉴定工作提供了重要的参照指标和参考数据。当然，评定价值的过程中，应当将具体的民俗文物及相关物品置于与之相应的历史环境，确定其材质，鉴识其工艺，分析其形态，了解其用途，揭示其内涵，根据其历史地位和作用确定价值之高低。

之所以要将确定名称作为鉴定工作的一个环节，是因为名称的确定是以民俗文物及相关物品的各项基本信息和数据以及有关文献记录为基础来进行的。长期以来，在民俗文物与民间物质文化田野调查作业和民俗文物及相关物品调研、征集、认定与鉴定的过程中，经常会遇到名称不规范的情况，如名不副实、一物多名、同名多物、方言称呼和俗名称呼等，给实际的研究、展览、管理等工作带来了许多困难，因此需要通过一定的程序来确定名称。按照规定，“历史文物定名一般应有三个组成部分，即年代、款识或作用，特征、纹饰或颜色，器形或用途”[40]。鉴于民俗文物及相关物品的特殊性，在认定或鉴定的过程中对其确定名称时，应当兼顾一物一名的原则，尽量采用物品的本名、学名或约定俗成的名称；如果一件物品有多个名称，定名时亦只能采用物品的本名、学名或约定俗成的名称，其他的如俗名、方言称呼等名称可以在适当的场合以一定的方式予以说明；少数民族居住地流传的物品同时拥有少数民族语言名称和汉语名称的，应采用少数民族语言名称，汉语名称可以用作注释或说明。不同地方形态、功能相近的物品使用同一个名称时，可以在名称的前面加上地名以示区别；同理，不同少数民族形态、功能相近的物品使用同一个名称时，可以在名称的前面加上少数民族的族名以示区别。需要注意的是，确定名称要符合汉语规范，多字组成的单个名词要遵循汉语的构词要求，复合词的构成要考虑字与词或词与词搭配的逻辑关系，以不产生歧义者为宜。同时，确定名称也要注重科学性，在名称的字面上应当尽量表达对应的实物的概念和含义，一目了然，使专家容易理解、外行能够接受，方便沟通与交流。

注释

[1] 文化部于2001年4月9日颁布的《文物藏品定级标准》规定："文物藏品分为珍贵文物和一般文物。珍贵文物分为一、二、三级。具有特别重要历史、艺术、科学价值的代表性文物为一级文物，具有重要历史、艺术、科学价值的为二级文物，具有比较重要历史、艺术、科学价值的为三级文物。具有一定历史、艺术、科学价值的为一般文物。"

[2] 谢辰生《文物》，《中国大百科全书·文物博物馆卷》，北京·上海：中国大百科全书出版社，1993年1月，第585页。

[3] 国家文物局2003年5月13日"关于印发《近现代文物征集参考范围》和《近现代一级文物藏品定级标准（试行）》的通知"之附件"近现代文物征集参考范围"。

[4] 煤油灯，1856年在法国北部布莱（Bray）地区日尔贝路瓦（Gerberoy）的一个村庄里由年轻的迪格多·郎塔尼（Diguedo Letain）发明。相传于清代道光年间传入中国，其亮度为普通油灯的4~5倍，从而很快在中国城乡普及。因多使用进口煤油，民间俗称洋油灯，某些地区亦称之为美孚灯。

[5] 护国运动，在云南发端的反对袁世凯称帝、捍卫民国共和体制的运动。1915年12月25日，唐继尧、蔡锷、李烈钧等向全国发出通电，宣布云南独立，反对帝制，武力讨袁。按照中华民国成立时的体制和名称，设立都督府，以唐继尧为都督。组织护国军，以蔡锷、李烈钧为护国第一、二军总司令，统兵出征，分别进入四川、广西等地；唐继尧兼任护国第三军总司令，留守云南。1916年1月1日，云南军政府发布讨袁檄文，历数袁世凯二十大罪状，号召全国军民共同讨伐袁世凯，保卫共和民国。接着，贵州、广西、广东、浙江、陕西、四川、湖南等省先后宣布独立，通电迫袁退位。北洋系军阀、官僚与袁世凯离异，帝国主义各国亦"警告"袁缓称帝。袁在内外压力下于1916年3月22日宣布撤销帝制，企图退保总统地位，但遭到各方拒绝。5月8日，军务院在广东肇庆成立，唐继尧任抚军长，与袁世凯政府对峙。6月6日，袁世凯忧愤而死，由黎元洪任大总统，宣布恢复《临时约法》和国会。护国运动胜利结束。

[6] 王星记，即王星记扇庄，原位于浙江省杭州市清河坊，由祖籍绍兴的王星斋（1850—1909）于清代光绪元年（1875年）创建。王星斋是三代相传的制扇名家，其妻陈瑛也是制扇能手，擅长贴花、洒金。所制黑纸扇因选料优、制作精赢得顾客，曾被选为贡品。光绪三年以后，王星斋相继在北京、上海、天津、济南、成都等地开设分号，有"天下第一扇庄"之称。后来，扇庄由王星斋次子王子清（1898—1969）继承。1929年，"王星记"黑纸扇在杭州西湖博览会上获奖。扇庄的产品做工考究，一般的扇子都要经过糊面、折面、上色、整形等十六道工序。品种有黑纸扇、檀香扇、绢扇、白纸扇、羽毛扇、宫团扇、戏剧扇等，其中以黑纸扇和檀香扇最为著名。黑纸扇以棕竹和桑皮纸做材料，既可以扇风取凉，又能遮阳蔽雨，有"一把扇子半把伞"之说。檀香扇是以印度产檀香木为原料制作而成，木质细腻、坚硬，含有天然的芳香油，香味纯正、淡雅，制成扇子，有"扇在香存"之誉。制作时，须经拉花、烫花、雕刻等工序，用钢丝锯手工拉出上万个大小不一、形状各异的小孔，组成千变万化的精美图案，使檀香扇更加精细、高雅。

[7] 张小泉（1626—？），明末清初著名制剪工匠，安徽黟县人。明崇祯年间，带领儿子张近高

前往杭州大井巷开设“张大隆”剪刀铺，以祖传技艺生产剪刀。由于采用了浙江龙泉的好钢做原料，又经过精心制作，生产的剪子锋快耐用，并创造了独树一帜的嵌钢制剪技术，取名“张大隆”剪刀。清康熙二年（1663年），改名“张小泉”剪刀，后为防止假冒，其子张近高在“张小泉”名下加上“近记”两字，以为正宗。“张小泉”剪刀以选料讲究、镶钢均匀、磨工精细、锋利异常、式样精美、经久耐用而著称，在乾隆年间曾被列为贡品，1915年在巴拿马万国博览会上获二等奖，1950年后曾三次获全国评比第一名。

[8] 明式家具，中国15—17世纪的家具式样。多采用紫檀、花梨、红木等质地坚硬、纹理细密、色泽光润的木材制成，在某些部位还使用竹、藤等材料制作，其结构榫卯结合，造型大方，装饰简练，主要品类有坐卧类、承具类、卧具类、皮具类、架具类、屏具类。在世界家具史上有着重要的地位。

[9] 桃花坞年画，民间木版年画之一种。桃花坞是苏州一处风景胜地，位于阊门内北城下。相传宋徽宗时，枢密章楶曾营造别业于此；明弘治十九年（1506年），唐寅曾在此建筑桃花庵别业。明清时期，随着苏州城市经济的发展，阊门一带集中了许多手工艺作坊，以年画铺为最多。当时的画铺有四五十家，大部分设在枫桥、山塘街、虎丘和阊门内桃花坞至报恩寺塔一带。年产年画达百万张以上，销往全国各地及南洋等地。从现存的作品来看，早期的桃花坞年画儒雅清秀，在处理仕女、什景、花卉等题材时，多采用传统的立轴和册页的构图形式；在画面的经营上，可以看出宋代院体画、明代界画和文人画的影响。

[10] 浮世绘，江户时代兴起的日本绘画流派，“浮世”即“当世”之意。作为一种现代风俗画，多以都市生活和戏剧为题材，也有描绘风景和花鸟的。画作多被复制成版画而得以普及。

[11] 日本美术史家藤悬静也（1881—1958）是研究浮世绘的权威，“他的研究是从浮世绘的角度来论述苏州版画的。他认为通过浮世绘的历史可以看出，传入日本的苏州版画对浮世绘的产生起了很大作用”。参见泷本弘之《战前から日本における中国民间版画研究の步みとその人々》，日中艺术研究会编《世界から見た中国民間版画——第三回中国民間版画国际シンポジウム论文集》，东京：日本民艺馆发行，1999年3月，第33页。

[12] 拴马桩，也称拴马石、望桩、样桩、看桩，是民间用来拴马的石刻立桩，广泛流传于陕西关中、渭北等地区的乡村中。立于农家宅院门前用以拴马、牛等牲畜。所用石材多为灰青石、黑青石，少数用细砂石。一般高2.5~3米，桩体由桩头、桩颈（台座）、桩身和桩根四部分构成。桩头是拴马桩的主要部位，多以圆雕表现人物、人与兽或多人物组合形象，桩身的浮雕图案有莲瓣、鹿、马、鸟、兔、云水、博古和串枝纹、卷水、云水纹等，有着浓厚的地方特色。

[13] 木牌画，东巴祭祀仪式中使用的道具，分尖头形和平头形。尖头形木牌画，一般画神的形象，举行仪式时插于上方神坛前；平头形木牌画，多画鬼的形象，祭祀时插于下方的鬼寨中。多用毛笔和矿物质颜料绘制，画面层次分明，线条工整，造型准确，色彩富丽。

[14] 罗盘，又叫罗庚、罗经，是中国古代利用指南针定位原理测量地平方位的工具，也是风水师看风水的主要工具。罗盘的盘面由位于盘中央的磁针和一系列同心圆盘组成，最基本的只有三盘：地盘、人盘和天盘，其他诸盘则是对三盘的注释和进一步的具体化，是为三盘服务的。主要用于风水上

的格龙、消砂、纳水和确定建筑物的坐向。

[15] 七巧板，中国民间广为流传的智力玩具。把一块正方形的薄板切成五个三角形、一个正方形和一个长斜方形，可以拼出千余种不同的形状。相传起源于中国先秦时期的《周髀算经》中证明勾股定理的正方形切割术，是将大正方形切割成四个同样的三角形和一个小正方形。现在的七巧板是由宋代的燕几图演变而来，到明代时发展为蝶几图，清代初年才演变成七巧图。18 世纪时，七巧板传到国外，引起了人们极大的兴趣，将其叫作"唐图"（tangram），意思是"来自中国的拼图"。

[16] 南京钟，又叫本钟、苏钟、插屏钟，是明末清初在南京根据西洋钟改制的一种地产钟表。据清代刘献廷《广阳杂记》记载，明末江宁人吉坦然制造过一件叫作"通天塔"的自鸣钟，其"形如西域浮屠，置架上自以银块填之，塔之下层，中藏铜轮，互相带动，外不得见。中层前开一门，有时盘如圆桶"。此后，南京的造钟业迅速发展起来，其鼎盛时期，南京城内曾有过 40 多家造钟作坊。南京钟从零件到机芯、外壳全部都是手工制造。咸丰三年（1853 年）后，因南京战乱频繁，造钟匠逐渐将造钟技术带到扬州，后又传到苏州、上海、宁波等地，这些地方造出的钟表在当时也被称为"南京钟"。

[17] 泉州花灯，福建泉州地区的民间彩扎工艺。相传始于唐代，宋代更加繁盛，据《晋江县志》记载："岁时行乐，如元宵闹灯，端午竞渡。"元宵闹花灯的习俗，促进了泉州花灯扎作技艺的发展。明大学士黄景昉（泉州人）《温陵旧事》记载的泉州花灯为"周围灯火，缘以练锦，缀以流苏，鼓鸣于内，钟应于外"。近代以来，泉州花灯有木制骨架、铁丝扎骨、竹篾扎骨等，还有用纸折成方柱形的纸管组成骨架，是一种工艺制作较为精致的彩灯。表面用丝绸或纸张糊贴，然后用框线剪贴，结合包堆、彩绘等方法装饰，有的配以诗文或书法，有的则运用针刺、镂刻手法制作图案。还可以根据具体要求调整灯的结构制成可以悬挂、平放、手提、拖牵、挥舞等形式的花灯。

[18] 谢肇淛（1567—1624），字在杭，号武林、小草斋主人，晚号山水劳人。福建长乐县江田人，后随父居福州。明万历二十年（1592 年）进士，入仕多年，官至广西右布政使。博学多才，擅长诗文，与徐熥、徐𤊹、曹学佺等结社论诗。历游川、陕、两湖、两广、江、浙各地名山大川，所至皆有吟咏。其诗雄迈苍凉，写实抒情。一生勤于著述，写作大量笔记小品。所著《五杂俎》，多记掌故风物，为明代有影响的博物学著作。另著有《文海披沙》《史觹》《滇略》《长溪琐语》《小草斋诗话》《小草斋集》《方广岩志》《太姥山志》《支提山志》等，还曾助修《福州府志》和《永福县志》。

[19] [清] 王玉书《灯谜》诗。作者为晚清泉州桐阴吟社社员。

[20] 陈垂成《元宵节泉州民俗——"闹花灯"和迎赛会》，泉州广播电视报网（http://www.qzrt.com/321/2006-02-10/121753.htm）。

[21] 瓷板画，陶瓷艺术品之一，主要产于江西景德镇、高安等地。相传始于明代，多镶嵌于屏风、柜门、床架等处做装饰用。至清代中期，民间艺人运用中国画中浅绛彩的绘画方法进行临摹和创作，使瓷板画成为独立的品种。清末民初，瓷板画已成为达官贵人家中必备之物。瓷板画多以四幅成套，亦有按客商要求做成四块或八块，由不同内容的画面配成一套，有青花、五彩、釉里红等不同品种。以"珠山八友"的作品最受欢迎。民国初年的浅绛彩瓷板画，其画面设计、勾画到渲染

皆由一人完成，题材亦呈多样化。民国时期瓷板画大行其道，以粉彩瓷板为主，画面内容有山水、花鸟、人物、虫草等。瓷板画的尺寸大者为三尺多的中堂，小者仅巴掌大小，又以插屏最为流行。

[22] 夹缬，用阴刻花纹夹板防染的印染方法。夹板多采用红柴、枫树、杨梅树、棠梨树等树材，锯成木板刨平，共取17块木板，除第一与最后的两块是4.8厘米厚、单面刻花外，余者均为2.8厘米厚、两面阴刻对称花纹，共32面。取坯布一匹，放至水中浸泡3~4小时后取出阴晾，有七成干时将其按250厘米为一段折成四折，卷在木棒上，然后按顺序安装夹缬板，经调整对齐后将全部夹有坯布的夹板捆紧。放入靛青缸内，经两次以上的浸泡、氧化之后，沥清蓝液，拆开夹板，将染好的夹缬布挂在晾架上吹干，然后浸于河中洗去浮色，晒干后即为成品。

[23] [宋]高承《事物纪原》，引自[唐]袁郊《二仪实录·夹缬》。

[24] 张琴《中国蓝夹缬》，北京：学苑出版社，2006年5月，第5页。

[25] 制靛的技术最早为北魏贾思勰著作《齐民要术·种蓝第五十三》中记录，后宋应星《天工开物·彰施第三·蓝靛》条中的记录更为详细。“凡造淀，叶与茎多者入窖，少者入桶与缸。水浸七日，其汁自来。每水浆一石下石灰五升，搅冲数十下，淀信即结。水性定时，淀沉于底。近来出产，闽人种山皆茶蓝，其数倍于诸蓝。山中结箬篓，输入舟航。其掠出浮沫晒干者曰靛花。凡靛入缸必用稻灰水先和，每日手执竹棍搅动，不可计数，其最佳者曰标缸。”浙江温州地区的艺人目前采用的制靛技术，可参见张琴《中国蓝夹缬》，北京：学苑出版社，2006年5月，第57~60页。

[26] 黄志农《台湾民俗文物款识之整理》，中华民俗艺术基金会编《两岸民俗文化学术研讨会论文集》，台北：台湾省政府文化处，1999年5月，第191页。

[27] 李晓东《文物鉴定》，《中国大百科全书·文物博物馆卷》，北京·上海：中国大百科全书出版社，1993年1月，第598页。

[28] 拉曼光谱（Raman spectroscopy），由拉曼散射（Raman scattering）的分子能级研究扩展而来的一种强有力的分子结构分析的方法，继激光发现之后，其应用领域也得以进一步拓展，可以通过仪器测定对象物分子振动和转动的能级状态来确定文物的年代。拉曼散射是指透明气体、液体、固体介质的分子对入射光的一种特殊的散射现象，是为了纪念其发现者、1930年度诺贝尔物理学奖得主印度物理学家拉曼（Chandrasekhara Venkata Raman, 1888—1970）而命名的。

[29] 电子能谱，为X射线光电子能谱、俄歇电子能谱、真空紫外光电子能谱和电子能量损失谱等表面分析技术集合的总称，是通过分析各种冲击粒子（单能光子、电子、离子、原子等）与原子、分子或固体间碰撞后所发射出的电子的能量来测定原子或分子中电子结合能的分析技术。可以通过对物体表面元素定性和定量的分析测定对象物的年代。

[30] 铀系法，为利用铀系、钍系子体放射性在样品中的不平衡性测定年代的技术的总称，是建立第四纪年代学和对旧石器时代古人类遗址进行断代的有效手段之一。自然界中分布广泛的铀-238、铀-235、钍-232属于长寿命放射性同位素，经过一系列的衰变后，各自分别变成稳定的铅-206、铅-207和铅-208。如果某个长寿命的放射性同位素母体，在封闭体系内经过一段足够长的时间（与寿命最长的子体的半衰期相比），各个子体的放射性强度最终都会达到同母体一样的水平，称为母体和子体

间达到放射性平衡。如果因某种形式的运动，母子体发生迁移分离，在新的体系中依然会趋向于达到新的平衡。在未达到平衡之前，根据其积累的程度，就可以测定出沉积的年代。

[31] 古地磁法，通过对样品磁偏角、倾角和强度的测定来判断年代的方法，包括考古地磁断代和地层沉积磁性断代两种技术方法。考古地磁断代是利用某些文物的热剩磁性来进行断代的技术，多用于新石器时代以来的窑、炉、灶、砖、瓦、陶瓷的年代测定；地层沉积磁性断代是利用地层沉积磁性随地磁极性倒转而倒转的现象进行地层断代的技术，多用于古人类遗址的断代。因古地磁法测定年代的误差较大，使用时应当与其他方法配合使用。

[32] 碳 –14 测定，是利用标本物中碳 –14 元素不断衰变的原理进行年代测定的技术。由 1960 年度诺贝尔化学奖得主、美国芝加哥大学教授威纳德·F. 利比（Willard F. Libby，1908—1980）发明，为考古中应用最广泛的一种测定年代的方法，一般适用的范围在 5 万年以内。由于宇宙射线同地球大气发生作用产生中子，少量大气中的氮核（氮 –14）在中子轰击下发生核反应，产生放射性同位素碳 –14。碳 –14 与氧结合形成 $14CO_2$ 混入大气二氧化碳中，通过光合作用被植物吸收。当植物死亡后，光合作用停止，放射性碳原子衰减，与稳定碳原子之比下降，可以通过测定标本中 14C / 12C 的比值，计算出植物死亡以来的时间。虽然这种方法的精度与设定过去宇宙辐射强度有关，但已证明对 40000 年前的标本进行测定的结果比较接近于真实年代。

[33] 骨化石含氟量测定，利用骨化石中的含氟量来估算相对年代的年代测定技术。可以通过 3 种途径检验：①埋在地下的骨头由于地下水中氟元素的侵入，会使骨头中的无机磷化合物——羟基磷灰石变为氟磷灰石。因为这一过程是不可逆的，故骨头中的含氟量愈高，表示埋在地下的时间愈长。②由于骨头会因吸附地下水中的铀，其含铀量逐渐增加。③因骨头中的蛋白质逐渐分解消失，其含氮量不断减少。实际上，地下的环境条件是不一样的，所以化学变化的速度不可能完全一样，因而不能做绝对断代。

[34] 钾 – 氩法，利用矿物质中钾 –40 衰变成氩 –40 的原理来测定年代的技术。测定年代的范围在 10 万年以上，是古人类学中常用的放射性年代测定方法之一。钾在地壳中含量丰富，重量约占 2.8%。有两个主要的非放射性同位素钾 –39、钾 –41，共占 99.9% 以上。另有一个放射性同位素钾 –40，只占 0.0118%。钾 –40 有两种不同的衰变方式，约有 89% 放射一个电子，衰变成钙 –40，其余的 11% 以捕获 K 层一个电子的方式衰变成氩 –40。由于钙 –40 与原来岩石中的钙 –40 无法区别，难以定量估计。只有钾 –40 衰变成氩 –40 容易测定，可作为年代测定的根据。

[35] 热释光（thermolum inescence，TL），利用绝缘结晶固体的热释光现象来测定年代的技术，适用于陶器及其他火烧粘土样品，测定年代的范围可达数十万年。热释光现象是在绝缘结晶固体受到放射性照射时发生电离，形成电子和空穴，被晶格缺陷或陷阱所捕获，因此贮存起一部分辐射并长期保持下去。加热时电子和空穴可从陷阱中释放出来，重新复合，并以光的形式释放出贮存的能量。由于多种原因，热释光测定年代的精度受到限制，其年代误差一般在 ±10%，最好的情况可能达到 ±5%，不如碳 –14 测定精确。

[36] 平、齐、细、密、和、光、顺、匀，是苏州传统刺绣技艺的八大特点。“平”指绣

面平展；“齐”指图案边缘齐整；“细”指用针细巧，绣线精细；“密”指线条排列紧凑，不露针迹；“和”指设色适宜；“光”指光彩夺目，色泽鲜明；“顺”指丝理圆转自如；“匀”指线条精细均匀，疏密一致。

[37] 洋庄货，指清代末年以外国人和华侨为对象而专门制作的工艺品，经营此类业务的店铺叫作“作洋庄”或“销洋庄”。作为洋庄货的工艺品多采用传统工艺制作，其品类几乎包含所有的传统工艺品种，除形式和尺度为西洋标准外，装饰和工艺多为中国传统的特色。

[38] 参见文化部 2001 年 4 月 9 日颁布的《文物藏品定级标准》、国家文物局 2003 年 5 月 13 日印发的《近现代一级文物藏品定级标准（试行）》。

[39] 流散文物，通常指未被国家收藏而分散于社会各处的文物。为文物、博物馆的行业用语。

[40] 参见国家文物局 1985 年 1 月 25 日公布的《博物馆藏品管理办法》第八条“登账”之 2“藏品定名”。

第八章　民俗文物的保管与展示

作为馆藏文物的民俗文物及相关物品的保护与管理、陈列与展示，是专业性的博物馆和有关展览单位的两项重要业务工作。其工作质量之高下，直接关系到文物藏品的安全与否、文物藏品作用的发挥以及对博物馆和有关展览单位业务水平之评价。

长期以来，文物、博物馆界在对待馆藏文物的问题上普遍存在着这样的倾向：重视了古代的而忽视了近现代的，重视了经济价值高的而忽视了经济价值低的，重视了中原地区的而忽视了边远地区的，重视了汉民族的而忽视了少数民族的。受其影响，在各地的博物馆和有关展览单位中，一直将民俗文物及相关物品看作“杂项”物品而不予以重视，对民俗文物及相关物品的保护与管理工作亦处于边缘化的境地。

其实，与其他性质的馆藏文物一样，民俗文物及相关物品也是博物馆和有关展览单位开展与人文科学有关的业务活动及其他活动的物质基础，因此，必须按照规定的工作程序和方法[1]，并且兼顾民俗文物及相关物品的学科属性和物理属性等方面的特殊要求，认真做好包括科学保护和接收、登账、分类、定级、编目、建档、入库、保管、提用、注销、统计等任务在内的民俗文物藏品的保护与管理工作。

利用馆藏的民俗文物及相关物品来举办各种类型的专业展览，是博物馆和有关展览单位向社会公众展示一定区域社会历史与民俗学发展过程和规律及相关知识的重要途径。陈列或展示无论是长期的还是临时的，是综合性的还是专题性的，既然是利用民俗文物及相关物品构成的展览，就要采用多种科学、艺术和技术的陈列或展示的手段，才能从根本上发挥馆藏民俗文物及相关物品的作用，把陈列或展示的主题意义充分地表现出来。

第一节
民俗文物的保护与管理

在多数博物馆和有关展览单位中，馆藏文物的技术保护与科学管理分属不同的业务职能部门，作业的规范和要求也不一样。民俗文物及相关物品的技术保护与科学管理的作业规范和要求又有所不同，因此在实际工作中必须予以注意。

1. 民俗文物的保护处理

一般情况下，对即将入藏的民俗文物及相关物品采用科技手段保护，是对作为馆藏文物的民俗文物及相关物品的科学管理工作的重要组成部分。保护工作的质量直接关系到馆藏文物的寿命和安全。

博物馆和有关展览单位收藏的民俗文物及相关物品的来源是多方面的，既有通过田野调查作业直接征集的，也有从收藏单位或收藏家手中整体接收的，还有是从文物商店征调的，或者是从文物市场购买的。由于种种条件的限制，除直接从征集地征集的民俗文物及相关物品经过了规范的现场保护处理之外，其余来源的民俗文物及相关物品的保存状况有好有坏、参差不齐，因此需要对之进行规范而又严格的保护处理之后才能入藏。具体工作多由专业的文物保护技术人员承担。

用棉、麻、丝绸、毛发、纸、竹、木、藤、草、生漆、皮革、角、骨、象牙和土、石、金属以及陶瓷、玻璃等材料制作的民俗文物及相关物品，在成为博物馆和有关展览单位正式的馆藏文物之前，需要进行比较彻底的保护处理。首先，是对民俗文物及相关物品的表面进行清理。若是在征集地进行过现场保护处理的，可以查一下相关的保护处理记录，然后再确定保护处理的方案。清除民俗文物及相关物品表面上沾的灰尘、污垢、虫卵以及霉菌等有害物质，是所有即将入藏文物规范性保护处理的第一步，可以用抹布擦拭，也可以用干净水漂洗，或者用中性的化学溶剂浸泡洗涤，再用药物熏蒸除虫防霉。而后，再根据不同类型、种类的民俗文物及相关物品的材料质地，确定采用何种方式进行严格的保护处理。保护处理的过程要进行记录，保护的记录要存档，有条件的博物馆和有关展览单位可以建立自己的馆藏民俗文物及相关物品的保护技术数据库。

对近代以来丝、毛、棉、麻等天然纤维材料制成的服装和染织品以及刺绣等物品的清理，尽量不要采用水洗的方式。如果衣物的污染程度确实比较严重才需要水洗，但在清洗之前要对衣物进行查验，鉴定纤维性质[2]、识别污染类别、试验染料牢度、记录损坏程度。如果其纤维的化学结构和物理性能已经接近损毁，并且有一定程度的掉色现象，就不能水洗，可改用干洗[3]或其他方法处理。清洗时的水温以35℃左右为宜，水中可加入少量的中性洗涤剂，严禁使用碱性洗涤剂和添加酶、荧光增白剂等成分的洗涤剂。清洗时，既不能对衣物施以搓、揉、拧，也不能在太阳底下晾晒，而是将其顺着衣物面料的经纬方向摆放在竹帘或塑料网上，放在阴凉通风处吹干。晾干后的衣物要尽量平放在箱柜中，贵重的衣物可以放在专用的塑料袋中单独收藏，必要时应当充氮存放。对于已经开始糟朽断裂的各种染织品和刺绣等物，可以采用传统的托裱方法将其装裱起来保存。虽然也可以用聚乙烯醇缩丁醛、羟甲基尼龙等高分子材料对服装、染织品以及刺绣等物进行加固，但过度保护亦有副作用，所以不主张使用。少量情况特殊的服装和染织品以及刺

中国非物质文化遗产保护成果展览展出的戏装

绣等物品，亦可以根据具体情况，选用丝网加固[4]、水封冷藏[5]、玻璃夹持[6]、密封隔绝[7]和树脂喷涂[8]等用于古代纺织品的技术和方法进行保护处理。一般情况下，服装和染织品以及刺绣等物品在入藏前还要经过药物熏蒸[9]消毒处理才行。

纸质的民俗文物及相关物品在民间社会生活中的存有量相当大，文献档案、版印书籍等多承载着丰富的历史文化信息，民间绘画、剪纸以及纸张本身直接体现出来的艺术价值则更为珍贵。近代以来的纸张产品除传统的手工方法生产之外，还有机械方法生产。手工方法生产的纸张因为采用了生态化的制作工艺，原材料中所含的植物纤维较长，纤维素、半纤维素和木质素等主要成分配比也较为合理，因而具有一定的强度和耐久性。机械方法生产的纸张因其生产过程中使用了化学药物进行清洗和漂白，又添加了动物胶、淀粉等辅助成分，成品纸张残留了较多的硫酸、明矾和氯漂白剂等破坏性较大的物质，从而降低了纸张的牢度，进而导致腐蚀、朽坏。在实际生活中，以纸为材料的民俗文物及相关物品因原料成分的复杂以及制作、使用方式和保存环境的差别，多数保存状况不佳，有的表面被污染，有的被霉菌和微生物侵害，有的则因其本身所含的酸性物质出现变质变得相当脆弱，因此，需要由专业技术人员采用专门技术、设备、药物对之保护和修复。采用传统手工

修复前的木版年画

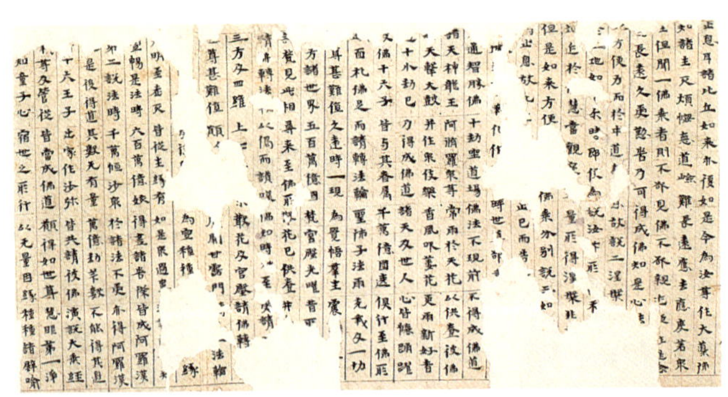

修复后的写经残纸　北凉（397—439）　纵 34 cm　横 142 cm
传世品　中国历史博物馆藏
引自《中国古代科技文物展》香港历史博物馆　1998

方法生产的纸张及加工物品的保护处理以修复、装裱等方式为主，防霉驱虫的药物亦多采用中草药[10]制成品。用机械方法制成的纸张，时间长了会受到残留酸性物质的侵害。当纸张的 pH 值在 4~4.5 时就会变得相当脆弱，发现纸张的 pH 值低于 5.6 时就需要采取措施进行脱酸处理[11]。如果纸张已经相当脆弱，可以参照古代纸质文物的修复方法[12]进行修复和加固，机械方法制成的纸张还要经过消毒处理[13]才能送交仓库入藏。

即便是经过现场保护处理的竹、木、藤、草质地的民俗文物及相关物品，因为其本身具有很强的吸湿性，成分中的某些物质还是害虫和微生物生长的养料，所以必须对其采取防潮、脱水、驱虫和灭菌等有效措施进行科学保护与修复。一般情况下，从征集地运回来的竹、木、藤、草等质地的物品，还要保持适度的水分，否则容易引起收缩、变形和开裂，甚至失去原状，所以最好采用缓慢干燥[14]的方法脱水。若是含水率较高，腐朽情况又比较严重的，则要采用树脂连浸脱水加固[15]的方法处理。竹、木、藤、草质地的民俗文物及相关物品最容易遭受虫害和微生物侵害，常见病害有各种蛀木虫[16]、白蚁、霉菌和木腐菌等。蛀木虫和白蚁等常常把完好的物品组织破坏成细粉，霉菌会在物品的表面留下污迹和有色斑点，木腐菌的侵害会致物品材质酥软，必须采用多种方法[17]进行杀虫灭菌处理。如果竹、木、藤、草质地的物品损毁情况比较严重，应当采用相应的技术手段[18]进行修复。

在征集地经过除尘处理的髹漆制成的民俗文物及相关物品，运回征集单位之后要放置在阴凉的室内，以防止因温度、湿度、空气等自然环境的剧烈变化而损毁。与历史上的漆器一样，民间漆器的胎骨主要有竹胎、木胎和夹纻胎等，经磨光、髹漆、彩绘等工序制成名目繁多、性能各异的器具。作为多种材料之复合体的民间漆器，在复杂的生活环境中长期使用，会因温度、湿度等自然环境的变化而出现器形收缩、变形和开裂，处于过分阴暗、潮湿环境中的漆器会被霉菌等微生物侵害而致色泽变暗，应当加以保养和维护。漆器的修复维护必须在干燥环境中进行，细小的裂纹可以用虫胶、乙醇溶液

基诺族小竹箱、碗套和竹勺
云南省景洪市

修复红木小件

灌注填充，较大的裂缝则要用环氧树脂填补。如果图案花纹因裂纹而残缺的，可用生漆调颜料修补。修补的材料干结后用砂纸打磨，然后再上退光漆并打蜡抛光。为了防止漆器再次干裂，可以在漆器表面涂一层微晶石蜡做保护层。若是损坏残破状况严重而又确实重要的漆器文物，可以采用更换木胎的方法[19]修复。

作为民俗文物征集的年代久远的皮革制品，因为长时间的不当使用，加上环境的影响以及害虫和微生物的蛀蚀，多数物品已经僵硬、发脆和开裂，应当立刻加以保护。一般外表状况良好的皮革制品，可以用甘油、羊毛脂、蓖麻子油或甘油和水、蛋黄制成的乳剂进行维护保养。对于已经僵硬、发脆的皮革制品，可先用湿棉布在皮革制品表面擦拭，然后涂抹以羊毛脂为主要成分的混合液体后鞣皮，使混合液体浸透到皮革组织中而使之润滑，涂抹在酥化部分的混合溶剂中要掺入一定比例的蜂蜡，凝固后能够起到较好的保护作用。如果是开裂、糟朽的皮革制品，可以在皮革的背面裱衬帆布或皮纸使之加固。最后，还需要对皮革制品进行防虫杀菌处理[20]。

民俗文物中一些艺术性较高的雕刻摆件，除了竹、木、藤等材料制成的之外，有不少是用动物的角、骨、牙以及玳瑁等材料制作的。处于自然环境中的角、骨、牙和玳瑁等质地的民俗文物及相关物品，长期以来在各种微生物以及多种盐类物质的侵蚀下失水收缩、老化变脆，其本身所含的骨蛋白、磷酸钙和胶原质等有机物质亦逐渐分解而导致质地疏松、翘曲、开裂，有的已经剥落脱层、表面粉化，有的表面则出现了一层碳酸盐类的锈壳，还有的出现了霉斑等病害，需要进行技术处理后才能入藏。对角、骨、牙和玳瑁等质地的物品进行常规的技术处理，首先要做的是去锈除霉[21]，然后才能对之矫形[22]和加固[23]。如果角、骨、牙和玳瑁等质地的民俗文物及相关物品出现剥落脱层和残缺的状况，则可以选用多种技术方法[24]修复。

经过保护处理的赫哲族帖花鲑鱼皮男服

泥玩具是以泥土为基本材料的民俗文物，所用泥土中多数会掺杂沙、草、棉花或头发等物。各地泥玩具的造型样式各异，有的是手捏造型，有的是翻模制作，有的略加焙烘，有的则施以彩绘，有的还要在表面挂上蛋清。因为在民众眼中是不值钱的玩艺儿，多数泥玩具的保存状况不佳，若是长期处在潮湿的环境中，泥坯更加容易产生裂隙或酥散，彩绘则会起壳脱落。修补时须用胶泥掺以棉花、头发等配制成新塑泥，在泥玩具的破损处涂刷一层聚醋酸乙烯乳液后用工具将新塑泥填补压紧，使新旧塑泥粘接牢固，干透后再用矿物质颜料补色做旧。对一般品相尚好而表面稍有酥松的泥玩具，可以在其表面多次涂刷溶于乙醇的虫胶溶液进行渗碳透加固。若是泥玩具开裂及部分脱落，亦可以用聚醋酸乙烯乳液进行粘接修复。

石质的民俗文物及相关物品的种类繁多，既有用在建筑上的各类石雕装饰品，也有生活中使用的压石、碾、磨、锅、盆、枕、钵、烛台等器物，虽然质地坚硬、成分稳定，但在长期的使用过程中因受到日晒、火烤、水浸等因素的影响以及本身的风化作用，一部分物品往往会发生粉化、变色、生霉、起甲、酥碱、开裂等情况。可以目测确定其损坏的状况，有条件的还可以利用观测分析器材或技术手段对之检测，然后再选用修复的方法。如果情况不太严重，不主张采用技术手段和化学材料维护。一般情况下，需要对入藏前的石质民俗文物进行除污作业[25]，以清除各种盐类衍生物和微生物的侵害。对于表面粉化或表面彩绘起甲的石质文物，宜选用合适的材料[26]涂抹在表面进行渗透加固。已经开裂的石质民俗文物及相关物品，可以采用环氧树脂类、丙烯酸酯类等无机化学材料进行填充粘接，也可以选用其他无机化学材料，要求粘接性好、黏度低、耐冻融，在室温条件下可以固化。对石质民俗文物上损坏的地方，可以视其情况选用不同成分的黏合剂[27]进行修补。损坏较为严重的部位可以用环氧树脂调石粉并掺入少量颜料混合而成的黏合剂修复，风化程度比较严重的石质民俗文物则应使用硝基纤维素或聚醋酸乙烯酯类药物修补。

由于外部环境中多种因素的影响，金、银、铜、铁、锡、铅等金属材料制成的民俗文物及相关物品在长期的使用过程中自然会出现腐蚀现象，需要采取技术措施，清除腐蚀物质和斑痕，控制腐蚀现象的继续发展。通常，金质的民俗文物不太容易被腐蚀，但有时亦会沾上油性有机污垢，可以采用氢氧化钠水溶液浸洗。表面鎏金的金属物品沾上污垢，可以用乙醚、苯、氨水等药液清洗，然后再用蒸馏水冲洗，冲洗后须烘干。鎏金工艺的缺陷往往会使物品表面的金膜留有微孔和裂隙，在日常生活中，潮气、电解质等成分渗入其内，会使其金属基体氧化腐蚀。一般的腐蚀物可用碱性酒石酸钾钠进行清除作业；若是绿色锈蚀物，便是铜的氧化物，可以用酸或氨水清除；若是红色锈蚀物，便是铁的氧化物，可以用盐酸溶液清除。银质器具容易遭受空气中含硫物质的侵蚀，时间长了便会产生一层均匀的黑色硫化银薄膜，若是锈蚀不太严重就不需要处理，展出时只需用软布揩擦即可。如果银器硫化腐蚀情况严重，就要采取相应的技术措施[28]处理。民俗文物中的铜质器具多数并非纯铜材料制成，还含有少量的银、镍、铅、锌、硅等物质成分，在民间社会生活中长时间地使用，往往会在空气和水的作用下使器物受到不同程度的腐蚀，可以参照古代铜器文物的保护方法[29]对其处理。民俗文物中的铁质器具因其材料的化学性质活泼，使用时容易被大气污染而腐蚀，所以需要经常擦拭维护，以保证正常使用。但若是作为文物入藏，就要采用技术手段进行彻底的检查、清洗处理[30]。遭受损毁的铁质器具可以使用环氧树脂等高分子材料进行粘合、修整、辅配、加固，然后再用微晶石蜡等材料对其表面进行封护，最后还要进行消光技术处理，以保持铁质器具的原貌。锡或锡与锌、铅、铜等元素合金制成的器具在使用中一般不易受到侵蚀，但若是长期置于潮湿环境中，器具的表面就会因氧化而形成氧化亚锡，呈粗粒状灰黯色，通常可以采用电化还原法[31]处理。民俗文物中的铅制品尚有一定的数量，使用时容易被醋酸、鞣酸等有机酸以及油、脂类物质污染，可以用技术手段[32]清除。

锡艺　济公

清·“江雨三”款刻瓷人物屏
长 21 cm　宽 15 cm
题款“春风早抬举，高拂玉云飞”
扬州博物馆藏

陶、瓷、砖、瓦、玻璃等硅酸盐质地的民俗文物虽然有着稳定的化学性能，但在使用过程中很容易被污染，同时由于环境等因素，也会发生机械性的损毁，需要清洗、加固和修复。烧制的砖、瓦和砖雕在外力的作用下容易招致断裂、破损或起酥粉，可以采用渗透加固[33]的方法，以提高砖、瓦制品的耐久性和抗磨性。一般的陶瓷器表面沾附的污垢可以用干净水冲洗，如果表面有盐类不溶性硬结物，可以用酸性溶剂并辅以其他技术手段[34]清洗。如果陶器的质地已经酥松脆弱，可以用减压渗透的方法[35]加固，局部破损或表面釉色剥落亦可以用多种溶剂[36]加固粘合。瓷器表面的污垢可以采用中性洗涤剂清洗，修复、粘接已破碎的瓷器时使用的黏合剂和材料应与陶器质地相同。玻璃器皿因污染而导致透明度下降的可以用稀醋酸擦拭，使之恢复透明；对于开裂的玻璃器皿，可以用透明的环氧树脂黏合加固。

另外，对于用不同性质的材料制成的民俗文物及相关物品进行保护，应当根据材料的类型和性质来确定清洗、修复、维护、保养的方法与手段，以确保民俗文物及相关物品安全入藏，在陈列展览时保持良好的状态。

2. 民俗文物的科学管理

科学管理民俗文物及相关物品是文物藏品管理工作的有机组成部分，也是任何一个博物馆和有关展览单位的日常工作及重要的业务工作，要求做到"制度健全、账目清楚、鉴定确切、编目详明、保管妥善、查用方便"[37]，使之能够得到妥善保存，充分发挥民俗文物及相关物品的多重效益。

经过技术部门清洗、修复、维护、保养后的民俗文物及相关物品，应当及时办理入藏手续。入藏的民俗文物及相关物品需要逐件填写《藏品入库凭证》[38]，然后连同《民俗文物调查登记表》《民俗文物现场保护处理记录表》《民俗文物装箱清单》以及其他原始记录材料一并交给藏品保管部门，并根据原始记录材料提供的数据内容，在《藏品总登记簿》[39]和《民俗文物登记卡》[40]上逐项登记。办理接收手续登记时，使用的登记簿、册、卡片、笔、墨水等工具材料和格式，必须严格按照国家规定的标准[41]执行。需要注意的是，与其他类别的文物一样，民俗文物及相关物品在登记时的总登记号亦为一件一号，采用阿拉伯数字顺序编排，不能有空号。鉴于民俗文物及相关物品以套件为多的特点，其组成部分能够独立存在的可以单独编成一号；若是组成部分不可分割或不能独立，则整体编为一号，但各个组成部分可在总登记号下列出分号，并在备注栏内予以注明。在入藏的民俗文物及相关物品上标注的总登记号，应当与《藏品总登记簿》和《民俗文物登记卡》上的号码为同一号码，标注时以不损坏藏品为原则。石、木、陶瓷、金属等质地较硬的藏品可以在其器体的背面或其他展出时看不到的地方标注，服饰、年画、剪纸等软质的藏品可以采用布质或纸质标签条标注。

由于民俗文物及相关物品多为近现代的产品，登记时应当尽量采用公元纪年，如果器物上本身标有具体纪年的，登记时可以填写具体纪年，但要加注公元纪年。对藏品的测量要精确，藏品登记的尺寸、重量单位要采用国家法定的标准计量单位。藏品状况的描述要准确、详尽，对重要的民俗文物及相关物品不仅要有文字的描述，还要附有藏品整体或局部的图片。对其来源的记录，应当与原始资料相符。对于民俗文物及相关物品的重复品、参考品以及展览时使用的模型等可以另行建账管理，而对其实物的保管要求则与正式入藏的文物一样。包括《藏品总登记簿》在内的各种凭证，每年均要单独

上海中国蓝印花布馆　1991

装订成册，对于民俗文物及相关物品附带的原始资料也要集中保存，并指定专人负责。

登记入藏后的民俗文物及相关物品还要依据一定的规范要求分类，以便妥善管理和方便使用。由于民俗文物及相关物品是根据其自身的社会属性来确定的，与一般藏品采取的以质地为主、兼顾职能和性质的分类规范有所不同，其学术分类多根据民俗文物及相关物品的社会生活功能属性，一般分为生产工具、生活器具、民居建筑、服饰穿戴、仪仗用具、游艺道具六大类，其类别名下各有所属[42]。然而，这样的分类并不适合藏品管理，因为在每类下面都是质地不同、性质各异的藏品，而质地不同、性质各异的藏品的具体管理要求是不一样的。通常，博物馆和有关展览单位的藏品是按质地分库管理的。民俗文物及相关物品也可以按质地分类，而后再分别入库进行科学管理。为了研究和使用的方便，藏品的保管部门可以按其原有的学术分类或专题内容另外编制卡片和各种辅助索引，以方便检索和使用。有条件的地方，可以编制融学术分类和分库管理为一体的软件程序，利用电子计算机管理和检索，可以有效地解决过去在藏品的保护和使用过程中无法回避的多元分类体系的矛盾。

藏品的保管部门要以科学的态度，依据国家文物保护和管理的法律、法规以及文献资料，对新入藏的民俗文物及相关物品的历史、科学和艺术价值做出正确的评估，对其真伪、年代、地区、作者和来源进行认定和核实，对原有名称予以科学鉴别，并对其外观和实质进行概括记录，准确、简明地填写《民俗文物登记卡》中的内容。在此基础上，根据国家统一制定的藏品定级标准[43]，组织专家对入藏的民俗文物及相关物品评定等级。考虑到人们认识的局限性和民俗文物及相关物品的复杂性，如果暂时无法确定等级的，可以先搁置争议，按照意见较为集中的等级标准对有关民俗文物及相关物品进行管理。对于重要的民俗文物藏品要建立档案，档案应当包括该藏品的历史文献资料、来源资料、研究出版资料、修复记录资料、陈列和各种使用情况资料等内容，可以由简到繁、陆续补充。

完成了登账、分类、定级、编目、建档等入藏手续的民俗文物及相关物品，方才成为正式的文物藏品。登记后的民俗文物及相关物品与登记簿、登记卡一并移交库房入库收藏。库房的建筑应当坚固厚实，并配备有安全、坚固、实用的保管设备，还要求备有空调、防火、防盗、防潮、防虫、防尘、防震等设施。存放民俗文物及相关物品的库房要有固定的专职人员管理，保管人员要基本掌握民俗文物与民间物质文化的知识，熟悉作为藏品的民俗文物及相关物品的情况，掌握一些简单的藏品鉴别和保护的方法，及时掌握藏品的状态，定期检查核对。新入藏的民俗文物及相关物品，入库时或提取使用后还要再次进行严格检查并及时消毒杀虫[44]和清洁处理，以防止藏品在交接的过程中带进尘埃、害虫、霉菌等有害物质而影响库内原有藏品的安全。用来保存和维护民俗文物及相关物品的箱柜、囊匣、台座、包装箱、运送车等设备器具，亦需要定期进行消毒杀虫处理。对于民俗文物及相关物品中的一级藏品、不宜公开的藏品和经济价值较高的藏品，应当设立专库或专柜，由专人负责重点收藏管理。

收藏民俗文物及相关物品的库房环境必须保持洁净，一般情况下要求避光，室内照明的光照度最好不要超过 50 勒克司（Lux）；室内温度以 15~25℃为佳，相对湿度宜为 45%~65%，有特殊要求的可以另行保管。有条件的博物馆和有关展览单位可以根据民俗文物及相关物品的质地分库收藏保管，对收藏环境的具体要求也各不相同。纺织类的民俗文物及相关物品多以丝、毛、棉、麻等有机材料制成，其原材料、染料的结构和性质极不稳定，强度和色泽也容易受到光线、温度、湿度、生物或微生物等自然因素的影响。各种可见光和不可见光会造成纺织类藏品的颜色褪变，使有机物的碳链遭到破坏，从而降低其机械强度；室内温度过高，能够使纺织类藏品纤维中的原有水分迅速蒸发，使藏品的表面干裂、发脆；相对湿度过高，将导致纺织类藏品生霉、生虫，霉菌在腐蚀分解纤维的过程中产生二氧化碳和水，而毛衣鱼及皮蠹幼虫等将会使藏品受到蛀蚀和污染。收藏纺织类藏品的库房温度控制在14~18℃为宜，每天的温差不超过2~5℃；相对湿度控制在50%~65%为宜，其变化不超过3%~5%；要经常检查纺织类藏品的保管状况，定期投放防菌、防虫药剂，保持库内清洁。经过保护处理的纸类民俗文物及相关物品仍然要注意防潮，因为一定的水分会导致纸类藏品的性能减弱。光线也是致使纸类藏品变质的原因之一。另外，空气中的有害气体亦会加速纸类藏品的变质进程。因此，保存纸类藏品的库房温度应当控制在15.5℃左右，相对湿度则要求保持在60%左右，照明强度应当低于50勒克司（Lux），存放纸类藏品的环境和空气必须保持洁净。存放竹、木、藤、草类和髹漆类的民俗文物及相关物品的库房，其环境温度宜控制在15~25℃，每天的变化不超过2~5℃；相对湿度宜控制在50%~60%，每天的变化不超过3%~5%。各种动物皮制成的民俗文物及相关物品的保管环境温度不宜过高，高温会使皮革纤维变成胶糊而腐烂变质，以22℃左右为宜；同时要注意相对湿度的控制，过分干燥会使皮革类藏品变得脆弱，过分潮湿又会使皮革类藏品生霉、腐败，比较合适的相对湿度以55%~65%为宜。平时，对有机材料制成的各类藏品要采取多种措施定期检查，及时投放防菌、防虫药剂。存放土、石、陶瓷、金属等无机材料制成的民俗文物及相关物品的库房，其温度以22℃左右为佳，相对湿度以50%左右为宜。

办完入库交接手续的民俗文物及相关物品，无论是集中保管还是分库收藏，都需要进行排架定位，然后才能开展藏品的提取、归还、检查、核对等方面的工作。库房内架、柜的位置布局应当事先规划好，并使之相对固定，然后对架、柜和每个架、柜内部格层的层次与抽屉顺序编上号码。排架定位时既要注意藏品的存放安全，又要方便藏品的检查和调用。因此，在摆放时要把重量较轻的放在上面，较重的放在下面，特别沉重的可以直接摆放在地上。在同一层中，造型矮小的藏品要摆放在前面，形体高大的藏品要摆放在后面；形体细长、重心不稳的藏品可以横放，造型粗大、重心较低的藏品适宜按原样摆放。藏品在排架上定位以后，要将其存放位置的编号标注在藏品卡片和藏品方位索引图上，若有变动应及时变更记录。因展览或研究之需提用民俗文物及相关物品，要以保证藏品的安全为前提，严格按照规定办理藏品提用手续，并在藏品卡片上予以记录。如果在日常的核查中发现某件民俗文物藏品不符合入藏标准，可以通过再次鉴定核准，然后按照规定办理注销手续，并在《藏品总登记簿》上注销，在《民俗文物登记卡》和相关藏品索引中注明。各博物馆和有关展览单位之间的藏品调拨和交换，除按照规定办理出入库交接手续之外，还应当及时在《藏品总登记簿》上注销或登记，在《民俗文物登记卡》和相关藏品索引中注明。藏品的出入库凭证和注销凭证等材料，应当保存起来备查。

另外，为了及时掌握民俗文物藏品的增减和变动情况，有计划地指导业务工作的开展，需要对藏品及其相关数据进行统计，统计的方式、方法与其他类别的文物相同。

第二节
民俗文物的陈列与展示

利用民俗文物及相关物品的藏品制作历史、生活、艺术等方面的综合陈列和专题展览[45]，是博物馆和有关展览单位业务工作的主要内容，也是发挥民俗文物及相关物品社会功能的最佳途径。

过去，除了服饰、剪纸、年画、刺绣、风筝等单项专题展览之外，以民俗文物与民间物质文化为主要内容的陈列和展览并不多，一般是在综合性的历史、生活、艺术等方面的陈列和展览中留出若干个小的专题，如制瓷、造纸、雕版、印刷、织锦、造船等，多数是将民俗文物及相关物品作为历史生活的

扬州中国雕版印刷博物馆摹拟展示局部

佐证，在陈列中处于辅助性的地位。近些年来，随着各地民族民俗类博物馆等专业展览单位的建立，才开始出现了一大批以展示各地区民间社会生活为主要内容的陈列和展览。同时，各地举办的以不同类型的民俗文物与民间物质文化为专题的展览层出不穷。这些以民俗文化为主题的陈列与展览，多方面、多角度地反映了中华民族丰富多彩的传统民间文化，也使社会各界对民俗文物与民间物质文化的价值和作用有了进一步的认识及了解。

以民俗文物及相关物品为主要展品的陈列与展览，其多数以反映民间社会生活和文化艺术为主题，是在对民间社会生活充分研究和理解的基础上，选取合适的展品并辅以文字说明、图片绘画和多媒体演示等构成的，其表现的形式和手法既有用“物”对民间风俗习惯的叙述，也有通过还原民间社会生活来说明某项文化主题的展示；既有同一类型的物品的艺术展现，也有同一主题不同类型器具的集中陈列。如今，利用民俗文物及相关物品历史地、艺术地、科学地再现民间的风俗习惯，采用分类专题展出的方式展现民间的生活方式、价值观念、审美心理，已经成为博物馆和有关展览单位举办民间文化方面的陈列与展览时采用的主要手法。

举办任何利用民俗文物及相关物品的藏品以表现民间社会生活、风俗习惯为主要内容的陈列和展览，与所有的历史、艺术和科学的陈列及展览一样，都要经过策划、构成和展示才能完成，对此有着较高的专业要求。

1. 陈列与展览的策划

以民俗文物及相关物品为主要展品构成的民俗文化陈列及展览，虽然是历史性质的展示，但与以历史文物为主要展品构成的、以叙述历史发展规律、表现历史上的重大事件、反映历史上的文化艺术和科学技术成就的展示相比较，它能够更加集中地、具象地、立体地、真实地反映民间的社会生活状况，反映各地区民众的价值观念，反映民间不同阶层的审美情趣。因此，作为以民俗文物及相关物品为主体或是主要展示内容的陈列与展览，无论是展示民俗文物与民间物质文化，还是利用民俗文物及相关物品来表现民间的社会生活、风俗习惯，其策划的主题都应当从民间的社会生活和风俗习惯入手，或者是综合性的，或者是专题性的，力求多方位、直观地展示中国传统的民俗文化。

中国的民俗学界在经过了长时间的反复论证之后，认为“民俗是人民大众创造、享用和传承的生活文化”，并且将民间广为流传的、纷繁复杂的民俗事象划分为物质民俗、社会民俗、精神民俗和语言民俗四大部类[46]。这样的定义和划分在学术上有一定的合理性，但在策划以民俗文化为主题的陈列与展览时则不能直接用来构成展示的方案。因为陈列与展览是直观的视觉艺术，其展示的内容需要通过空间的分割、展线的流向、板块的布局、色彩的衬托、光线的调控、道具的造型、文字的引导等形式要素来有效地表现。一般情况下，内容需要通过一定的形式来表现，但又会受到形式的制约；内容又与形式相辅相成，特别是当两者统一于某项民俗文化主题的展示时，就成为一个不可分割的整体。另外，各种类型的展馆情况各不相同，有的是通用的展示场地，有的是利用原有的民居建筑改建而成，有的则是建成之后才确定改为展示场地来使用的。这些展示现场的结构与功能等方面的因素对以民俗文化为主题的展示形成了很大的制约，需要在策划时利用各种内容和形式的要素对之进行有效的弥补。

民俗文物是根据其社会功能属性来确定的，但从其产生的历史阶段来看，当属近现代文物，同样具有历史、艺术、科学的价值，可以作为任何展示展品的有机组成部分，在任何规模的全国性或区域性的历史性陈列与展览中发挥作用。但是，在以民俗文化为主题的陈列与展览中，作为展品的民俗文物及相关物品则可以发挥更重要的主导作用。因此，在策划以民俗文化为主题的陈列与展览时对此要有充分的考虑。同样类型的展品，在不同性质的陈列与展览中，其地位和作用是完全不同的。苏州桃花坞木版年画[47]出现在历史性的陈列与展览中时，或者是作为明清时期民间艺术的品类展示，或者是在反映清代末年的历史片段时作为图片资料使用，如《太平天国在苏州》《同盟军新立协约大会》《苏州铁路火轮车公司开往吴淞图》等，是辅助性的、非主流的展品。若是出现在民俗文化方面的陈列与展览中，苏州桃花坞木版年画就成为主流的展品。在苏州桃花坞木版年画乃至中国民间木版年画的专题展览中，其历史渊源、流传发展、艺术成就、工艺制作、艺人谱系等情况，都可以通过桃花坞木版年画以及相关工具的实物和图片、图表等来展示。在苏州民俗博物馆的陈列中，桃花坞木版年画作为地方具有代表性的民间艺术，有着较大篇幅的展示。同时，在介绍苏州地方风俗习惯的板块中，《真正快活十有趣》《新出清朝世界十怕妻》《十美踢球图》等年画展品，以其富有情趣的画面生动地反映了清代末年苏州地方民间社会生活的情景。

《真正快活十有趣》

《十美踢球图》

为了工作的便利，博物馆和有关展览单位在策划以民俗文化为主题的展示时应当成立策划工作小组。策划工作小组的任务是：确定陈列与展览的主题和内容，制定陈列与展览的内容和展示设计的方案，审定陈列与展览的文字提纲、展品布局；在陈列与展览的策划方案中协调建筑与设备、内容与形式、局部与整体、重点与一般的关系，并且要制订展出期间应付突发事件的预案。策划工作小组的主要成员最好有民俗文物与民间物质文化田野调查工作的经历以及在博物馆和有关展览单位工作的经历，要对民俗文物及相关物品文化意义上的广泛性以及民俗文化陈列与展览的复杂性有一定的认识。只有在对传统文化有理性的认识，并对民间社会生活、民间艺术和风俗习惯充分理解的基础上，才能确立陈列与展览的主题并决定其形式。无论是区域的、综合性的民俗文化陈列，或者是专题性的民俗文物与民间物质文化展览，在开展策划工作的同时，都有必要对陈列与展览主题的民俗文化背景进行调研，对与主题有关的民俗文物及相关物品的藏品进行盘点，对陈列与展览场地的结构和面积进行实地考察，对观众的文化层次及其对陈列与展览的需求进行预测，对陈列与展览的宣传手册、纪念品等的制作进行安排。

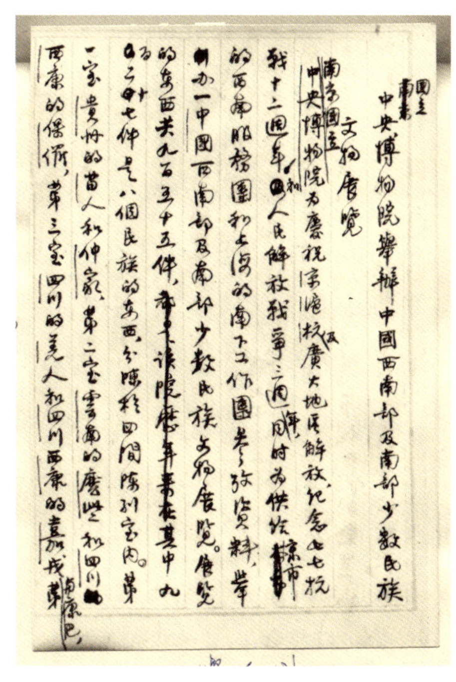
國立南京中央博物院籌辦中國西南部及南部少數民族文物展覽

1949 年 4 月南京博物院曾昭燏院长为中国西南部及南部少数民族文物展览会撰写的展览前言手稿局部

当陈列与展览的民俗文化主题确定之后，为了确保陈列与展览内容的学术性和趣味性，使民俗文化的主题在展示的形式方面得到最佳表现，策划工作小组需要对与该主题相关的历史文化背景资料进行较为深入的调查和研究。任何一种民俗文化都有源远流长的历史，但在流传的过程中已经融入了民间的生产和生活。对此，历史上的文人墨客在其笔记、文集以及地方史志中均有所记录。近代以来，又有一批学人对中国民间的社会文化和风俗习惯做过规范的调查或散文式的记述，出版过研究专著，还有一大批是出于其他目的而拍摄的影像图片资料。这些古籍文献、调查报告、研究专著、影像资料等，虽然是零散的、不成系统的材料，但它们之间依然有着千丝万缕的关系，并且是真实的历史记录。“磨刀不误砍柴工”，在策划阶段的前期工作中花费一些时间，围绕已经确立的民俗文化的主题，对所有材料进行整理与廓清、调查与研究，从中找出可以用于陈列与展览的材料，从而使展示的学术性和趣味性在历史真实的基础上得以加强，使民俗文化的内容和细节更加翔实，因而是值得的。

陈列与展览主题的策划与确立，很大程度上与陈列、展览的主办者或策划者能够调用的相关文物的品类、数量和质量有关，以民俗文化为主题的展示更是如此。因此，在策划阶段的前期工作中，需要对博物馆和有关展览单位收藏的民俗文物及相关物品的藏品进行盘点，策划小组的成员对重点藏品的性质、功能、价值、尺度、色泽、数量等因素要做到心中有数，对一般藏品的品类、数量和状态要能够基本把握，如此才能在陈列与展览的策划过程中合理地调配不同类型的展品，使之成为展示的有机组成部分，充分发挥其应有的作用。同时，由于陈列与展览是视觉的艺术，无论是民俗文物与民间物质文化的展示，还是利用民俗文物及相关物品来展现民俗文化，都不能忽视其视觉艺术的特性。因此，在围绕某项民俗文化主题的策划阶段为该项主

明代　戏曲人物

题选择、配置不同类型的展品时，在充分考虑到展品性质、功能、价值的前提下，还要注意展品的造型意义。在同一种类的民俗文物及相关物品中，首先要选取形体美观即“好看”的藏品作为展品。

展示场地的实地考察是以民俗文化为主题的陈列与展览在策划阶段必须进行的一项工作程序。因为各种类型展示场地的结构与面积千差万别，用作展示场地的建筑本身的各种性能数据也不一样，而展示场地的结构、面积和各项功能的数据对于陈列与展览的价值定位以及展示的规模、效果和展品的安全有着非常大的影响，应当在策划阶段通过实地考察来了解和掌握全部情况。设施齐全的博物馆和有关展览单位的展示场地除了面积的因素之外，对于以民俗文化为主题的陈列与展览的策划是最为自由的，可以最大限度地调用各种展示的手段，将所要表达的主题内容充分展现出来。然而，由于种种原因，在多数情况下用于以民俗文化为主题的展示场地或多或少有某些缺陷，如缺少空调和安全的基本设施、因建筑空间结构而导致展线不连续、民居建筑中的展室过于狭小和分散等。这些问题都需要在策划方案中予以考虑和弥补。

与社会主义建设的蓬勃发展同步，中国当代的社会文化呈现出多元化的繁荣景象，人民群众的文明素质有了极大的提高，对文化的需求有了更高的标准。社会现代化程度的提高，使得人们了解和学习包括民俗文化在内的传统文化的需求更加迫切，而不同文化层次和年龄层次的人群对于民俗文化乃至传统文化的了解与学习则有着程度上的差异。因此，博物馆和有关展览单位在策划陈列与展览的过程中，对观众的文化层次及其陈列与展览的需求进行预测已成为不可或缺的程序，以民俗文化为主题的展示也不能例外。由于社会生活方式的根本改变，建立在过去生活方式基础之上的风俗习惯多数已不复存在，过去的民间社会生活和风俗习惯以及民间艺术构成的民俗文化已经成为某种性质或级别的文化遗产。举办以民俗文化为主题的陈列与展览，主要目的是向现代人展现传统的文化，在重新认识传统文化的基础上创造新的社会文化。然而，不同文化层次和年龄层次的观众其接受能力各不相同，国内和国外的观众其接受方式也不一样，策划时要对此有充分的认识和考虑。

另外，对以民俗文化为主题的陈列与展览的宣传手册、纪念品等的制作安排也是策划工作的要点之一。宣传手册、纪念品是扩大和延伸陈列与展览效果及影响的有效手段，一般的展示都会受到场地和展出时间的限制，观众观看陈列与展览只能到展示的现场，并且必须在规定的展出时间内才能观看。如果由于某种原因不能在规定的展出时间到达展示的现场，就无法看到陈列与展览的内容。再者，任何陈列与展览一旦超过展出的时限，亦将不复存在。能够留存下来的，除了陈列与展览的档案资料和图片影像之外，就是宣传手册和纪念品等，留在观众手里的往往只有后者。宣传手册的规模可大可小，在条件许可的情况下可以考虑多策划几种规格，其内容除了有展示的整体介绍之外，应当尽量多发表具有典型意义的民俗文物展品图片。纪念品的设计和制作则可以考虑借鉴民间艺术的样式，其种类与数量则需要在策划方案中确定。

2. 陈列与展览的构成

俗话说，“百里不同风，十里不同俗”。与旧时民间社会生活融合在一起的民俗文化是中国传统文化的重要组成部分，虽然有着总体的面貌，但也是由各地区各具特色的风俗习惯构成的，或许其中的多数已经成为历史传统或文化遗产，但其内容之丰富、累积之丰厚，值得现代人珍惜。然而，要将如此丰富多彩的民俗文化资源加工成以民俗文化为主题的陈列与展览，完全照搬是不可能和不可取的。而且，在一般情况下还会受到展示空间以及人力、财力和物力等方面的限制。因此，需要博物馆和有关展览单位的策划、设计、展示和管理等方面的工作人员围绕具体的民俗文化的主题，在充分掌握包括馆藏的民俗文物及相关物品在内的民俗文化资源的基础上进行梳理、廓清和提炼，从中选择具有典型意义的事象或是反映生活情趣细节等方面的内容和展品用作展示的素材，再将这样的素材加工成陈列与展览的内容。

与其他陈列和展览一样，以民俗文化为主题的展示既可以是单一主题的内容，也可以是由若干相关主题的内容围绕民俗文化的中心主题来构成的整体展示。由此可见，反映民俗文化各个方面的展示内容是构成以民俗文化为主题的陈列与展览的基础部件。这样的展示内容既包含序言、说明、图表等方面的文字内容，也包含着民俗文物及相关物品、图片以及道具等方面的实物。由这样的展示内容形成的单元构成的陈列与展览结构，在内容体系上要有科学性和系统性，各组成单元之间要有内在的呼应和联系。

中国非物质文化遗产保护成果展览中央厅（局部）

从某种意义上说，展示内容的规划和设计是具体的，既可以由一定篇幅的具体文字内容和一定数量的展品来构成，也可以由若干组一定篇幅的具体文字内容和一定数量的展品组成的展示内容的单元来构成。这些内容展示单元或者是单独诠释某项民俗文化，或者是由若干展示内容单元组成一个综合单元来表述某项民俗文化，其功能及作用在以民俗文化为主题的陈列与展览的策划和实施过程中应当予以足够的重视。当然，展示内容的单元构成乃至陈列与展览的大纲的结构编排都要依循策划方案进行，组成展示内容单元的文字与有关展品亦有具体的构成要求和构成形式。展示内容单元中的序言和说明是用来阐明展示内容与补述展品难以表达的内容，由于受到篇幅的限制，要求内容精练、条理清晰、描述准确、通俗易懂。展示内容单元中的民俗文物及相关物品的选取、组合与构成必须围绕民俗文化的主题来进行，从而使每一件展品都能各得其所、发挥作用。

以民俗文化为主题的陈列与展览的展示内容，其所指既可以是整体的内容，也可以是具体的内容；既可以是独立的内容，也可以是由多个相互关联的内容所组成，但必须是真实的、简洁的，符合展示场地和形式的要求。在不同的场合，展示内容是根据策划方案确定的大纲来设计和安排的，也要考虑到所要表现的相关主题的民俗文化的精神特质和形式要求，无论是综合性的还是区域性的，可以根据不同的文化背景和场地条件、展品质量等方面的要素，在具体实施策划方案的设计过程中灵活变通，从而使民俗文化的主题展示达到最佳效果。

面对丰富多彩的民间社会生活和风俗习惯，民俗学者可以将其归结成物质民俗、社会民俗、精神民俗和语言民俗四大部类，但在规划和设计以民俗文化为主题的综合性的陈列与展览时却不宜列入纯理论性或分析性的抽象内容。可以从生产的习俗和生活的艺术两方面入手进行展示内容的铺陈，这样似乎更加符合陈列与展览的实际情况和直观的形式要求，当然也可以尝试规划和设计另外的构成展示内容的框架。位于浙江省杭州市余杭区的中国江南水乡文化博物馆[48]，其基本陈列由“吴越春秋”“江南市镇”和“水乡风情”三个单元的展示内容构成，在“环太湖流域的整体性”文化视野中，“相对系统地介绍这一地区自然环境、水文条件、人与水的关系，以及各地相似的历史发展脉络”，“反映多水环境下人类生存方式”。“水乡风情”单元“主要介绍江南水乡人们的生产与生活。在生产方面，我们抓住一些能反映这一地区生产特点的现象，并将它们尽可能逼真地再现出来。我们主要选择了河汊捕鱼、水田耕耘、

中国江南水乡文化博物馆陈列（局部）

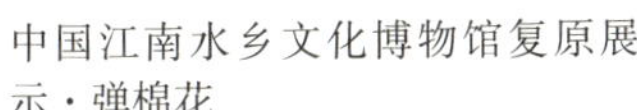

中国江南水乡文化博物馆复原展示·弹棉花

中国江南水乡文化博物馆复原展示·蓝印花布作坊

采摘莲藕、纺织印染、陶瓷制作，此外还复原了一些江南习见的作坊，包括弹棉花作坊、打铁铺子、豆腐铺子和各种各样的米铺、绸庄、药店等，将它们巧妙地组合在逼真的江南街景的场景中。在表现江南人民的日常生活方面，我们主要选择了人生及村镇生活重要的习俗。在人生方面，主要介绍一个人从出生到入葬的各种习俗，其中最重要的是婚庆大典。在社团生活方面，我们意向性地组合了各种庆典文物”[49]。它是一个将学术性和趣味性融入展示内容，并在框架构成上有所创新的展览。

展示场地的大小是陈列与展览规模的决定因素之一，但却不是构成展示主题或内容的决定因素。一般而言，以民俗文化为主题的展示既有综合性的陈列，也有单个品类或品种的展览，其展示内容的单元构成应当是多元的。

作为综合性的民俗文化陈列，其展示内容既可以是某个行业性的，也可以是某个地方的、区域性的，还可以是某个文化方面的。江西省景德镇的制瓷行业先后绵延几百年，人们在生产瓷器的同时，也创造了不同于其他地方的生活方式和风俗习惯。若是以此为展示内容，其自然环境、行业历史、生产习俗、工艺流程、著名艺人、传世作品等都可以成为单元的展示内容。于 1986 年 11 月正式开放的苏州民俗博物馆是近代以来第一所真正意义上的

苏州工艺美术博物馆中的刺绣演示

苏州昆曲博物馆内的小剧场

民间文化方面的专业博物馆，其展示内容由“婚俗”“节俗”“食俗”三个单元组成，每一单元的展示内容又由富有地方特色的民俗文物及相关物品和简单的说明文字构成。“婚俗”单元利用婚礼上使用的各种器具和蜡人模型，复原了清代末年苏州地方士绅的婚礼情景；“节俗”单元在展厅的主要部位放置旧时苏州虎丘山塘街出会的仪仗队列模型；“食俗”单元则复原出一座比较典型的苏州民间的厨房，通过各式厨房用具和菜蔬模型来反映苏州民间的生活水平和饮食趣味。位于台湾省台北市的顺益台湾原住民博物馆[50]，其展示内容由“人文与自然环境”“生活与器用”“衣饰与文化”“信仰与生活”和“历史年表”五个单元构成，通过分室展示围绕不同主题的台湾少数民族文物和简单说明，比较全面地介绍了台湾少数民族概况以及各族群的分布状况，展现了台湾少数民族的人文风貌。

作为单个品类或品种的民俗文化展览的单元构成则相对要简略一些。由浙江省温州市企业集团兴办的中国鞋文化博物馆[51]，其展示内容由“鞋文化沿革”“少数民族鞋文化”“名牌鞋”和“多媒体演示”四个单元构成，通过丰富多彩的“鞋文化”，将四个单元连接起来表现同一个主题。位于苏州市甪直古镇的农具博物馆[52]，其展示内容直接由用于播种、收割、加工、贮藏等近现代手工制作的农具和序言以及说明牌构成，反映了长江中下游地域农具的整体面貌。

3. 陈列与展览的展示方式

当陈列与展览的方案策划和展示内容的单元构成完成之后，以民俗文化为主题的展示便开始进入实施阶段。在这一阶段，首先要确定的是以民俗文化为主题的陈列与展览所采用的展示方式，而后再根据展示方式的要求设计展示的形式。陈列与展览的形式设计要服从展示方式的需要，并且在艺术风格上要与展示方式相统一。展示方式是指综合展示、分类展示、原型展示、复原展示、摹拟展示等陈列与展览的展出样式；形式设计是指展示的布局设计、格调设计、版面设计、道具设计、色彩设计、字体设计、照明设计、演示设计等构成陈列与展览整体面貌和艺术风格的设计。虽然有人倡导“无设计”[53]的展示，但这样的“无设计”也要通过一定的形式设计手段来实施。

在很长的一段时间，多数以民俗文化为主题的陈列与展览采用了和考古文物相类似的展示方式：将相当数量的同一类型或品种的民俗文物及相关物品在展厅的橱柜中罗列摆放，以简单而又直观的方式来体现展品的历史、艺术、科学的价值，形式设计所追求的展示面貌在整体上被强化，其效果是展品个体的造型、质地、工艺、色泽、装饰等形体美得到了很好的展现。如今，展示方式的多元化促进了陈列与展览形式设计手法的更新，在一些地方博物馆和有关展览单位的常设展示中，或者是通过对区域性历史和民俗文化的梳理与提炼，选择具有典型意义的民俗事象和具有地方特色的民俗文物及相关物品来构成展示内容单元，将相关的地理环境、历史文化和风俗习惯等方面的资料通过多媒体和电子设备来解说和演示；或者是采取在展厅或展室以及室外等特定空间内再现某一时期的民间社会生活和风俗习惯的展示手法，将某一区域的民俗文化内容以民俗志的结构方式展示出来。即便是以民俗文物与民间物质文化为主题的展出，也不再使用罗列摆放的手法，而是将同一系列的民俗文物及相关物品按其在民间社会生活中的功能组合摆放，辅之以简单的说明文字和示意图。这虽然也是体现展品历史、艺术、科学价值的做法，却将人们的目光和思考引向展品本身的功能性与实用性及其体现的人与物、物与物的关系以及人的创造能力等方面。

近些年来，随着科学技术的不断发展，许多实用性的高科技手段在文物、博物馆的领域得到推广和应用。在考古测量、文物保护、安全防卫、展示制作等方面，一大批专用设施和工具及其辅助器具以及相关基础材料被开发、制造出来，从而使陈列与展览的展示方式和形式设计的多元化实施有了一定的保障。以民俗文化为主题的陈列与展览可以根据展示场地的设施条件、展示策划的方案大纲以及展示内容的单元构成，来选择和确定合适的展示方式。

不同类型的展示方式各有所长，选择合适的展示方式是陈列与展览成败的关键举措。在所有的展示方式中，综合展示是最为常见的一种，适用于各种类型的博物馆和有关展览单位的常设展示，在以民俗文化为主题的大型陈列中亦会予以采用。所谓综合展示，实际上是将众多的展示方式在同一陈列中综合运用。具体实施时，一般是以一种展示方式为主，再根据策划方案或展示内容的需要选用其他的展示方式。位于江苏省南京市城南的南京市民俗博物馆是利用甘熙[54]故居建成的地方民俗文化的专业博物馆，由三组南京地区特有的五进穿堂式格局的建筑构成。在众多的展示中，主要的一组是将“梨园雅韵”“津逮书香”“往日庭院”等反映甘熙家族生活方式和生活情趣内容的单元构成通过原型展示、复原展示和摹拟展示的方式展现出来。同时，为了展现南京及附近地区的民间文化与风俗习惯，又在不同的位置以分类展示的方式展出岁时习俗、手工技艺、民间偶戏、玩具游艺和一些专题性的民间收藏。

各种类型的博物馆和有关展览单位的陈列与展览的展示方式中，使用最多的是分类展示。这一展示方式尤其适用于自然历史类的博物馆和有关展览单位的基本陈列。通过分类展示，可以将自然界的生物与植物的实物标本及不同层级和类群、相似和差异、亲缘关系较为清晰地展现出来。在历史艺术类的博物馆和有关展览单位的基本陈列，可以按器物的自然属性，把文物及相关物品分为玉器、陶瓷、青铜器、金银器等类别陈列；或者是根据制作的技艺方法，把美术作品分为油画、中国画、版画、漆画等类别陈列。民族、民俗及民间艺术类的博物馆和有关展览单位通常也会将分类展示作为基本的陈列手段，或者是将不同类别的民俗文物及相关物品通过分类展示，从不同的侧面对某项中心内容进行展现；或者是将某一类别的民俗文物及相关物品集中在一个展览中，来展现民众创造的智慧与能力。南京博物院艺术展览馆中的民俗艺术陈列有近千平方米，将952件具有一定审美意义的民俗文物及相关物品按“服装饰品”“生活器具”“生产工具”“娱乐用品”“祭祀道具”“节令装饰”“游艺童玩”和“建筑饰物”的类别，在方形展室的四边分类展示，用以展现和说明江南以及其他地区民间生活的艺术情趣。同时，在展室的中央部位搭建了一间民居框架的“家”的装置，目的是说明四周场景都是围绕“家”的生活发生的，从而强化“传统的民间生活即艺术的生活”的观念。

原型展示，顾名思义就是按照或利用文物和标本或文化遗迹现存的原状进行展示的一种陈列样式，其遵循的原则是保持原有状态，不能随意增减。采用原型展示的陈列与展览有着较强的现场感，适用于有体验性、参与性要求的各种规模的陈列与展览，对于生态型的以民俗文化为主题的展示尤为合适。位于台湾省彰化县的鹿港民俗文物馆[55]和位于山西省襄汾县城南的丁村民俗博物馆[56]的基本陈列多处采用了原型展示的方式，当观众身临其境时，似乎是回到了

重庆三峡博物馆的复原展示·民间饭桌

旧日的生活之中。另外，如蒙古包、傣族竹楼、江南民居（局部）等小型原型展示，在不损坏文物的前提下，可以根据陈列与展览的需要，整体搬迁到展出地的展室中，以加强展示的真实感，烘托展示的气氛。

根据展览大纲或展示方案的需要，采用各种技术手段使业已消失的历史遗迹、场景、陈设等再现于陈列与展览之中，谓之“复原展示”。与艺术创作不同的是，复原展示必须要具有相当程度的真实性，必须忠实于复原展示的原型对象。复原展示的手法在民族、民俗和民间艺术类的博物馆和有关展览单位的基本陈列中应用甚广，大者如村庄、工厂、作坊、店铺等，小者如物品、器具等。在澳门博物馆[57]的基本陈列中，有多处展示内容的单元构成是通过复原展示的方式来表现的，真实地展现了澳门地区的传统节庆、日常生活、手工艺术、古老行业和近代以来各阶层人士的生活方式与生活状况。

摹拟展示，是一种不同于复原展示却具有复原展示性质的陈列与展览的方式，可以用来表现特定的主题和内容。与复原展示相比，摹拟展示具有较大的灵活性和可塑性，在基本尊重真实历史的基础上，利用实物、模型、雕塑、绘画、音效、照明等艺术手段结合科学技术进行创造，通过模型、布景箱、全景画、全景电影、多媒体演示和现场演示等形式来再现历史上的特定环境或一般典型环境，再现事物应有的状态或发展过程，再现事件发生过程中引人入胜的情节。摹拟展示的方式在各种历史类的博物馆、纪念馆中应用最多。许多民族、民俗及民间艺术类的博物馆和有关展览单位在其基本陈列中，则利用摹拟展示的方式来表现古今民间喜庆、婚嫁、寿诞、祭祀、会客、议事和交易等场景，

苏州昆曲博物馆中清代昆曲表演的摹拟展示

使民俗文化的精髓和细节得到很好的展现。作为摹拟展示对象的制陶、雕刻、捏塑、织锦、印染、刺绣、抄纸等工艺的现场演示，通过工艺流程的实际操作，将民间手工艺乃至民俗文化的功能、性质、用途等内容直观地展现在观众面前。

由展示内容及其单元构成确定的展示方式，需要通过形式设计来体现，以民俗文化为主题的陈列与展览也不能例外。形式设计是一切展示工作的重要环节，是由布局设计、格调设计、版面设计、道具设计、色彩设计、字体设计、照明设计、演示设计等方法和手段构成的。陈列与展览的整体形象面貌和总体艺术风格需要通过一定的形式设计手段来具体实施，并且要做到展览格局分配科学、观众流向明晰合理、展示内容主次分明、版面色调运用协调、道具设备美观实用、展品陈列安全可靠、说明文字简明扼要、照明布光变化统一，从而使陈列与展览的内容和形式相辅相成，陈列的展品状态及其相互之间的关系得到恰当的表现，进而使陈列与展览的主题观念得到充分的表述。

形式设计的另一项工作就是将布局设计、格调设计、版面设计、道具设计、色彩设计、字体设计、照明设计、演示设计等设计意图形象化，再通过绘图工具制成平面图、立面图、效果图、施工图等多种图式，从而将陈列与展览的展示内容和展示方式全部以概念图像表现出来。它既是讨论和审查的依据，也是制作和施工的蓝图。这项工作对于以民俗文化为主题的陈列与展览尤为重要，因为民俗文化涵盖的范围很广，表达的内容信息很多，而作为展品的民俗文物及相关物品种类复杂、造型繁多，如果在各种形式设计的图式中能够对展厅的布局、展示内容的分配、展品及其道具和说明文字的空间位置与顺序以及观众的参观路线有明晰、形象化的标示，将会给陈列与展览的制作和施工带来极大的便利。形式设计中对各种图式的绘制有严格的规范和要求，应当由专业人员来完成。

注释

[1] 国家文物局1985年1月25日颁发的《博物馆藏品管理办法》。

[2] 丝、毛、棉、麻等天然纤维有动物纤维和植物纤维之分。动物纤维的化学成分主要是蛋白质，从其物理形态上看可分为毛纤维和丝纤维。毛纤维即动物的毛发，管状，由麟片层、皮质层和髓质层构成，有弹性；丝纤维由丝质和丝胶构成，以丝质为主，包裹在其周围的丝胶有加固的作用，燃烧时会收缩，有焦糊的味道。植物纤维的化学成分主要是纤维素，根据植物上的不同位置可分为种子纤维（棉花等）和茎纤维（如苎麻、大麻、亚麻等），种子纤维多为扁型管状，茎纤维则为中有空腔的长条状，易于燃烧，其味如燃纸。

[3] 干洗，纺织品的洗涤方法，也是纺织文物的保护技术之一。当织物上的污染痕迹不能溶于水，或织物不适合用水洗的方法清理时，当采用干洗的方法。干洗主要是用乙醇、丙酮、乙醚、四氯乙烯、四氯化碳等有机溶剂对织物进行清洗。当一种溶剂不能清理污染痕迹时，还可以采用混合溶剂，其常用配方为：乙醇9、醋酸乙酯6、丙酮1、三氯乙烯2、醋酸1、中性洗涤剂10、水79。

[4] 丝网加固，古代纺织品保护方法之一。有的纺织品出土时会粘附在（金属）器物之上而不易提取，处理时先去掉织物表面的泥土和杂质，将丝网覆贴其上以防止织物散落；然后按织物的纹理拼接，粘贴在丝网上，下面填以棉花或丝绵，装入有机玻璃盒保存。有的纺织品出土时大部分处于分离状态，或是与泥土叠压，或是乱成一团，或已经炭化，还有的则长期浸泡在水中，处理时要用大量蒸馏水浸泡，在水中将织物分离开来，然后将其取出来用脱脂棉花吸干水分，再放到无水酒精中浸泡，以彻底去除织物表面的泥土、杂质和气味，最后用丝网在织物的背部加固。

[5] 水封冷藏，古代纺织品保护方法之一。古墓葬出土的纺织品和衣服等物，由于长期浸泡在地下水中或棺液内，多数织物保存较完整，处理时可采取换水的方法先去除杂质和气味，然后继续放在水中保存，水能够起到隔绝空气的作用。

[6] 玻璃夹持，古代纺织品保护方法之一。系用两块平板玻璃将织物残片夹持于其中，使织物残片得以固定。若是采用3毫米厚的紫外线吸收型有机玻璃，则能够起到防止织物褪色的作用。

[7] 密封隔绝，古代纺织品保护方法之一。将出土和传世的大件丝织品与服饰等物放入专用塑料袋中，抽真空后再充入氮气，装入木箱后再放入库内，或是放入地下保存，使之处于温度、湿度、光线、空气和气流等变化情况相对稳定的环境，从而使纺织品的颜色和质地都能够保持良好的状况。

[8] 树脂喷涂，古代纺织品保护方法之一。为了增加丝织物和其他纺织品残片的牢度，防止紫外线照射，可以在织物的表面喷涂雾状醋酸乙烯或锦纶浆料。但由于这种方法有时会使织物失去光泽和弹性成为硬化发脆的标本，故不推荐使用。

[9] 药物熏蒸是纺织品消毒、杀虫、灭菌的常用手法，当前在国内普遍使用环氧乙烷进行熏蒸处理。环氧乙烷的渗透力较强，能够杀死各种状态的害虫和细菌，熏蒸后无残留气味。目前使用的环氧乙烷是安全混合气体，由于纯环氧乙烷在空气中易燃，二氧化碳的化学性质则比较稳定，因此采用高比例的二氧化碳与环氧乙烷混合使之安全。一般情况下，环氧乙烷与二氧化碳的混合比例可以为1∶9、

2∶8 或 3∶7。环境温度在 20~55℃时气化效果较好，熏蒸消毒的时间一般定为 24 小时，如果污染较为严重，可以适当延长消毒时间。

[10] 奚三彩编著《文物保护技术与材料》，台南：台南艺术学院，1999 年 9 月，第 163~168 页。

[11] 纸张脱酸的方法有三种：水溶液法、有机溶液法、气相法。详见奚三彩编著《文物保护技术与材料》，台南：台南艺术学院，1999 年 9 月，第 171~177 页。

[12] 奚三彩编著《文物保护技术与材料》，台南：台南艺术学院，1999 年 9 月，第 179~183 页。

[13] 纸张消毒的方法有两种：一是使用杀菌、杀虫剂进行熏蒸。常用的熏蒸剂有麝香草酚、甲醛蒸汽和环氧乙烷气体等。二是利用防霉药纸。其种类和制作方法较多，常用的麝香草酚药纸是将白吸墨纸放在 10% 麝香草酚酒精溶液中浸透，然后取出让溶剂挥发掉，在纸上均匀地留下麝香草酚。将这种药纸夹入书中，可起到防霉、杀菌的作用。用红丹（四氧化三铅）制成的防蠹纸亦具有防蠹作用。

[14] 缓慢干燥法，又叫自然干燥法，是对竹、木、藤器等物品进行脱水处理的常用方法。操作时，可将欲脱水的物品放置在一个环境温度控制在 15~25℃之间，相对湿度控制在 50%~60%，一天之内的变化不超过 3%~5% 的地方让其缓慢脱水。

[15] 树脂连浸脱水加固，即醇—醚—树脂连浸脱水加固法。操作时，先将欲脱水的竹、木、藤器等物品浸泡在乙醇溶液中，替换出物品细胞组织中的水分，再用乙醚替换出乙醇，然后将处理的物品取出让乙醚挥发。若是处理的物品已经比较脆弱，则需要将经过前次处理的竹、木、藤器等物品再次浸泡在溶有乳香胶或达玛树脂的乙醚溶液中，待树脂渗入物品组织后取出，让乙醚自然挥发，留存在物品内的树脂便能起到加固作用。

[16] 蛀木虫，指各种钻木甲虫的幼虫。

[17] 常用的竹、木、藤、草质地民俗文物及相关物品的杀虫灭菌方法有蒸汽消毒法、真空处理法、毒气熏蒸法和药剂浸透法等。常用的熏蒸药剂有对二氯苯、甲醛、二硫二碳、环氧乙烷等，常用的浸透药剂有氟化钠、氯化汞、五氯苯酚及钠盐、氯萘或萘的金属化合物等溶液。

[18] 常见的技术修复方法有粘接和填补等。粘接是指用溶于甲苯或丙酮的聚醋酸乙烯酯溶液、聚醋酸乙烯乳液对干燥的竹、木、藤、草等质地的物品碎块进行粘接的技术。填补是指用环氧树脂与物品相同或相似的材料的碎屑调拌后对物品进行填补。调拌前，与物品相同或相似的材料的碎屑必须经高温消毒或用氟化钠等杀虫灭菌剂处理。调拌时，可以添加相应的颜料，以求填补部位的色泽与原物品整体一致。

[19] 损坏、残破状况严重的木胎漆器，可采用更换木胎的办法修复。操作时，先将卷曲残碎的漆皮从朽烂的旧胎上剥离下来，按原器物形状和大小仿做一个新胎骨，然后再用 801 或 401 橡胶黏合剂，或是用蜂蜡、树脂胶等将漆皮粘贴复原。

[20] 对皮革制品进行防虫杀菌处理，常用的杀菌剂有对位硝基苯酚、五氯苯酚或五氯苯酚的衍生物、麝香樟脑、硫酸锌、水杨酸、滴滴涕和除虫菊混合液以及硫代氰酸酯杀虫剂等。

[21] 去锈除霉是对角、骨、牙等质地的物品进行除污的常用手法。操作时，可将物品浸泡在水中，先加热至 100℃以下，而后再浸入冷水中，利用物品的热胀冷缩使锈壳松动脱落，或是利用工具剔除。锈斑可以用 1%~2% 的稀盐酸或甲酸反复涂抹，使其软化再用竹片剔除，在此过程中，要用蒸馏水和乙醇反复冲洗，直到器物的酸碱度呈

中性为止。去除物品表面的霉斑可以用2%~5% 的草酸溶液或柠檬酸液清洗，然后用稀氨水中和，最后用蒸馏水冲洗。完成清除污垢作业的物品应当放在玻璃器皿或塑料袋中使其缓慢均匀干燥，以免变形或开裂。

[22] 矫形，是对变形的角、骨、牙质地的物品进行矫正的方法。操作时，将物品浸泡在 3%~5% 的醋酸溶液中，待其软化后取出用蒸馏水冲洗，放入预先准备的矫形模具内适度卡紧，使其在干燥的过程中定形。如果物品的变形程度过大，可以分阶段重复进行上述步骤，以免造成物品的损毁。

[23] 加固，是对质地松脆、表面粉化的角、骨、牙等材料制成的物品进行技术处理的方法。操作时，一般用滴渗或注射的方式。可以用 2%~3% 的三甲树脂（为甲基丙烯酸甲酯 MMA、甲基丙烯酸丁酯 BMA 和甲基丙烯酸 MA 的共聚体）和甲苯、丙酮溶液进行渗透加固，也可以用 15% 的聚醋酸乙烯酯甲苯丙酮溶液进行加固，还可以用 2%~5% 的聚乙烯醇缩丁醛乙醇溶液渗透加固。加固的过程可以分阶段多次进行，以达到预期效果为宜。

[24] 对剥落脱层和残缺的角、骨、牙和玳瑁等质地的物品进行修复有多种方法。对已经断裂的物品进行黏合，可以采用较稠厚的三甲树脂、聚砜、聚胺酯漆以及硝基清漆等溶剂，也可以用 502 胶合剂（d- 氰基丙烯酸乙酯）或聚醋酸乙烯乳液进行黏合，但防水性较差。对残缺的物品进行修补，可以用加热后的蜂蜡、松香、乳香胶（或达玛树脂）混合剂充填，也可以用稀释的聚醋酸乙烯乳液调石膏补残。调配药料时，应当添加适量的颜料，力求使补残的部分与原有部分的色泽协调一致。

[25] 石质民俗文物采用的除污作业方法主要有清除可溶盐和表面去垢等。清除可溶盐的方法在操作时将石质物品放在流水中进行长时间的浸洗，然后再用非离子水浸洗。表面去垢的方法在操作将石质物品放入超声波清洗器中快速洗除。一般的石质物品多采用稀酸软化，溶蚀污垢，然后用非离子水洗净。大理石质地的物品处理时要小心，对其表面的锈壳可以先用二甲树脂将锈壳周围完全封护，然后用毛笔蘸稀酸轻轻地浸蚀锈壳，待其软化后用机械方式剔除，最后用非离子水冲洗。

[26] 常用的药物有：丙烯酸甲酯、聚甲基丙烯酸丁酯、聚酯酸乙烯酯以及环氧类、有机硅类及氢氧化钡等。

[27] 常用的修补黏合剂有：熟石膏加纤维素、丙酮和乙酸戊酯混合剂配成 10% 的赛璐珞溶液调细石粉、聚醋酸乙烯酯乳液调岩粉、无定形二氧化硅等，有时还需要在上述黏合剂中调入与物品相近的颜料。

[28] 一般而言，锈蚀程度不太严重的银器可以用电化还原法处理。操作时，以铝为阳极，将作为阴极的银器浸入碳酸钠溶液或氢氧化钠溶液，腐蚀污渍消除后要用蒸馏水清洗，然后置于阴凉处晾干。为防止腐蚀继续发展，要用高分子材料对锈处理后的银器进行封护。被氯化物严重腐蚀的银器，会出现体积膨胀、变形等现象，处理时只需恢复器形即可。除去锈蚀层会使器物的强度降低，可以用加温法增加韧性，操作时将器物置于烘箱中，两小时内使温度从250℃逐渐升至 400℃即可。

[29] 奚三彩编著《文物保护技术与材料》，台南：台南艺术学院，1999 年 9 月，第 62~80 页。

[30] 由于氯化物是铁器锈蚀的活跃因素，与铁器再次作用生成三氯化铁，三氯化铁与水分作用形成氢氧化铁和盐酸，盐酸又会继续与铁器作用。所以，对铁质器具进行保护，首先要检查铁器的腐蚀物中是否含有氯化物，如果有的话则必须彻底予以清除。

检测氯离子时，可将铁器浸泡在蒸馏水中加热，使氯化物溶解到蒸馏水中，取浸液于试管中，滴入 0.1N 的硝酸银数滴摇匀，如溶液中出现乳白色混浊物，便证明铁器上有氯化物存在。要清除氯化物，可以用蒸馏水多次浸泡、深洗，也可用倍半碳酸钠溶液浸泡、置换清除，还可用电泳法清除。清除附着于铁器表面的油污，可以用丙酮、石油醚等有机溶剂浸泡冲洗；清除泥沙可以用蒸馏水浸泡冲洗；清除石灰质沉积物，可以用六偏磷酸水溶液浸泡、刷洗，清除硅酸盐沉积物，可以用局部电解法清除。对于铁质文物上的一般腐蚀物进行清洗时，可以采用机械除锈、化学除锈和电化还原等方法。在去除污垢沉积物之后，铁质器具仍有可能被再度腐蚀，需要使用缓蚀剂和聚乙烯醇缩丁醛酒精溶液、聚甲基丙烯酸酯类甲苯溶液或丙酮、苯溶液以及醋酸乙烯酯酒精溶液或甲苯溶液等高分子材料对铁器表面进行封护渗透的保护性技术处理。

[31] 电化还原法是处理腐蚀状况不太严重的锡器的方法。操作时，以氢氧化钠水溶液为电解质，将锡器浸泡其中作为阴极，另用铅块或镁条作为阳极。

[32] 对于被腐蚀的铅质器具进行处理，可将其浸泡在稀盐酸溶液中，腐蚀物与盐酸作用开始放出气泡。当气泡不再出来时，可将器具取出，滤干酸液后用加热的蒸馏水反复洗涤，再浸入温热的乙酸铵溶液中，使铅质器具表面的腐蚀物完全脱落。然后把铅质器具放入蒸馏水中反复冲洗，可阴干或浸入酒精、丙酮后再取出晾干，最后用石蜡进行渗透封护。

[33] 一般对砖、瓦制品进行加固的材料有抗磨性能较强的聚氨基甲酸酯和生桐油等。

[34] 沾附在陶器表面的盐类不溶性硬结物主要有碳酸盐、硫酸盐或硅酸盐等。其中，碳酸盐类的可以用 10% 的盐酸或硝酸浸泡溶除；硫酸盐类的可以用浓硝酸点滴其上，硬结物软化后即可以用机械法剔除；硅酸盐类的可以用 1% 的氢氟酸涂抹其上，除去硬结物后要将残余酸液冲洗干净。对于瓷器表面的凝结物，石灰质的可以用 10% 的盐酸或硝酸溶液溶除；硫酸盐类的可以用浓硝酸涂抹软化，而后再用机械方法剔除；硅酸盐类的要用 1% 的氢氟酸溶液清除，也可以采用机械方法剔除。

[35] 减压渗透是加固陶器用的方法，使用的渗透剂有聚醋酸乙烯酯酒精溶液、聚醋酸乙烯酯乳液、丙烯酸酯乳液等。

[36] 对陶器制品表面釉色加固，一般选用 5% 的可溶性尼龙酒精溶液；如果剥落的釉面较厚，则要用 10% 的聚醋酸乙烯酯丙酮溶液。黏合破损部位选用硝基纤维素、聚苯乙烯丙酮甲苯溶液、聚甲基丙烯酸甲酯丙酮溶液、聚乙烯醇缩丁醛、聚醋酸乙烯酯乳液、环氧树脂和虫胶等。对残缺部位补配，则要用石膏和塑性面团等。

[37] 见国家文物局颁发的《博物馆藏品管理办法》第三条，1985 年 1 月 25 日实施。

[38] 参见附录六《藏品入库凭证》。

[39] 参见附录七《藏品总登记簿》。

[40] 参见附录八《民俗文物登记卡》。

[41] 见国家文物局颁发的《博物馆藏品管理办法》第八条第一款，1985 年 1 月 25 日实施。

[42] 参见附录一《中国民俗文物与民间物质文化分类参考目录》。

[43] 见文化部《文物藏品定级标准》，2001 年 4 月 9 日颁布实施；国家文物局颁发的《近现代一级文物藏品定级标准（试行）》，2003 年 5 月 13 日颁布实施。

[44] 博物馆和有关展览单位使用的消毒杀虫有药物杀虫和物理杀虫两种方法。药物杀虫的方法应用广、收效快，要求药物高效、低毒、广谱，常用的药物有樟脑、萘、对位二氯苯、环氧乙烷、溴甲烷、硫酰氟、

甲醛、敌敌畏等。物理杀虫的方法有远红外光辐照杀虫和微波辐照杀虫的高温杀虫法，有冷冻杀虫的低温杀虫法，有充氮、液氮杀虫和除氧剂封存等绝氧杀虫法，还有高能射线辐射杀虫法等。

[45] 中国博物馆界习惯上把长期的展示叫陈列，将短期、经常更换的展示叫展览。其实两者之间并无本质性的差别。参见王宏均主编《中国博物馆学基础》，上海：上海古籍出版社，1990年4月，第256页。

[46] 钟敬文主编《民俗学概论》，上海：上海文艺出版社，1998年12月，第4~5页。

[47] 民间木版年画之一种。旧称“姑苏版年画”，因产于苏州桃花坞而得名。在明代中期已美名远播，清雍正、乾隆年间为其极盛时期，艺人数万之众，画铺50余家，年产年画达百万张以上，销往全国各地及南洋等地。清咸丰以后，桃花坞木刻年画由盛转衰，到1949年，苏州的年画铺仅存3家。桃花坞木版年画儒雅清秀，早期的构图近似国画，多采用传统的立轴和册页的构图形式；后期的构图相对比较饱满。其题材多以吉祥喜庆、神像、仕女、什景、花卉、戏文、民间故事等传统吉祥的形象为主。20世纪50年代初成立苏州桃花坞木版年画社，在整旧创新方面取得了很大进展，画面更为鲜艳明快、丰满热闹，富有装饰美和节奏感。

[48] 中国江南水乡文化博物馆，位于浙江省杭州市余杭区南苑街道人民广场北侧。2002年建成，建筑面积8000余平方米，是一座既反映余杭历史又以闻名于世的良渚文化为切入点展示中国江南水乡文化和民俗风情的博物馆。馆内有7个展厅，基本陈列有反映自7000多年前马家浜文化开始至现代余杭历史发展的“我们的家园——余杭历史文化展”，展示良渚遗址出土的各种精美玉器以及黑陶器和石器的“文明曙光——馆藏良渚文化精品陈列”，介绍江南水乡的形成和发展、地理景观特征、对文化形成的意义及在中国文明史中的地位的“江南水乡文化展览”。于2003年年底对外开放。

[49] 严建强《杭州中国江南水乡文化博物馆的展示策划》，《中国文物报》2005年2月24日第6版。

[50] 顺益台湾原住民博物馆，位于台湾省台北市士林外双溪至善路二段282号。展示内容系以台湾当地少数民族文物典藏为主，依不同主题分楼层介绍台湾当地少数民族文化。一楼“人文与自然环境”，综合介绍台湾当地少数民族概况及各族群之详细分布，并以山、海两主题展现当地少数民族人文风貌；二楼“生活与器用”，依不同主题展示各族生活用品及住居模型，表现原住民日常器用与社会生活；三楼“衣饰与文化”，展示台湾当地少数民族纺织、服饰之美，呈现其社会文化意义；地下一楼“信仰与生活”，展示各族信仰文物，诠释当地少数民族心灵世界。另有“历史年表”，简述自史前至现代与当地少数民族社会文化变迁相关的重要事件及影响。“特展室”定期就相关主题举办专题展览，已展出的有“台湾原住民木雕创作展”及“跨越世纪的影像——鸟居龙藏眼中的台湾原住民”等。“影像图书馆”向观众提供查询相关展示的资料及影像。“视听室”每日定期放映馆方制作的“台湾原住民生活影像”系列影片。

[51] 中国鞋文化博物馆，位于浙江省温州市双屿镇卧旗山中国鞋都产业园区内，建筑面积1230平方米。通过鞋文化沿革、少数民族鞋文化、名牌鞋展示和多媒体演示，向观众展示源远流长、丰富多彩的鞋文化，为鞋文化的专业性博物馆。

[52] 农具博物馆，位于江苏省苏州市甪直古镇的“万盛米行”内。陈列从原始社会到近

现代各种手工制作的农具，分为播种、收割、加工、贮藏等 9 大类 68 种，包括石杵、秧凳、耥耙、蓑衣、水车等。

[53] 刘建敏《“无设计”——陈列艺术设计应追求的最佳境界》，《中国文物报》2005 年 8 月 29 日第 6 版。

[54] 甘熙（1797—1857），清代方志学家、藏书家，道光年间进士，著有《白下琐言》《桐荫随笔》《栖霞寺志》等。

[55] 鹿港民俗文物馆，位于台湾省彰化县鹿港镇中山路。由出生于鹿港镇的辜振甫、辜伟甫昆仲自动捐献其家族居家大楼，于 1973 年 11 月 10 日正式成立。其中的西式洋房建于 1919 年，旧式店铺住宅已有二百年的历史。西式洋楼共有 14 个展览室，旧式房舍分 B、C 两馆。C 馆即古风楼，二楼有省身厅、产妇房、书房、翁姑房和大厅，展出有鹿港二百年前市街模型、鹿港龙山寺模型、盐田模型、清代生活图片和鹿港古迹相片，清代童帽、刺绣衣物、钱包、烟袋、眼镜袋、缠足鞋、袖口；另有妇人服饰、剑裙、衣领、衣裙、滚边、夫人上衣，傀儡戏偶、布袋戏台、布袋戏偶、捏面玩偶，新娘轿、媒人轿、黄包车、精细雕花镶金木床、梳妆台、镜箱、洗脸台等；祭祀用具、龙烛台、红柑灯、石香炉、神窖、五牲盘具，防盗橱、火烘炉、竹人、水龟、马桶、痰盂、夜壶、尿桶、摇篮等生活用具，皆十分完备。庭院里陈列有陶器、石敢当、糖榨蔗石磨、石料、精米石臼、秤量锤。天井内陈列了农作器具，有耕具、棕箕、雨衣、龟壳、土垄、竹笠、石磨、古井等。

[56] 丁村民俗博物馆，位于山西省襄汾县城南。1984 年秋筹建，1985 年 11 月 10 日开馆，是利用全国重点文物保护单位丁村明清民居建成的地方专业性民俗博物馆。丁村明清民居是由建造于明万历二十年（1593 年）至清咸丰三年（1853 年）共 33 座院落组成的民居建筑群，分北、中、南三大院群。整套建筑都是坐北向南的四合院格局。建筑群及其各类雕刻艺术构件均是中国明清民居建筑艺术中的佳作。展览陈列的内容为晋南地区汉民族的生产、生活习俗。有陶瓷、家具、服饰、交通、纺织、农具、民间艺术以及出土文物等各类藏品 1 万多件。有晋南汉民族在清末和民国初期的岁时节令（春节、元宵节、清明、端午、七夕、中秋等）、习俗礼仪（婚、丧、家塾、寿诞、侍亲等）、民间艺术（刺绣、石塑、木偶、皮影等）、生产生活（交通、纺织、农具、碾、磨等）为主题内容的民俗陈列。

[57] 澳门博物馆，位于澳门市中心的古迹大炮台内，总面积 2800 平方米，是一所综合性博物馆，于 1996 年 9 月动工，1998 年 4 月 19 日建成并对外开放。博物馆共分 3 层，一、二层位于炮台山地面之下，第三层在炮台山上。其基本陈列有：“澳门地区的文明史”，介绍澳门地区的起源，以及澳门逐渐成为重要国际贸易商港的历史；“澳门民间艺术与传统”，展示澳门的传统节庆、日常生活、传统手工艺及古老行业等；“澳门的当代特色”，主要介绍过去半个多世纪以来澳门的各种社会状况。

附录一
中国民俗文物与民间物质文化分类参考目录（注）

一、生产工具

1. 农具

耒、耜、铁锹、铁铲、水沟铲。

犁、犁头、木犁、石犁、水田犁、耩子犁、铁犊犁、坡犁。

锄头、鹤嘴锄、锄头箕、铁搭、耨、拍麦榔头、榫刀。

尖木棒、耧、耙、拉耙、拖耙、耥耙、木耙、三齿耙、搭爪、劳、百草、滑犁、木槌、夯、木砺礋。

水车、筒车、踏车、牵车、牛拉水车、顺风车。

秧马、秧凳。

料桶、粪桶、粪勺、粪箕。

镰刀、钐镰、铚、锲、铡刀、横刀、申刀、镰刀篓。

扁担、担绳、太平落、栲栳、畚箕、簸箕、背篓、背带、背架。

连枷、掼床、青稞架、碌碡、风车、扬篮、方篓。

花袋、花萁扎钩。

石臼、杵臼、碓臼、米碓、堈碓、石磨、砻、碾、水碾、筛子、扫帚、竹帚。

2. 畜牧养殖器具

鸡笼、鸡屋、鸡篓、孵坑、孵床、孵桶、孵盆。

畜围、马槽、猪食槽、铡刀、牧羊铲。

药勺、屠刀、鞭子、套马杆、绳圈、牛鼻环、马嘴兜、拴马桩、烙马印。

煨桑炉、蚕蚁匾、蚕匾、蚕槌、蚕椽、蚕箔、蚕座、匾架、蚕簇、草山、桑剪、桑斧、桑刀、桑砧。

鱼盆、鱼桶、桁架、水管。

3. 渔猎用器具

渔叉、渔笼、渔抄、渔篓、渔镖、渔卡、鱼钩、箔、挂网、子网、袖子网、捞网、拖网、网坠、浮标、钓杆、钓筒、钓车。

飞石索、石球、竹签、弩、箭筒、箭包、箭鞘、弹弓、火枪、火药罐。

猎夹子、套索、鹿哨、狍哨、桦皮哨。

捕鸟器、捕鸟网。

4. 副业用器具

核桃篓、夹子、勺篱、腰篮、网篮。

药锄、药篓、腰篓、挎篓、布兜、淘箩、晾帘、箍、匾、吊篮、切片刀、药碾、药臼、熏笼、药秤、药勺、竹签。

糖车、榨浆机、鸭嘴、蔗碾、榨斗、竹袋、枣杵、榨盘、榨床、漆瓮、糖漏、竹执、板石、压板、石锅、铜锅、铜铲、铜刀、木铲、竹刀、糖模。

油榨机、枋、挂子、溜子、肘子、平底炒锅、竹箍。

蒸馏器、酒缸、酒坛、酒罐、酒壶、酒瓶、酒提、酒吊、酒勺、幌子、望子、酒旗、酒帘。

铲、掀、推板、桶、竹枧、卤管、卤缸、莲子、盐灶、铁盘、竹盘、筐、车。

烟架、烟房、烟夹、烟刀。

月饼模、海棠糕模、馄饨担、豆腐花担、风箱。

5. 冶炼钣金

闷炉、碉炉、花瓶石、拦砂板、地石、千斤、风箱、将军石等、气皮、铁钩、箩筐、銼板。

化铁炉、坩锅、跳锅、三脚、牙石、门槛石、撑板、烟缸、水缸、洋钢钻、刷烟帚把、高粱刷把、帚刷、篾片、尖水棒、风箱、泥箱、飘、夹具、夹钳、跷棒、火铲、翻把儿、通竿、釉钩、炉枪、锄头、磬碗儿、砂刀、陶范、石范、泥范。

砧礅、钉锤、打疱疱锤、鸭毛帚、棕印、钉子、白善泥。

火炉、手锤、吊、尚锤、平锤、斧头剁、剪式剁、槽钳、大张嘴钳、强张嘴钳、大尖钳、小尖钳、平口钳、看火钳、铁砧、牛角砧、风箱、鼓风机、水盆、水桶、手套、脚套、围腰。

铜匠担、榔头、木槌、铁砧、木礅、铁钳、夹钳、铁锉、钢凿、钢钻、剪刀、划刀、两脚规、铬铁、磨石、砂纸。

6. 木作工具

锯、弓锯、手锯、线锯、穿锯、弯把锯、大锯、龙锯、锯条、锯片。

刨、线刨、凳刨、大刨、二刨、小刨、槽刨、挖刨、茺刨、净刨、蜈蚣刨、搬克。

斧、板斧、锛、直锛、平木铲。

凿、平凿、圆口凿。

规、矩、曲尺、折尺、板尺、门尺、鲁班尺、文公尺。

墨斗、锥、铅锤、钻、拉钻、旋机、木床。

7. 陶瓷窑业工具

锄头、泥铲、方框筛、捣泥棒、辘轳、搪胎石、刮刀、竹片、竹棒、印纹板、匣鉢。

搭子、拍子、铁尖刀、竹尖刀、通嘴尖刀、弯尖刀、矩车、线梗、明针、矩底、泥扦尺、勒只、篦只、复只、挖嘴刀、铜管、独个、水帚笔。

刮板、推弓、截泥弓、大小拍板、泥铲、泥转盘、坯模、瓦模。

水碓、木模、弓锯、手铲、椭圆桶、铁锅、筛子、匣钵、托板、晾架、太平窑、龙窑、辘轳、搏埴、陶范。

8. 织绣工具

轧棉子机、弹花弓、压棉板、打槌、毡弹弓。

纺轮、纺车、足踏纺车、络车、浆纱机、绕丝车、调丝车、绕绳车、纡子。

织机、缂丝机、腰机、花楼、提花织机、竹笼机、改机。

意匠纸、挑花结本、花本。

绷框、绷布、绷边竹、绷绳、绷钉、绷架、臂搁、剪刀、绣花针、针线盒、绕线板、刮板、量具、盖布。

9．印染、髹饰工具

染缸、染棒、晾架、叉杆、靛染桶、青桶、撬马、漏水架、元宝石。

夹缬版、印花布纸型、灰浆盆、刮浆刀、刻版工具。

漆刮、漆刷、罗筒、帚笔、扫笔。

10．交通工具

万工轿、花轿、轿帘、布衣小轿、滑竿、官轿。

独轮车、手推车、平板车、竹车、轿车、马拉轿车、驴车、木轮牛车、小牛车、牛轭、勒勒车、辘轳车、黄包车。

马鞭、马鞍、漆木马鞍、马镫。

浮水葫芦、羊皮筏、独木舟、猪槽船、牛皮船、桦皮船、划子、良划子、对联划子、摇船、驳船、车船、帆船。

爬犁、牛拉爬犁、雪车。

二、生活器具

1．厨炊用具

刀、砧板、铲、勺、钳、钩、杖、棒、匾、筛、盆、桶。

锅（吊锅、石锅、铜锅、饭锅、平底锅、耳锅、煎锅、煨锅、筒锅、炒锅、蒸锅、汽锅）、蒸笼、瓦罐。

油瓶、油壶、酒瓶、酒壶、酒坛、酒坛盖、提勺。

盐罐、花椒盒。

月饼模、饼模、糖模、粿模、海棠糕模、寿糕模、饵块模。

榨凳、榨汁器、小石磨、陶磨、瓷钵、臼、杵、打酥油桶。

食盒篮、点心盒、蜜饯盒、槟榄盒、饭桶、饭桶架、米糕桶。

2. 餐饮器具

筷（竹筷、木筷、漆筷、银筷、象牙筷）、筷架、筷笼、筷筒、筷盒、调羹、勺、蟹八件。

碗（木碗、银碗、漆碗）、盆、盂。

盘、碟、双联碟、水果盘。

茶叶罐、茶瓶、茶壶、壶箱、茶碾、茶勺、茶匙、漏斗、茶盏、茶碗、茶托、茶船、盖碗、铜茶炉。

盅、杯、耳杯、酒杯、套杯、酒壶。

3. 烟具

旱烟杆、玉烟嘴、铜烟锅、银烟锅、烟刀、卷烟器、烟荷包。

水烟筒、水烟袋、水烟盒、烟仓、烟扦。

鼻烟壶、鼻烟瓶、银烟盒。

烟灯、烟枪、烟针、烟盘、烟盒、烟榻。

火镰、火石、火绒、纸煤。

4. 照明·取暖·熏香

油灯、灯台、灯碗、灯架、灯起罐、灯笼、风灯、蚀台。

手炉、脚炉、怀炉、烘笼、火盆、炭盆、火桶、汤婆、锡夫人、锡奴、温瓶。

香炉、香薰、香盒、香筒、被中香炉、宣德炉。

5. 文具

笔、笔架、笔插、笔筒、笔洗。

墨、墨盒、墨池、墨模、水注、水勺。

纸、镇纸、戒尺、臂搁、手枕。

砚台、陶砚、印盒、调色盘、章箧、刻刀、刻床。

6. 房闱用具

枕头（石枕、陶枕、瓷枕、木枕、竹枕、藤枕、皮枕、药枕、虎枕、猪枕、警枕）、枕套、竹夫人。

床单、床罩、垫单、被套、竹席、草席、笋席。

镜架、镜盒、镜套、粉盒、粉擦、粉扑、粉垫、梳妆盒。

团扇、折扇、纸折扇、竹扇、绢扇、蒲扇、蒲草扇、麦秆扇、象牙扇、贝壳扇、檀香扇、孔雀翠羽扇、琅玡扇、葵扇。

马桶、夜壶、痰盂。

7. 日常用品

脸盆、面盆、洗脸池、洗手盆、净手壶、接水盆、脚盆、脚桶。

帽筒、帽盒、官帽盒、帽架。

拂尘、板刷、挫衣板、扫帚、竹帚、藤拍。

升、斗、斛、秤、秤砣、铜权、铁权、秤杆、戥子、尺、算盘、数钱板。

锁、钥匙、救火龙、水车。

三、民居建筑

1. 宅居

干阑、竹楼、仙人柱、凉亭、鼓楼。

蒙古包、蒙古包壁架、船屋、碉屋、拂庐、土楼、窑洞、吊脚楼。

庙、会馆、府衙。

四合院、影壁、花厅、花房、厨房。

湖石、假山、花坛、花架、荷花缸、金鱼缸。

2. 居室装饰

绞泥砖、模印砖、印纹砖、空心砖、瓦当。

灰塑、灰批、堆灰、影塑、屋脊花、砖雕、木雕、金漆木雕、石雕。

石狮、石鼓墩、上马石、拴马桩、龙柱、花鸟柱、蝙蝠柱、石栏杆、吐水、水斗。

斗栱、雀替、藻井、墙垛头。

拼花墙、山墙花、灶画、炕围画。

3. 门窗

门楼、对开门、屏门、门帘、门毯。

百叶窗、石窗、气窗、花窗。

帘、湘帘、挂落。

4. 家具

床架、罗汉床、架子床、拔步床、榻、短榻、连榻、屏榻、独坐榻、帐榻、折叠榻、帐钩、帐带。

碗橱、书橱、书架、博古架、衣架、衣橱、立柜、圆角柜、炕柜、床头柜、躺柜、食品柜、掌柜台、钱柜、衣箱、书箱、药箱、钱箱、官箱、百宝箱。

条几、茶几、套几、搁几、书几、琴几、香几、花几、燕几、蝶几、竹几、炕几。

条案、书案、画案、香案。

账桌、书桌、八仙桌、供桌、饭桌、圆桌、梳妆台、桌巾、椅垫。

板凳、条凳、足凳、鼓凳、春凳、栲栳、马扎。

交椅、太师椅、圈椅、官帽椅、靠背椅、灯挂椅、扶手椅、六方扶手椅、梳背椅、轿椅、躺椅、竹躺椅、竹靠椅。

澡盆、澡桶、脸盆、盆架。

5. 墓园

墓碑、造像碑、墓志、石香炉、石供桌。

坟亭、石柱、石阙、石棺、石坊、石壁。

石人马、石羊虎、翁仲、石兽、石土地。

画像石、画像砖、圹砖画像。

四、服饰穿戴

1. 印染织绣

白叠、飞花布、紫花布、橦花布、松江布、賨布、兼丝布、鸡鸣布、踹布、提花布、色织布、芦扉布、蚂蚁布、柳条布。

麻布、葛布、夏布、筒中布、黄润、桂布、蕉布、竹疏布、火浣布、石棉布。

锦、缎、漳缎、漳绒、天鹅绒、绸、潞绸、柞绸、绢、绫、罗、纱。

氆氇、罽、花罽、毡毯、毳毲、花毡、褡合、霍尔青、长葛绒。

蜡缬、蜡染、点蜡幔、染缬、扎染、夹缬、绞缬、檀缬、蜀缬、撮缬、蓝印花布、浇花布、彩印花布、模印花布、木版捺印、漏印花布、香云纱。

龙绣、绒绣、发绣、画绣、仿真绣、双面绣、乱针绣、彩锦绣、盘金绣、钉金、平金、补绣、补花、堆绣、雕绣、纳锦、挑花、贴布、拼布。

2. 帽饰·首饰

头巾、方巾、毛巾、纶巾、包头、童帽、剃头帽、童帽箍、童笠、老虎帽、狮子帽、狗头帽、莲花帽、五毒帽、太子帽、瓜皮帽、白高帽、风冠、草帽、花竹帽、风帽、三块瓦、皮帽、毡帽、礼帽、抹额、耳套、耳壳。

帽正、簪、玉簪、钗、凤钗、胜、步摇、珠花、璎珞、串饰、闹蛾儿、勒子、发卡、发箍、栉、木梳、骨梳、角梳、首饰盒、首饰箱。

珰、金珰、耳环、耳坠。

项链、项圈、银锁、长命索、长命缕。

3. 上装·佩饰

兜肚、围涎、围嘴、涎褂。

肚兜、胸衣、亵衣、襦、背心、掩襟腰子、筒筒腰子、爪爪腰子、逢九腰子。

云肩、半衣、半甲、半臂、马甲、坎肩、披巾、领衣、暖袖、护手。

衫子、置衫、短袄、长袄、大襟袄、短袍、马褂、对襟衣、钭襟衣、中山装、女褂、珠衣、花衫子、梳头衣、迷魂衫、跤衣、蓑衣。

长衫、宽衫、长袍、禅衣、大裪衫、藕丝衫、五色服、直裾长衣、曲裾深衣、长袍、旗袍、斗篷、大氅、褐衫。

钮扣、桃疙瘩、腰带、腰带扣、腰箍、腰环、蹀躞带、带钩、佩饰、佩鱼、鱼袋、云佩、容刀、布袋、腰包、荷包、香包、金香囊、扇套、眼睛袋、熏球、银三事、银七事。

戒指、指环、板指、顶针、手链、手镯、套镯、钏镯、臂箍、缠襞金、虾须镯、条脱。

4．下装

兜裆布、衬裤、连脚裤、开裆裤、掩裆裤、袴、裈、鱼皮裤、套裤、护腿、腿带。

腹围、围腰、围裙、发裙、统裙、百褶裙、凤尾裙、马面裙、露水裙、响铃裙。

5．鞋袜

草鞋、丝线草鞋、茅靴、箕、木屐、布鞋、千层底鞋、绣花鞋、云头锦鞋、金莲、高底鞋、虎头鞋、猪头鞋、鱼皮靴、雨鞋。

绣花鞋垫。

布袜、鸦头袜。

6．雨具

斗笠、龟壳笠、蓑衣。

五、仪仗用具

1．寿诞用器具

腰桶、长命锁、项锁、锁片、发（福）禄袋。

寿屏、寿幛、七娘妈亭。

面塑礼花、寿面花。

2．嫁娶用器具

喜帖、盖头布、八字盒、喜烛、绣球。

子孙桶、压箱底、避火。

彩棚、花轿。

3．丧祭用器具

棺材、长明灯、冥器、面塑礼花。

库、灵棚、牌坊、孤魂亭、彩连船、纸轿、楼阁、纸人、纸马、纸衣箱、纸家具。

元宝、冥钞。

4．神像·镇物

神像、神座、神主牌、神位、香位、神马、纸马、甲马、祖宗牌位、祖宗轴、家堂神位、水陆画、唐卡。

神龛、神轿、銮架、辇轿、神艇、回避牌、肃静牌、鼓亭、兵器、华盖、凉伞、神帘、香旗、如意、经幡、风马旗。

太极、八卦、八仙彩、法符、护符、符板、符印、道印、字牌、桃板、桃符。

镜子、天官镜台、箍子、安魂索、兽牌、石敢当、瓦猫、风狮爷。

佛经、通书、科仪、咒簿。

5．法器

金刚杵、念珠、奏板、法索、刺梗、刺球、神戟、鸾乩。

铃、钵、净水钵、茭杯、手炉。

6．祀具

香炉、香筒、香插、签筒、祭斗、烛台、光明灯、宫灯。

供桌、神桌、蒲团、跪垫。

斋戒牌、执事牌、障扇。

钟、鼓、木鱼。

袈裟、道袍、道冠、金冠。

7．节令饰品

剪纸、刻纸、窗花、版印窗花、彩印窗花、铜衬料、团花、角花、喜花、礼花、供花、烛台花、灯笼花、糕饼花、重阳旗、龙虎旗、鞋花、鞋头花、鞋帮花、枕头花、帽花、斗香花。

木版年画、手绘年画、扑灰画、花纸、凤画、月份牌、喜画、中堂、卷轴画、配轴、房门画、对幅、屏条、炕围画、横披、贡笺、毛方子、书本子、格景、斗方、三才、通景、灯画。

桃板、桃符、对联、门笺、彩笺、花鸟字。

花灯、料丝灯、藕丝灯、云母灯、卵灯、谷壳灯、珠子灯、无骨灯、夹纱灯、冰灯、盒子灯、明胶灯、走马灯、影灯、灯山、灯树、灯轮。

斗香。

面花、春燕。

六、游艺道具

1. 童玩

风筝、板鹞、毽子、铁环、竹龙、竹马、陀螺、扯铃、空竹、响蝉、万花筒、纸风车。

泥娃娃、泥哨、响轮、潮桥口、风琴、泥模、孩模、塑真、摇鼓、皮塑、白木玩具、盘中戏、扳不倒儿、纸拉花。

糖人、吹糖人、糖人贡、面人、春燕、米雕、果食花样、蔬果玩具。

九连环、七巧板、燕儿图、升官图、选仙图、凤凰棋、纸牌、叶子、酒令牌。

蛐蛐罐、刻葫芦、饲笼、储饵盒、鸟笼、扑满。

2. 戏偶道具

杖头木偶、提线木偶、布袋戏偶、水傀儡、药发傀儡、肉傀儡。

假头、高架子。

3. 皮影道具

影戏、驴皮戏、羊皮戏、纸影戏、纸窗戏、牛窑戏。

头茬、肉脸、净脸、稍子、影人身段。

影棚、亮子。

4. 脸谱面具

脸谱、脸谱粉本、社火脸谱、戏曲脸谱。

面具、木制面具、纸面具、鬼脸壳、吞口。

5. 游艺道具

龙舟、独木龙舟、狮头、草龙、龙灯、竹马、旱船。

霸王鞭、连厢棍、花棍儿。

6. 乐器

鼓、长鼓、大鼓、拨楞鼓、八角鼓、八仙鼓、木鼓。

锣、铙、钹、铜铃、仙乐板。

琴、竹琴、筝。

笛、草笛、巴乌、筚、箫、锄头箫、喇叭、竹号、长号、大筒。

注：由于篇幅有限，本目录所列出的仅为三级分类。作为一个开放性的目录，可随时更改、添加或删除，供分类作业时参考。

附录二
民俗文物与民间物质文化调查必备的用具

一般性民俗文物调查所必需的用具：记录用品、测量用具、保护器材、摄影器材和电脑及其配件等。

记录用品：HB 或 2B 铅笔、红蓝双色圆珠笔、钢笔和油性水笔，丁字尺、三角尺、圆规和比例尺，封面坚硬的笔记本、卡片、表格纸、活页纸、意匠纸、胶贴纸、标签纸和各种开张的绘画纸、卡纸、复印纸以及其他必需的纸张。

测量用具：折尺、游标卡尺、1.5 米和 3 米钢皮卷尺、50 米皮带卷尺，量角器、圆规和比例尺，5~10 千克手秤、小型天平。

保护器材：pH 值试纸、温度计、湿度计、量杯、5L 塑料水桶、热水瓶、毛笔、软毛刷、硬毛刷、竹质夹具、蒸汽熨斗、可折叠晾晒架、竹帘、塑料绳、大小塑料夹、卫生纸（数量视需要准备）、塑料密封袋（数量视需要准备）、大号塑料密封盒、一次塑料餐台纸 5 包（每包 10 张）、发泡塑料纸、袋装防虫防霉药剂、杀虫剂、干燥剂、净水剂、中性洗涤剂。

摄影器材：35 mm 照相机机身 2 台、全套 35 mm 镜头，6 × 6 英寸以上胶片的大型座机及其镜头，500 万像素以上的数码相机 2 台及存储卡 4~8 块，小型专业便携式摄像机 1 台及数码卡带 20 盘；测光表、轻型三角架、背景纸、背景布、闪光灯和摄影用各类灯具；带有防止各种射线功能的专用胶卷包和能够在胶卷外壳上写标识的油性水笔；2 m × 1 m 塑料布 10 块。

电脑及其配件：具有坚硬外壳、较快速度和大存储量的高配置便携电脑 2 台，A4 尺寸便携式打印机，便携式轻型扫描仪，可移动光盘刻录机及盘片和大存储量便携硬盘存储器 4~8 只。

除此之外，还要准备指北针、电筒、瑞士军刀和较为结实的细绳等物。

另帐篷、饮具等与野外生存相类似的器具在此略去，可视实际情况备之。

附录三

民俗文物调查登记表

编号：　　　　　　　　时间：　　　年　　月　　日

<table>
<tr><td rowspan="2">名称</td><td>标准名称</td><td colspan="3"></td><td>方言名称</td><td colspan="3"></td></tr>
<tr><td>拉丁文</td><td colspan="3"></td><td>其他名称</td><td colspan="3"></td></tr>
<tr><td>地点</td><td colspan="4">省　市 / 县　乡 / 镇　村 / 街道</td><td>邮政编码</td><td colspan="3"></td></tr>
<tr><td>所有者</td><td colspan="2"></td><td>住址</td><td colspan="5">乡 / 镇　村 / 街道　组 / 路　号</td></tr>
<tr><td>自制：是 / 否</td><td>定制：是 / 否</td><td colspan="3">购买：是 / 否</td><td>使用年限</td><td colspan="3">年　月——　年　月</td></tr>
<tr><td>制作者</td><td colspan="4"></td><td>制作年代</td><td colspan="3"></td></tr>
<tr><td>制作地</td><td colspan="8">省　市 / 县　乡 / 镇　村 / 街道　组 / 路号</td></tr>
<tr><td>选用材料</td><td colspan="8"></td></tr>
<tr><td>制作方法</td><td colspan="8"></td></tr>
<tr><td colspan="9"></td></tr>
<tr><td colspan="9"></td></tr>
<tr><td>使用者</td><td></td><td>年龄</td><td></td><td>性别</td><td></td><td>使用区域</td><td colspan="2"></td></tr>
<tr><td>用途</td><td colspan="8"></td></tr>
<tr><td>使用方法</td><td colspan="8"></td></tr>
<tr><td colspan="9"></td></tr>
</table>

附属用品	
相关传说	
仪式禁忌	
保存状况	
备注	

填表：

（粘贴照片处）

测绘图 / 结构图

摄影：　　　　　　　　绘图：

附录四

民俗文物现场保护处理记录表

编号：　　　　　　　　　　　　时间：　　　　年　　月　　日

名称	标准名称		方言名称	
	拉丁文		其他名称	
征集地点	省　市 / 县　乡 / 镇　村 / 街道		邮政编码	
外观描述				
处理方法				
处理效果				
遗留问题				
备注				

（粘贴照片处）

摄影：　　　　　　　　　　　　　　填表：

附录五

民俗文物装箱清单

箱号：　　　　　　　　　　时间：　　　　年　　月　　日

序号	调查 / 征集编号	物品名称	件数	备注
1				
2				
3				
4				
5				
6				
7				
8				
9				
10				
11				
12				
13				
14				
15				
16				
17				
18				
19				
20				
21				
22				
23				
24				
25				

本表一式两份，一份装箱，一份用于交接。以上共有民俗文物 _____ 件。

填表：

附录六

藏品入库凭证

类别：　　　　　　　　总　　　页之第　　　页

登记号	原编号	分类号	藏品名称	数量	级别	现状	来源	备注

点交人：　　　　接收人：　　　　保管员：　　　　主任：

批准：　　　年　　　月　　　日

附录七
藏品总登记簿

年　　月　　日　　　　　　第　　页

登记号	原编号	年代	藏品名称	数量	尺寸重量	现状	来源	备注

附录八

民俗文物登记卡

<table>
<tr><td>登记号</td><td colspan="2"></td><td>分类号 / 库位号</td><td colspan="2"></td><td rowspan="7">照片或略图</td></tr>
<tr><td>名称</td><td colspan="5"></td></tr>
<tr><td>年代</td><td></td><td>数量</td><td></td><td>质地</td><td></td></tr>
<tr><td>尺寸</td><td colspan="2"></td><td>重量</td><td colspan="2"></td></tr>
<tr><td>入藏日期</td><td></td><td>编目日期</td><td></td><td>编目人</td><td></td></tr>
<tr><td>来源</td><td colspan="5"></td></tr>
<tr><td colspan="6">有关资料：</td></tr>
<tr><td colspan="7">藏品描述：</td></tr>
</table>

参考文献

一、中文（按出版年月排列）

许衍灼编译《中国工艺沿革史略》，上海：上海商务印书馆，1917年12月。

汤用彬、陈声聪、彭一卣编著《旧都文物略》，北平市政府秘书处编辑，1935年。

《国立中央博物院筹备处概况》，国立中央博物院印本，1942年3月。

石璋如《遗址的发现与发掘：乙编建筑遗存——小屯：河南安阳殷墟遗址之一》，台北：中央研究院历史语言研究所，1948年。

谭旦冏《中华民间工艺图说》，台北：台湾书店，1956年6月。

人民文学出版社编辑部编辑《鲁迅全集》，北京：人民文学出版社，1957年。

中国科学院考古研究所《洛阳中州路》，北京：科学出版社，1959年1月。

刘仙洲《中国机械工程发明史（第一编）》，北京：科学出版社，1962年。

刘仙洲《中国古代农业机械发明史》，北京：科学出版社，1963年。

《苏州工艺美术》，苏州工艺美术研究所编印，1963年12月。

席德进《台湾民间艺术》，台北：雄狮图书股份有限公司，1974年10月。

鲁迅《鲁迅书信集》，北京：人民文学出版社，1976年8月。

高平叔编《蔡元培教育文选》，北京：高等教育出版社，1980年2月。

钟敬文《民间文艺谈薮》，长沙：湖南人民出版社，1981年5月。

中国科学考古研究所、陕西省西安半坡博物馆编《西安半坡》，北京：

文物出版社，1982 年 10 月。

宋龙飞《民俗艺术探源》，台北：艺术图书公司，1982 年 12 月。

中国社会科学院近代史研究所中华民国史研究室编《胡适往来书信选》，香港：中华书局香港分局，1983 年 11 月。

中国社会科学院考古研究所编《新中国的考古发现和研究》，北京：文物出版社，1984 年 5 月。

刘敦祯主编《中国古代建筑史》，北京：中国建筑工业出版社，1984 年 6 月。

季龙主编《当代中国的工艺美术》，北京：中国社会科学出版社，1984 年 12 月。

[日本]关敬吾编著，王汝兰、龚益善译《民俗学》，北京：中国民间文艺出版社，1986 年 6 月。

中国艺术研究院美术研究所编《中国民间美术研究》，贵阳：贵州美术出版社，1987 年 10 月。

陕西省群众艺术馆主编《陕西民间美术研究·第 1 卷》，西安：陕西人民美术出版社，1988 年 4 月。

曾永义等《台湾的民俗技艺》，台北：台湾学生书局，1989 年 7 月。

陕西省宝鸡市文化广播电视局编印《宝鸡民间美术研究》，1989 年 4 月。

李晓东《中国文物学概论》，石家庄：河北人民出版社，1990 年 2 月。

王宏均主编《中国博物馆学基础》，上海：上海古籍出版社，1990 年 4 月。

杨学芹、安琪《民间美术概论》，北京：北京工艺美术出版社，1990 年 8 月。

[日本]柳宗悦，徐艺乙译《工艺文化》，北京：中国轻工业出版社，1991 年 12 月。

左汉中《中国民间美术造型》，长沙：湖南美术出版社，1992 年 4 月。

陈竟主编《中国民间剪纸艺术研究》，北京：北京工艺美术出版社，1992 年 7 月。

[英国] 爱德华·泰勒，连树声译《原始文化》，上海：上海文艺出版社，1992 年 8 月。

陈贵廷主编《本草纲目通释》，北京：学苑出版社，1992 年 12 月。

《中国大百科全书·文物博物馆卷》，北京：中国大百科全书出版社，1993 年 1 月。

刘志文主编《广东民俗大观》，广州：广东旅游出版社，1993 年 12 月。

王朝闻总主编《中国民间美术全集》，济南：山东教育出版社、山东友谊出版，1993—1995 年。

[英国] 查·索·博尔尼，程德琪、贺哈定、邹明诚、乐英译《民俗学手册》，上海：上海文艺出版社，1995 年 4 月。

梁思成《中国建筑史》，天津：百花文艺出版社，1998 年 2 月。

钱公麟《扇子》，上海：上海人民美术出版社，1998 年 2 月。

吕济民主编《当代中国的博物馆事业》，北京：当代中国出版社，1998 年 9 月。

杜正胜、王汎森主编《新学术之路——中央研究院历史语言研究所七十周年纪念文集》，台北：中央研究院历史语言研究所，1998 年 10 月。

钟敬文主编《民俗学概论》，上海：上海文艺出版社，1998 年 12 月。

钟敬文主编《民间文化讲演集》，南宁：广西民族出版社，1998 年 12 月。

朱狄《艺术的起源》，北京：中国青年出版社，1999 年 4 月。

中共中央文献研究室编《毛泽东文集》，北京：人民出版社，1999 年 6 月。

中华民俗艺术基金会编《两岸民俗文化学术研讨会论文集》，台北：台湾省政府文化处，1999 年 6 月。

张文彬主编《中国文物事业五十年》，北京：朝华出版社，1999 年 8 月。

南京博物院编《曾昭燏文集》，北京：文物出版社，1999 年 9 月。

郝时远主编《田野调查实录——民族调查回忆》，北京：社会科学文献出版社，1999 年 9 月。

奚三彩编著《文物保护技术与材料》，台南：台南艺术学院，1999 年 9 月。

冯先铭编著《中国古陶瓷文献集释》，台北：艺术家出版社，2000 年 1 月。

[澳洲] 唐立《云南物质文化 · 生活技术卷》，昆明：云南教育出版社，2000 年 5 月。

王学典、孙延杰《顾颉刚和他的弟子们》，济南：山东画报出版社，2000 年 7 月。

赵福莲《1929 年的西湖博览会》，杭州：杭州出版社，2000 年 10 月。

宋兆麟《民族文物通论》，北京：北京紫禁城出版社，2000 年 11 月。

李淑萍、宋伯胤选注《博物馆历史文选》，西安：陕西人民出版社，2000 年 11 月。

沈福煦《中国古代建筑文化史》，上海：上海古籍出版社，2001 年 7 月。

马清林、苏伯民、胡之德、李以雄编著《中国文物分析鉴别与科学保护》，北京：科学出版社，2001 年 12 月。

[日本] 柳宗悦，徐艺乙主编，孙建君、黄豫武、石建中译《民艺论》，南昌：江西美术出版社，2002 年 3 月。

吴诗池《文物学概论》，上海：上海文艺出版社，2002 年 5 月。

王树村编著《中国民间画诀》，北京：北京工艺美术出版社，2003 年 1 月。

浙江省文物考古研究所编《河姆渡——新石器时代遗址考古发掘报告》，北京：文物出版社，2003 年 8 月。

李扬译著《西方民俗学译论集》，青岛：中国海洋大学出版社，2003 年 11 月。

刘敦祯《中国住宅概说》，天津：百花文艺出版社，2004 年 1 月。

高星《中国乡土手工艺》，西安：陕西师范大学出版社，2004 年 1 月。

傅熹年《中国古代建筑十论》，上海：复旦大学出版社，2004 年 5 月。

陕西省考古研究所编著《临潼零口村》，西安：三秦出版社，2004年。

二、日文（按出版年月排列）

[日本]礒貝勇《日本の民具》，日本國東京都：岩崎美術社，1971年4月。

[日本]祝宮静《民俗資料入門》，日本國東京都：岩崎美術社，1971年11月。

[日本]日本民芸协会编，柳宗悦《柳宗悦选集》，日本國東京都：春秋社，1972年。

[日本]宮本馨太郎编《民具資料調査整理の実務》，日本國東京都：柏書房，1975年4月。

[日本]宮本常一《民具学の提唱》，日本國東京都：未来社，1979年6月。

[日本]柳宗悦《柳宗悦全集》，日本國東京都：筑摩书房，1982年9月。

[日本]岩井宏実、河岡武春、木下忠编《民具調査ハンドブック》，日本國東京都：雄山閣，1985年11月。

[日本]名久井芳枝编著《若者たちと民具》，日本国岩手県：一芦舍，1991年3月。

[日本]遠藤元男《工具・器具と暮らしの文化史》，日本國東京都：つくばね舍，1997年9月。

[日本]沢田正昭主编《遺物の保存と調査》日本國東京都：クバプロ，2003年3月。

[日本]北康利《匠の国日本》，日本國東京都：PHP研究所，2008年1月。

三、杂志

《人民画报》

《民族画报》

《汉学研究通讯》

《文物》

《考古学报》

《考古》

《农业考古》

《东南文化》

《中国博物馆通讯》

《民族文物工作通讯》

《民间文化》

《民间文艺集刊》

《民间文学》

《歌谣周刊》

《民俗》

《民俗研究》

《民族艺术》

《中国民间工艺》

《民间美术》

《美术》

《美术史论》

《美术研究》

《美术观察》

《新美术》

《装饰》

四、报纸

《人民日报》

《光明日报》

《新华日报》

《中国文物报》

《中国文化报》

《中国民族民间文化保护工程工作简报》

后　记

当一本书写到“后记”时，也就算是基本完成了。

书的名称里有“民俗文物”，其内容也大致如此。明眼人会看出，本书内容由两部分构成：前面是关于民俗文物与民间物质文化理论的探索，后面则是关于民俗文物工作实践的讨论。必须说明的是，无论是理论的探索，还是实践的讨论，我们在当代进行的民俗文物乃至民间物质文化的抢救、征集、研究、保护、展示的工作，都是在前人工作经验、教训和成绩基础之上展开的。由于历史的原因，除了工作的名目不一、程度不同之外，以民间文化的保护与传承为核心的工作性质和工作对象是一脉相承的，其历史至少已经有了一百年，这已经为大量的文献资料所证明。

本书的副标题是“民间物质文化研究”，似乎是更符合本书内容的名称。当然，这只是依据个人工作经历和经验的想法。

基于某种原因，我在学校教了几年书后，于1992年岁末调入南京博物院民族部，在魏采平、屠思华等老同志的引领下，与马久喜、孙华先诸同事一道，主要从事民族民俗文物调查、征集、研究和展览的工作。当时的南京博物院尚能感觉到蔡元培、傅斯年和曾昭燏等前辈营造的学术传统和文化氛围之影响，民族部则是一个有着悠久历史和优良传统的部门，凌纯声、芮逸夫、李霖灿、谭旦冏、马长寿、陈克猷、梁白泉、宋伯胤和吴有常诸位先生均在这个部门工作过，并且在不同时期组织实施了多项专题研究，留下了许多在学术界有着重大影响的成果，也征集了许多种类的民族民俗文物。在这样的一个专业部门工作、学习，是可以做点事情和思考一些问题的。

南京博物院60周年庆典（1993年4月26日）过去不久，一位法国友好人士来到南京博物院。他的中文名字叫杜泽林，与中国有着多年的文化交流合作关系，是中国人民的老朋友。他此行的目的是想请我们帮他征集一些中国民众的用品，也就是我们所说的民俗文物，准备在欧洲举办介绍中国历史文化的展览。他曾经与中国的多家博物馆谈过，但都未能如愿，经国家有关部门介绍，来到了南京。在看过“长江下游五千年文明展览”之后，经过短暂而深入的交谈，我们觉得彼此的理念相近，很快就达成了合作意向。几个月后的冬日，他再次来到南京进行工作访问，除了必备的资料，还带来了厚厚的一叠照片，是他在30多年来在中国收集的一些民俗文物以及少量在欧洲举办的关于中国展览的摄影资料。他拿着照片告诉我，这一类的民俗文物他已经收集了约14万件，如果我的研究在资料方面有问题的话，他乐意提供方便。他是真诚的，说话让人感动。然而，作为中国的专业工作者，除了感动之外，还感到脸红。

随着中国改革开放的发展，各地的基本建设以前所未有的速度进行。南京博物院民族部的一个基层工作点——江苏省苏州市吴县胜浦乡前戴村，因城市建设的需要而不复存在，对苏南农村进行了十多年的微观民俗调查也随之告一段落。此后，经过多方面的调研、会商，在1994年成立南京博物院民俗研究所时确定的主要工作任务为：以汉民族的民俗文物为主要工作对象，以民俗文物的征集、保护、研究、展示为日常工作。在当时，对民俗文物的认识是朴素的，也没有明确的概念和标准，征集的民俗文物多偏重民间艺术品方面，即征集生产工具或生活器具等物，多是从审美的角度来考虑的。当然，这样的审美角度，既适用于器物的装饰，也适用于器物本身的造型。比之只承认器物的装饰才具有审美的意义之说，可以算是略有进步。

自1993年开始，南京博物院先后对陇东地区的民间美术品、皖南的民间生活用品、宁波地区的民居装饰及雕刻艺术品和生活用品、湘西民间生活用品、湘南民间木雕、陕西石刻艺术以及贵州、云南等地的民族服饰用品等民俗文物进行了系统的调查、征集和研究。在此过程中，逐步解决了一系列相关的理论问题，形成了对民俗文物与民间物质文化的总体认识：民俗文物是广大民众所创造、享用和传承的民间生活文化中的物质文化遗存和精神文化的物化遗存。1999年建成开放的南京博物院艺术馆中的民俗艺术陈列，将民俗文物按“服装首饰”“生活用品”“生产工具”“娱乐道具”“祭祀用品”“节令装饰”“儿童玩具”和“民居构件”的类别展出，便是在民俗文物分类研究基础上进行的一次尝试。

21世纪初期，国家文物局开始对文物博物馆系统社会科学方面的课题进行资助，“民俗文物研究”通过专家委员会的评审，成为“全国文物、博物馆系统人文社会科学重点研究项目”之一，拨给了研究经费；后来又得到华夏英才基金的出版资助，从而使“民俗文物研究”课题的完成和成果的出版得到保证。这是理应感谢的。

在“民俗文物研究”课题的进行过程中，宋兆麟先生给予了具体的指导，张晓凌、吕品田、孙建君、杭间、尚刚、李露露、叶涛等好友给予了很大的支持，日本的上岛亮、伊滕三朗、水尾比吕志、内海祯子、三山陵、泷本弘之、名久井文明等友人提供了日本民具和民艺的相关资料，尹绍亭、乔晓光、郭艺、王振本、屠思华、黄海涛、庞鸥、万新华、韩强等朋友和同事提供了许多的文献和图片资料。这是必须感谢的。

上海文艺出版社的领导和责任编辑马立群先生以宽容的态度接纳了本书，并且以较快的速度完成了编辑作业。这是应当感谢的。

希望本书的出版能够有益于当前的工作。

徐艺乙

丙戌年白露日于金陵清溪河畔

再版后记

2018年夏，我在复旦大学文博学院做讲座时，受到吕静、陈刚、杜晓帆等教授的热情招待。一日在吃饭时，陈刚教授问起《中国民俗文物概论》出版以来的情况，并询问还有没有存书了，当时手边已经没有多余的书了，而收藏界收藏民俗文物的朋友则告诉我，这本书在旧书网上已经被炒到500元一本，还有价无市。这是一件很奇怪的事情，初版时出版社认为此书买的人不多，因此印得很少，大约三千册，在两三年中销售一空，以至于在收藏市场上被炒作成高价。

2019年在苏州参加“传统工艺青年论坛”时，碰到好友西安美术学院教授赵农，闲谈时将此事当笑话讲给他听。他听后很认真地建议说，何不将此书修订再版？2020年年初，江苏凤凰美术出版社方立松总编辑来访，问及手上有没有现成的书稿可以出版的，当时就把这本书以及一些旧稿的情况告知。两个月后，方立松电话说出版社要报选题，随即传来一份选题申报表，并在电话中告知了填报的要求，后即按要求将此书及另外两本旧稿的内容填好发走。

一个星期后，方立松总编辑告知说选题通过，出版社孙剑博编辑将合同寄来签字。按合同要求，是在月底交稿。这下有事做了，要将所有的文稿看一遍，修正错别字，将注释按现在的要求补全历史文献的出处等信息，还要增加一些人名的注释，增补图片。十多年过去了，情况有了很大的变化，一些为民俗文物事业做过贡献的老同志先后离开了我们，这些在书中提到的人都要补入注释。此类工作消耗了大量时间和精力，不过终于完成了。

写作这本书原是国家文物局委托的一项研究项目，伊始无太多可参照的文献，于是翻故纸堆成了当时的主要工作，一天下来鼻子里全是灰尘，回家洗澡时冲出的水都是黑色的。南京博物院的图书馆藏书丰富，各类专业报刊齐全。记得当年查阅资料时，许多书是从未有人看过，或是几十年没有人动过，书后的借阅卡上登记的信息表明，上一次借阅的日期是在几十年前。当时的南博图书馆馆长吴晓凤与其继任者王明发都是对馆藏图书非常熟悉的专业人员，许多冷门书籍都是他们帮助找到的。我夫人当时也在图书馆工作，需要一些杂志时通常是打个电话就会直接送到我的办公室，有时一天要跑十余趟，加起来有一两千米。许多关心此事的人得知消息后主动提供资料，日本朋友三山陵、名久井文明寄来一些相关的日文著作，宋兆麟先生还将其收藏的一些内部会议文件寄来供参考引用。历经五六年，终于完成了书稿，交到出版社。出版后受到欢迎，乌丙安先生主动撰文[1]评述，予以高度评价。

当时正是中国开展民族民间文化保护工作的最初阶段，许多传统文化的保护工作不尽如人意。如今，党和国家高度重视保护与弘扬民族文化遗产，培养专业人员，成立专门机构，拨给充足经费，许多文化遗产的保护工作已经有了较大改观。但对于历史悠久、数量众多的民俗文物，还有许多工作需要深入下去，需要规范化、科学化进行，以期在合理利用时能够更好地发挥作用。这样说来，再版这样一本书还是有现实意义的。

再次感谢关注、关心此书的同道朋友！感谢为出版此书而努力的出版社的朋友！

庚子年三月初八日于金陵东郊仙林

[1] 乌丙安《中国民俗文物学的创新与开拓——评中国民俗文物概论》，《民俗研究》2008 年第 1 期，第 259~267 页。